D1734711

Werner Seppmann

Das Ende der Gesellschaftskritik?

Werner Seppmann

Das Ende der Gesellschaftskritik?

Die »Postmoderne« als
Realität und Ideologie

PapyRossa Verlag

Für meine Enkelin Lea, die davon überzeugt ist, daß Philosophen Bücher schreiben, um sich nicht so oft am Küchenabwasch beteiligen zu müssen.

Wesentliche Passagen des vorliegenden Textes sind aus Vorträgen und Diskussionen zum Postmodernismus entstanden. Allen Initiatoren und Teilnehmern habe ich für ihr Engagement zu danken. Besonders erwähnen möchte ich die Organisatoren linker Foren und Arbeitsgemeinschaften, die sich in Opposition zum resignativen »Zeitgeist« ungebrochen dem Programm emanzipatorischer Aufklärung verpflichtet fühlen: Armin Grambert-Mertens von der Marxistischen Abendschule in Hamburg, Hans-Joachim Knoben vom Deutschen Freidenker Verband in Bonn, Niels Borchert von der Gruppe Links an der Universität Oldenburg und Christoph Hesse von der Sozialistischen Deutschen Arbeiterjugend, Hochschulgruppe Bochum.

Einen herausgehobenen Stellenwert besitzt die langjährige Arbeit von Hartmut Krauss und Karin Vogelpohl, die mit ihrem Arbeitskreis Kritischer Marxistinnen und Marxisten – im wohltuenden Gegensatz zu so manchem selbsternannten »Marxistischen Erneuerer« ohne Monopolansprüche und geistesbürokratische Interventionen - sich um die Wiederbelebung einer ebenso lagerübergreifenden wie schöpferischen Marxismus-Diskussion verdient gemacht haben.

Wiederholte Hilfe bei meinem Kampf mit den Tücken entwickelter Computer-Technologie habe ich von Werner Sarbok erhalten.

Besonderen Dank schulde ich Dieter Lohaus, der sich der Mühe einer intensiven Bearbeitung meines Textes unterzogen und ihn in eine lesbare Form gebracht hat.

Umschlag: Marco Korf, Köln
Herstellung: Interpress

Die Deutsche Bibliothek - CIP-Einheitsaufnahme

Seppmann, Werner:
Das Ende der Gesellschaftskritik? : die „Postmoderne" als Realität und Ideologie /
Werner Seppmann. - Köln : PapyRossa-Verl., 2000
ISBN 3-89438-198-1

Inhalt

Einleitung

Unsicherheit und Perspektivlosigkeit sind in den Zeiten der »Globalisierung« zur prägenden Sozialerfahrung geworden. Soziale Widersprüche und Ausgrenzungsformen die schon als überwunden galten, haben eine neue Aktualität bekommen. Auch die Gewinner der gegenwärtigen Umwälzungen können sich des erreichten nicht sicher sein. Die Lebensverhältnissen scheinen »postmodern« geworden zu sein: Was ehemals sicher schien, ist fragwürdig und brüchig geworden. Traditionelle Fortschrittsvortsellungen haben sich verbraucht und gesellschaftsverändernde Initiativen als illusionär erwiesen. Statt durch kontinuierliche Progression, scheint das gesellschaftliche Geschehen durch Ambivalenzen und Paradoxien, durch neue Ungleichheiten und fragwürdige Zukunftsperspektiven geprägt zu sein: Trotz fortschreitendender Produktivitätsgewinne stagniert die soziale Wohlfahrtsentwicklung.

Daß Bewußtsein der Krise ist zwar allgegenwärtig, ohne daß jedoch nennenswerter Widerspruch deutlich wird. Besonders auffällig ist die Unfähigkeit der Intelligenz, kritisch auf die Herausforderungen der Sozialentwicklung zu reagieren. Unter dem Stichwort eines »Postmodernen Denkens« werden die Paradoxien der sozio-kulturellen Entwicklung zwar thematisiert, aber als unvermeidlich angesehen; Gesellschaftskritik gilt deshalb als nicht mehr zeitgemäß. Statt dessen wird empfohlen die herrschenden Trends »subversiv« zu unterlaufen und jenseits ökonomischer Zwänge durch »ästhetische« Selbstinszenierungen seine Individualität und Lebensansprüche zu realisieren.

Das »Postmoderne Denken« gewinnt eine vordergründige Plausibilität durch die Benennung einer Vielzahl drängender Krisenphänomene und die Thematisierung subjektiver Artikulationsansprüche. Seinen intellektuellen Kredit hat es durch die Forderungen begründet, das Existenzrecht von Randgruppen ernst zu nehmen und nonkonforme Lebensweisen zu akzeptieren. Darüber hinaus scheinen die postmodernistischen Zustandsbeschreibungen der Gegenwart unbestechlich zu sein: Die auf Rationalität fixierte Zivilisation ist in eine Sackgasse geraten

und der Glaube an die Planbarkeit verbesserter Lebensverhältnisse hat
sich als Illusion erwiesen.

Vordergründig betrachtet, könnte die postmodernistische Problem-
sicht als kritische Reaktion auf fundamentale Veränderungen der Ar-
beits- und Lebensverhältnisse im Risikokapitalismus verstanden werden. Doch wird schnell deutlich, daß auf die Benennung von Krisen-
symptomen keinesfalls die notwendige Analyse folgt. Krampfhaft ist
das »Postmoderne Denken« zwar bemüht seine gleichermaßen zynische
wie affirmative Grundstimmung als Ironie zu tarnen, jedoch ist die Fassade mehr als brüchig! Denn Ironie setzt Distanz zum jeweils herrschenden Werte- und Machtsystem voraus, jedoch ist von einem solchen Verlangen im postmodernistischen Kontext wenig zu spüren. Zwar wird
die »Macht« mit ernster Miene thematisiert, doch folgt der abwehren-
den Geste keine adäquate Analyse.

Die konzeptionellen Widersprüche des »Postmodernen Denkens« sind
nicht zu übersehen: Seine Glaubwürdigkeit gewinnt es durch den Anspruch, verschüttete Artikulationsansprüche von Minderheiten und die
Lebensansprüche des Subjekts in einer feindlichen Umwelt zur Geltung
zu bringen, jedoch lenkt es den Blick systematisch von den Ursachen
kultureller Fremdbestimmung, gesellschaftlicher Ausgrenzung und der
sozio-ökonomischen Instrumentalisierung der Individuen ab. Trotz der
»herrschaftskritischen« und »subversiven« Selbstbezichtigungen wird
man im Umfeld des Diskurses polizeiwidrige Aufsässigkeit vergeblich
suchen: Jeder Hinweis auf einen Aspekt der sozio-kulturellen Krisenentwicklung wird mit einer intellektuellen Geste resignativer Anpassung kompensiert.

Obwohl durch die Verschärfung der sozio-kulturellen Krise das Ver-
fallsdatum für diese intellektuelle Hausmannskost schon lange überschritten ist, haben sowohl die Begriffe und Bilder als auch die verschwiegenen Prämissen des »Postmodernen Denkens« einen hohen Stand von
Allgemeingültigkeit und Akzeptanz erreicht. Selbst Produkt einer krisenhaften Umbruchphase, scheint es dem intellektuellen Verlangen einer krisengeprägten und orientierungslosen Zeit zu entsprechen, in der
traditionelle Gewißheiten fragwürdig geworden sind. Dennoch ist offensichtlich, daß das »Postmoderne Denken« seinen intellektuellen Ze-

nit überschritten und seine besten Tage schon hinter sich hat. Die modephilosophisch inspirierte Literatur wächst zwar immer noch an, jedoch wird formal und inhaltlich nur wenig Neues geboten. Die Redeinszenierungen der postmodernistischen »Schausteller des Zeitgeistes« (W. Grasskamp) wirken erschöpft und der spektakuläre Glanz vergangener Tage ist verblaßt. Das Diskurs-Denken begnügt sich mit der Reproduktion und Kombination der immer gleichen Formeln und Schlagworte; aktuelle Wortmeldungen beschränken sich auf die Vervielfältigung des schon längst Gesagten. Dieses Erscheinungsbild hat die »Frankfurter Allgemeine Zeitung« zu der Auffassung verleitet, daß der »Ende der siebziger Jahre von der Neuen Philosophie eingeläutete Prozeß der antimarxistischen Aufklärung ... offensichtlich abgeschlossen« ist. Mit ihrer Einschätzung eines Bedeutungsverlustes des »Postmodernen Denkens« steht die FAZ nicht alleine. Der »Merkur« inszenierte sein 1998 erschienenes Sonderheft über die »Postmoderne« als abschließende »Bilanz« und unspektakulären Abgesang: »Ob Dekonstruktion oder Wiederentdeckung des Ornamentalen, ob Absage an die große Erzählung oder Lob der Kontingenz – der Reflexionsgewinn, den die Postmoderne versprach und den sie partiell, in einer Art Perspektivwechsel auch gestaltete, hat sich mittlerweile erschöpft«.

So richtig die Beobachtungen auch sind, von einem nachlassenden Einfluß des Postmodernismus kann dennoch keine Rede sein. Als vorschnell hat sich die Hoffnung erwiesen, daß durch die forcierten Krisenprozesse und angesichts der immer offensichtlicheren Differenz des postmodernistischen Gesellschaftsbildes zur krisenkapitalistischen Realität, die affirmativ konditionierten Theoreme des Diskurses ihren intellektuellen Kredit verspielt hätten und sein vordergründiger Gegenwartsoptimismus als Illusion erkannt würde. Zwar ist ein zunehmender Glaubwürdigkeitsverlust indizierbar, jedoch verhalten sich immer noch große Teile der Intelligenz ambivalent zu den sozio-kulturellen Entwicklungen: Wenn sie ihre unkritische Haltung begründen, aktivieren sie nicht selten die postmodernistischen Formeln über das Veralten der Gesellschaftskritik und die Vergeblichkeit eines aufklärenden Theorieanspruchs.

Auch wenn das Interesse des Feuilletons nachgelassen hat und inner-

halb der Weltanschauungs-Diskurse Umgruppierungen stattfinden, er-
freuen sich die postmodernistischen Signalworte nicht nur in den akademischen Zirkulationssphären ungetrübter Lebensfreude; mittlerweile
haben sie auch die Gymnasien und Volkshochschulen erreicht. Aber nicht
nur deshalb wäre es falsch anzunehmen, daß die nochmalige Beschäftigung mit dem Postmodernismus nur noch theoriegeschichtlichem Interesse verpflichtet sei, denn trotz seiner Kritikwürdigkeit »berührt [er]
eine Reihe wesentlicher Konfliktlinien des geistigen Lebens kapitalistischer Gesellschaften.« (E. Hahn) Es ist auch nicht zu übersehen, daß
niemand überzeugende Lösungsvorschläge für die Probleme besitzt, auf
die der Diskurs in direkter oder indirekter Weise reagiert hat. Nicht zuletzt deshalb besitzen seine Formeln in vielen Bereichen der Massenkultur einen plausiblen Klang und haben sich in bestimmten gesellschaftlichen Segmenten zu sozio-kulturellen Selbstverständigungsmustern
entwickeln können. Jedoch sind die Gegentendenzen nicht zu übersehen: Auch das Bedürfnis nach Aufklärung über die widersprüchlichen
Implikationen des Postmodernismus und die Bereitschaft zum Widerspruch gegen seinen nur oberflächlich kaschierten Monopolanspruch
sind gewachsen: Sind Fiktion und Realität, Wahrheit und Illusion tatsächlich ununterscheidbar geworden? Hat Gesellschaftskritik ihren Sinn
und ihre Legitimität verloren?
    Die nachhaltige Wirkung des Diskurs-Wissens resultiert weniger aus
seiner intellektuellen Brillanz oder theoretischen Originalität, sondern
vielmehr aus seiner Kompatibilität mit vorhandenen Stimmungen und
Motiven. Die eigentliche intellektuelle Herausforderung ist deshalb nicht
so sehr der Postmodernismus als Weltanschauung, wie sie sich in den
Begründungstexten präsentiert, sondern die Erklärung seines großen
Erfolges, die Frage nach den Ursachen der bereitwilligen Akzeptanz
seiner Orientierungsmuster. Warum hat gerade der Postmodernismus
den Status eines hegemonialen intellektuellen Selbstverständigungssy-
stems bekommen? Offensichtlich haben viele Rezipienten das Gefühl,
daß eigenes Empfinden und Bestreben von diesem Denken repräsentiert wird. Selbst Produkt einer krisenhaften Umbruchphase, scheint es
dem intellektuellen Verlangen einer krisengeprägten Zeit zu entsprechen, in der das »Bedürfnis nach Weltanschauung« (Lukács) beträcht-

lich angewachsen ist, weil verläßliche Orientierungsmuster fehlen und traditionelle Gewißheiten fragwürdig geworden sind.

Zweifellos hat die »postmoderne« Rede vom Scheitern der Aufklärung und der Vergeblichkeit der Vernunftsorientierung spätestens seit dem Niedergang des verstaatlichten Sozialismus auch den unmittelbaren Tatsachenschein auf ihrer Seite. Progression und Selbstzerstörung scheinen in der menschlichen Geschichte unauflöslich miteinander verwoben und Alternativen zum triumphierenden kapitalistischen Weltsystems nicht mehr sichtbar zu sein.

Jedoch ist es fraglich, ob der Postmodernismus mit seinen theoretischen Vorstellungen überhaupt in der Lage ist, die thematisierten Sachverhalte begrifflich zu durchdringen. Denn seine Denkvoraussetzungen sind kaum dazu geeignet, das Netz der herrschenden Selbsttäuschungen zu zerreißen. Deshalb ist berechtigter Zweifel angebracht, ob er einen profilierten Beitrag zum Verständnis der widersprüchlichen Sozialentwicklungen leisten kann, die jenseits der modephilosophischen Selbstinszenierungspraktiken und diskursiven Effekthaschereien eine Reihe drängender Fragen aufwerfen: Leben wir in der Zeit eines soziokulturellen Umbruchs, der die Verwendung eines kontrastierenden Epochenbegriffs rechtfertigt? Ist die »Moderne« beendet und befinden wir uns nun in einem »postmodernen Zeitalter«? Gehen von den krisenhaft erlebten Veränderungen produktive Impulse aus, oder sind sie ein Sprengsatz für das zivilisatorische Regulationsgefüge? Öffnen sich für die Individuen neue Chancen selbstbestimmten Handelns, oder entwickeln sich neue Abhängigkeiten?

Die innerhalb der Diskurs-Welt gehandelten Antworten sind nicht einheitlich. Bei dem einen oder anderen postmodernistischen Protagonisten ist das selbstgerechte Verkündigungspathos von einst durch nachdenklichere Töne verdrängt worden. Dennoch sollten die langfristigen Wirkungen der postmodernistischen Weltanschauungsarbeit nicht unterschätzt werden, zumal sie tragfähiger Bestandteil eines globalen Formierungstrends ist, der seit den 80er Jahren die geistige Situation in den Zentren des gegenwärtigen Weltkapitalismus prägt, und der »von der Wiederkehr nihilistischer Theorien und Weltanschauungen der Verzweiflung und Hoffnungslosigkeit, einem neuen Kult mythischer Ursprungsmächte und subjektiver Innerlichkeit (dessen andere Seite die ›Metaphysik des Körpers‹ ist) ... – insgesamt von der Wiederkehr eines neuen Irrationalismus als dominierender ideologischer Tendenz« (Th. Metscher) gekennzeichnet ist.

Angestrebt ist keine Theoriegeschichte des Postmodernismus, noch weniger seine Philologie, wohl aber, den meist verschwiegenen Kontext dieses Denkens zur Sprache zu bringen und sein »herrschaftskritisches« Selbstverständnis zu hinterfragen. Gehen vom »Postmodernen Denken« jene »subversiven« und »selbstbefreienden« Impulse aus, die es für sich in Anspruch nimmt? Stellt die Rede- und Argumentationspraxis des Diskurses jenen behaupteten Bruch mit einem als universal dargestellten Herrschaftssystem dar? Allein schon diese beiden Fragen verweisen auf eine politische Dimension des Postmodernismus, die selten ausdrücklich thematisiert wird.

Man könnte zur Tagesordnung übergehen und die *literarischen Produkte* der »postmodernen« Begriffs- und Assoziationskünstler der »nagenden Kritik der Mäuse« überlassen, würde die Diskurs-Praxis nicht an einen historisch gewachsenen Kritikanspruch der Intelligenz anschließen und dem eigenen Denken oppositionelle Entlarvungseffekte zurechnen, die in der theoretischen Praxis sich aber nur selten feststellen lassen, weil die »kritische« Rede keine entlarvende Substanz mehr hat! Um hinter die Kulissen zu schauen und die Substanz seiner oftmals undurchsichtigen Tiefe ermessen zu können, aber auch, um eine Vorstellung von der politischen Rolle des Diskurs-Denkens zu bekommen, schlage ich eine Lektüre-Praxis und eine Intensität des Fragens vor, die zu der üblichen Umgangsweise mit den Texten und Positionsbestimmungen des Postmodernismus konträr ist: Beabsichtigt ist es, eine Interpretation anzuregen, die sich nicht länger von den Selbstetikettierungen des Diskurs-Denkens täuschen läßt und statt dessen seine Widersprüche *und* seine verschwiegene Stellung im Koordinatensystem der intellektuellen Herrschaftsorientierungen zur Sprache bringt.

Meine Absicht ist es nicht, zu abschließenden Urteilen über die »Postmoderne« zu gelangen! Dafür ist ihre Erscheinungsweise zu heterogen, verbergen sich hinter den identitätsstiftenden Merksätzen und Signalbegriffen zu viele unterschiedliche, und oftmals sich gegenseitig ausschließende, Intentionen. Der hegemoniale Diskurs umfaßt inhaltlich auch mehr als das explizierte »Postmoderne Wissen«, wird durch dessen spezifische »Erzählungen« aber strukturiert und weltanschaulich funktionalisiert.

Die Vorläufigkeit der Interpretation soll durch die essayistische Form des Textes unterstrichen werden, der aus einer Vielzahl von Vorträgen und Diskussionen zum Thema hervorgegangen ist. Er setzt sich primär (wenn auch nicht ausschließlich) mit einer »Postmoderne« auseinander, wie sie in Deutschland wahrgenommen und mit propagandistischem Eifer reproduziert wird. Gemessen am internationalen Diskussionsstand sind spezifische Akzentuierungen und Schwerpunktverlagerungen in Rechnung zu stellen. Damit soll nicht gesagt werden, die deutschsprachige Rezeptionslinie hätte ein verfälschendes Verhältnis zu den »Gesetzestafeln« der »Meisterphilosophen« und die eigentliche »Postmoderne« sei etwas ganz anderes. Jedoch sind bestimmte Theoreme stärker betont, andere dagegen abgeschwächt worden. Foucault hat darauf hingewiesen, daß die Intention der poststrukturalistischen Vernunftkritik nicht unbedingt jenem universalen Verständnis entspricht, wie es sich in der deutschen Postmodernismus-Debatte durchgesetzt hat. »Vernunft« hat in der deutschen Sprache eine breitere Bedeutung als »Raison« im Französischen. Im wesentlichen sei damit »die instrumentelle Vernunft gemeint, eine technologische Vernunft« (Foucault). Jedoch ist diese Relativierung (die einen sachlichen Kern hat!) selbst wiederum zu relativieren. Denn dieser Verengung hat das »Postmoderne Denken« mit seinen eigenen Leitsätzen Vorschub geleistet: »Vernunft und Macht sind eins«, heißt es lapidar bei Lyotard! Nicht nur durch diesen Satz wird deutlich, daß der »postmoderne« Diskurs – trotz der Präzisierung in Detailfragen – durch sein engmaschiges Interpretationsraster der Rezeption immer wieder seine generalisierenden Weltanschauungsmuster aufdrängt: Vernünftig intendiertes Handeln führe zwangsläufig zur Katastrophe und die Vorstellung, selbstbestimmt an der Veränderung sozialer Lebensbedingungen arbeiten zu können, manifestiere eine grandiose Selbsttäuschung!

Meine Vorgehensweise schließt auch die Frage nach der gesellschaftsanalytischen Substanz des Postmodernismus mit ein. Er thematisiert

primär zwar kulturelle Erscheinungen, jedoch implizieren bestimmte
seiner Interpretationen und Beschreibungen *auch* den Anspruch gesellschaftstheoretischer Verbindlichkeit: Um den vom Postmodernismus
bestätigten Schein einer intellektuellen Undurchdringbarkeit gegenwär-
tiger Sozialverhältnisse zu erschüttern, war die Beschäftigung mit aus-
gewählten sozialen Problemkomplexen (Individualisierung, Medien-
Alltag, ideologische Herrschaftsreproduktion) unvermeidlich. Diese
Fragestellungen repräsentieren das Zentrum der Beschäftigung mit dem
Diskurs-Wissen: Besitzt die postmodernistische Überzeugung, daß gesellschaftskritisches Insistieren seine Plausibilität und Legitimation eingebüßt hat, einen rationalen Kern?

Um die postmodernistischen Diskussionsstränge im deutschsprachi-
gen Raum zu verstehen, ist es notwendig, sich verstärkt mit den Mode-
ratoren und ideologischen Souffleuren, ihrem spezifischen Blick auf die
internationalen Selbstbegründungen und mit den Metamorphosen des
Diskurses auseinanderzusetzen. Ihre Stichworte haben in Deutschland
gerade die beflissensten Verehrer des »Postmodernen Denkens« einer
gläubig gestimmten Sekundärliteratur (Breitenwirkung hat vor allen
Wolfgang Welschs Versuch einer Bestandsaufnahme des Diskurs-Wissens erzielt: »Unsere postmoderne Moderne«) und katechismusartigen
Kompendien entnommen. Das ist einer der Gründe, weshalb die intellektuellen Austauschprozesse zwischen den Teilnehmern des »großen
Diskurses« nicht selten wie mittelalterliche Glaubensexerzitien wirken.
Sie erwecken den Eindruck von Überzeugungsgemeinschaften, denen
die Reflexion ihrer Denkvoraussetzungen wesensfremd ist. Aufgrund
einer gewöhnlich dürftigen Literaturbasis und eines mangelhaften Verständnisses für die Implikationen des eigenen Denkens, erweisen sich
viele Diskussionen mit den Vertretern der »Postmoderne« als wenig
fruchtbar. Meistens werden von den bemühten Apologeten, zwar mit
glühenden Herzen aber schwachen Argumenten, die immergleichen
»postmodernen« Selbstverständigungsformeln reproduziert. Protagonisten des Postmodernismus selbst haben gelegentlich über die mangelnde Literaturkenntnis in den Diskursen geklagt – aber vielleicht erklärt
dieses Defizit auch *zum Teil* seinen Erfolg als sozio-kulturelles Selbst-
verständigungssystem.

Sehr schnell wird bei einem Versuch der intellektuellen Auseinandersetzung deutlich, daß die Vertreter des Postmodernismus große Schwierigkeiten haben außerhalb eines strikt verteidigten Schutzraumes, also außerhalb eines Klimas des vorgängigen Einvernehmens, zu kommunizieren: Auf jeden Versuch einer theoretischen Festlegung reagiert die »Postmoderne« mit dem Vorwurf, daß sie gründlich mißverstanden worden sei und ihr zutiefst unrecht getan würde. Wenn aber das »Postmoderne Denken« nicht die Überholtheit der sozialen Emanzipationsperspektive und die Hinfälligkeit der wissenschaftlichen Wahrheitsorientierung, nicht die prinzipielle Ununterscheidbarkeit von Realität und Illusion, Wahrheit und Lüge postulieren, sowie die Möglichkeit eines orientierenden Denkens bestreiten sollte, wären klärende Worte darüber sicherlich nützlich. Nur wird sie der lernwillige Leser in den postmodernistischen Texten vergeblich suchen und in der Diskussion vergeblich darauf warten müssen. Das ist kein Zufall, denn diese Positionen bilden den Kern des »Postmodernen Wissens«, den zur Diskussion zu stellen der Diskurs nicht bereit ist und ohne sich selbst zu negieren, auch nicht bereit sein kann! Die Frage nach den Gründen dieses offensichtlichen Mangels an Selbstreflexivität und grenzüberschreitender *Diskursfähigkeit* wird eine wichtige Rolle bei unserer Expedition in die wundersamen Welten des »Postmodernen Denkens« spielen.

Leben in der »Postmoderne«

Die Krise als Lebensform

Der Kapitalismus hat den täuschenden Glanz seiner Prosperitätsphase verloren. Widersprüche, die hinter seiner Wohlstandsfassade lange Zeit fast unsichtbar waren, sind nach dem »Sieg« des westlichen Zivilisationsmodells in der »Systemkonfrontation« zur prägenden Sozialerfahrung geworden. Durch das global radikalisierte Kapitalverhältnis vollzieht sich ein ebenso krisenhafter wie schmerzhafter Wandel der Arbeits- und Lebensbedingungen. Eine informationstechnologisch gestützte Rationalisierungswelle von bisher nicht gekannter Intensität und Tiefe »revolutioniert« die Arbeitswelt und drückt allen Lebensverhältnissen ihren destruktiven Stempel auf. Durch die Neuorganisation der internationalen Arbeitsteilung und die verschärfte Konkurrenz sind die Anforderungen an die Leistungsfähigkeit und Leistungsbereitschaft der Arbeitenden beträchtlich gestiegen: Mit immer weniger Personal muß immer mehr geleistet werden. Um dies zu erreichen, werden die in Jahrzehnten erkämpften Arbeitszeitvereinbarungen und Arbeitsschutzbestimmungen zur Disposition gestellt, herrscht in den Betrieben ein auf die Spitze getriebener Erfolgsdruck. Die erweiterte Verfügung des Kapitals über die Lebenszeit der abhängig Beschäftigten ist zur Norm geworden.

Mit den einschneidenden Veränderungen der betrieblichen Organisationsstrukturen und den daraus resultierenden massenhaften »Freisetzungen« breiten sich Unsicherheit und Existenzsorgen aus. Vor kurzem noch zukunftsorientierte Qualifikationen erweisen sich als überflüssig und prämierte Leistungsstandards als unzureichend. Realistische Selbsteinschätzungen haben ihre Plausibilität und selbst bescheidene Lebensperspektiven ihren Orientierungswert verloren; das ehemals Selbstverständliche ist fragwürdig geworden: Durch die verschärften Verwertungsbedingungen der Ware Arbeitskraft erscheinen die sozialen Risiken als unkalkulierbar. Weder »Bildung und Ausbildung«, noch »Mobilität und Umstellungsbereitschaft«, die von der affirmativen Sozialforschung als »Kompetenz für Modernität« definiert und als Garanten sozialer Selbstbehauptung angesehen werden, bewahren vor beruflichen Sackgassen, Arbeitslosigkeit und sozialem Abstieg.

Aktuelle ökonomische Krisentrends kreuzen sich mit einer fundamentalen Veränderung der Akkumulationsdynamik und stellen den herrschenden Regulationsmodus in Frage: Durch den gestiegenen Einfluß des Finanzkapitals, »sehen sich Konzernmanager gezwungen, die Gewinne schneller zu steigern, als es mit Wachstum allein erreichbar ist. Das geht zu lasten von Jobs oder Löhnen oder beiden, so etwa bei einem der ältesten Global Player Deutschlands, der Siemens AG. Deren Kapitalgeber gaben sich 150 Jahre lang mit Renditen von 8 – 10 Prozent zufrieden. Nun fordern Investmentfonds mindestens 15 Prozent auf das eingesetzte Kapital, und das Management baut radikal um: Ganze Unternehmenszweige werden abgestoßen, Dienstleistungen gehen an ausgelagerte Unternehmen, die keine Tariflöhne zahlen. Die Arbeitszeiten werden wieder verlängert.« (H. Schumann). Entstanden ist ein gesellschaftlicher Zustand, der nicht nur an den sozialen »Rändern« den Charakter einer Erosionskrise angenommen hat. Die soziale Welt ist durch Unsicherheit und Rücksichtslosigkeit geprägt. Eine sich zuspitzende Ungleichheitsentwicklung überlagert das »fordistische« Gesellschaftsmodell und verdrängt in immer weiteren Bereichen den sozialstaatlichen »Interessenausgleich«.

Dominant ist ein Klima der Hoffnungs- und Orientierungslosigkeit, verbreitet die Angst sozial zu scheitern und hilflos gegenüber den Kräften zu sein, die so massiv in das eigene Leben eingreifen. Das Gefühl zumindest in Teilbereichen die Kontrolle über das eigene Leben zu besitzen, ist den Menschen abhanden gekommen. Traditionelle Gewißheiten haben sich verbraucht und perspektivische Entwürfe ihre Überzeugungskraft eingebüßt. Kein Ausbildungsweg garantiert mehr einen reibungslosen Berufseinstieg und keine noch so profilierte Qualifikation ist eine Versicherung dagegen, einmal überflüssig zu werden. Der gesellschaftspolitische Anspruch und die soziale Wirklichkeit klaffen

weit auseinander: Durch die »Bildungsoffensive« der 70er und 80er Jahre
haben sich profilierte Partizipationserwartungen entwickelt, jedoch sind
die realen Chancen, einen der höheren Ausbildung adäquaten Arbeitsplatz zu erhalten, nicht in dem gleichen Umfang gestiegen; die berufliche Etablierung ist im zunehmenden Maße von Zufällen abhängig und
hat den Charakter eines großen Lotteriespiels angenommen.

Die programmatischen Fixierungen der »Moderne« scheinen im sozio-kulturellen Selbstbewußtsein der 90er Jahre keine Gültigkeit mehr
zu besitzen: Die Überzeugungskraft der Fortschrittslogik ist verbraucht,
die Aufklärung sprachlos geworden; solidarische Problemlösungskon-
zepte und soziale Emanzipationsvorstellungen sind von der politischen
Tagesordnung verschwunden. Die Hoffnungen auf ein besseres Morgen
haben sich verflüchtigt; die Vorstellungen der Vergeblichkeit des eigenen Tuns und der Perspektivlosigkeit des sozialen Geschehens gewinnen immer größeren Einfluß: Diese ideologischen Spiegelungen der
Krisenentwicklung besitzen innerhalb der hegemonialen Weltanschauungsmuster eine hohe Plausibilität. Die Entwürfe gesellschaftlicher Veränderung korrespondieren nicht mehr mit den eigenen Lebenserfahrungen und die Bedrohung der individuellen Lebensperspektiven lähmt die
auf Vergesellschaftungsalternativen gerichtete Phantasie.

Perspektivische Orientierungen werden von einem diffusen Gefühl
der Beklommenheit, wenn nicht gar handfesten Existenzängsten verdrängt, zumal die sozialen Anforderungen, mit denen die Menschen
konfrontiert werden, in sich selbst widersprüchlich sind. Denn im Gegensatz zu den sozialtheoretischen Mythen vom Beginn eines »postindustriellen Zeitalters« und dem »Ende der Arbeitsgesellschaft« besitzen die traditionellen Orientierungsmuster eine ungebrochene Gültigkeit. Der Platz des Individuums in der Gesellschaft vermittelt sich nach
wie vor über den beruflichen Status, sein Selbstwertgefühl über die sozial anerkannte Leistungsfähigkeit. Weil es aber durch die sozialen
Ausgrenzungsprozesse immer weniger Menschen gelingt, den verinnerlichten Leistungsorientierungen zu genügen, hat die ökonomische Krise sich zu einem sozio-kulturellen Erosionsprozeß verdichtet. Der Ausschluß großer Bevölkerungsgruppen aus der Arbeitswelt bewirkt auf
der individuellen Ebene psychische Instabilitäten und normative Diffu-

sionen; Gefühle der Bedrohung und der Ratlosigkeit bilden einen fruchtbaren Nährboden für Ressentiments und Haßsyndrome.

Durch die konkurrenzbedingten Isolations- und Vereinzelungstendenzen ist der Eindruck entstanden, nur noch den eigenen Kräften und Fähigkeiten vertrauen zu können. Durch den Krisendruck schwinden die Skrupel, die »Ellenbogen zu benutzen«, den anderen auszugrenzen und kompromißlos den eigenen Vorteil im Existenzkampf zu suchen. Gewalt ist zur alltäglichen Erfahrung geworden und die Kehrseite einer neuen »Qualität« sozialer Rücksichtslosigkeit und Gleichgültigkeit: Die Privilegierten nehmen es fraglos hin, daß immer mehr Menschen im sozialen Abseits landen, mit Deklassierung und Arbeitslosigkeit konfrontiert werden.

Die Radikalisierung der Kapitalakkumulation hat zu einer zunehmenden Sozialdifferenzierung und einem verschärften Konfrontationsklima geführt. Gewachsen ist die Bereitschaft, Ungleichheit und Unterprivilegierung zu akzeptieren und »das Entwürdigende als einen normalen Zustand zu betrachten« (H. Sāna). Es sind Lebensverhältnisse entstanden, in denen »jeder Einzelne die Kälte um sich verbreitet, in deren Schutz er gedeihen kann.« (Adorno) Die Menschen ziehen sich in das Private als einen vermeintlichen Schutzraum zurück; ihre Haltung zum gesellschaftlichen Geschehen ist »indifferent«, weil die Verdrängung der sozialen Widersprüche und Gefährdungen zum psycho-sozialen Überlebensprinzip geworden ist. Durch Illusionen versuchen die Gefährdeten sich vor den Bedrohungserfahrungen zu schützen und durch ideologische Rationalisierungsformeln ihre Lebensansprüche zu signalisieren. Fatale Konsequenz dieses Bestrebens, mit hilflosen Mitteln »den Schein einer menschlichen Existenz« (Marx) aufrechtzuerhalten, ist die Versöhnung mit den Konsequenzen entfremdeter Sozialbeziehungen, mit der Zerstörung von Sensibilität und der Betäubung von Widerspruchsbedürfnissen.

Durch den Abbau der sozialen Sicherungssysteme breiten sich Ausgrenzungs- und Armutsformen aus, die schon als überwunden galten. Ein tiefer Riß geht durch die Gesellschaft: Den Beschäftigten in den prosperierenden »Kernen« steht eine rasch anwachsende Gruppe mit entwerteten Qualifikationen und sinkenden Realeinkommen gegenüber und für immer mehr Arbeitskraftverkäufer ist es fraglich, wie lange sie überhaupt noch einen Platz im Berufsleben finden. Wer aus dem Reproduktionsrahmen herausfällt, hat nicht nur mit ökonomischen Nachteilen zu kämpfen, er wird sozial an den Rand gedrängt und verliert seine Anerkennung als nützliches Mitglied der Gesellschaft.

Repressive Widerspruchsverarbeitung

Durch die krisenförmige Sozialentwicklung sind Unsicherheit und Orientierungslosigkeit zum Normalzustand geworden. In einem negativen Sinne scheint alles möglich zu sein: Die gesellschaftliche Entwicklungstendenz ist »kontingent«, was in der Alltagswirklichkeit diffus und unkalkulierbar bedeutet. Jeder muß seinen eigenen Weg finden, sein Leben jenseits verläßlicher Anhaltspunkte und solidarischer Beziehungsstrukturen gestalten: Die Objektivität löst sich für das entfremdete Alltagsbewußtsein in zersplitterte Einheiten, in disparate Elemente ohne sichtbaren Zusammenhang auf. Ethische Indifferenz und soziale Verantwortungslosigkeit sind wichtige Voraussetzungen erfolgreicher »Lebensgestaltung« geworden. Die Menschen richten sich in einer Welt ohne Wahrheit, Maßstäbe und Perspektiven ein. Die Maxime »Es ist, wie es ist«, »fundiert« einen lebensweltlichen »Realismus«, der weder Hoffnung noch Visionen zuläßt.

Der Alltag ist durch die Erfahrung sozialer Beziehungslosigkeit und fehlender Sinnhaftigkeit geprägt: Auf der Oberfläche spielen zwischenmenschliche Kontakte eine große Rolle, organisiert sich das Leben in dichten »Kommunikationsnetzen« –, ohne daß jedoch wirklich miteinander geredet wird oder die eigentlichen Bedürfnisse zur Sprache kommen. Durch den permanenten Zwang, seine soziale Position zu verteidigen und sich gegenüber den Arbeitsmarktkonkurrenten zu profilieren, entwickelt sich ein »instrumentalistisches« Verhältnis zu den Mitmenschen; sie werden primär als Gegenprinzip zu den eigenen Lebensansprüchen wahrgenommen. Bis in die privaten Beziehungen hinein herrscht die Angst mißbraucht und übervorteilt zu werden. Trotz einer äußeren »Wohlhabenheit« – die aber immer fragwürdiger wird –, leiden viele Menschen an einer inneren Leere, dem Gefühl der Sinnlosigkeit ihres Lebens und der Vergeblichkeit ihres Tuns. Durch seine weltanschauliche bzw. politische Hilflosigkeit ist der »postmoderne« Mensch widerstandslos gegen die sich zunehmende Fremdbestimmung, wird »die Persönlichkeit auch hier zum einflußlosen Zuschauer dessen ..., was mit seinem Dasein, als isoliertem, in ein fremdes System eingefügtem Teilchen geschieht«. (G. Lukács)

Durch eine sozio-strukturell produzierte Bewußtlosigkeit können sich handfeste Klasseninteressen problemlos hinter ideologisch konstruierten Sachzwängen verbergen. Mythisch überladene Begriffe, wie der »Markt« oder neuerdings die »Globalisierung«, transportieren eine Weltsicht, die das Verständnis des Geschehens erschwert und die Möglichkeit einer rationalen Einflußnahme auf soziale Prozesse verleugnet.

Mit den sozialen Spaltungstendenzen breiten sich auch Symptome eines zivilisatorischen Verfalls und einer schleichenden »Entkultivierung« (E. Cardenal) aus. Es schwindet das schon erreichte Niveau der Realitätswahrnehmung und regressive Reaktionsformen erhalten einen ungestörten Entfaltungsraum. Die Zunahme von Irrationalität und Gewalt, die Ausbreitung von Wunderglauben und obskuren Erlösungserwartungen sind die Symptome eines zunehmenden Zivilisationsverlustes.

Weder für die sozio-kulturellen Verwerfungen, noch für die unmittelbar ökonomischen Probleme hat die kapitalistische Ideologie überzeugende Lösungskonzepte anzubieten. Aber auch alternative Orientierungsmuster spielen in den Alltagskulturen keine nennenswerte Rolle mehr. Die meisten Menschen reagieren auf die sozialen Entwicklungen wie auf eine Naturkatastrophe, der man hilflos ausgeliefert ist. Gebannt und eingeschüchtert schauen sie auf die destruktiven Konsequenzen der »Globalisierung« und versuchen sich in der Krise einzurichten: Ohne realistische Orientierungsmöglichkeiten konzentriert sich das Lebensinteresse auf die Unmittelbarkeit der Alltagserfahrung und den flüchtigen Augenblick. Die Menschen im Risikokapitalismus »wachsen in einer Art permanenter Gegenwart auf, der jegliche organische Verbindung zur Vergangenheit ihrer eigenen Lebenszeit fehlt« (E. Hobsbawn).

Aber trotz der sozialen Gefährdungen und einer verstärkten Konfron-

tationsbereitschaft von Seiten der Herren über die Arbeitsplätze und
Lebensperspektiven formiert sich nur verhaltener Widerstand, fügt sich
die Mehrheit der Krisenopfer sprachlos ihrem »Schicksal«. Obwohl die
Alltagssubjekte sich weder Illusionen über den krisenhaften Gesell-
schaftszustand noch über ihre reduzierten Zukunftsaussichten machen,
bleibt ihr Bewußtsein hinter den realen Entwicklungen und Problemkonstellationen zurück. Zwar hat mittlerweile fast jede Nachrichtensen-
dung den Charakter einer antikapitalistischen Agitationsveranstaltung
angenommen, doch gerade diese Offensichtlichkeit der Krise und der
Bedrohung ihrer Lebensverhältnisse schüchtert die Menschen ein, hinterläßt bei ihnen den Eindruck der Unabwendbarkeit des sozialen
»Schicksals«. Trotz zunehmender Massenarbeitslosigkeit, trotz Demon-
tage des sozialstaatlichen Sicherungssystems und einer eklatanten Verschärfung der sozialen Gegensätze hat sich bisher nur eine punktuelle
Auflehnungs- und Widerspruchsbereitschaft artikuliert.

Die ideologische Selbstunterwerfung funktionierte bisher weitgehend
reibungslos, weil die Kräfte alternativer Orientierung schwach entwik-
kelt sind und die kapitalismusspezifischen Deutungsmuster massenwirksam nicht in Frage gestellt werden. Dominant ist das herrschaftskonforme Bild eines restaurativen Epochenumbruchs, in dem historische Fort-
schritts- und soziale Gerechtigkeitsorientierungen keinen Platz mehr
haben. Fetischisierte Bewußtseinsformen, die unmittelbar aus der kapitalistischen Lebenspraxis resultieren, können sich in diesem weltanschaulichen Klima ungestört entfalten und die Vorstellungen von der Unerschütterlichkeit der bestehenden Verhältnisse zusätzlich festigen: Obwohl in der gegenwärtigen Krise die vielschichtigen Widersprüche einer kapitalistischen »Modernisierung« zu Tage treten, wird durch die
ideologische Hegemonie des herrschenden Blocks die Verarbeitung dieser Erfahrungen in einem machtkonformen Sinne gewährleistet. Zwar
machen sich die Menschen kaum Illusionen über die gravierenden sozialen Benachteiligungen und die Unsicherheit ihrer Lebensverhältnisse, jedoch sind sie »spontan« nicht in der Lage, die Ursachen ihrer sozialen Situation zu durchschauen. Abgeschnitten von alternativen Orientierungsmustern bleibt ihre Erfahrungsverarbeitung an die herrschenden Weltbilder und medial vermittelten Interpretationsschablonen ge-

bunden. Als unangemessen hat sich nicht erst in dieser Krise eine vor-
schnelle politische Hoffnung erwiesen, daß aus der sozio-ökonomischen
Widerspruchsentwicklung ein nachhaltiger Protest automatisch erwachsen würde. Durch eine »stagnative Verarbeitungsform« (wie Hartmut
Krauss sie bezeichnet hat) bleibt die Bewußtseinsaktivität der Menschen
auf das »fraglose Sichzurechtfinden in einer in ihren Wesenszügen und
übergreifenden Zusammenhängen unbegriffenen Realität« reduziert. Die
Krisenopfer figurieren durch die herrschaftskonforme Widerspruchsverarbeitung als Spielball fremder Interessen und tragen mit ihrem Handeln zur eigenen Unterdrückung bei.

Obgleich sporadische Protest- und Streikaktionen auch eine Vorstellung von den »Grenzen der Globalisierung« und der Fragwürdigkeit der
These vom »Ende der Geschichte« vermitteln, wird die Widerstands-
und Handlungsbereitschaft durch eine politische und weltanschauliche
Hilflosigkeit gegenüber der profitorientierten Umwälzung der Arbeits-
und Lebensbedingungen gelähmt: Während die meisten Krisenopfer sich
resignativ zurückziehen, weil sie sich aufgrund des herrschenden psycho-sozialen Regulationssystems für ihr soziales »Versagen« verantwortlich fühlen und Scham empfinden, haben große Teile der Intelligenz im
Schatten der sozio-kulturellen Umbrüche ihr kritisches Selbstverständnis gegen soziale Gleichgültigkeit, intellektuellen Relativismus und
Verfallsmythologien eingetauscht.

Dialektik der Anpassung

Das vernehmliche Schweigen vieler Intellektueller über die sozio-kulturelle Katastrophenentwicklung bedeutet mehr als bloße Zurückhaltung oder vielleicht Unentschiedenheit. Vorherrschend ist ein bewußter
Verzicht auf kritische Stellungnahmen über die Ursachen der aktuellen
Entwicklungen. Verglichen mit den Verhältnissen vor vielleicht zwan-
zig Jahren hat sich der Wind um 180 Grad gedreht. Reformorientierte
Konzepte wurden zugunsten neo-konservativer Ungleichheitspostulate
und restaurativer Orientierungsmuster aufgegeben. Große Teile der In-

telligenz haben im Schatten der sozialen Krise ihr Distanzierungsbedürfnis und ihren Kritikanspruch gegen soziale Gleichgültigkeit, intellektuellen Relativismus und Verfallsmythologien, nicht selten auch gegen tradierte Werte wie Heimat und Nation eingetauscht. Gesellschaftskritik und perspektivische Gegenentwürfe sind in die Defensive geraten.

Einschneidende Veränderungen des kulturell-ideologischen Profils
haben sich schon seit längerem abgezeichnet: Ein vordem naiver Fort-
schrittsoptimismus ist im Windschatten einer neo-konservativen Welt-
anschauungsoffensive in Skepsis gegenüber planender Weltveränderung
und nicht selten auch in eine Aversion gegen Rationalität und Vernunft
umgeschlagen. Die Bereitschaft sich kritisch auf eine Sache einzulassen und – um der Erkenntnis und der Wahrhaftigkeit willen – den Tabus
des herrschenden Denkens zu widersprechen, ist vor allem im akademischen Raum deutlich zurückgegangen. Wo in den soziologischen Seminaren in den 70er Jahren noch von der Klassenstruktur, den Problemen
der Triebunterdrückung, der Mehrwertmasse, dem falschen Bewußtsein
und den Formen repressiver Machtreproduktion die Rede war, sind ein
Jahrzehnt später system-funktionalistische Grundannahmen weit verbreitet und wird gleichzeitig – ungeachtet der logischen Widersprüchlichkeit dieser theoretischen Dispositionen – für einen methodologischen
»Individualismus«, ein »schwaches Denken« und die modephilosophische Konzentration auf das »Fragment« Partei ergriffen.

Zu beobachten ist zwar eine breite Verunsicherung über die Krisenentwicklung, aber auch, daß von ihrer Unvermeidbarkeit ausgegangen
wird, weil Alternativen, gar utopische Perspektiven undenkbar geworden seien. Weil ein wirkungsvolles politisch-weltanschauliches Gegengewicht fehlt, können rückwärtsgewandte Sichtweisen sich nicht nur im
Alltagsleben, sondern auch in den intellektuellen Reproduktionssphären ungestört entfalten: Die weltanschaulichen Orientierungssysteme
perpetuieren eine Auffassung von Geschichte als immergleichem Vorgang menschlicher Schicksalsverfallenheit; Anfang und Ende werden
unter negativen Vorzeichen als identisch begriffen. Parallel dazu breitet
sich als subjektives Sinn-Surrogat eine modifizierte Lebensphilosophie
aus; Unmittelbarkeitsphantasien und Illusionen einer individualistischen
Lebenserfüllung jenseits sozialer Bindungen machen Karriere. Kulti-

viert werden Vorstellungen einer vorbegrifflichen Erfahrungsdimension und die Möglichkeiten einer unverformten »Authentizität«, zu der auch eine vorgebliche Unmittelbarkeit des »Erlebens« durch die »fühlende« Konzentration auf den »Leib« als »nicht-diskursive« Seinsdimension gerechnet wird.

Während dem Alltagsbewußtsein das soziale Geschehen als undurchsichtig und vom blinden Zufall beherrscht erscheint, ist in maßgeblichen intellektuellen Zirkeln vom »Ende der Gesellschaftstheorie« und der angeblichen Ununterscheidbarkeit von Realität und Fiktion, Wahrheit und Lüge die Rede. Die Deutungsmuster des herrschenden Denkens werden von einer Mehrheit der Intelligenz akzeptiert und in den Kanon ihres »diskursiven Wissens« integriert: Neo-konservativen Orientierungsmustern wird kein nennenswerter Widerstand entgegengesetzt, legitimatorische Ungleichheitsvorstellungen stillschweigend akzeptiert.

Die weltanschauliche Auffanglinie der machtkonformen Ideologieproduktion ist angesichts der Perspektivlosigkeit der herrschenden Vergesellschaftungsweise und der von ihr hervorgerufenen sozio-kulturellen Aporien ein »geschichtsphilosophischer« Vergeblichkeitsmythos: Mit theoretischem Aufwand wird die Resignation des Alltagsbewußtseins »bestätigt«, werden Reflexionsverzicht und Praxisabstinenz als einzig mögliche Reaktion auf die angeblich unausweichliche Katastrophenentwicklung postuliert. Doch existiert ein entscheidender Unterschied zum Alltagsbewußtsein: Das profilierte Krisenbewußtsein unterliegt nicht nur seinen ideologischen Selbsttäuschungen, sondern versieht sie mit einer »philosophischen« Begründung, untermauert die fetischisierten Orientierungsmuster durch ein weltanschauliches Interpretationsschema, das von Skepsis gegenüber Rationalität und Aufklärung geprägt ist.

Diese ideologische Positionierung hat weitreichende Konsequenzen für das Verständnis aktueller Entwicklungen. Wenn Krisenerscheinungen thematisiert werden, schleicht sich in die Zustandsbeschreibungen fast immer auch ein affirmativer Grundton ein. Als intellektuell möglich wird nur noch die Feststellung eines Zustandes angesehen, ihn aber auf seine Ursachen hin zu befragen geradezu als Zumutung betrachtet. Es ist unschwer zu erraten, daß wir uns nun mitten in der Vorstellungswelt eines sogenannten »Postmodernen Denkens« befinden.

Die Paradoxien des »Postmodernen Denkens«

Positionen der »Postmoderne«

Die grundsätzlichen Positionen des »Postmodernen Denkens« dürften zumindest in Umrissen bekannt sein: Postuliert wird die Überholtheit der sozialen Emanzipationsperspektive und die Hinfälligkeit der *wissenschaftlichen* Wahrheitsorientierung; Ausgangspunkt des postmodernen Denkens ist die Annahme einer prinzipiellen Ununterscheidbarkeit von Realität und Illusion, Wahrheit und Irrtum. Das Bemühen, Gleichheit und Gerechtigkeit zu realisieren, sei vergeblich gewesen, alle Versuche, verändernd in den gesellschaftlichen Prozeß einzugreifen, hätten ihr Ziel verfehlt; statt Emanzipation habe der Fortschrittswille bloß neue Widersprüche und verschärfte sozio-kulturelle Disproportionen hervorgebracht. Nach einem programmatischem Satz von Lyotard, sind »die Begriffe der Emanzipation, der Freiheit, des Guten und Bösen ... in letzter Instanz irrelevant« geworden. Dominant ist ein Verständnis der Welt als eines Konglomerats nur peripher miteinander verbundener Existenzweisen und Erlebnissphären.

Eine praktikable Definition hat Terry Eagleton in seinem Buch über die »Illusionen der Postmoderne« formuliert: »Die Postmoderne ist eine intellektuelle Strömung, die mißtrauisch ist gegenüber den klassischen Begriffen von Wahrheit, Vernunft, Identität und Objektivität, von universalem Fortschritt oder Emanzipation, von singulären Rahmenkonzepten, ›großen Erzählungen‹ oder letzten Erklärungsprinzipien. Im Gegensatz zu diesen Leitvorstellungen der Aufklärung betrachtet die Postmoderne die Welt als kontingent, als unbegründet, als vielgestaltig, unstabil, unbestimmt, als ein Nebeneinander getrennter Kulturen oder Interpretationen, die skeptisch machen gegenüber der Objektivität von

Wahrheit, von Geschichten und Normen, gegenüber der kohärenten Identität der Subjekte und gegenüber der Vorstellung, daß die Natur der Dinge einfach gegeben ist.«

Die postmodernistischen Weltanschauungssysteme erhalten ihr Profil nicht durch eine systematische Begründung, sondern durch die Ablehnung kritischer und selbstreflexiver Theorietraditionen. Der intellektuelle Kampf ihrer Propagandisten gilt den fortschritts- und emanzipationsorientierten Theorieprogrammen und ihrem methodologischen Fundament: Als Ursache für das Scheitern der Emanzipationsbestrebungen gilt dem »postmodernen« Diskurs der Entschleierungs- und Erklärungsanspruch des Aufklärungsdenkens, dessen Insistieren auf Zusammenhänge und die Thematisierung von Strukturbeziehungen. Weil kulturelle und soziale Phänomene sich nach den postmodernistischen Prämissen durch eine kaum vermittelbare Singularität auszeichneten, konstituiere jeder Erkenntnisanspruch und jeder Versuch, die Unmittelbarkeit theoretisch zu überschreiten, ein »Zwangsverhältnis«. Der Wahrheit verpflichtete Denkanstrengungen und ihre konstitutiven »Kategorien Einheit und Identität« seien »selbst die Quelle der Zerrissenheit und des Leidens« (H. Böhme). Die philosophische und wissenschaftliche Rede solle deshalb von der »Inkommensurabilität der Wirklichkeiten« (W. Welsch) ausgehen und sich mit der Vorstellung eines rein subjektivistischen Status jeder Erfahrung bescheiden. Referenzpunkte sind weder Wahrheit noch die verständige »Übereinkunft« mit den »Diskurspartnern«, sondern das Bewußtsein der Partikularität und Relativität aller Wissensformen. Fiktion und Realität gleichen sich nach den für das »Postmoderne Denken« richtungsweisenden Worten Baudrillards an, weil die »Wirklichkeit« imaginär geworden sei und sich die Spannung zwischen subjektiven Bedürfnissen und der objektiven Welt aufgelöst habe. Durch einen fundamentalen Relativismus werden, wie J. Wilke treffend sagt, »Täuschung und Selbsttäuschung zum methodischen Prinzip erhoben«!

Nicht der soziale Zusammenhang ist nach den Maximen des Postmodernismus der entscheidende Bezugspunkt zum Verständnis von Wissensformen, Handlungsmustern oder Lebensentwürfen, sondern die Kenntnisnahme ihres »Eigensinns«, ihrer »Unmittelbarkeit« und ihres

»dezentrierten« Geltungsanpruchs. Im Zentrum der »postmodernen«
Kritik stehen deshalb die »großen Erzählungen«, d.h. das Denken in
Zusammenhängen und Kausalitätsbeziehungen, weil sie angeblich das
Existenzrecht des einzelnen Moments negieren, die »Differenz« nivel-
lieren und »authentische Erfahrungen« verhindern. Als befreiende Leistung der »Postmoderne« begreift Lyotard die Beendigung einer »Herrschaft der Meta-Erzählungen« mit ihrem methodisch begründeten Auf-
klärungsanspruch und ihren projektiven Vorstellungen menschlicher
Selbstbestimmung und sozialer Emanzipation. Diese Überwindung mag
als Verlust erscheinen, doch sei mittlerweile deutlich geworden, »daß
dieser ›Verlust‹ eher ein Gewinn ist. Denn die Kehrseite von Ganzheit
lautet Zwang und Terror, ihr ›Verlust‹ hingegen ist mit einem Gewinn
an Autonomie und einer Befreiung der Vielen verbunden. *Diese Um-
stellung ist entscheidend.* Schätzung des Differenten und Heterogenen
bestimmen die neue Orientierung.« (W. Welsch)

Grundsätzlich wird bezweifelt, daß unter der chaotischen Oberfläche
der Ereignisse eine dem Begriff zugängliche Struktur erkennbar wäre.
Statt dessen werden das Fragmentarische und Unentschiedene als die
eigentlichen Bedeutungsträger begriffen. Das Interesse soll sich auf den
einzelnen Menschen und das einzelne Ereignis konzentrieren, ihrer singulären Bedeutung sei »vorbehaltlos, d.h. dekonstruktiv – jenseits methodischer Verengungen und Zwänge – nachzuspüren« (H.-M. Schönherr-Mann). Während im Rahmen eines realistischen Gesellschaftsverständnisses Struktur und Subjekt als sich gegenseitig bedingend begriffen werden, verabsolutiert der Postmodernismus das Einzelne, verweist
auf das »Fragmentarische« und die »dezentrierte« Erfahrung als Beweis für die Existenz eines Nicht-Darstellbaren und Unfaßlichen. Die
Absicht der »postmodernen« Gedankenarbeit wird von Lyotard als »Anspielungen auf ein Denkbares ... , das nicht dargestellt werden kann«,
beschrieben. Durch die Behauptung einer Unsynthetisierbarbeit der vielfältigen Lebenserfahrungen und Interpretationsmuster wird der Verzicht
auf theoretische Stringenz und Kohärenz zum »Reflexionsideal« erhoben; Brüche und Diskontinuitäten erhalten den Rang eines Konstituens
der menschlichen Existenz, der Verweis auf die »Differenz« fungiert als
Generalformel kultureller Selbstverständigung.

Kontinuität oder Diskontinuität?

Die postmodernistische Identität vermittelt sich über ein Geflecht von »Signalbegriffen« und Selbstverständigungsformeln (Welsch spricht von den »Topoi der Postmoderne«), die zwar mit großer Überzeugungskraft vorgetragen werden, theoretisch meistens jedoch nur dürftig abgesichert sind. Betrachten wir beispielsweise den zentralen Begriff der »*Diskontinuität*« etwas näher: Als Mangel an Zusammenhang, als Unterbrechung oder auch zufällige Entwicklung wäre seine Bedeutung zu übersetzen. Gemeint ist im Argumentationskontext des Postmodernismus eine weitreichende Selbständigkeit sozialer Ereignisse und individueller Existenzen, aber auch die historische Entwicklung in Schüben und Widersprüchen. Doch stellt sich die Frage, unter welchen Bedingungen sich Eigengesetzlichkeiten entwickeln und welchen entwicklungsgeschichtlichen Status Brüche und Diskontinuitäten haben. Läßt es sich nicht sinnvoll von Diskontinuität nur auf der Basis einer Vorstellung von Kontinuität sprechen? Wird durch die Weigerung dieses Verhältnis von Kontinuität und Diskontinuität zu thematisieren nicht der vielschichtige Charakter der historischen Entwicklung verfehlt?

Dieser Widerspruch wird jedoch stillschweigend in Kauf genommen. Denn seine weltanschauliche Interessiertheit zwingt dem Postmodernismus bestimmte Formen des theoretischen Reduktionismus auf: Seine Verengung der Geschichte auf die Vorstellung eines zusammenhanglosen Wandels »perpetuiert eine verwirrende Halbwahrheit ... Historische Strukturen und Ereignisse ... sind notwendigerweise von Natur aus komplex, gehören niemals nur zu einem einzigen Modus (Kontinuität/ Diskontinuität) oder zu einer Form der Temporalität. Die Kontexte sind kurz und eng (eine Generation, eine politische Krise), aber sie sind auch lang und breit (eine Sprache, Produktionsverhältnisse, geschlechtsbedingte Privilegien), und all dies gleichzeitig«! (F. Mulhern; zit. nach T. Eagleton)

Der Postmodernismus verdrängt zwar die Existenz realer Zusammenhänge, kann ihnen aber in seiner eigenen Argumentation nicht wirklich entkommen: Er leugnet zwar den Kontinuitätscharakter der Geschichte,

thematisiert aber paradoxerweise einen »Epochenwandel«. Damit ist
jedoch, den eigenen Ansprüchen zum Trotz, die Vorstellung einer historischen Entwicklung mitgesetzt!

Daß über solche Implikationen ihres Denkens die »Postmoderne«
keine Rechenschaft ablegt, sollte nicht weiter verwundern. Denn nicht
die wissenschaftliche Begründung ihrer Kategorien steht im Mittelpunkt
ihres Interesses, sondern die Diskreditierung der Ideen des sozialen
Fortschritts und einer vernunftorientierten Praxis: Die unübersehbaren
sozio-kulturellen Verfallstendenzen werden durch eine Geschichtsme-
taphysik mit umgekehrten Vorzeichen relativiert und dadurch Bestandteil eines Weltanschauungsmusters mit legitimatorischer Funktion. Um
diese inhaltliche Positionierung zu realisieren, instrumentalisiert das
»postmoderne Wissen« die Begriffe des Bruchs und der Diskontinuität
als theoretische »Alternative« zu einer linearen Entwicklungsvorstel-
lung und einem unreflektierten Fortschrittsbegriff, der in der vom »Diskurs« skizzierten Weise spätestens von Marx, teilweise aber auch schon
von Hegel überwunden worden war.

Historischen Fortschritt hatte Hegel immer als von Revisionen und
Rückschritten begleitet dargestellt. »Der Vorwurf, Hegel ignoriere die
Opfer der Geschichte, ist, so platt wie er meist formuliert wird, falsch.
Ausdrücklich spricht Hegel von der Geschichte als einer ›Schlachtbank,
auf welcher das Glück der Völker, die Weisheit der Staaten und die
Tugend der Individuen zum Opfer gebracht worden sind‹.« (Th. Met-
scher) Noch unmißverständlicher fiel der Marxsche Blick auf die Geschichte aus. Es ist daran zu erinnern, daß der Begründer des Historischen Materialismus es war, »der sich über die Widersprüchlichkeit des
Fortschritts, über die mit ihm unvermeidlich unter bestimmten Bedingungen verbundenen Antagonismen mit größter Ausführlichkeit und
Kompetenz zu einer Zeit geäußert hat, zu der für die Bourgeoisie dieses
Thema noch absolut tabu war.« (E. Hahn) Fortschritt und Vernunft waren für Marx nie mehr als ein realgeschichtliches Versprechen, um dessen Einlösung gekämpft werden muß, damit »der menschliche Fortschritt
nicht mehr jenem scheußlichen heidnischen Götzen gleicht, der den
Nektar nur aus den Schädeln Erschlagener trinken wollte.« Daß die
Realisierung der historisch erzeugten Emanzipationspotentiale keines-

wegs als gesichert angenommen, der Geschichtsprozeß von Marx und Engels im Bewußtsein der Möglichkeit des Scheiterns und der Katastrophe reflektiert wurde, wird schon im »Kommunistischen Manifest« durch den Gedanken dokumentiert, daß im Kampf um den Fortschritt auch die oppositionellen Klassen gemeinsam untergehen können! Anders als der Diskurs assoziiert, kann mit dem Foucaultschen Verdikt über »eine bestimmte Form der Historie ..., [die] das kontinuierliche Ablaufen einer idealen Notwendigkeit erzählt«, das Marxsche Geschichtsverständnis ernsthaft nicht gemeint sein!

Daß Diskontinuitäten und Brüche im dialektischen Prozeßdenken – als Elemente und konkrete Ausdrucksformen historischer Entwicklung – eine zentrale Rolle spielen, ergibt sich zwangsläufig sowohl aus seiner theoriegeschichtlichen Position als auch aus den Konstitutionsproblemen einer realen Veränderungsperspektive: Ein zentrales Merkmal der Marxschen »Philosophie der Praxis« ist die Opposition zu einem evolutionären Denken, das vorgibt, die gesellschaftliche Entwicklung ohne *revolutionäre* Brüche erklären zu können. Zwar wird im dialektischen Denken der Geschichtsprozeß auf der Ebene abstrakter Allgemeinheit als Kontinuum reflektiert, dieses Kontinuum aber spätestens seit Hegel als eine von Brüchen charakterisierte Entwicklungslinie begriffen. Der »Bruch« selbst ist aber nichts Abstraktes, sondern Transformationsmoment im Zusammenhang realer gesellschaftlicher Zustandsformen. Dialektisch begriffen, sind »Brüche« qualitative Sprünge, die sich nicht voraussetzungslos ereignen. Sie sind die Konsequenz von Entwicklungen, die im Überwundenen schon herangereift waren. Der Bruch und die »Diskontinuität« sind sowohl als regressive als auch vorwärtsweisende in gesellschaftliche Entwicklungen eingebettet: »Der dialektische Sprung reißt die Vermittlungsreihe zwar ebenfalls ab, aber nicht fast disparat zu ihr, noch weniger allerdings in der letzthin beförderten Weise der dialektischen *Antithese*, sondern als das jäh durchbrechende *Resultat der Vermittlung*.« (Bloch)

Auch der »Sprung« ist ein realgeschichtlicher Übergang oder, besser gesagt, eine Überwindung der Schranken, die das Bestehende zum Schutz gegen seine Überwindung aufgebaut hat. Wenn auch der *qualitative* Bruch den Übergang zu einem fundamental Neuen markiert, so ist seine

Substanz schon keimhaft im Alten angelegt gewesen. Sowohl der Sprung, als auch der Bruch sind ein Vermitteltes, dadurch aber nicht etwas lükkenlos Determiniertes. »Zwischen Sprung und Vermittlung [geht es] allemal oszillierend her, dergestalt daß zwar die Vermittlung in den Sprung eingeht, ja darin überflüssig wird, daß aber auch das bisherige Resultat wieder Widersprüche, Antithesen zum Resultat setzt, in denen sich die Vermittlung fortsetzt, auf neuen Stufen weitergeht.« (E. Bloch)

Wir können sehen, daß die »Brüche« und »Diskontinuitäten« der realen Geschichtsdialektik auf einer Ebene angesiedelt sind, die vom Postmodernismus nicht reflektiert wird. Vor allen Dingen sind die »diskontinuierlichen« Momente nicht der »Beweis« einer Strukturlosigkeit des Sozialen, sondern Indiz seiner Organisation in konkreten Formen: »Die Nichtlinearität gesellschaftlicher Entwicklung ist Ausdruck und Resultat einer Vielzahl von Ursache-Wirkungs-Verflechtungen ... Die Komplexität und Kompliziertheit von Dasein und Entwicklung der Gesellschaft sind um ein Vielfaches größer als die der Natur, der Zufall spielt eine eigenständige Rolle und das Möglichkeitsfeld besitzt vielschichtig verzweigte Dimensionen. Die geschichtliche Entwicklung ist zu jedem Zeitpunkt – in Grenzen – offen und enthält stets Alternativen, was jedoch nicht die Existenz gesetzartiger Strukturen und Prozesse aufhebt.« (G. Stiehler)

Nun ist es aber gerade diese prinzipielle Offenheit des historischen Prozesses, die der »Postmodernismus« (im Windschatten seiner Behauptung einer Strukturlosigkeit der Geschichte) ignoriert. Der Begriff eines grundsätzlich Neuen ist tabuisiert; offen ist das »Diskurs-Wissen nur für Entwicklungstendenzen, die das bestehenden Machtgefüge und die entfremdeten Lebensverhältnisse reproduzieren. Der Postmodernismus ignoriert die überwältigende Existenz des Kapitalismus als dynamisches Weltsystem und bemüht sich, seine soziale Realität in eine Vielzahl von »Diskursen« und »Machtbeziehungen« aufzulösen. Um jeden Gedanken an die Möglichkeit gesellschaftsverändernder Praxis zu verhindern, soll die historische Entwicklung auf den bloßen Zufall reduziert werden. Dieser Geschichtsreduktionismus hat seinen ideologische Aufgabe erfüllt, wenn sinnvolle Anhaltspunkte für selbstbestimmtes Handeln nicht mehr erkannt werden können und die historischen Handlungssubjekte sich dem Mythos einer »Unaufhörlichkeit des Kapitalismus« (N. Bolz) fügen!

Dieser knappe methodenkritische Blick auf die Spezifik der historischen Entwicklungsdynamik verweist schon auf das grundsätzliche Problem der »postmodernen« Selbstbeschränkung: Bezug genommen wird auf isolierte Erfahrungselemente, der zu ihrem Verständnis notwendige Zusammenhang bleibt jedoch ausgeblendet. Der Diskurs ist so konditioniert, daß Pawlow seine helle Freude haben würde. Jeder noch so zaghafte Versuch, individuelle Dispositionen in Bezug zu den Lebensbedingungen zu setzen, wird mit dem Vorwurf des »Ökonomismus« geahndet, das Bestreben die verschiedenen Seiten eines sozialen Sachverhalts gleichzeitig zu denken als intellektueller »Terrorismus« gebrandmarkt. »Ein Buch mit dem Titel ›Post-Structuralism and the Question of History‹ stellt schon nach neun Seiten jeden Versuch unter Strafe, Derridas Konzept der Differenz historisch zu beleuchten«, notiert Terry Eagleton. Die Liste der geistespolizeilichen, oft von Zorn und Intoleranz geprägten Reaktionsweisen ließe sich fast unendlich verlängern: Mit strengem Blick wird von den Hohepriestern des Diskurs-Wissens auf die Einhaltung des intellektuellen Reglements geachtet, jede Abweichung konsequent geahndet.

Regressionsformen des Denkens

Zwar bietet die intellektuelle Kultur, die sich als »Postmodernes Denken« bezeichnet oder als solches identifizieren läßt, auf der Oberfläche ein buntes und vielfältiges Bild: Inhaltliche Positionen, die von einigen Theoretikern als elementar angesehen werden, finden bei den Repräsentanten anderer Strömungen keine Akzeptanz. Schon deshalb kann das Etikett »Postmoderne« nicht als Oberbegriff angesehen werden, unter dem differenzlos *alle* Äußerungen des Diskurses subsumiert werden können. Doch ändert das nichts an der Existenz eines harten Kerns von Prämissen und Basisüberzeugungen, die als selbstverständlich vorausgesetzt werden – auch wenn der Postmodernismus von sich behauptet, definitorisch nicht erfaßbar und inhaltlich vieldimensional zu sein. »Der Jargon variiert, aber nicht die Botschaft« (D. McNally): Wir werden aber noch sehen, daß der reklamierte Anspruch auf Vielfältigkeit und inhaltliche Flexibilität einem Verwirrspiel gleicht und ein wichtiges Element der weltanschaulichen Funktionalität des Postmodernismus ist. Im Kontrast zum verbreiteten Selbstbild der »postmodernen« Diskurse existieren zentrale Überzeugungen, verbindliche Orientierungen und verbindende Mentalitäten mit normierender Kraft. Dies bestätigen unbeabsichtigt jene affirmativen Interpreten, die wortreich begründen, daß eine Homogenisierung des »postmodernen Wissens« nicht möglich ist – um im nächsten Absatz ungeniert mit ihrer Rede über die Phänomenologie der »Postmoderne« sowie der Reproduktion postmodernistischer Basisüberzeugungen fortzufahren. Obwohl es sie angeblich gar nicht gibt, hört bei den Postmodernisten der Spaß auf, wenn an ihren auch nur leise gezweifelt, oder gar die »Postmoderne« in Frage gestellt wird. Es ist auffällig, daß nur dann auf der irreduziblen Vielfalt des »Postmodernen Denkens« und einem »Definitionsverbot« bestanden wird, wenn sich radikale Kritik artikuliert und auf die Antinomien des Diskurs-Wissens aufmerksam gemacht wird!

Der Postmodernismus plädiert für den regen Meinungsaustausch und die nachhaltige Hinterfragung aller Argumente. Jedoch ist seine Bereitschaft, sich mit den eigenen Denkvoraussetzungen ernsthaft auseinanderzusetzen, nicht sehr stark entwickelt. Zur intellektuellen Fessel wird alles erklärt, was die selbstgefälligen und selbstvergessenen Kreise des postmodernistischen Denkens stören könnte. Richtig funktionieren kann der Diskurs offensichtlich nur in der Atmosphäre eines einvernehmlichen Wissens und auf der Grundlage eines domestizierten Denkens, das darauf verzichtet, die Tabuzonen anzusprechen; grundsätzlicher Kritik versucht der Postmodernismus geschmeidig aus dem Weg zu gehen. Ihr entzieht er sich nur allzu häufig mit der Behauptung, daß alles *so* gar nicht gemeint sei: Nicht in seinen ideologischen Explikationen unmittelbar sei beispielsweise die intellektuelle Substanz »*des* Postmodernen« (Lyotard) zu erkennen. In ihnen würde nur – gewissermaßen zwischen den Zeilen – auf eine »Problematik« verwiesen, die selbst wiederum durch Ambivalenzen und Zweideutigkeiten gekenn-

zeichnet sei und sich somit dem »identifizierenden« Zugriff entzöge.
Wenn er aber trotz aller Einhegungen, Denkverbote und sophistischer
Manöver mit offensichtlichen Widersprüchen konfrontiert wird, flüchtet sich der Diskurs in die Behauptung, »mißverstanden« und »bösartig
entstellt« worden zu sein. Mit exorzistischem Eifer wird nicht auf die
intellektuellen Widersprüche, sondern auf jenes Denken reagiert, das
auf sie verweist.

Da das »Postmoderne Wissen« auch nach seinem Selbstverständnis
schon durch Unschärfe, Vieldeutigkeiten und Ambivalenzen geprägt ist
und die Kritik regelmäßig als »unklar, unwissend und ignorant« abqua-
lifiziert wird, scheint es fast aussichtslos, sich über einen Grundkanon
zu verständigen. Dem zum Trotz (und allen »postmodernen« Göttern
sei Dank!) hat Wolfgang Welsch sich der Mühe unterzogen, der »dynamischen« Diskurs-Kultur eine feste Struktur zu geben. Um den »groben
Klischees« zu begegnen«, hat er einen Sammelband mit »gewichtigen
Schlüsseltexten« vorgelegt, die durch ihren »geradezu kanonischen
Charakter« qualifiziert seien und »zudem den Vorteil haben, hochkarä-
tig zu sein«. Wer könnte sich der Wirkung dieser weihevollen Worte
(die man sich einmal so richtig auf der Zunge zergehen lassen sollte,
damit der »autoritätskritische« Habitus des Postmodernismus auch richtig
begriffen wird!) entziehen und keine Dankbarkeit empfinden: Steht doch
nun ein Leitfaden zur Verfügung, der es gestattet, der nichtauthentischen
und illegitimen Rede über den Postmodernismus zu entgehen. Besonders bietet sich hierfür der programmatische Text »Postmoderne heute«
von Ihab Hassan an, weil er sich der titanischen Aufgabe unterzieht,
auch das »Unsagbare« des postmodernistischen Selbstverständnisses
»theoretisch weiter aufzuarbeiten« und gar an die Grenze »definitori-
scher Merkmale« zu gehen. Was sind also die Inhalte einer vom ideologischen Wachdienst überprüften »Postmoderne«? Nach den Aussagen
von Hassan (die Welsch seinem Sammelband »Wege aus der Moderne«
programmatisch vorangestellt hat), das »Unbestimmte« und die »Fragmentarisierung«: Weil der »postmoderne Mensch lediglich Trennungen«
vornimmt und »jegliche Synthese« zutiefst verachtet, sei »die Hinwendung zum Paradoxen, Paralogischen« eine selbstbefreiende Suchbewegung. Weil sie sich gleichfalls auch noch »in eine Oberfläche stilisti-

scher Gesten« auflöse, ist jede Vorstellung interpretatorischer Konsistenz hinfällig.

Da jede Sprache durch die »Heterogenität« ihren Wirklichkeitssinn verloren habe und Wahrheit dem menschlichen Geist sich »beständig entzieht«, bleibt es zunächst nicht mehr nachvollziehbar, wie denn der »postmoderne« Anspruch, die »Sprachen der Macht, der Begierde, des Betrugs« (Hassan) zu entlarven, eingelöst werden kann und was sinnvollerweise jenseits eines »vernehmlichen Schweigens« noch übrig bleibt. Doch hat unser postmodernistischer Gewährsmann eine vielversprechende Alternative zur Hand: »In Abwesenheit eines Grundprinzips oder Paradigmas wendet man sich in der Postmoderne dem Spiel, Wechselspiel, Dialog, Polylog, der Allegorie, der Selbstbespiegelung, kurz, der Ironie zu.« Eine unendliche Selbststilisierung und die unreflektierte »Teilnahme am wilden Durcheinander des Lebens« und die »Flucht nach vorne [der Autor zitiert zustimmend Baudrillard], in die reine und leere Form« soll die Antwort auf »die ›fröhliche Relativität‹ der Dinge« sein. (Wenn dies also eine Positionsbestimmung des »veritablen und präzisen [!] Postmodernismus« [W. Welsch] sein soll, können wir uns leicht ausmalen, wie es in den rauhen Ebenen der Diskurs-Welt aussehen mag!)

Vorbehaltlos betrachtet, sind diese Positionsbestimmungen von Vieldeutigkeit und Ambivalenz geprägt. Ihre resignative Subjektzentriertheit und rauschhafte Selbstgenügsamkeit korrespondiert mit einem latenten Irrationalismus; sichtbar wird eine spirituelle Dimension, auch wenn sie nicht unbedingt eine »religiöse Signatur« trägt (die P. Koslowski summarisch der »Postmoderne« zurechnen möchte); prägend ist der Verzicht, die Widersprüche gedanklich zu durchdringen! Durch diesen Text wird auch deutlich, daß es fließende Übergänge zwischen den sozialen Entwicklungen und den postmodernistischen Prozeßbeschreibungen gibt. Die säuberliche Trennung von »kultureller Postmoderne«, »postmodernem Zeitgeist« und »postmodernem Denken«, den die Apologeten des Postismus demonstrativ von seinen Kritikern fordern, ist dem Diskurs-Karussell offensichtlich selbst undurchführbar. Denn der von den weltanschaulichen Pfadfindern reklamierten Unterscheidung zwischen einer »präzisen Postmoderne«, die eine »wirkliche Pluralität«

auf ihre Fahnen geschrieben habe, und einer »diffusen Postmoderne«
(W. Welsch), steht ein etwas größeres Hindernis im Weg: »Kriterien,
um das kulturelle ›anything goes‹ von der höheren Warte des wahren
Postmodernismus aus beurteilen und kritisieren zu können, können systematisch innerhalb ihres Theorierahmens nicht entwickelt werden«
(S. Lang), obwohl einige »Meisterphilosophen« ihre »Basisdefinitio-
nen« explizit als Absicherung gegen die ausufernde Beliebigkeit und
»variable« Verwendungsfähigkeit ihrer Theoreme verstanden wissen
wollen. »Für mich ist die ›Postmoderne‹«, heißt es bei einem um intellektuelle Schadensbegrenzung bemühten Lyotard, »weder die unmögliche Trauer, d.h. die Melancholie der Moderne ..., noch der zynische
Eklektizismus des ›Alles ist erlaubt‹ ... Die Postmoderne hingegen, die
mich interessiert, gehört auch zur Moderne, aber sie behandelt diese
nicht als ein Objekt, das vergangen, verloren und deshalb so wertvoll
und gut zu verkaufen ist. Vielmehr versuchen die Avantgarden stets, das
schon Dagewesene nicht zu wiederholen, sondern weiterzugehen im
Hinterfragen der Regeln von Kunst.« Die tapferen Kämpfer gegen einen »diffusen Postmodernismus«, der sich nur in den »aufgedrehten
Beliebigkeits-Szenarien chicer Kulturmode« (Welsch) artikulieren soll,
übersehen jedoch dabei, daß es das »postmoderne« Selbstverständnis
mit seinen quasi-methodischen Festschreibungen ist, das die bunt schil-
lernden Beliebigkeitsorgien sowohl *provoziert* als auch *legitimiert*. Der
politische Kampfbegriff der »Pluralität« ebnet, auch nach seiner philosophischen Transformation, durch seine inhaltliche Festlegung auf eine
angebliche »Unsynthetisierbarkeit der vielfältigen Lebensformen und
Rationalitätsmuster« der vordergründig beklagten »diskursiven Falsch-
münzerei« (Welsch) einen bequemen Weg! Nicht wenige Texte auch
der »respektablen Postmoderne« (Welsch) belegen, daß sie den Rausch
einer »kulturellen Postmoderne« mit ihren Inszenierungs- und Illusio-
nierungspraktiken als authentische Ausdrucksform »nachmoderner«
Lebensverhältnisse akzeptiert.

Der »postmoderne« Diskurs »dokumentiert« mit seiner eigenen Existenz die behauptete Relativität aller Wissensformen und wenn auch
nicht die Beliebigkeit, so doch die Austauschbarkeit gewisser Standpunkte: Er verfährt gleich der architektonischen Postmoderne, konzen-

triert sich auf die Fassade, konzipiert seine Gedankengebäude aus heterogenen Elementen, die sich zu keinem geschlossenen Gesamtbild fügen wollen. Doch trotz seiner widersprüchlichen Aussagen und mangelnden theoretischen Konsistenz bildet der Postmodernismus eine weltanschauliche Formation. Und das ist kein Zufall: Wenn die Verschleierung der Ursachen der Widerspruchsentwicklung gelingen soll, müssen die Aussagensysteme antinomisch strukturiert sein.

Für den aufmerksamen Leser wird deutlich, daß der Postmodernismus seine weltanschaulich Funktionalität und seine Breitenwirkung gerade durch die argumentative Ungenauigkeit, den permanenten Wechsel zwischen den verschiedenen Abstraktionsebenen, sowie die Verabsolutierung ins Konzept passender Erfahrungselemente sichert. Aufschlußreich ist die Vorgehensweise von G. Vattimo, dem Vertreter einer italienischen Variante der »Postmoderne«. Zur Begründung der Klassifizierung unserer »gegenwärtigen Erfahrung als Postgeschichtlichkeit«, in der sich der Verfall der »Idee einer Geschichte als einheitlicher Prozeß« manifestiere, verweist er auf das Phänomen der sich als »Fortschritt« deklarierenden ständigen Veränderung der Warenform in der »Konsumgesellschaft«. Durch diesen Verwendungsmodus des *Begriffs* werde »der Fortschritt zur Routine«, und deshalb habe, so schließt Vattimo messerscharf, die *Idee* des Fortschritts selbst ihren Sinn verloren. Die »Beweisführung«, der sich unser postmodernistischer Geistesakrobat bedient, spottet eigentlich jeder Beschreibung: Spricht er zunächst vom Fortschrittsbegriff in philosophischer Relevanz, setzt er schon im nächsten Argumentationsschritt die theoretische Kategorie mit ihrer werbestrategischen Karikatur gleich. Indem Vattimo die kapitalistische Fortschrittserfahrung mit historischer Progression gleichsetzt, hat er ein leichtes Spiel, die Hinfälligkeit jeder Art von Fortschrittsvorstellungen zu deklarieren.

Wir können an diesem »Argumentationsschema« exemplarisch die Vorgehensweise des Postmodernismus erkennen: Er vermischt Erfahrungselemente mit theoretischen Reflexionen, wechselt unvermittelt von der Ebene der Verallgemeinerung zur unmittelbaren Alltagserfahrung. Das »Postmoderne Denken« lebt von der Doppelbödigkeit der benutzten Begriffe, der assoziativen Wirkung zentraler Behauptungen und der scheinlogischen Zusammenfügung heterogener Elemente.

Zum willkürlichen Wechsel zwischen den verschiedenen Abstraktionsebenen als Methode der methodischen Desorientierung noch ein
weiteres Beispiel. Um seine Behauptung über die Auflösung der Realität in »Nachrichten und Botschaften« zu untermauern, vergleicht Lyotard
Unvergleichliches miteinander und beruft sich sophistisch auf eine na-
turwissenschaftliche Realitätsbetrachtung, die unter der Hand und unter Aussparung weiterer Gedankenarbeit als Modell aller denkbaren
Realitäten (also auch der gesellschaftlichen und historischen) gehandelt wird: »Wissenschaftliche Analysen der Materie zeigen, daß sie nichts
weiter ist als ein – ... Zustand, d.h. ein Zusammenhang von Elementen,
die ihrerseits nicht greifbar sind und von Strukturen bestimmt werden,
die jeweils nur eine lokal begrenzte Gültigkeit haben.« Was braucht der
»postmoderne« Philosoph sich da noch weitere Gedanken über den
Zustand der Welt machen, wenn alle sozio-kulturellen Widersprüche
sich »in letzter Instanz« in kleinste Teilchen und energetische Bewegungen »auflösen« lassen! Kann er auch nichts zum Verständnis der
sozio-kulturellen Problemkonstellation beitragen, so reicht jedoch diese Form der »Auflösung« der Realität in der Interpretation aus, um das
soziale Unrecht und die antizivilisatorischen Ausbrüche dem Blickfeld
vernünftiger Kritik zu entziehen.

Sehr deutlich werden die Konsequenzen dieser Verfahrensweise auch
bei Jacques Derrida. Um sein Paradigma der inhaltlichen Unfaßbarkeit
sprachlicher Artikulation und der Bodenlosigkeit der Interpretation zu
illustrieren, weil sie ein unendliches Projekt und deshalb niemals zum
Abschluß zu bringen sei, verweist er auf einen literarischen Zufalls-
fund: »›Ich habe meinen Schirm vergessen.‹ Unter den ungedruckten
Fragmenten Nietzsches fanden sich diese Worte, für sich allein stehend
und in Anführungszeichen gesetzt. Vielleicht ein Zitat. Vielleicht wurde
es irgendwo aufgelesen. Vielleicht hat er es da oder dort gehört. Vielleicht war es der Vorsatz zu einem Satz, der da oder dort niedergeschrie-
ben werden sollte. Wir besitzen kein unfehlbares Mittel, um zu erfahren, wo er es aufgelesen hat ... Wir werden niemals *sicher* wissen, was
Nietzsche hat tun oder sagen wollen, als er diese Worte notierte. Nicht
einmal ob er irgend etwas gewollt hat ... Überdies ist es möglich, daß
Nietzsche über einen mehr oder weniger geheimen Kode verfügt hat,

der für ihn oder für irgendeinen unbekannten Komplizen dieser Aussage Sinn verleihen konnte. Wir werden dies nie erfahren. Zumindest steht es nicht in unserer Macht, es je zu wissen, und diese Möglichkeit, dies Unvermögen heißt es, in Rechnung zu stellen.«

Derrida hat zweifellos recht: Aus diesem isolierten Satz kann kein verbindlicher »Sinn« abgeleitet werden. Zutiefst unrecht hat er aber, wenn er dieses Beispiel eines »unidentifizierbaren« Inhalts zu einem allgemeingültigen Modell der Textinterpretation hypostasiert. Bleiben wir beim Beispiel Nietzsche: Es ist sehr wohl möglich, die meisten seiner *theoretisch* relevanten Aussagen zu entschlüsseln, ihren Intentionen gerecht zu werden und ihren Verweisungscharakter zu begreifen. Der theoretische Zusammenhang und intellektuelle Status beispielsweise von Nietzsches erwartungsvoller Frage: »Wo sind die Barbaren des 20 Jahrhunderts?«, ist weitgehend rekonstruierbar. Sie steht im Kontext seiner Projektion eines neuen Herrenmenschentums, das zur Dominanz über alles sozial Niedrige und »Am-Boden-Kriechende« berufen sei. Die Barbaren sind für ihn die Repräsentanten einer neuen Herrenrasse, die in Opposition zu »Gemeinsinn, Wohlwollen, Rücksicht« eine elitäre Ordnung errichten, »die stärkend für die Starken, lähmend und zerbrechend für die Weltmüden« wirken sollen. Um die »Tyrannei der Geringsten und Dümmsten« (also den Sozialismus) zu verhindern, sei eine »Kriegserklärung der höheren Menschen an die Massen nötig!« Denn die allermeisten Menschen sind »ohne Recht zum Dasein, sondern ein Unglück für die Höheren.« Und wir kennen auch die von Nietzsche formulierten Lösungsvorschläge, die in der Forderung der »Vernichtung von Millionen Mißratener« gipfeln!

Gegenüber diesen Grundabsichten der *explizierten* Philosophie Nietzsches werden alle denkbar anderen Aspekte zweitrangig, ist es ziemlich gleichgültig, ob er tatsächlich seinen Schirm vergessen hat, nur geglaubt hat seinen Schirm vergessen zu haben, oder einem Empfänger eine verschlüsselte Botschaft übermitteln wollte, die nichts mit einem realen Schirm zu tun hat!

So richtig auch die Derridasche Annahme ist, daß sich durch die Lektüre und Interpretation ein textualer »Sinn« verschiebt, entzieht er sich jedoch dem methodisch orientierten Denken nicht vollständig. Jeder

Rezipient und Interpret ist gut beraten, die Möglichkeit von perspektivischen Verzerrungen und auch die inhaltlichen Präferenzen seiner eigenen Lektürepraxis in Rechnung zu stellen. Durch divergierende Einflüsse, unterschiedliche Erfahrungen und abweichende Erkenntnisabsichten verändern sich Wahrnehmungsformen und werden unterschiedliche Schwerpunkte gesetzt. Für diesen Prozeß von Bedeutungsverschiebungen gibt es konkrete sozio-kulturelle Einflüsse – auch wenn durch sie nicht jede Interpretationsvariante lückenlos erklärt werden kann. Mit der Dezentrierungs-Schablone wird dieses konkrete Problembewußtsein jedoch verfehlt. Denn sie relativiert nicht die Interpretationen, sondern stellt die Interpretationsfähigkeit von Texten nach intersubjektiv vermittelbaren Maßstäben grundsätzlich in Frage. Nichts anderes ist die Absicht der Derridaschen Denkübung: Die Realität soll sich im Prozeß einer »unendlichen« Interpretation und eines ziellosen Fragens in einer Nebelwelt von Übergängen, Differenzen, Verschiebungen, Spaltungen etc. auflösen. Es geht den Dekonstruktivisten offensichtlich *nicht* um die Sensibilisierung für inhaltliche Ambivalenzen und textuale Mehrdeutigkeiten, sondern um die Durchsetzung des Dogmas einer prinzipiellen »Unlesbarkeit« der Welt: Nichts sei eindeutig erfaßbar und zusammenhängend »lesbar«, kein Unterschied zwischen »Text« und Kontext zu bezeichnen. Für den Dekonstruktivismus in der Nachfolge Derridas ist Sprache, wie kritisch bemerkt wurde, ein Feld »nicht kontrollierbarer Verschiedenheiten, ein quasi zweckloses Spiel unendlicher Kontextverweise.« (U. Müller)

Wir können an Derridas Instrumentalisierung des Nietzsche-Satzes exemplarisch erkennen, wie Problemstellungen sachlich unangemessen »dezentriert«, die »Dekonstruktion« (beiden wird im Begründungskontext ein Seins-Status zugesprochen) methodisch organisiert wird. Das Prinzip der Relativierung der Interpretation wird verabsolutiert und der Beliebigkeit überantwortet. Es geht nicht um die berechtigte Frage »Was können wird wissen?«, sondern um die Fixierung des bornierten weltanschaulichen Vorurteils über die »Unlesbarkeit der Welt«: Die Postmodernisten löschen das Licht der Erkenntniskritik aus und behaupten, daß alle im Dunkeln sitzen!

Das Verfahren des »Dekonstruktivismus« ist nicht das einzige Bei-

spiel, wie wenig der Postmodernismus seinem Anspruch gerecht wird,
durch eine Relativierung methodischer Prinzipien, die Sensibilität für
Differenzierungen und Zwischentöne zu erhöhen. Denn, indem er die
Relativität verabsolutiert, beraubt er sich jeder methodischen Selbstre-
flektivität und der Fähigkeit, die divergierenden Momente zu *erfassen.*
Er spricht von ihnen und bezeichnet sie, erfaßt sie jedoch nicht.

Zirkuläre Argumentationsstruktur

Sophistisch konstruierte Aussagesysteme, die mehr von der Unterstel-
lung als dem Beweis leben, sind durch ihre in Beliebigkeit ausufernde
Regellosigkeit »selbstreferentiell« und das Musterbeispiel eines »eindimensionalen Denkens«: »Ihr sprachliches Universum ist voller Hypo-
thesen, die sich selbst bestätigen und die, unaufhörlich und monopoli-
stisch wiederholt, zu hypnotischen Definitionen oder Diktaten werden.«
(H. Marcuse) Bedingung einer erfolgreichen Außenwirkung ist die Assoziationskraft vieler Begriffe in Kombination mit der hermetischen
Struktur vieler »postmoderner« und fast sämtlicher »dekonstruktivisti-
scher« Texte. Das Diskurs-Wissen kann sich deshalb auf die Behauptung beschränken Recht zu haben, ohne Begründungen liefern zu müssen.

Die Rede von einer »radikalen Dezentriertheit« und »dezentrierten
Radikalität«, der »transformierten Nicht-Linearität« und »partikularen
Transformität« usw. täuscht Tiefsinn vor, wo faktisch das Denken sich
nur im Kreise dreht. Aber gerade die Widersinnigkeit und »Unabgeschlossenheit« scheint im herrschenden Klima der Orientierungslosigkeit die Basis einer breiten intellektuellen Akzeptanz zu sein. Durch die
Andeutung und das unentschiedene »Sprachspiel« wird eine Stimmung
erzeugt, in der die »dezentrierte Individualität« sich heimisch fühlt.
Vermittelt wird offensichtlich der Eindruck, daß eigene Intentionen und
Denkansätze von dieser intellektuellen Kultur thematisiert werden. Un-
übertroffen ist die Hegelsche Charakteristik einer solchen intellektuali-
stischen Selbstgenügsamkeit aus dunklem Ahnen und bezauberter Über-

einstimmung: »Dies begifflose Reden versichert vom Dreifuß [her] dies und jenes ... und verlangt, daß jeder unmittelbar in seinem Herzen es finden solle. Das Wissen ... wird eine Herzenssache ... es sind eine Menge inspirierter, welche sprechen, deren jeder einen Monolog hält und den anderen eigentlich nur im Händedruck und im stummen Gefühl versteht.«

Durch die zirkuläre Struktur der »postmodernen« Argumentationssysteme gewinnen die Aussagen und Behauptungen für die Diskurs-Teilnehmer eine unhinterfragbare Gültigkeit: »Für die propagandistische Wirkung verschlägt es wenig, ob die Antwort zustimmend oder ablehnend ausfällt, bzw. ob überhaupt eine gegeben wird und zu welchem Sachurteil der Autor kommt. Es reicht das Etikett, der Jargon und die Frage, eine gewisse Idiosynkrasie gegen ›das Ganze‹ und gegen jede identifizierbare Position.« (R. Burger) Es ist ein begriffloses Reden, das formal von Anspielungen und ahnenden Verweisen, inhaltlich aber vom »Anschluß« an die kollektive Stimmungslage lebt.

Mit unerschütterlicher Selbstgewißheit werden von der postmodernistischen »Erlebnisgemeinschaft« dreitausend Jahre menschlicher Gedankenarbeit weggewischt und durch eine – nach theoretischen Maßstäben – wackelige Kombination aus isolierten Erfahrungselementen, pseudokritischen Versatzstücken und resignativen Weltanschauungsmustern der postmodernistische Orientierungsrahmen konstruiert. Das Verfahren ist zwar methodisch willkürlich, aber ungemein assoziativ und dadurch unter gewissen Umständen höchst überzeugend. Doch gehen wir der Reihe nach vor und schauen uns die postmodernistischen Argumentationskünste einmal im Detail an: Zunächst können wir eine Reflexionsebene identifizieren, die als »geschichtsphilosophische« zu bezeichnen wäre. Die Rede ist hier vom »Scheitern der Moderne« und dem Beginn eines »postmodernen Zeitalters«. Das Bemühen, Gleichheit und Gerechtigkeit zu realisieren, sei vergeblich gewesen und alle gesellschaftsverändernden Intentionen seien gescheitert; statt dessen habe der Fortschrittswille bloß neue Widersprüche hervorgebracht, sei Vernunft in Terror umgeschlagen.

Wenn diese Beschreibung auch von groben Verallgemeinerungen lebt, können wir bei gutem Willen in Umrissen wichtige Elemente der ge-

genwärtige Problemlage erkennen, und die Deskription wäre eine Basis, um nach den realen Ursachen dieses Scheiterns und der Instrumentalisierung der Vernunft zu fragen. Doch *dieser* Konkretionsform gehen die »postmodernen« Denkbewegungen durch einen abrupten Schwenk auf die Ebene der Erkenntniskritik aus dem Weg. Nun wird behauptet: Nicht gesellschaftliche Entwicklungen oder gar die Auseinandersetzung zwischen sozialen Blöcken haben zu den zivilisatorischen Katastrophen geführt, sondern der intellektuelle Ermächtigungsanspruch des Denkens selbst sei dafür verantwortlich: Die Ursache so ziemlich aller Irrwege und Sackgassen unseres Jahrhunderts werden vom »postmodernen« Diskurs in dem der Aufklärungstradition verpflichteten Denken und dessen Insistieren auf Zusammenhänge und Strukturbeziehungen verortet.

Für das affirmativ konditionierte Theorieverständnis stellt sich noch nicht einmal die Frage, ob der Zusammenhang oder die Vermittlung mehr als nur logische Kategorien, nämlich Organisationsprinzipien der Wirklichkeit selbst sind. Mit einer »gelassenen« Geste wird die Existenz der realen Dialektik geleugnet, der Zusammenhang von Allgemeinem und Besonderem, Individualität und Totalität nicht zur Kenntnis genommen, wird ignoriert, daß Ideen und Begriffe *auch* Ausdruck eines tätigen Weltverhältnisses sind. Die deklarierte intellektuelle »Offenheit« stößt schnell an ihre Grenzen: Hinter der programmatischen Fassade der Anerkennung der »Differenzen« und der Thematisierung des Eigenwertes des Einzelnen, wird durch die quasi-methodischen Grundentscheidungen das Gegenteil praktiziert, das Denken in ein geistiges Korsett gezwängt und »die eigentümliche Logik des eigentümlichen Gegenstandes« (Marx) ignoriert. Die Prinzipien, an denen sich das Denken orientieren soll, werden statt dessen doktrinär verordnet: Trotz der postulierten »Gelassenheit« ist die Praxis des Diskurses von einem geistigen Totalitarismus nicht weit entfernt, der alle auf die Anerkennung seiner imaginären Weltvorstellung verpflichten will und vom methodischen Realismus bis zum kritischen Gesellschaftsverständnis alles bekämpft, was der Fiktion widerspricht.

Vorbereitet ist dieses intellektuelle Profil des »Postmodernen Denkens« durch eine von Nietzsche adaptierte Auffassung des selbstrepressiven Charakters systematischen Denkens und der Machtverfallenheit des Wahrheitsstrebens. Zur Legitimierung dieser Prämissen kultivieren die »postmodernen« Diskurse ein methodologisches Vorurteil über die Priorität des Moments (des »Ereignisses«) gegenüber der Entwicklung und dem Zusammenhang. Foucault hat in einem frühen Text über Nietzsche diese Position folgendermaßen bestimmt: »Das Wissen dient nicht dem Verstehen, sondern dem Zerschneiden«, denn nur dann kann »das Ereignis in seiner einschneidenden Einzigartigkeit hervortreten«. Daß solche Festlegungen das wechselseitige Bedingungsverhältnis von Allgemeinem und Besonderem, von Struktur und Individuum verfehlen, ist nicht nur ein erkenntnistheoretisches Problem. Die methodologischen Vorentscheidungen haben, wie wir noch detailliert sehen werden, einen unmittelbar legitimatorischen »Gebrauchswert« bei der Verschleierung der Ursachen sozialer Krisenprozesse, sowohl auf der Mikro- als auch auf der Makroebene: Wenn ein Ereignis nur noch »in seiner einschneidenden Einzigartigkeit« betrachtet werden soll, wird systematisch der Blick von den gesellschaftlichen Ursachen – beispielsweise von Rassismus und Fremdenfeindlichkeit – aber auch von den Gründen der globalen Katastrophen- und Ungleichheitsentwicklung abgelenkt!

Im Resultat bedeutet die theoretische Fixierung auf Polarität und Singularität darauf zu verzichten, Gemeinsamkeiten und *konkrete* Differenzen von Ereignisabläufen zu benennen. Die Weigerung, die sozialen Vermittlungsstrukturen der diversen Existenz- und Erlebnisweisen (deren »Geltungsanspruch« ja auch von einem dialektischen Gesellschaftsverständnis anerkannt wird!) zur Kenntnis zu nehmen, kommt der Ablehnung eines interpretativen, ja überhaupt rationalen Verhältnisses zur gesellschaftlichen Realität gleich. Deshalb eignet sich der »postmoderne« Wahrnehmungsmodus nur zur Erfassung von Erscheinungsformen, d.h. zur reduktionistischen Fixierung auf das Faktische.

Mit der Kampfansage gegen die theoretische Systematik und methodische Wahrheitssuche des traditionellen Aufklärungsdenkens führt das Diskurs-Denken ein Prinzip subjektivistischer »Hermeneutik« ein, welches das Heterogene und Vereinzelte verabsolutiert; es dominiert »ein hypertrophierter Subjektivismus, der die theoretischen Sicherheitsvorschriften der reflektierten Bewußtseinsphilosophie unbeachtet läßt«. (H.

H. Holz) Selbstbewußt bringt sich eine »schlechte Subjektivität« (Hegel) zur Geltung, der es nicht gelingen will, die individuellen Erlebnisformen zu ihrem sozialen Kontext zu vermitteln. Eine diffuse Gefühls-
welt, die zwischen dunklem Ahnen und subjektivistischer Selbstgewißheit schwankt, soll als einziger Bezugspunkt Anerkennung finden.
Gleichzeitig werden die Vorstellung der gesellschaftlichen Vereinzelung
festgeschrieben und die ideologische Erlebnisform einer »zusammenhanglosen« sozialen Welt »bestätigt«. Die weltanschauliche Funktion
eines solchen Subjektivismus, der bezogen auf die realen Lebensprobleme des Subjekts inhaltsleer ist, dürfte offensichtlich sein: Wie ein
Fels in der Brandung bietet sich das unreflektierte Ich als ein fester
Orientierungspunkt in einer unruhigen und beängstigenden, scheinbar
ziel- und haltlos bewegten sozialen Welt an.

Philosophie der »Unübersichtlichkeit«

In seinen wesentlichen Strömungen reproduziert der Postmodernismus
eine elementare Selbsttäuschung des Intellektuellen in der entwickelten
bürgerlichen Gesellschaft. Durch das sie beherrschende Prinzip der
Arbeitsteilung, lebt »der bürgerliche Produzent der Ideologien ..., infolge von materiellen Notwendigkeiten seiner gesellschaftlichen Lage, in
der Illusion, daß die Veränderungen der Gesellschaft ihrem Wesen nach
ideologische Veränderungen sind und letzten Endes von ideologischen
Veränderungen verursacht werden.« (G. Lukács) Weil ihre Weltsicht
ein intellektuelles Produkt ist, scheint sie ihnen ausschließlich durch
das Denken vermittelt. Aus diesem Grunde werden auch im Kontext
des Postmodernismus« reale sozio-kulturelle Entwicklungen auf geistige Prozesse reduziert und die ideologischen Probleme als Ausdruck einer intellektuellen Selbstbewegung interpretiert. Bekämpft werden die
realen oder vermeintlichen Illusionen des Bewußtseins, ohne danach zu
fragen, welche sozio-kulturellen Faktoren die geistigen Motive prägen.
So wie dem Diskurs noch fast jede seiner Reden »subversiv« dünkt, ist
er auch »revolutionären« Veränderungen nicht abgeneigt – solange sie

auf die kulturellen Bereiche beschränkt bleiben, und die ökonomischen und sozialen Grundlagenfragen nicht berühren!

Die postmodernen Redeinszenierungen, wörtlich genommen, erwekken den Eindruck, als ob die normativen Verunsicherungen und der Drogenkonsum, der weltweite Unfrieden und die ökologische Katastrophenentwicklung, das himmelschreiende Elend in vielen Weltregionen und die Arbeitslosigkeit in den Metropolen, der medienindustriell produzierte Stumpfsinn und der extreme Sexismus dadurch entstanden seien, daß die Entwicklungsprotagonisten der »Moderne« unablässig die »Enzyklopädie« studiert, über Voltaire Rousseau debattiert, dem Hegelschen Weltgeist nachgeeifert und ihren politischen Handlungsstrategien den »Kategorischen Imperativ« zugrunde gelegt hätten. Daß diese postmodernistischen Formen der »kritischen Kritik« nicht sonderlich originell, sondern Ausdruck der Tatsache sind, daß die bürgerliche Gesellschaft, trotz nachhaltiger Veränderungen ihrer sozialen *und* geistigen Reproduktions*formen,* immer wieder vergleichbare ideologische Reaktionsmuster hervorbringt, wird durch einen Kommentar zu vergangenen ideologischen Kontroversen deutlich. In der »Deutschen Ideologie« von Marx und Engels heißt es: »Da bei diesen Junghegelianern die Vorstellungen, Gedanken, Begriffe, überhaupt die Produkte des von ihnen verselbständigten Bewußtseins für die eigentlichen Fesseln der Menschen gelten ... so versteht es sich, daß die Junghegelianer auch nur gegen diese Illusionen des Bewußtseins zu kämpfen haben ... Diese Forderung, das Bewußtsein zu verändern, läuft auf die Forderung [hinaus], das Bestehende anders zu interpretieren, d. h. es vermittels einer anderen Interpretation anzuerkennen. Die junghegelianischen Ideologen sind trotz ihrer angeblich ›welterschütternden‹ Phrasen die größten Konservativen. Die jüngsten von ihnen haben den richtigen Ausdruck für ihre Tätigkeit gefunden, wenn sie behaupten, nur gegen ›*Phrasen*‹ zu kämpfen. Sie vergessen nur, daß sie diesen Phrasen selbst nichts als Phrasen entgegensetzen, und daß sie die wirklich bestehende Welt keineswegs bekämpfen, wenn sie nur die Phrasen dieser Welt bekämpfen ... Keinem dieser Philosophen ist es eingefallen, nach dem Zusammenhange der deutschen Philosophie mit der deutschen Wirklichkeit, nach dem Zusammenhange ihrer Kritik mit ihrer eignen materiellen Umgebung zu fragen.«

In der »postmodernen« Variante eines bornierten Intellektualismus
wird die Welt mit dem Horizont der »Texte« gleichgesetzt, die Existenz
einer Referenzebene für das Denken jenseits der Diskurse bestritten,
jedes Zeichen nur als Reaktion auf bereits existierende Zeichen angesehen. Das bedeutet nach Foucault, daß »die Interpretation sich niemals
vollenden kann, dann ist es ganz einfach so, daß es nichts zu interpretieren gibt ..., weil im Grunde genommen alles schon Interpretation ist;
jedes Zeichen steht nicht für die Sache, die sich zur Interpretation darbietet, sondern für die Interpretation anderer Zeichen«.

Die Schlußfolgerungen aus diesen *Festlegungen* sind im Kontext des
Diskurs-Wissens zwangsläufig: Ist der Kontakt zur realen Welt erst einmal (gedanklich) unterbrochen, können die Ursachen der sie prägenden
Widerspruchsentwicklung ignoriert werden; wenn das soziale Geschehen als das unmittelbare Produkt programmatischer Fixierungen angesehen wird, kann für Krisenprozesse auch nur das Denken verantwortlich gemacht werden. Und zwar konkret das Denken mit sozialen Ver-
änderungsintentionen. Technokratisches Herrschaftswissen, das den
Status quo voraussetzt, entgeht dagegen dem postmodernistischen Verdikt. Das mag überraschen, ist jedoch kein Zufall! Die technokratische
Rationalität ist so ganz nach dem Geschmack der Diskurs-Kultur: Sie
meidet die »großen Erzählungen«, will also nichts grundsätzlich erklären, thematisiert weder die Zusammenhänge noch hat sie emanzipatorische Ambitionen. Darüber hinaus besitzt sie eine Entwicklungsvorstel-
lung, die zwar noch mit dem Fortschrittsbegriff arbeitet, darunter aber
nur die Beschleunigung und Vervielfältigung gegebener Trends versteht.

Durch diese Konstellation bleibt als weltanschaulicher Gegner für
den »Meisterdenker«-Diskurs nur noch das kritische Denken übrig: Weil
kulturelle und soziale Phänomene sich nach dem postmodernistischen
Problemverständnis durch eine kaum vermittelbare Singularität auszeichneten, konstituiere *jede* Form des systematischen Denkens einen Hege-
monie-Anspruch, der das »Mannigfaltige« in ein realitäts- und lebens-
fremdes Schema preßt. Weitreichende Behauptungen also, auf deren
theoretische Begründung wir zurecht gespannt sein dürfen. Doch sollte
die Erwartungshaltung nicht zu hoch sein! Durch eine erneute Wendung
geht die Diskurs-Philosophie dieser notwendigen Gedankenarbeit eben-

falls aus dem Weg. Unsere »Meisterphilosophen« wenden sich nun wieder der unmittelbaren Erfahrungsebene zu und beschreiben die fundamentale Orientierungslosigkeit eines Alltagsbewußtsein, das die Welt als unüberschaubar und zersplittert erlebt. Von Wolfgang Welsch wird das Argumentationsschema folgendermaßen referiert: Die grundlegende Erfahrung in den postmodernen Lebensverhältnissen ist die Unübersichtlichkeit; das Unbestimmte und das Fragmentarisierte dominieren die sozio-kulturellen Bewegungen *und* den individuellen Wahrnehmungshorizont. Und das nicht nur in den Bereichen der alltäglichen Erfahrung, auf die sich zunächst diese Beschreibung bezieht und (und in denen sie durchaus Sinn macht). Denn jetzt vollzieht das »Postmoderne Denken« seinen nächsten Salto mortale: Weil die Welt auf den ersten Blick, also für das Alltagsbewußtsein, undurchsichtig ist, entzieht sie sich – so das Postulat – *grundsätzlich* einer gedanklichen Durchdringung. Auch die sozialtheoretische »Unübersichtlichkeit ist eine Folge des politisch-gesellschaftlich-technologischen Systems ... Daher besteht objektiv eine fundamentale Desorientierung«. Auch hierzu hat Lyotard den Merksatz formuliert: »Die Wirklichkeit [ist] in einem Maße destabilisiert ..., daß sie keinen Stoff mehr für Erfahrung gewährt«.

Wer die Denkvoraussetzungen des Postmodernismus ignoriert, könnte solche Sätze als kritische Gegenwartsbeschreibung, als »Entlarvung« realer Verdinglichungstendenzen lesen. Doch sind sie im Kontext »postmodernistischer« Prämissen definitiv so nicht gemeint. Denn es sollen gerade diese Orientierungslosigkeit und die normative Kraft der »Kontingenz« sein, die »das Denken und das Leben von der Obsession der Totalität ... befreien«. (Lyotard)

Wir wollen uns noch einmal vergewissern, was hier allen Ernstes behauptet wird: Weil die gedankliche Durchdringung von sozialen Prozessen ohne erkenntniskritische Voraussetzungen nicht möglich ist, sei auf das Erkenntnisbemühen ganz zu verzichten: »In der Tat geht es nicht darum, Irrtümer zu entlarven und aufzulösen, sondern sie als eigentliche Quelle des Reichtums zu sehen, der uns ausmacht und der Welt Interesse, Farbe und Sein verleiht.« (G. Vattimo)

»Rationalisierung« (im psychoanalytischen Sinne) nimmt den Platz ein, der in der intellektuellen Praxis ehemals der Ideologiekritik zuge-

standen wurde. Diese »Selbstbeschränkung« legitimiert sich »methodisch« durch die Behauptung eines grundsätzlich repressiven Charakters jeder umfassenden Realitätsanalyse. Denn wie schon gehört, ver-
nachlässige das methodische Denken angeblich durch seinen Blick auf
das Ganze den Eigenwert des individuellen Moments, aber auch die
Bedeutung vorrationaler Wahrnehmungs- und Erlebnisformen.

Diese Position als erkenntnis*skeptisch* in einem traditionellen Sinne
zu bezeichnen, käme einer Verunglimpfung der philosophiegeschichtli-
chen Vorläufer gleich, denen der Postmodernismus einen *Teil* seiner
Argumente entlehnt. Aber mit den *Ambitionen* des klassischen Skeptizismus, für den der Zweifel ein methodisches Prinzip der Wahrheitsfindung war (Descartes weist darauf nachdrücklich hin: Es ist »an allem zu
zweifeln, worin man auch nur den geringsten Verdacht einer Ungewißheit trifft ... Dieser Zweifel ist indessen auf die *Erforschung der Wahrheit* zu beschränken«!), hat die modephilosophische Vorgehensweise
nur wenig zu tun: Indem er die Frage nach der Wahrheit als absolutistische Obsession brandmarkt, verabsolutiert der Postmodernismus die
Skepsis und den Relativismus und verwandelt sie in eine Doktrin zur
Abwehr von gesellschaftskritischen Erkenntnissen.

Durch seine erkenntnisrelativistischen Leitsätze legitimiert der Postmodernismus ein bloß deskriptives Verhältnis zu den sozio-kulturellen
Entwicklungen: Analyse wird durch Beschreibung ersetzt. Die »postmoderne« Beschäftigung mit der Realität erweckt den Eindruck, als sei
sie dem Wittgensteinschen Reflexionsverbot aus den »Philosophischen
Untersuchungen« verpflichtet: »Alle Erklärung muß fort und nur Beschreibung an ihre Stelle treten.«

Sollte eine kritische Absicht hinter dieser intellektuellen Selbstbeschränkung verborgen sein (wovon eine »linke« Apologie des Postmodernismus felsenfest überzeugt ist), so bleibt sie präpotent. Denn durch
eine Beschreibung und Bezeichnung, die alle Verbindungslinien des
Einzelnen zum Allgemeinen ausklammert, werden keine widerständi-
gen Aspekte »gerettet«; solange »kein erfragter Allgemeinbegriff konkret vorhandener Art die Singularitäten durcherleuchtet, bleiben sie zer-
streuter, unbegriffener als je.« (E. Bloch) Jenseits eines hinreichenden
Verständnisses des herrschenden Vergesellschaftungsprinzips wird nur

die von diesem bewirkte Absonderung und Vereinzelung registriert – und auf dieser Grundlage ein neuer Kategorischer Imperativ formuliert: »Wir müssen uns mit dem Chaos versöhnen«! (N. Bolz)

Mit der negativen Bewertung der »großen Erzählungen«, d.h. der Verwerfung komplexer gesellschaftstheoretischer Interpretationsansätze, wird automatisch der Blick von den in der Gesellschaft wirksamen Interessen und den *konkreten* Machtverhältnissen abgelenkt. Herrschaftserfahrungen werden bestenfalls aus dem Blickwinkel subjektiver »Betroffenheit« reflektiert. Zwar reklamieren einige Teilnehmer des Postmodernismus-Diskurses gegen die nivellierende Kraft der konsumkapitalistischen Kultur, gegen die Erfahrung einer geistigen und emotionalen Fremdbestimmung einen Geltungsanspruch des Individuums: Aktiviert wird zu seiner theoretischen Fundierung die Kierkegaardsche Kategorie der Singularität. Doch drückt sich darin ein bloßes Unbehagen aus, das nicht einmal das Niveau der Revolte erreicht. Denn es geht den postmodernistischen »Meisterdenkern« *nicht* um den fundamentalen Widerspruch, sondern darum sich zu fügen und der angepaßten Haltung Plausibilität zu verleihen. Nicht ein Überwindungsbegehren, sondern die fraglose Hinnahme des Gegebenen wird als Konsequenz der »postmodernen« Konstellationen postuliert: »Nietzsche hat mit seinem Nihilismus den Gedanken der Überwindung prinzipiell aus den Angeln gehoben, denn wenn es keine Gründe und keine Wahrheit gibt, dann kann man auch nicht unter Berufung auf sie dergleichen wie Überwindung predigen, vielmehr muß man sich dann umgekehrt mit dem Gedanken einer Wiederkehr des Gleichen vertraut machen.« (W. Welsch) Das Chaos wird somit als methodisches Vorbild, die Katastrophe als Lebensprinzip und die Entfremdung als unüberwindbar begriffen! Der Postmodernismus webt mit am illusorischen Selbstbild der extremen Warengesellschaft und ratifiziert die Krisenprozesse als Chance zur Selbstentfaltung: Der sozial erzeugte Partikularismus soll als Widerspruchsprinzip, die Vereinzelung als Basis der Selbstbefreiung fungieren: Es geht darum, betont G. Vattimo, »die Erfahrung der Notwendigkeit des Irrens so tief wie möglich zu erleben und sich für einen Augenblick über den Prozeß zu erheben oder das Irren mit einer anderen Einstellung zu erleben.«

Die »postmoderne« Konzentration auf die »Diskontinuität« und die Überbewertung des »Besonderen«, sowie die Verabsolutierung von »Wahrnehmung« und Beschreibung führt zu einer Denkhaltung, die sich mit dem Augenschein zufrieden gibt, nicht nach Zusammenhängen, Ursachen und Wirkungen fragt. Es ist die Perspektive der unreflektierten Unmittelbarkeit, die schnell ihre »Bestätigung« findet, weil sie das diffuse Empfinden des Alltagsbewußtseins auf ihrer Seite hat. Der »Rettungsversuch« des Besonderen bleibt durch die weltanschauliche Fetischisierung der Totalität nicht nur theoretisch vergeblich, sondern schlägt in die blinde Akzeptanz spätkapitalistischer Repressionsformen um, in der »das Allgemeine als Absolutes, in der das Besondere verschwindet« (Adorno), wirkt. Partei ergriffen wird in den Diskursen zwar für Vielheit und »Differenz« als Voraussetzung kultureller »Selbstbestimmung«, ohne jedoch Rechenschaft darüber abzulegen, wie dieser Autonomieanspruch der Subjekte sich innerhalb des faktischen »Systemzusammenhangs«, angesichts des Eindringens kapitalistischer Verwertungsorientierungen in immer weitere Lebensbereiche, realisieren kann. Vor dem Hintergrund der forcierten kapitalistischen Entwicklungsdynamik, die sowohl durch die »Beschleunigung« der sozio-ökonomischen Prozesse, aber auch eine räumliche Ausdehnungstendenz geprägt ist, nimmt es die Formen eines intellektuellen Anachronismus an, wenn der Diskurs den Empfehlungen Lyotards folgend, den Rückzug auf die Dimensionen des »Lokalen« propagiert. Zwar muß politische Praxis, die verändernd wirken will, zu den unmittelbaren Lebenserfahrungen der Menschen vermittelt sein; jedoch ist es gleichzeitig ihre Aufgabe zu verdeutlichen, wie und in welchen Ausdrucksformen sich im Unmittelbaren allgemeine Entwicklungstendenzen widerspiegeln.

Motive des Antimodernismus

Wenn auch mit veränderten Begriffen und »modernisierten« Begründungen ist der Postmodernismus »organischer« (Gramsci) Bestandteil jener Weltanschauungssysteme, deren theoriegeschichtlicher Beitrag im wesentlichen in der Verschleierung der historischen Perspektivlosigkeit der bürgerlichen Gesellschaft besteht. Denn mit einer Sonntagsphilosophie ist der katastrophale kapitalistische Zustand nicht mehr zu überdecken. Da eine direkte Parteinahme kaum möglich ist und alles Schönreden vergeblich wäre, muß die philosophische Rede »grundsätzlich« werden: Der Begriff des Fortschritts muß »dekonstruiert« werden, weil jeder Entwicklungsgedanke über das Bestehende hinaus, dessen Existenz in Frage stellt! Um die Feststellung des Bankrotts der kapitalistischen Vergesellschaftungsweise zu vermeiden, muß »der Bankrott der Vernunft« (G. Lukács) verkündet, die Erscheinungsformen der Krise zum Ausdruck einer prinzipiellen Absurdität der menschlichen Existenz verklärt oder die Unmöglichkeit der Überwindung intellektueller Selbsttäuschungen behauptet werden. Nicht zufällig ist deshalb – wenn auch in verschiedenen Kombinationen und unterschiedlichen Gewichtungen – das bürgerliche Legitimationsdenken von Nietzsche bis zum Postmodernismus durch zum Verwechseln ähnliche Inhalte geprägt: Durch »die Zurücknahme des Fortschrittsbegriffs, die Relativierung des Wahrheitsproblems, die Irrationalisierung der Geschichte und davon abgeleitet die Aristokratisierung der Erkenntnis bzw. des Erkenntnisproblems (Erkenntnis ist nicht allen und jedem Menschen zugänglich), die Leugnung gesellschaftlicher Entwicklung und damit gesellschaftlicher Gesetze, ihre Ästhetisierung, die Verbreitung pessimistischer und nihilistischer ethischer Vorstellungen und davon abgeleitet die Propagierung einer menschenverachtenden Moral, schließlich der bewußte Verzicht auf systematische Weltsicht«. (R. Steigerwald)

Nicht im einzelnen Argument, jedoch in der inhaltlichen Tendenz wiederholt das »Postmoderne Wissen« die Motive einer Gegenaufklärung, der Nietzsche die Argumente geliefert hat. Ironischerweise spricht der Diskurs den gleichen Interpretations- und Selbstzurechnungsmustern, die Nietzsche als elitäre und anti-demokratische begreift, eine »subversive« und herrschaftskritische Substanz zu: »Postmodernismus und Antimodernismus reichen sich tückisch die Hand« (M. Frank): Von Nietzsche, als *seinem* Repräsentanten einer »Gegen-Kultur« (Foucault), übernimmt das »Postmoderne Denken« neben den Motiven eines erkenntnistheoretischen Subjektivismus auch den philosophisch nur ober-

flächlich kaschierter Zynismus (»Viel zu viele leben, und viel zu lange
hängen sie an ihren Ästen. Möchte ein Sturm kommen, der all diess
Faule und Wurmfressne vom Baum schüttelt.«). Adaptiert werden Motive von Nietzsches Antihumanismus und sein fatalistischer Blick auf
die Geschichte: »Die ›Ausbeutung‹ gehört nicht einer verderbten oder
unvollkommenen und primitiven Gesellschaft an: sie gehört ins *Wesen*
des Lebendigen, als organische Grundfunktion, sie ist eine Folge des
eigentlichen Willens zur Macht, der eben der Wille des Lebens ist. –
Gesetzt, dies ist als Theorie eine Neuerung – als Realität ist es das *Ur-
Faktum* aller Geschichte«. Von Nietzsche stammen ebenfalls die Stichworte, die eine Abkehr von theoretischer Kohärenz (»Nichts ist wahr,
alles ist erlaubt«) und eine amoralische Subjektzentriertheit legitimieren: »Alle Moral verneint das Leben«. Wir werden auf diese Theoreme
und weitere Aspekte dieser innigen Geistesverwandschaft bei unserer
Winterreise durch das »Postmoderne Denken« noch mehrfach stoßen.

Für die weltanschauliche Funktionalität ist es zweitrangig, ob die
herrschaftskonforme Selbstverstümmelung des Denkens bewußt voll-
zogen wird, oder die Konsequenz eines naiven Methoden- und Wirk-
lichkeitsverständnisses ist. Evident jedoch ist, daß die theoretischen
Konstruktionen Schlüsse implizieren, die den *postulierten Absichten*
des Postmodernismus elementar widersprechen.

Durch seine weltanschauliche Konditionierung ist es dem Diskurs-
Wissen möglich die Paradoxien und Widersprüche der angeblich »postmodernen Lebensverhältnisse« zwar zur Kenntnis zu nehmen, jedoch
ihre Kritikwürdigkeit zu ignorieren. Weil die soziale Welt einer fortschreitenden Fragmentarisierung unterworfen ist, die Menschen sich als
isoliert erleben und das in diese Praxiszusammenhänge involvierte Denken zu einer verständigen Verarbeitung dieser Widerspruchserfahrung
nicht fähig ist, soll es sich mit der Feststellung der Zersplitterung und
der Kultivierung »individualisierter« Sichtweisen bescheiden und von
der Vorstellung einer »fröhlichen Relativität der Dinge« (Baudrillard)
leiten lassen. Als Alternative zur angeblichen Vereinnahmungstendenz
methodischer Reflexion wird die »Hinwendung zum Paradoxen und
Pathologischen« (I. Hassan) propagiert. Einige Vertreter des Postmodernismus fordern, daß gegen die »Vorherrschaft der Ratio« dem »An-

deren der Vernunft«, also dem Wahn- und Widersinn, ein lange verweigertes Existenzrecht eingeräumt werden soll. Um dem vermeintlichen Gefängnis begrifflichen Denkens zu entkommen, sollen alle Grenzen überschritten und im Sinne Nietzsches auch moralische Vorbehalte ignoriert werden. Keine normative Selbstbeschränkung soll mehr gelten, »jenseits von Gut und Böse« sich das Subjekt eine verborgene Erfahrungsdimension erschließen – was eben auch die »Suche nach Wahnsinn« einschließt, wie Lyotard unterstreicht: »Den Wahnsinn zu suchen, würde bedeuten, daß man aus sich, aus seinem Körper, in diesem Fall aus der Sprache einen durchlässigen Leiter für das Unerträgliche macht.«

Leider hat uns Welsch in seiner Eigenschaft als ideologischer Hausmeister nicht verraten, ob es sich bei diesen Positionsbestimmungen um die von ihm reklamierte »achtenswerte Postmoderne« handelt! Unbestreitbar aber ist, daß solche expressiven Positionierungen Bestandteil des Diskurs-Wissens sind. Es ist somit kein Zufall, daß bestimmte Teile des Diskurses Affinitäten zur Esoterik besitzen, der Verzicht auf verständige Welterkenntnis mit der Wehrlosigkeit gegenüber obskuren »Sinnentwürfen« und Orientierungsmustern erkauft wird.

Sicherlich, es gibt im vielgestaltigen Chor des Postmodernismus auch andere Stimmen, die aber seinen weltanschaulichen »Unterbau« nicht neutralisieren können. Konzeptionelle Ungereimtheiten, regelmäßige Widersprüche zwischen kulturkritischer Emphase und den borniertierten Weltanschauungsmustern werden billigend in Kauf genommen. Der Diskurs hat einen großen Magen und einen guten intellektuellen Verdauungsmechanismus. Von einem Bedürfnis nach argumentativer Stimmigkeit wird er nicht belästigt und die Differenzierung nach intellektuellen Phasen seiner Gewährsleute (die sich nicht selten widersprechen) nimmt er nur oberflächlich vor. Vielmehr bedient er sich gemäß seiner jeweils aktuellen Artikulationsbedürfnisse beliebig aus dem bunten Angebot, verleibt sich auch Widersprechendes ein, ohne sich auch nur mit dem Versuch einer Synthetisierung zu belasten.

Es wäre zwar unzutreffend, die »achtenswerte Postmoderne« (Welsch) als irrationalistisch und esoterisch anzusehen, jedoch hat sie ihren spezifischen Anteil bei der Destruktion von intellektuellen Schutzmechanismen, die gegen die zivilisatorischen Regressionstendenzen und die virulenten Formen intellektueller Desorganisation Position beziehen könnten.

Der wiederentdeckte Mythos

Als Kehrseite des Verzichts auf rationale Weltaneignung haben »bedenkliche Versuche einer ›Wiederverzauberung‹ der Welt« (R. Eickelpasch) Hochkonjunktur. Der wiederentdeckte »Mythos« soll der »sinnstiftende« Bezugspunkt eines sowohl an der Welt als auch am Menschen haltlos gewordenen Denkens bilden. Weil die humanistische Perspektive als Alternative zur schlechten Progression der herrschenden Zustände tabuisiert ist, muß das angepaßte Denken den Mythos reaktivieren, wenn es ausdrücken will, »was den Menschen zentral affiziert, was unabhängig von den Aussichten theoretischer Verifikation seinem Selbstverständnis zur Artikulation verhilft«. (H. Blumenberg)

Den Wiederentdeckern des Mythos geht es nicht um das *Verständnis* des Vor-Rationalen, zu dem auch die menschliche Triebapparatur und die Realität der Menschen als »gesellschaftliche Naturwesen« (Marx) gehören, sondern um dessen vorbehaltlose Rehabilitation. Im Gegensatz zu dem Anliegen der Aufklärung, die Intentionen des mythologischen Denkens zu begreifen und seine gesellschaftliche Funktionalität zu dechiffrieren, wird von Teilen der Modephilosophie seine vorbehaltlose Anerkennung gefordert. Er wird weder philosophisch reflektiert, noch ideologiekritisch ausgeleuchtet, sondern ontologisiert; er wird zum Spiegelbild prinzipiell undurchsichtiger Lebensverhältnisse und zur existentiellen Bestimmung des Menschen verklärt. »Der Mythos gerät tendenziell zur Residualkategorie und zum Zauberwort für alles, was sich dem technisch-wissenschaftlichen Zugriff entzieht.« (R. Eickelpasch) Aus dem realen Weltanschauungsbedürfnis und der alltagspraktischen Notwendigkeit, sich ein Bild von der Realität zu machen, wird ein Zwang zur mythischen Überlagerung der Welt konstruiert.

Weil im Kontext des Alltagsbewußtseins der Mythos Ausdruck eines (hilflosen) Orientierungsbedürfnisses ist, hat Adorno »den Einspruch der Menschheit gegen den Mythos«, als Ausdruck eines »realen Humanismus« bezeichnet. Davon sind die meisten intellektuellen Rekonstruktionsbemühungen jedoch weit entfernt. Statt den Mythos kritisch »aufzuheben«, sind sie bei ihrem Streben nach einem anderen Erkenntnismodus vorrangig an seiner weltanschaulichen Instrumentalisierung interessiert. Sie wollen ihn als eine Form vorrationaler »Gewißheit« rehabilitieren, die sich von den (dominierenden) wissenschaftlichen Erklärungsmodellen abhebt. Durch den Aufbruch zum Mythos sollen alle Zwänge eines instrumentalistischen Denkens abgestreift werden. Um überhaupt noch »Sinn« restituieren zu können, soll der Mythos reaktiviert und der traditionelle »Ballast« der Rationalitäts- und Vernunftorientierungen »überwunden« werden! Durch die Mythologisierung des Denkens wird ein Schein von Objektivität erzeugt, die durch den erkenntnistheoretischen Relativismus verloren gegangen ist.

Zu beobachten ist auf breiter Front eine Regression des Denkens, ein bereitwilliger Verzicht auf vernunftorientiertes Aufklärungsbemühen: »Erlebnis-, Denk oder Verhaltensweisen, die entwicklungsmäßig ein bestimmtes Niveau erreicht haben, auf dem sie gewöhnlich operieren, sinken also auf eine niedrigere, individual- oder stammesgeschichtlich frühere Stufe zurück, um dort das Leben [oder das Denken und Erleben] gewissermaßen auf primitiverer Ebene fortzuführen.« (H. Heuermann) Der Mythos wird zu einem Moment der Gegenaufklärung instrumentalisiert!

Auflösung der Objektivität

Ein weiterer Ausdruck des intellektuellen Regressionsprozesses ist die subjektivistische Festschreibung realer Erfahrungselemente. Soziale Erlebnisse verdichten sich zu Erlebnisformen, die dem Subjekt ein »autonomes« Verhältnis zum entfremdeten Sozialprozeß vortäuschen, aber seine intellektuelle Abhängigkeit gegenüber der verdrängten Objektivität nur verstärken. Denn »in der repressiven Ordnung ... wird der Drang nach Abwendung von der bedrohlichen fetischisierten Außenwelt und nach Verinnerlichung des Lebens erst recht zum Fangstrick der Bindung des Einzelnen an die repressiven Erlebnis- und damit Verhaltensmomente der Außenwelt.« (L. Kofler) Dieser Verarbeitungsmechanismus krisenhafter Sozialerfahrungen ist mit den Instrumentarien klassischer Ideologiekritik nicht mehr zu erklären. Denn der verschleiernden Gedankenarbeit geht die Verdrängung (in ihrer tiefenpsychologischen Bedeutung) belastender und verunsichernder Sozialerfahrungen voraus.

Wenn die Weltflucht zumindest temporär gelingen soll, muß die Objektivität gründlich destruiert, darf auch vor den »harten« Tatsachen nicht Halt gemacht werden. Aus dem virulenten Gefühl universeller Freiheit und voraussetzungsloser Pluralität deduziert das »Postmoderne Denken« ein Weltverständnis, das die Beziehung zu den realen Abhängigkeiten vermissen läßt und an dem um so dogmatischer festgehalten wird, je unnachsichtiger die »Systemimperative« (Habermas) in das gesellschaftliche Leben eingreifen. Während die Krise durch die verschärften Selektionsmechanismen auf dem Arbeitsmarkt und das strukturelle »Überangebot« an Arbeitskraftverkäufern und -verkäuferinnen auf viele Lebensläufe einen zunehmenden Einfluß bekommt und die von den Metropolen dominierte Akkumulationsdynamik in den letzten Winkeln der Welt ihre zerstörerischen Spuren hinterläßt, die soziale Katastrophe in den Elendszonen monströse Ausmaße angenommen hat, durch die zerstörerischen Konsequenzen der strukturellen Abhängigkeit Entwicklungsalternativen kaum mehr zu erkennen sind und trotz der organisierten Armutsentwicklung die konsum- und kulturindustriellen Schablonen weltumspannende Gültigkeit erlangt haben, verkündet die »postmoderne Soziologie« eines Z. Bauman den Zerfall der »dominanten Position des Westens« und sieht darin die begrüßenswerte Konsequenz der »Auflösung der Objektivität« und des Abbaus »von Hierarchien«: »Vom postmodernen Standpunkt scheint die Welt ... aus einer unendlichen Zahl bedeutungsgenerierender Subjekte zusammengesetzt, die alle relativ unabhängig und autonom, ihrer jeweils eigenen Logik unterworfen und mit jeweils eigenen Mitteln ausgestattet sind, die Gültigkeit der Wahrheit zu überprüfen.« (Bauman)

Wie so viele andere »postmoderne« Theoreme ist auch die Rede von der Vervielfachung der Denk- und Lebensmuster, der Pluralisierung der

Wahrnehmungs- und Artikulationsformen, sowie wie die Behauptung, daß sich darin eine nachkapitalistische Kultur repräsentiere, nicht eben neu (und ein Indiz dafür, daß es mit dem behaupteten »Epochenumbruch« doch nicht so weit her sein kann!). In einem vergleichbaren Sinne hatte schon in den 50er Jahren Raymond Aron von einer Welt des »Polytheismus«, der Existenz einer Vielzahl separierter Glaubens- und Vorstellungswelten und einer »babylonischen« Gefühlsverwirrung gesprochen. Jedoch ging er noch von einem gemeinsamen Vergesellschaftungsrahmen, von einer verbindenden Erfahrungsebene für die differenzierten Artikulationsformen aus.

»Neu« im »postmodernen« Gewand ist die Verabsolutierung der zersplitterten Sichtweisen zu einem ontischen Prinzip. Die »Individualisierung« (d.h. die ideologische Reflexionsform der Vereinzelung und Entsolidarisierung) der Menschen wird zum konstitutiven Moment der sozialen Welt erklärt. Inhaltlich ist dieser Verarbeitungsmodus in seiner postmodernistischen Akzentuierung als »spontane« Reaktion auf unverstandene und als Bedrohung registrierte Sozialerfahrungen zu interpretieren. Es ist jedenfalls alles andere als ein Zufall, daß »gerade in dem historischen Augenblick, in dem das System ›totaler‹ ist als je zuvor, einige radikale Intellektuelle damit beginnen, das gesamte Konzept der Totalität als Alptraum zu bezeichnen« (T. Eagleton): Entblößt von allen wirksamen Distanzierungsmöglichkeiten und Widerstandshoffnungen gegen die bedrängenden und verzehrenden Realitätsansprüche, zieht sich das intellektuelle Individuum auf sein »Innerstes«, auf die subjektiven Erlebnisformen zurück und reklamiert trotzig aber hilflos das Existenzrecht der Singularität und isolierten Existenzform. Das »Postmoderne Denken« ergreift also nicht Partei für das »Subjekt«, sondern für den Subjektivismus und die letztlich alleinige Gültigkeit subjektivistischen Erlebens, dem jede Vorstellung einer Verwobenheit des Individuellen mit dem Allgemeinen fehlt.

Durch den Reflexionsverzicht kann sich das Individuum jedoch der *Illusion* hingeben, es hätte sich aus den Klauen zweckrationaler Zumutungen befreit und könnte sich, ungestört vom »Realitätsprinzip«, in den »lebensweltlichen« Nischen einrichten. Durch die *gedankliche* »Auflösung des Sozialen« wird die Illusion eines Freiraumes zur ästhetischen

Selbsterfindung begründet: Fern faktischer Zwänge soll das »fraktale«
Subjekt durch ästhetische Selbststilisierungen zu sich selbst finden.

Durch das Verschließen der Augen verschwindet die bedrohende
Realität zwar nicht, denn, im Gegensatz zur Auffassung des Diskurses,
existiert das »Ganze« auch ohne die »Sehnsucht« (Lyotard) nach ihm.
Das Bedrohliche kann aber mit subjektivistischen Bildern überlagert
werden; jedoch ist ein hoher Preis für diese Fetischisierung der Innerlichkeit zu bezahlen: »Der in der fetischisierten Welt lebende Mensch«,
schreibt Georg Lukács in seiner Studie »Existentialismus oder Marxismus?«, »sieht nicht, daß jedes Leben um so reicher, um so inhaltsvoller
und wesentlicher ist, je vielverzweigtere, tiefgreifendere menschliche
Beziehungen ihn – bewußt – mit dem Leben seiner Mitmenschen, mit
der Gesellschaft verknüpfen. Der isolierte, der egoistische, der nur für
sich lebende Mensch steht in einer verarmten Welt, seine Erlebnisse
nähern sich um so gefahrdrohender der Wesenslosigkeit, dem In-Nichts-
Zerfließen, je ausschließlicher sie lediglich nach innen gewendet sind.«
Es ist also alles andere als die versprochene Freiheit, was sich durch die
Ignoranz gegenüber den Strukturprinzipien der objektiven Realität realisiert: Ihren Einflüssen sind die Subjekte nur um so ungeschützter ausgeliefert.

Das disponible Subjekt

Krise und Identität

Durch eine genaue Lektüre und die Kenntnisnahme ihrer Stellung im Koordinatensystem des Herrschaftsdenkens dürfte sich der gutgemeinte Versuch, die »postmodernen« Redeinszenierungen »als Kritik an der Zivilisation der modernen Industriegesellschaft« (R. Mocek) und als Durchgangsstadium zu kapitalismuskritischen Positionen zu interpretieren, als Holzweg erweisen. Denn die Denkmuster des Postmodernismus sind so strukturiert, daß sie selten auch nur als Rohmaterial für ein verständiges Gesellschaftsbild nutzbar gemacht werden können; die angebotenen Beschreibungen erhalten durch den Einfluß des engmaschigen Netzes der »postmodernen« Denkvoraussetzungen, inhaltliche Akzentuierungen die durch eine einfache Beifügung dialektischen Salzes nicht zu neutralisieren sind. Mit der »postmodernen« Skizze der Gegenwartsprobleme kann eigentlich nur etwas anfangen, wer Rationalisierungsformeln und individuelle Selbstetikettierungen – sei es im Modus »kulturphilosophischer« Beliebigkeit oder der komprimierten Formen der Befragungssoziologie – für eine authentische Beschreibung der gesellschaftlichen Verhältnisse hält.

Das »Postmoderne Denken«, dessen Konturen vielen Beobachtern in den 80er Jahren »noch unklar, verworren und zweideutig« (A. Wellmer) erschienen war, hat ein eindeutiges Profil bekommen. Die Orientierungsschablonen des Diskurses präjudizieren fatalistische und nihilistische Konsequenzen; seine Denkvoraussetzungen haben sich zu einem ideologischen Verarbeitungsmechanismus entwickelt, der kritische Intentionen zu affirmativen Einstellungen transformiert und den Blick auf das gesellschaftliche Geschehen systematisch verzerrt.

Wenn es einmal ein Aufbegehren gegen die bedrückende Enge der eigenen Prämissen gibt, »bewährt« sich gerade in solchen Momenten

eines drohenden Dissens die normierende Kraft der Grundeinstellun-
gen. So spricht Derrida zwar gelegentlich von der Notwendigkeit, die
Existenz der »beiden widersprüchlichen Imperative« Einheit und Vielfalt anzuerkennen, jedoch äußert er auch sofort den Verdacht, daß ein
»Bündnis« zwischen beiden verantwortungsvoll nicht zu stiften wäre.
Noch ehe das Echo eines Problembewußtseins verklungen ist, zwingen
die engmaschigen Orientierungsmuster (»Krieg dem Ganzen, zeugen
wir für das Nicht-Darstellbare, aktivieren wir die Differenzen, retten
wir die Differenzen«, dekretiert beispielsweise Lyotard) das Denken
wieder auf den Pfad der rechten Gesinnung zurück.

Diese blinde Parteinahme für die »Differenzen« bedeutet innerhalb
der faktischen Machtkonstellationen, stillschweigend den Einfluß der
hegemonialen Orientierungen, Wertmuster und Präferenzen zu akzeptieren. Wie elementar die »postmodernistischen Glaubensartikel« (W.
Welsch) dem herrschenden Weltanschauungskosmos verbunden sind,
zeigt die bereitwillige Verwendung von dessen Begriffen und der mit
ihnen verbundenen Interpretationsschablonen. Denn als Ergänzung der
geistig-kulturellen »Differenzierung« und »Individualisierung« wird
»Pluralität« zu einem Schlüsselbegriff erhoben: »Sämtliche als ›postmodern‹ bekannt gewordenen Topoi – Ende der Meta-Erzählungen,
Dispersion des Subjekts, Dezentrierung des Sinns, Gleichzeitigkeit des
Ungleichzeitigen, Unsynthetisierbarkeit der vielfältigen Lebensformen
und Rationalitätsmuster – werden im Licht der Pluralität verständlich.
Pluralität bildet auch die Leitlinie aller fälligen Transformationen über-
kommener Vorstellungen und Konzepte.« (W. Welsch) Es wird der Anspruch erhoben, mit der Pluralitäts-Kategorie ein Gegenprinzip zur Vereinnahmung des Individuellen und Besonderen durch umfassende (to-
talisierende) Ansprüche installiert zu haben. Reklamiert wird eine »anti-
totalitäre Option«, die offensiv Partei für Vielheit ergreift und »allen
alten und neuen Hegemonie-Anmaßungen entschieden entgegen« tritt
(Welsch), doch wird dabei geflissentlich übersehen, daß mit dieser intellektuellen Fixierung nur die ideologische Spiegelung der warengesellschaftlich produzierten Partikularität festgeschrieben wird und das
gesellschaftliche Strukturierungsprinzip mit seinen Machteffekten unbeachtet bleibt. *Diese* beschworene Partikularität und Vielheit ist Aus-

druck des sozial normierenden Universalismus der Marktgesellschaft, nicht sein Gegenprinzip. Denn subjektive Lebens- und Entfaltungsansprüche können ernsthaft nur in Opposition zu den »großen Erzählungen« des Kapitalismus, der Dominanz seiner normativen Orientierungen und faktischen Zwänge zur Geltung gebracht werden!

Weil sie das reale Dominanzverhältnis nicht beachten, geben die »postmodernen Sozialtheorien« im Kontrast zu den Maßstäben einer kritischen Gesellschaftstheorie (keinesfalls nur des Marxismus!) »der diagnostizierten Verschränkung von kultureller Erosion und individuellem Authentizitätsverlust eine positive, ja häufig affirmative Deutung« (A. Honneth): Individuelle Verhaltensweisen, die, kritisch betrachtet, als durch die Krisenerfahrung verursachte Suchbewegung interpretiert werden müssen, werden postmodernistisch schon als Abschluß gedacht. Das philosophische Begehren konzentriert sich nicht auf eine romantische Sehnsucht früherer bürgerlicher Protestformen, die nach einem mit sich selbst identischen Ich strebt, sondern auf eine vordergründige, subjektivistische Selbstgewißheit, die keinesfalls zufällig mit den entfremdeten Lebensansprüchen des entwickelten Kapitalismus identisch ist. So betont Lyotard, daß sich die postulierten »Freiräume in der Gesellschaft wiederfinden« lassen. In »postmoderner« Perspektive soll die Instrumentalisierung des Menschen, seine verwertungsorientierte Verfügbarkeit und fundamentale Fremdbestimmung, sein zielloser Aktivismus und seine Orientierungslosigkeit nicht als »Enthumanisierung«, sondern »als eine mögliche neue menschliche Erfahrung« (G. Vattimo) mit (nicht weiter spezifizierten) Entfaltungschancen verstanden werden. Paradigmatisch drückt sich der Umschlag von Beschreibung in Affirmation in einer Textpassage Welschs aus, die vorgibt, sich mit den »Rhythmen des Alltags« zu beschäftigen, und vermittels einer Transformation der fetischisierten Selbstbilder der Menschen im Risikokapitalismus ein positiv intendiertes Bild »postmoderner« Lebensverhältnisse zeichnet: »Fragmentarisierung, Szenenwechsel, Kombination des Diversen, Geschmack an Irritation sind heute allgemein, von der Medienkultur über die Werbung bis zum Privatleben. Penthouse und Öko-Hütte, Zweitbürgerschaft und Halbgeliebte, Termininversionen und Freizeitsprünge gehören zum Setting. Unser Alltag ist aus inkommensurablen Bausteinen zusammengesetzt, und wir haben die Fähigkeit entwickelt, diese so zu verbinden, daß das Heterogene uns mehr belebt als anstrengt.«

Weil das »Postmoderne Denken« die sozio-kulturellen Strukturierungsprinzipien und das herrschende »Realitätsprinzip« offensichtlich als irreversibel akzeptiert und von ihm »die psychischen und physischen Anpassungs- und Koordinationsleistungen der Menschen an die Vorgaben des Systems .. als selbstverständlich vorausgesetzt« werden (G. Gamm), fällt der Selbstbestimmungsanspruch recht bescheiden aus: »Der Bezug auf sich selbst ..., besteht weniger darin, mit sich selber identisch als sich selbst ähnlich zu sein, zu werden oder zu bleiben.« (G. Gamm) Die »postmoderne« Selbstfindung soll sich durch »fließende« und konstruierte Identitäten, also durch die Akzeptanz der wechselnden Ansprüche an das Subjekt (die in der Lebenswirklichkeit nicht selten Zumutungen sind) realisieren. Den Menschen in der »Postmoderne« wird nahegelegt zu lernen mit den Widersprüchen zu leben, die sozialen Bedrohungen als etwas Unabänderliches zu akzeptieren und sich den wechselnden Ansprüchen anzupassen. Die beschworene »Indifferenz« bedeutet in der Lebenswirklichkeit auf der sozialen Ebene die Austauschbarkeit von Individuen und subjektiv die relative Beliebigkeit normativer Präferenzen.

Mit »subversivem« Anspruch wird von der Notwendigkeit einer »biegsamen« Psyche gesprochen, ohne sich offensichtlich der Tatsache bewußt zu sein, daß damit einer kapitalistisch instrumentalisierten Individualität und einer konkurrenzgesellschaftlich geformten Persönlichkeitsstruktur das Wort geredet wird. Denn der entwickelte Kapitalismus reproduziert sich »im zunehmenden Maße durch die Zurichtung menschlicher Subjektivität mittels massenmedialer und kulturindustrieller Formierung – durch die Entmündigung, psychisch-geistige, mittlerweile auch körperliche Deformation: Lädierung der Körper, der Seelen und des Bewußtseins.« (Th. Metscher)

Das vom Postmodernismus favorisierte flexible und grenzenlos anpassungsfähige Individuum mag sich in der Welt der ökonomischen Verwertung besonders gut zurechtfinden, ob ihm aber die prognostizierte »Selbstverwirklichung« – wenn diese mehr als eine warenästhetische Profilierung sein soll – möglich ist, kann begründet bezweifelt

werden. »Selbstverwirklichung«, die mehr als eine expressive Selbststilisierung sein will, hat die Auflehnung gegen die Instrumentalisierung und Fremdbestimmung, die Infragestellung der in die Psyche ein-
gegrabenen Herrschaftsimplikationen zur Voraussetzung: »Kampf gegen gesellschaftliche Unterdrückung«, schreibt Gottfried Stiehler in
seiner grundlegenden Abhandlung über »Macht als Objekt-Subjekt-Ver-
hältnis«, »schließt ein dynamisches Selbstverhältnis ein, das Macht des
Individuums über sein Denken, Fühlen, Handeln bedingt und Potenzen
einer Veränderung bestehender ökonomischer, politischer, kultureller
Machtverhältnisse begründet.« Im Kontrast zu einer solchen Perspektive realer Selbstbestimmung werden auf Grundlage der blinden Akzeptanz der gesellschaftlich produzierten Orientierungs- und Maßstabslo-
sigkeit »Polyvalenz« und »Ambivalenz«, Mehrwertigkeit und Mehrdeutigkeit zu Leitmotiven eines »postmodernen Lebens« erhoben, das von
»normativen Zwängen« befreit sein soll. Als Ausdruck der »Postmo-
dernität« gilt die Fähigkeit, sich bereitwillig den wechselnden Ansprüchen einer »instabilen Welt« und ihrem »ekstatischen Zustand der Unentschiedenheit« (T. Eagleton) auszuliefern. Zur Bekräftigung des Ide-
albildes eines »flexiblen« und sozial hochdisponiblen Individuums zitiert W. Welch begeistert einen Vers aus dem »Vorspiel« von Nietzsches
»Fröhlicher Wissenschaft«:

»Scharf und milde, grob und fein,
vertraut und seltsam, schmutzig und rein,
der Narren und Weisen Stelldichein;
dies alles bin ich, will ich sein,
Taube zugleich, Schlange und Schwein!«

Die Vorbehalte gegen bestimmte sozialpsychologische Konzepte
personaler Identität, die von einigen postmodernistischen Denkern thematisiert werden, haben zugestandenermaßen einen rationalen Kern.
Indentitäts-Vorstellungen einer akademischen Psychologie, die nur auf
das soziale (und darin eingeschlossen das ökonomische) Funktionieren
der Subjekte orientieren, sind repressiver Natur. Ihr Bemühen ist auf
die Anpassung der Menschen an das entfremdete und interessendomi-
nierte gesellschaftliche Ganze gerichtet. Doch kann das ein Grund sein,
die emanzipatorische Dimension des Problemkomplexes aus dem Auge

zu verlieren? Denn gerade dann, wenn das Individuum gegenüber dem »Realitätsprinzip« nicht kapitulieren, wenn es den fremden und entfremdeten Interessen nicht grenzenlos ausgeliefert sein will, muß es versuchen, ein Gleichgewicht zwischen den externen Ansprüchen und den eigenen Lebenserwartungen herzustellen. »Identität« in diesem Sinne bedeutet soziale »Funktionalität«, bezeichnet aber auch eine Form der Handlungsfähigkeit, die als Grundlage für selbstbestimmtes Agieren unverzichtbar ist.

Daß diese Problemdimensionen vom Postmodernismus nicht zur Kenntnis genommen werden, hat auch theoriegeschichtliche Gründe. Der noch vom Strukturalismus (mit dem – wie wir noch sehen werden – das »Postmoderne Denken« mehr als nur peripher verbunden ist) geführte Kampf gegen die Eckpunkte einer emanzipatorischen Gesellschaftskritik (Entfremdungs-, Ideologie- und Verdinglichungstheorie) trägt jetzt reiche Früchte: Die für das Gegenwartsverständnis und die Ursachenanalyse der »pathologischen« Entwicklungen der Kapitalgesellschaft unverzichtbaren Kategorien bleiben neutralisiert; »geschmeidig« kann der Diskurs auf dieser Grundlage den skandalösesten Tatsachen der Sozialentwicklung aus dem Weg gehen, beispielsweise, daß die Widerspruchsentwicklung im Risikokapitalismus bei immer größeren Menschengruppen schwerwiegende psychische Defekte produziert, viele Individuen ihre Identitätsprobleme nur noch durch selbstzerstörerische und sozial schädliche Verhaltensweisen temporär kompensieren können.

Ein kritisches Verständnis der Menschen in ihren konkreten Lebensverhältnissen würde jedoch auch nur störend wirken und das theoretische Konstrukt eines »postmodernen Menschen« gefährden, mit dem eilfertig die sozial definierten Ansprüche an die Individuen, die Forderung nach Flexibilität und Bedenkenlosigkeit, ratifiziert werden. Das Menschenbild des Postmodernismus ist an den Anforderungen orientiert, die ein verändertes kapitalistisches Reproduktionsmodell an die Menschen stellt. Es setzt voraus, daß die Individuen »differenzlos« die krisenhaften Umgestaltungen und verwertungsorientierten Überlagerungen ihrer Lebensverhältnisse akzeptieren, klaglos die Bedrohung ihrer Zeitautonomie, die Entwertung von Erfahrungen und die Zerstörung ihres sozialen Schutzraumes akzeptieren.

Ein neues Wort macht die Runde, mit dem die Vorstellungen über die radikalisierten Anforderungen an die arbeitenden Frauen und Männer transportiert werden: die 24-Stunden-Gesellschaft. Mit normativen Grundton wird damit der Trend bezeichnet, die Arbeit und damit auch das Leben auf ein Zeit-Schema ohne Begrenzungen und Rücksichten zu verpflichten. Rund um die Uhr sollen Dienstleistungen erbracht, soll produziert und administriert werden. Angestrebt ist die Universalisierung der Verfügbarkeit über die Arbeitskräfte, die vollständige Einordnung des menschlichen Lebensrhythmus in den sich beschleunigenden Kreislauf der Kapitalakkumulation.

Nicht selten bezieht sich das »postmoderne« Argumentationsschema *positiv* auf die krisenhaften Veränderungen der Lebensformen. In den sozialen Erosionstendenzen und alltäglichen Bedrohungen des Subjekts sollen Chancen zur selbstbestimmten Lebensgestaltung gesehen und die »Inkommensurabilität und Fragmentarisierung als befreiende Prinzipien« (S. Best) begriffen werden: »Die Identitäten des Durchschnittsmenschen sind pasticheartige Gebilde, zusammengebraut aus kulturellen Versatzstücken und Vorbildern, aus frei-flottierenden Wünschen und Ängsten, aus Identifikationen mit konsumierbaren Objekten«. (H.-G. Vester) Mit diesem Verständnis der »postmodernen Menschen« als »Konstrukte ohne Authentizität« (Vester) korrespondiert der philosophische Postmodernismus mit dem sozialtheoretischen Begründungsprogramm der sogenannten Individualisierungstheorie und den davon abgeleiteten Vorstellungen einer »Diversifizierung von Lebenslagen«, die unter der Hand die Bedrohungen der individuellen Lebensverhältnisse zur Entwicklungschance und Möglichkeit eines Neubeginns verklärt. Gewissermaßen nach dem Motto »Gut ist, was stark macht«, stimmt das sicherlich auch für die im Konkurrenzkampf »erfolgreichen« Subjekte. Für viele ist jedoch die Gefahr des Scheiterns naheliegender; ihre Lebensverhältnisse repräsentieren nicht jenen Möglichkeitsraum, den die postmodernistische Ideologie unterstellt. Zutreffend ist, daß die krisenhaften Veränderungen in der Arbeitswelt für *eine* Gruppe soziale Verbesserungen, vielleicht sogar vergrößerte Handlungsspielräume mit sich bringt. Für eine *wesentlich größere* Gruppe bedeuten sie jedoch das Gegenteil: berufliche Dequalifizierung und soziale Abstufung. Für beide »Arbeitsmarktsegmente« aber sind die Umgruppierungen mit Unsicherheit, in der Regel mit erhöhten Leistungsanforderungen und der Infragestellung der gerwerkschaftlich erkämpften Zeitautonomie verbunden.

Neue Formen sozialer Kontrolle

Durch die *organisatorische* Fragmentarisierung von Sozial- und der Zerstörung von Zeitstrukturen, die ein Mindestmaß an Selbstbestimmung und Überschaubarkeit garantierten, setzt sich ein neuer Herrschafts*modus* durch, ohne daß sein »Zentrum« auf den ersten Blick identifiziert werden kann: Die Routine des »industriegesellschaftlichen« Normengefüges wird gemindert und es »erscheint eine neue Freiheit der Zeit, doch ihre Erscheinung täuscht. Die Zeit im Unternehmen und für den einzelnen ist aus dem eisernen Käfig der Vergangenheit entlassen, aber neuen Kontrollen und neuer Überwachung von Oben unterworfen. Die Zeit der Flexibilität ist die Zeit einer neuen Macht« (R. Sennet), die sich über die »betriebswirtschaftlichen« Vorgaben zur Geltung bringt, denen die »autonomen« Organisationseinheiten und Arbeitsgruppen unterworfen sind und die durch ein dichtes elektronisches Kontrollnetz abgesichert wird: »Die Arbeit ist physisch dezentralisiert, die Macht über die Arbeitnehmer stärker zentralisiert worden.« (R. Sennet)

Der neue Herrschaftsmodus ist eng mit den aktuellen Formen der Produktivkraftentwicklung und den daraus resultierenden veränderten Anforderungsprofilen an die Arbeitenden verknüpft: Mit industrieller Disziplin *alleine,* ist heute keine kapitalistische Wirtschaft mehr zu organisieren. Es müssen »Freiräume« geschaffen werden, in denen die Kreativität der Arbeitenden sich entfalten und unkonventionelle Lösungen für die definierten Aufgaben gefunden werden können. Die unterschiedlichsten Formen des Spezialwissens müssen koordiniert und durch modifizierte Gruppenstrukturen (mit gewissen Freiräumen) muß den Erfordernissen einer mikroelektronisch überlagerten Produktion Rechnung getragen werden. Doch sind die Ziele und Handlungsgrenzen nach wie vor autoritär vorgegeben. Auch das repetitive Element (wenn auch auf einer »höheren« Ebene) ist weiter vorherrschend. Die Arbeitsteilung insgesamt ist perfektioniert und im globalen Maßstab organisiert. Weltweit wird heute der Endmontage hochentwickelter Produkte »zugearbeitet« (die meistens weiter in den Zentren angesiedelt ist). Nicht nur um diese höchst unterschiedlichen Handlungsstränge zu koordinieren, sondern auch um den unmittelbaren Erfordernissen der entwickelten Produktionsformen zu entsprechen, müssen neuartige Organisationskonzepte eingeführt werden, die aber so strukturiert sind, daß rigide und lückenlose Kontrollmöglichkeiten bestehen bleiben.

Solche konkreten Macht-»Metamorphosen« sind es, die W. Welsch als Indiz eines begrüßenswerten Eindringens des »postmodernen« Prinzips der »Pluralität« in »gesellschaftliche Elementarfragen wie ... [die] Ökonomie« ansieht und die nach seinen Worten ihren Ausdruck in »postmodernen Wirtschaftskonzepten der Diversifikation, der Anpassung an Sonderbedingungen, der Pluralisierung von Organisationsformen« finden. Die Bewohner des philosophischen Elfenbeinturmes mag in Ermangelung besseren Wissens solch summarischer Bericht aus dem »richtigen Leben« beeindrucken und ihnen ein selbstzufriedenes »Wir haben es doch gewußt!« hervorlocken. Wer jedoch noch nicht ganz dem doktrinären Aberglauben einer Allmacht des Scheins verfallen ist, kann sich einen schlüssigeren Reim auf den sozio-ökonomischen Gehalt und die Herrschaftsfunktionalität solcher ideologischen Rationalisierungsformen machen: Häufigster Ausdruck der »Pluralisierung« im Wirtschaftsleben ist die Aufsplitterung der Arbeitswelt in privilegierte »Kerne« und nachgelagerte Niedriglohnzonen. Eine weitere Seite dieser »Pluralisierung« sind die zunehmenden Formen sozial ungesicherter Beschäftigung, die nicht selten hinter der Fassade einer formalen »Selbständigkeit« verborgen werden. All diese »Pluralisierungstendenzen« in der Arbeitswelt dienen dazu, bei minimierten Kosten aus den Beschäftigten ein Maximum an Leistung herauszuholen, aber auch um jene Kreativität und Innovationsfähigkeit zu sichern, die im Rahmen traditioneller Formen der Lohnarbeit nicht mehr abschöpfbar und deren »Träger« nicht mehr kontrollierbar sind. Die großen Formationen des Kapitals realisieren ihre eigene Flexibilität, die im zugespitzten Konkurrenzkampf

überlebensnotwendig ist, durch die Auslagerung geeigneter Bereiche
und Arbeitsschwerpunkte, ohne ihre Dominanz zu verlieren oder die
wirkungsvollen Kontrollmöglichkeiten einzubüßen.

Auch für diese Entwicklung kann der Diskurs mit wohlfeilen und die
soziale Machtkonzentration verbergenden Etikettierungen dienen. Die
Bündelung industrieller Aktivitäten in finanzkapitalistisch strukturierten Kommandoköpfen (»Holdings«) soll als Ausdruck einer »virtuellen« und »postindustriellen« Ökonomie verstanden werden. Der oberflächliche Eindruck, den die strategischen Verwaltungseinheiten erwekken, wird in bewährter postmodernistischer Manier als Ausdruck des
Ganzen akzeptiert. Tatsächlich ist in diesen Schaltzentralen des Kapitals der materielle Produktionsprozeß nur noch in abstrakten Kennzif-
fern präsent. Doch mit ihrem kleinen Kern von Mitarbeitern (ein Musterbeispiel ist der ABB-Konzern, der mit 170 Mitarbeitern in der Züri-
cher Zentrale den Ausbeutungsprozeß von 210.000 Beschäftigten in 150
Ländern steuert) und kommunikationstechnisch hochgerüstet bündeln
sie weltweit Aktivitäten, die nicht nur alle »industriegesellschaftlichen«
Produktionsformen umfassen, sondern in den abhängigen Weltregionen
auch frühkapitalistische Ausbeutungsmethoden einschließen: Wenn sie
der »Rohstoffgewinnung« im Wege stehen, werden die »Einheimischen«
ausgerottet oder ihre Existenzgrundlagen zerstört. Durch die Unterstüt-
zung von Folterregimen werden billige Arbeitskräfte diszipliniert und
ihre Produkte – ebenso wie die der massenhaften Kinderarbeit – in den
Verwertungskreislauf der »virtuellen« Unternehmen integriert.

In seiner Substanz ist also dieser »postmoderne« Kapitalismus nichts
anderes, als die informationstechnologisch organisierte Form der globalen Arbeitsteilung, die tatsächlich eine neue Dimension erreicht hat:
Durch die mikroelektronisch gestützte Flexibilität des Kapitals in der
»Postmoderne« entstehen in schneller Folge neue Prosperitätszonen,
deren Wohlstand aber widersprüchlich und fragil bleibt; sie sind immer
vom ökonomischen Absturz bedroht. Denn sobald ihre »Standortvor-
teile« schwinden, das Lohn- und »Anspruchsniveau« der Arbeitenden
steigt, es den fabrikmäßig organisierten Arbeitermassen gelingt, auch
nur rudimentäre Formen sozialer Absicherung durchzusetzen und auch
noch der ökologische Raubbau an natürliche Grenzen stößt, zieht es das

Kapital, rastlos immer auf der Suche nach profitableren Anlagemöglichkeiten, an einen anderen Punkt des Erdballs, wo die Vorteile einer »frühkapitalistischen« Ausbeutungssituation noch gegeben sind. Dem unerbittlichen Drang einer »Verwertung des Wertes« (Marx) gehorchend, vagabundiert das Kapital durch die Welt, ständig (um mit Welsch zu reden) darum bemüht, seine Wirtschaftskonzepte an »Sonderbedingungen« anzupassen. Wieviel von ihrer Entwicklungsdynamik die »Prosperitätszonen« in die Zukunft retten können ist fraglich, denn ihr Wachstumskurs ist auf schnellen Profit und nicht auf langfristige Entwicklungen orientiert. Auch in den produktivsten Zeiten sind nur geringe Teile des erarbeiteten Mehrprodukts reinvestiert, der Löwenanteil aber in die Metropolen transferiert worden.

Wenn der Postmodernismus nun ausnahmsweise schon einmal seine Vorstellungen über reale Problemlagen konkretisiert, wollen wir es nicht versäumen uns auch zu vergegenwärtigen, welche Konsequenzen die »postmodernen Wirtschaftskonzepte der Diversifikation, der Anpassung an Sonderbedingungen, der Pluralisierung von Organisationsformen« für die sozialen Zustände in den betroffenen Weltregionen haben, die vom »flexiblen« Kapital heimgesucht und sehr oft auch schnell wieder verlassen werden. Von einem neuen Nomadentum berichtet beispielsweise die »Frankfurter Allgemeine Zeitung« in den »Entwicklungszonen« der Welt: In Afrika vagabundieren 100 Millionen Menschen auf der Suche nach Arbeit durch den Kontinent. Sie zieht es »in Länder, in denen die Wirtschaft boomt. Sie folgen zunehmend den Strömen von Kapital, Waren und Dienstleistungen – und haben besonders darunter zu leiden, wenn diese die Richtung wechseln oder eine Konjunkturphase zu Ende geht.« Das »globalisierte« Kapital verschwindet schneller als es gekommen ist, stürzt bei seinem Rückzug ganze Volkswirtschaften in den Abgrund und große Bevölkerungsteile in bittere Not. Ähnliche Entwicklungen sind seit dem Beginn der Wirtschaftskrise auch in Asien zu beobachten: »Mehrere Millionen Wanderarbeiter wurden zu einer weitgehend rechtlosen Manövriermasse ... Nach dem wirtschaftlichen Zusammenbruch wurden die einst willkommenen Helfer als Ballast betrachtet.«

Deutlich wird durch diese Beispiele, daß »*das* Postmoderne« (Lyotard)

sehr wohl Realitätsstatus hat (sich also die Organisations*formen* des
Kapitalismus geändert haben, sie *auch* flexibler und anpassungsfähiger
geworden sind), das »Postmoderne Denken« aber nicht in der Lage ist
diese Metamorphosen theoretisch zu verarbeiten. Weil es die verzerrenden Selbstbilder des »modernisierten« Kapitalismus mit seiner Realität verwechselt, kann es sich nur ein überaus vermitteltes (und durch
seinen ideologischen Modus der Vermittlung nur ein verzerrtes) Bild
von den gesellschaftlichen Transformationen machen. Der Postmodernismus unterliegt der permanenten Gefahr, die ideologischen Rationalisierungsformeln mit realen Sachverhalten zu verwechseln. Die Auswirkungen der »Basisbewegungen« auf das soziale und Individuelle Leben
geraten ganz aus seinem Blick.

Die Welt als Information und Fiktion

Medienwelt und Gesellschaftsbewußtsein

Ihren Schein von Plausibilität haben die »postmodernen« Theoriekonstrukte zu einem nicht unbedeutenden Teil durch die »Phänomenologie« einer Medienwelt gewonnen, die heute in jedem Winkel des Alltags präsent ist und für viele Menschen eine eigenständige »Realität« repräsentiert. Die »Medien« drängen in immer weitere Lebensbereiche, okkupieren einen großen Teil der disponiblen Lebenszeit und verändern traditionelle Sozial- und Verhaltensmuster. Und trotz der von ihnen übermittelten Informations- und Bilderflut scheinen sie alles andere als im emanzipatorischen Sinne bewußtseinsbildend zu wirken.

Aus kulturkritischer Perspektive ist schon früh auf die sozial kontraproduktiven Auswirkungen der medialen Überformung der Lebensverhältnisse hingewiesen worden. Verwiesen sei auf die Pionierarbeit von Günther Anders aus den 50er Jahren über die mediale »Welt als Phantom und Matrize«, die noch immer gültige Beschreibungen und anregende Reflexionen enthält: Durch die Ausbreitung der Medien-Kultur degenerieren soziale Kontakte und sprachliche Artikulationsfähigkeiten; obwohl als massenhaftes Ereignis organisiert, wird »die ins Haus gelieferte Welt« von isolierten, auf sich selbst zurückgeworfenen, aber den vielen anderen haargenau gleichenden Subjekten »konsumiert«: »Der Typ des Massen-Eremiten war entstanden«. (Anders)

Doch gelangt Anders, wie auch viele der Medien-Kritiker, die seinen Spuren gefolgt sind, über die (lehrreiche und eindrucksvolle) Beschreibung kultureller Transformationen und unübersehbaren Formen sozialer Regression nicht hinaus. Die Protokollierung der Symptome wird als Diagnostik mißverstanden und das komplizierte Verhältnis von verursachenden Wirkungen und rückwirkenden Ursachen nach den Vorgaben einer pseudokritisch gebrochenen »technologischen Rationalität«

interpretiert: Das Problembewußtsein wird durch die Vorstellung einer
Überlagerung und Verformung eines vermeintlich »wirklichen« Lebens
durch die mediale Fremdbestimmung dominiert. Kulturkritisch transformiert, wird die Alltagsauffassung vertreten, daß die der Produktion
und Verbreitung der Medien-Produkte dienende technische Apparatur
der sozialen Welt ihre eigene Gesetzmäßigkeit aufzwingen würde. Bei
der Betrachtung der TV- und Video-Kultur hat diese Sichtweise die
unmittelbare Erfahrung ja auch auf ihrer Seite – aber nur solange, wie
die Frage nach der Prägung der Technik und der herrschenden kulturellen Distributionsweisen durch die gesellschaftlichen Basisprozesse ausgeklammert bleibt.

Die medialen Mechanismen könnten ihren Einfluß nicht ausüben und
der umfassende Zugriff der Kulturindustrie auf alle Lebensbereiche wäre
undenkbar, wenn das gesellschaftliche Feld für ihre Ausbreitung und
Wirkungen nicht vorbereitet wäre. Die Durchdringung aller Lebensbereiche mit den Produkten der Unterhaltungselektronik erweckt zwar den
Eindruck einer Zwangsläufigkeit dieser Entwicklung; wie sollte jedoch
das verbreitete Bedürfnis nach einer permanenten Geräuschkulisse aus
Musik und Worten aus den technischen Möglichkeiten sie zu erzeugen
zu erklären sein? Spiegelt sich in diesem verbreiteten Streben nach
Ablenkung und Zerstreuung nicht eher ein aus den herrschenden Vergesellschaftungsformen resultierendes Lebensdefizit und ist der mit den
Produkten der Medien-Industrie bekämpfte »horror vacui« (G. Anders),
die erfahrene Inhaltsleere, die Monotonie vieler Verrichtungen und die
Oberflächlichkeit der Lebenserfahrungen nicht offensichtlich der Ausdruck einer sozial erzeugten Fremdbestimmung des Menschen?

Erst die Öffnung des Blicks auf die umfassenden sozio-strukturellen
Ursachen der Rückentwicklung sozialer Sensibilitäten und den Zerfall
der politischen Kultur läßt deutlich hervortreten, daß »›leichte‹ Kunst
als solche, Zerstreuung ... keine Verfallsform [ist]. Wer sie als Verrat
am Ideal reinen Ausdrucks beklagt, hegt Illusionen über die Gesellschaft.« (Horkheimer/Adorno)

20 – 30 Prozent der Kinder des »Medienzeitalters« sind in ihrer
Sprachentwicklung gestört, haben deutliche Defizite im Sprachverständ-
nis und eine reduzierte Artikulationsfähigkeit. Die Durchdringung des

Alltagslebens mit den unterhaltungselektronischen Apparaten ist eine, aber nicht die einzige Ursache für diese Entwicklung. Einen offensichtlichen Anteil an diesem Zustand hat der Rückgang direkter zwischenmenschlicher Kommunikationsformen. Während der statistisch erfaßte Bundesbürger täglich mehr als 3 Stunden vor dem Fernsehgerät verbringt, hat sich die durchschnittliche Gesprächsdauer einer Mutter mit ihrem Kind auf tägliche 12 Minuten reduziert. Die Bereitwilligkeit, mit der die Eltern ihre Kinder dem Einfluß der Unterhaltungsmedien aussetzen, hat aber weniger mit einer vereinnahmenden Eigendynamik der elektronischen Installationen, als mit krisenhaft veränderten Zeitdispositionen zu tun: Ein verstärkter Wettbewerbs- und Anpassungsdruck führt zu Verhaltensweisen, die auch die familiare Atmosphäre beeinträchtigen; aktuelle Arbeitslosigkeit und perspektivische Unsicherheiten provozieren eine Mut- und Hilflosigkeit, die auch die zwischenmenschlichen Umgangsformen negativ verändert. Gehetzte und verunsicherte Menschen bringen selten die Aufmerksamkeit und Geduld auf, die notwendig ist, um durch einen verständigen Umgang mit den Kindern deren Kreativität und Phantasie zu fördern. Die Bildschirme von Spielcomputern und Fernsehgeräten sind in diesen Fällen der Schutzraum vor einer Welt, die sie abstößt und in der sie keinen Platz mehr haben, der ihren Entwicklungsbedürfnissen angemessen wäre. Sie ziehen sich in die standardisierten Sprach- und Symbolwelten der elektronischen Maschinen zurück, die ebenso standardisierte und reduzierte Reaktionen provozieren.

Isolation und Einsamkeit als Merkmale der medialen »Vergesellschaftung«, trotz der Zunahme von *technischen* Kommunikationsmöglichkeiten, sind das getreue Abbild entwickelter kapitalistischer Arbeits- und Lebensverhältnisse: Die Menschen sind zwar sozial immer enger aufeinander bezogen, empfinden aber durch die Dominanz des Konkurrenzverhältnisses das gesellschaftliche Gegenüber als Gegner ihrer eigenen Lebensbedürfnisse. Schon in der historischen Durchsetzungsphase der fordistischen Produktionsweise, die dem Fließband zum Durchbruch verhalf, waren die Angebote der Medien-Industrie (damals in der Hauptsache der Kinofilm und das Radio) ein wichtiger Sozialisationshebel, um die Menschen an die »modernen« Einstellungs- und Verhaltensstandards zu gewöhnen, aber auch das Surrogat, um sie für den Verlust am Leben durch die forcierten Disziplinansprüche der mechanisierten Produktion, zu »entschädigen«. In diesem Zusammenhang sollte ein Satz Hegels bedacht werden: »Das Technische findet sich ein, wenn das Bedürfnis vorhanden ist.«

Bevor durch die Ausbreitung der Unterhaltungselektronik und der mit ihr verbundenen »optischen Revolution«, d. h. durch »die Entstehung einer Symbolwelt aus Bildern, Karikaturen, Plakaten und Reklame ... eine zwar unkoordinierte, aber mächtige Bedrohung von Sprache und Literalität« (N. Postman) festgestellt werden konnte, war der kulturelle Verfall, die Dominanz der zwischenmenschlichen Beziehungslosigkeit und einer »kultivierten« Interesselosigkeit schon manifest geworden; die Kunst hatte ihre Kraft auf Alternativen zu verweisen ebenso verloren, wie den Massen die produktive Phantasie und jegliches Orientierungbedürfnis über das Tagesgeschäft hinaus ausgetrieben worden war.

Die technischen Möglichkeiten der Medien-Apparate fügten sich bruchlos in die bestehenden Vergesellschaftungstendenzen ein und vereinfachten die Intensivierung der Manipulation und die ideologische Fremdbestimmung der Menschen. Die neuen Möglichkeiten der »symbolischen Reproduktion« durch die Inszenierung von Bilderwelten paßt den Funktionären der Bewußtseinsapparate sicherlich gut ins Konzept, doch ist dieser Modus der Bewußtseinsbeeinflussung viel älter als die elektronischen Bildapparate. Die Vermittlung des herrschenden Bewußtseins hat immer über Symbole, bildliche Darstellungen und Sprachbilder stattgefunden. Die von der Kirche beispielsweise über Jahrhunderte geschilderten Höllenqualen für individuelle und kollektive Unbotmäßigkeiten waren in ihrer unmittelbaren Bildhaftigkeit und disziplinierenden Symbolkraft kaum zu überbieten. Solange wir die Geschichte der Klassengesellschaften überblicken können, gelang es den Herrschenden immer wieder, die Menschen auf ihre Weltbilder und Interpretationsraster zu verpflichten – ohne aber je die eigenen Erfahrungen der Massen und ihre oppositionellen Bedürfnisse ganz zu überdecken. Für unsere Problemstellung ist eine Beobachtung aus dem Mittelalter aufschlußreich: »Die Evangelisierung hatte die tief verwurzelten Glaubensinhalte des 11. Jahrhunderts mit einer ganzen Anzahl von Bildern und Formeln überzogen, doch es war ihr nicht gelungen, die geistigen Vorstellungen, in denen der instinktive Volksglaube seit eh und je die Erklärung des Unerklärlichen gesucht hatte, wirklich zu besiegen.« (G. Duby)

Auch die bisher letzte Stufe der Durchdringung des Alltags mit informationstechnologischen Apparaten und neuen Formen der Unterhaltungselektronik ist nicht ein zwangsläufiges Resultat des technologischen »Eigensinns«: Die Ursachen der medialen Überformung lassen sich nur aus der qualitativen Veränderung der Arbeitswelt und dem damit verbundenen Wandel der Sozialisationsformen begreifen. Die zur Zeit in den Kinderzimmern aktuellen Computer- und Video-Spiele setzen einerseits einen bestimmten Grad der Vereinzelung und Isolation schon voraus, wie sie andererseits im gleichen Maße Instrumente zur Vermittlung ökonomisch gewünschter Fähigkeiten und Mentalitäten sind: Sie verbinden technische Kompetenz mit »individualisierten« Einstellungen, eine hohe Konzentrationsdichte mit reduzierten sozialen Wahrnehmungsfähigkeiten; spielerisch entwickeln und erweitern sie die individuelle Leidensfähigkeit, die zum Funktionieren der Menschen auf der mikroelektronischen Stufe des Akkumulationsprozesses unverzichtbar ist.

Die Fiktion als Realität

Trotz ihrer offensichtlichen Defizite war die Anders´sche Medien-Theorie von der Absicht motiviert über menschenverachtende Kulturverhältnisse aufzuklären und von einer anklagenden Haltung gegen die Zunahme von Manipulation und Fremdbestimmung geprägt. Dem postmodernistischen Modebewußtsein gilt dagegen ein solcher Reflexionshorizont als unzeitgemäß, auch wenn die philosophischen Vorgaben Anders´ inhaltlich kaum überschritten werden. Die entscheidende Fragestellung ist beispielsweise für den von den »kulturkritischen« Meinungsführern hochgeschätzten Diskurstheoretiker Baudrillard nicht mehr die zwischen Schein und Wirklichkeit, sondern die nach den Eigengesetzlichkeiten der medialen Sinnproduktion. »Sinn« entsteht für Baudrillard nicht durch die (von gesellschaftlich handelnden Menschen und Kollektiven) beabsichtigten Zwecke, sondern durch ein dem filmischen Medium eigenes Variationsschema. Die Zeichen und Symbole hätten sich von allen äußeren Einflüssen »emanzipiert«. Die reproduktiven Bilder besäßen jedoch gegenüber der reproduzierten Wirklichkeit nicht ein einfaches Eigenleben, sondern repräsentierten nach postmodernistischer Weltsicht das eigentliche Ereignis: Für die Menschen des »Medienzeitalters« werde ihre Lebenswirklichkeit durch die Bilder erst konstituiert. Deshalb gehöre die Thematisierung des Verhältnisses von Wahrheit und Lüge nach der Auffassung Baudrillards einer überlebten intellektuellen Kultur an, denn die Relationen zwischen Bild und Abbild, Tatsachen und Bericht etc. hätten sich aufgelöst. Die medialen Bilderwelten repräsentierten trotz ihres synthetischen Charakters die einzig relevante Orientierungsdimension.

Fiktion und Realität gleichen sich nach Baudrillard an, weil die modernen Sozialverhältnisse die Spannung zwischen subjektiven Bedürfnissen und der objektiven Welt aufgelöst haben. Subjektive Entzweiung, soziale Entfremdung und ein unglückliches Bewußtsein seien Relikte der Vergangenheit: »Wir sind«, behauptet Baudrillard, »überhaupt nicht mehr entfremdet«. Auf der Basis der Baudrillardschen Fiktion, daß ein Wahrheitsdiskurs nicht mehr möglich ist, weil ein verantwortliches Ich ebenso wie die Perspektive der Befreiung nicht mehr existieren, sind »Positionen des Einspruchs und Widerstands [...] nicht mehr formulierbar. Der Widerspruch ist ausgeschaltet, Dialektik stillgelegt« (Th. Metscher), Geschichte im traditionellen Sinne an ihr Ende gelangt.

Weil die vereinzelten Subjekte in einer Welt struktureller Auflösung leben, könnten sie auch die medialen Bilder nicht mehr objektivieren, d.h. auf ein Gegenüber beziehen. »Alles Wirkliche wird phantomhaft, alles Fiktive wirklich«, hatte schon Günther Anders vermerkt. In seiner Eingeschlossenheit erlebe das Subjekt auf dem Bildschirm die permanente Simulation seiner selbst und seiner existenziellen Situation: »Es handelt sich nicht mehr um die Differenz zwischen einem Subjekt und einem anderen, sondern um die endlose interne Differenz von ein und demselben Subjekt.« (J. Baudrillard)

Trotz vieler haltloser Überzeichnungen und sachlich nicht zu rechtfertigender Verallgemeinerungen, ist nicht zu leugnen, daß Baudrillard an reale Erscheinungen und Tendenzen der medienindustriell geprägten Gesellschaft anknüpft. Deshalb ist sein »Mediendiskurs« auch als kritische Beschreibung der inneren Verarmung der modernen Menschen und ihrer technologisch gesteuerten Manipulation verstanden worden. Jedoch auch diese Einschätzung ist ein Mißverständnis. Denn Baudrillard hält, wie auch die anderen zwischen Abgrund und Anekdote lavierenden Matadore des Zeitgeistes, eine Orientierung über die herrschenden Zustände hinaus für paradox: Durch ihre Existenz sind sie für ihn historisch hinreichend legitimiert. Zumal nach seiner Vorstellung nichts übrig geblieben ist, woran man die Bilder der virtuellen »Welt« messen könnte: Die Tendenz der manipulativen Realitätsverdrängung wird absolut gesetzt.

Nichts ist jedoch fragwürdiger, als der technische Determinismus des postmodernistischen Medien-Diskurses. Denn die Entstehung von Scheinwelten, die für die Menschen Realitätsstatus besitzen, ist nicht an eine bestimmte technische Apparatur gebunden. »Virtuelle Welten« an denen die Menschen ihr Denken und Handeln ausrichten, gibt es nicht erst seit der massenhaften Verbreitung von Rundfunk und Fernsehen, und auch nicht erst, seit dem sie von der »postmodernen« Medien-Theorie als Signatur unserer Zeit entdeckt wurden. Der Götterkosmos der griechischen Mythologie hat die menschliche Vorstellungswelt genau so besetzt und das menschliche Streben nicht minder beeinflußt, als wenn er tatsächlich existiert hätte. Nicht weniger nachhaltig haben die mittelalterlichen Mythen über die positiven Wirkungen prominenter Reliquien für die Gesundheit und das Seelenheil die Phantasie beschäftigt und weitreichende Aktivitäten angeregt. Wallfahrten zu (meist eingebildeten) Heiligengräbern und wundertätigen Orten haben Massenbewegungen verursacht und weitreichende Konsequenzen für Politik und Wirtschaft, Kunst und Alltag gehabt. Aus der Imanigation haben sich überaus reale Konsequenzen ergeben: Nicht selten haben die vorgestellten Gründe mehr Menschen in Bewegung gesetzt und tiefgreifendere sozio-ökonomische Veränderungen verursacht, als so manches »harte« Faktum.

Über die nachhaltige Bedeutung imaginärer und *fetischisierten* Vorstellungen in den modernen Sozialverhältnissen auch unabhängig von den Wirkungen des technologisch hochgerüsteten Medienkomplexes, wird im Abschnitt »Zur Theorie ideologischer Herrschaftsreproduktion« noch detailliert zu diskutieren sein. Es wird sich dabei heraus kristallisieren, wie elementar die Überlagerung der Realität durch ideologische Nebelwelten zur Funktionsweise kapitalistischer Gesellschaften gehört.

Weil die postmodernistischen Medien-Philosophen mit verabsolutierenden Interpretationsmodellen immer schnell zur Hand sind, sahen sie auch 1994 im Sieg des italienischen Rechtsbündnisses unter der Führung des Medienmonopolisten Berlusconi, den Beginn eines neuen Zeitalters: »Es stehen sich zwei neue Kräfte gegenüber. Ab sofort geht es nicht mehr um den Gegensatz zwischen rechts und links, sondern um den zwischen Medien und Politik.« (P. Virillio) Es ist sicherlich nicht nur eine Frage historischer Bildung, in der Vorgehensweise des Populisten Berlusconi eine Reihe geschichtlicher Vorbilder, das Grundmuster altbewährter Propagandastrategien wiederzuerkennen, die im Kontext tradierter Formen der Bewußtseinsmanipulation angesiedelt sind. Während Virillio den Eindruck einer »technologisch« verursachten Verselbständigung des Medienapparates gegenüber der Politik zu erwecken versucht, wurden von Berlusconi durch den Einsatz der ihm zur Verfügung stehenden Mittel medialer Meinungsformung und innerhalb des traditionellen politischen Koordinatensystems die richtigen Hebel betätigt, um *vorhandenen Zorn* und aufgestaute Verzweiflung auf das bisherige politische Establishment zu lenken und einen weiteren Legitimationsverlust der kapitalistischen Gesellschaft zu verhindern.

Die Mittel, deren er sich bedient hat, besitzen nur aus dem Blickwinkel des postmodernistischen Medienphilosophen etwas Geheimnisvolles und paradigmatisch Neues: Das italienische Rechtsbündnis hat die Politik nicht durch die Medien ersetzt, sondern die medialen Einfluß- und Manipulationsmöglichkeiten konsequent für seine politischen Ziele eingesetzt. Der Medienstratege Berlusconi und seine professionellen Helfer haben es verstanden »dem Volk aufs Maul zu schauen«, sich die Vorstellungen und Begriffe weiter Bevölkerungskreise »einzuverleiben«

und den durch die Krise verängstigten Menschen Formeln und Parolen anzubieten, in denen sie ihr eigenes Denken, ihre Befürchtungen und Wünsche wiederentdecken konnten. Das moderne Massenmedium Fernsehen schafft zwar eine Illusion der Unmittelbarkeit, die zwar einen ideologischen Effekt besitzt, aber alleine eine weltanschauliche *Formierung* nicht bewirken kann. Das inhaltliche Resultat hat die Berlusconi-Bewegung auf eine sehr »traditionelle« Weise erreicht: Auf der Grundlage demoskopischer Erhebungen über die Stimmungslage der Wahlbevölkerung, ihrer vorrangigen Ängste und Hoffnungen wurden griffige, einprägsame Propagandaformeln entwickelt, die mit der geballten Macht des Medien-Monopolisten verbreitet wurden. Wochenlang wurden die Reden Berlusconis immer wieder von den drei Fernsehsendern seines Konzerns wiederholt

Die Wirksamkeit dieser Vorgehensweise erklärt sich weniger aus technologischen Konstellationen, sondern aus der Wirkungsweise populistischer Argumentationsmuster und der Assoziationskraft demagogischer Bilder und Begriffe in Verbindung mit elitären Machtpositionen: »Durch ihren Allgemeinheitsgrad haben sie nicht nur den Anschein Klassengegensätze überwindender Verbindlichkeit, sie wirken als Determinanten des individuellen Lebensprozesses vor allem auch in der Weise, daß in ihnen die spontan entstandenen und im unmittelbaren Handeln ›gang und gäbe Denkformen‹ aufgegriffen, für die weltanschauliche Vermittlung universeller Zusammenhänge genutzt werden«. (I. Dölling)

Den realen Vermittlungsprozessen zum Trotz haben sich nach dem »postmodernen« Verständnis der Bewußtseinsprozesse Realität und Fiktion angeglichen, diese »Indifferenz« den Status des Naturwüchsigen und Irreversiblen angenommen. Diese naive Sanktionierung »spontaner« Erlebnisformen legitimiert sich durch die konsequente Ausblendung aller sozio-strukturellen Gesichtspunkte der Ideenproduktion: Den Fragestellungen und Problematisierungen der Ideologie-Theorie würdigt die »Postmoderne« keines Blicks. Alleine von Adornos Kategorie des »Verblendungszusammenhang« fühlt sich der Diskurs angezogen. Obwohl Adorno diesen Begriff nicht selten schematisch einsetzt und auch von ihm die Manipulationsprozesse als (*fast*) undurchdringlich charakterisiert werden, entzieht er sich durch die soziologische Substanz seiner Bewußtseinsanalysen »postmoderner« Reduktionismen: Adorno läßt keinen Zweifel daran, daß es gesellschaftliche Verhältnisse sind, die das verzerrte Bewußtsein hervorbringen.

Dieser Nachweis ist nur zu erbringen, wenn nicht a priorie die gesellschaftlichen Interessenkonstellationen und Herrschaftsverhältnisse ausgeblendet, die konkreten Manipulationsformen ignoriert werden. Eine empirisch fundierte Analyse der Rolle der Medien im Golfkrieg zeigt beispielsweise, daß sich nicht die technische Apparatur gegenüber ihren Anwendern verselbständigt hat, sondern daß die Verfälschung der Informationen von langer Hand vorbereitet und das elektronische Medium zur Beeinflussung des Massenbewußtseins eingesetzt wurde. 10,8 Millionen Dollar hat es sich die US-Administration kosten lassen, damit eine PR-Agentur der Weltöffentlichkeit angebliche Greueltaten der irakischen Besatzungsmacht in Kuwait vorspielt. Der Erfolg dieser Manipulationsstrategie ist nicht durch eine geheimnisvolle Verselbständigung der Bildwelten, sondern nur aus der Komplicenschaft von Politik und Medien-Kommerz zu erklären. Während der Diskurs den Prozeß der subjektiven Selbsttäuschung als einen Vorgang jenseits realer Macht- und Interessenkonstellationen begriffen haben will, zeigt gerade die Organisation der Zensur im Golfkrieg die herrschaftsvermittelte Funktionalität der Medien-Apparate.

Das Problematische der Medienbeschäftigung mit dem Golfkonflikt waren nur in zweiter Linie die manipulierten Berichte über den »Feldzug« und die inszenierten Bilder und Reportagen zu seiner Illustration. Gewichtiger waren die systematischen Fehlinformationen über die Ursachen des Krieges und seine machtstrategische Funktion. Verschwiegen wurde, daß Saddam Hussein lange Jahre ein bevorzugter »Partner« des Imperialismus war. Sein terroristisches Regime wurde in diesen Phasen der gedeihlichen Zusammenarbeit nicht problematisiert. Wie üblich im Verhältnis der Hegemonialmächte zu den Diktatoren in den abhängigen Regionen waren auch »Saddams Verbrechen ohne Bedeutung, bis er das Verbrechen des Ungehorsams beging.« (N. Chomsky) Schon im Vorfeld des Krieges war offensichtlich, daß das Kuwait-Abenteuer eine sorgsam inszenierte Falle war und der Irak zur Intervention regelrecht ermuntert wurde. Über diplomatische Kanäle wurde von der

US-amerikanischen Regierung der Hegemonieanspruch des Iraks über das Nachbarland zum Schein akzeptiert, denn es wurde ein Grund für eine militärische Aktion gesucht, weil erst ein (von der UN abgesegneter) kollektiver »Gegenschlag« den USA die willkommene Gelegenheit gab, die im Rahmen der »Neuen Weltordnung« veränderten Spielregeln zu demonstrieren. Alle (real vorhandenen) Konfliktlösungen unterhalb der Interventionsebene wurden von der Politik ausgeschlagen – und ihre Existenz von den einflußreichen Presseorganen unterschlagen. »Die ›New York Times‹ und ihre Kolleginnen verschwiegen pflichtschuldigst die Verhandlungsmöglichkeiten über einen irakischen Rückzug, die sich, hochrangigen US-Regierungsbeamten zufolge, seit Mitte August eröffneten.« (N. Chomsky)

Daß die massenmedialen Akteure sehr wohl wissen, was sie tun, konnte paradigmatisch während der kriegerischen Aggression gegen Jugoslawien beobachtet werden. Mit dem Verweis auf die Erfahrungen des Golfkrieges, wurde in vielen Zeitungen, aber auch in etlichen Fernseh- und Rundfunkkommentaren, die Abhängigkeit von den Propagandastrategien der Kriegsparteien reflektiert und beklagt. Doch änderte diese Einsicht nichts an der »bewährten« Praxis, unbestätigte Meldungen, die als Kriegspropaganda nur allzu deutlich erkennbar, aber politisch opportun waren, ohne einschränkende Hinweise zu verbreiten. Schon in der Vorbereitungsphase des Krieges »profilierte« sich der Medienapparat als williger Helfer jener Kräfte, die zum militärischen Abenteuer fest entschlossen waren. Systematisch wurde der provokatorische Charakter der »Verhandlungen« von Rambouillet verschwiegen, die Öffentlichkeit über das ultimative Verlangen der NATO, daß Jugoslawiens auf seine staatliche Souveränität verzichten solle, nicht informiert.

Wenn auch etwas zögerlich, ordneten sich die Vertreter der »freien« Presse nach dem Beginn der Aggression gänzlich den Darstellungsvorgaben aus den Zentren der »psychologischen Kriegsführung« unter. Der Bundesvorsitzende des Deutschen Journalistenverbandes H. Meyn sah sich schon nach der ersten Kriegswoche veranlaßt, seine Kolleginnen und Kollegen davor zu warnen, in die Hetzsprache und »den Jargon der Wehrmachtsberichte« der Nazi-Zeit zurückzufallen. Auf Differenzierungen wurde im journalistischen »Alltagsgeschäft« jedoch verzichtet, das Geschehen nach einem simplen Freund-Feind-Raster kommentiert. Über die Hintergründe der Aggression wurde ebenso vernehmlich geschwiegen, wie über die NATO-Verluste, worüber in halboffiziellen Verlautbarungen ausreichende Informationen zu finden waren. Die US-Zeitschrift »Defense and Foreign Affairs«, ein für jeden Journalisten, der diesen Namen verdient, zugängliches Sprachrohr von Militär- und Geheimdienstkreisen, berichtete schon in ihrer April-Ausgabe 1999 von »bedeutenden Verlusten an Mannschaften und Material.« Bis zum 20. April soll die NATO nach dieser Quelle mindestens schon 38 Gefechtsflugzeuge und sechs Hubschrauber verloren haben. Nicht nur Piloten (und Pilotinnen!) sind dabei ums Leben gekommen: »Mindestens zwei der über Jugoslawien abgeschossenen Hubschrauber beförderten Truppen, und es wird angenommen, daß darin insgesamt fünfzig Männer getötet wurden«. Und »Foreign Affairs« betont: »Auch die Verluste an US- und NATO- Bodenpersonal *innerhalb* Serbiens waren umfassend«. Die Zeitschrift spricht u.a. von 20 Soldaten, die bei einem Kommando-Einsatz ums Leben gekommen sind. Nur wenige Blätter der Weltpresse haben diese Informationen verbreitet. In den Darstellungen des gleichgeschalteten Medienkomplexes der Bundesrepublik hat der massive Kriegseinsatz des Aggressors kaum eigene Opfer, vor allem nicht bei unmittelbaren Kampfhandlungen, gekostet. Einen »gerechten« Blutzoll hatte nur der verteufelte Gegner zu entrichten!

Die Diagnose dieser Strategien des Medienkomplexes lautet »Manipulation«, doch ist aus dem Wörterbuch »postmoderner« Medientheorien dieser Begriff verbannt. Ihre Konstruktion verhindert es, überhaupt die Frage nach dem interessengeleiteten Einfluß auf die Distribution von Nachrichten und Weltbildern zu stellen. Da im Sinne der Diskurs-Theorie Realität und mediale Bilderwelten jeweils eigenständige Wirklichkeitsbereiche darstellen, besitzen sie eine nichthinterfragbare Existenzberechtigung. Solche theoretischen Fetischisierungen entstehen durch die gängige »kulturphilosophische« Verwechslung des Begriffs einer Sache mit der Sache selbst; differenzlos wird das empirisch Besondere unter das theoretisch Allgemeine subsumiert. Würden sich die »postmodernen« Medientheoretiker mit den konkreten Vermittlungsprozessen zwischen den Ereignissen, dem Medienapparat und den Rezipienten auseinandersetzen, müßten sie feststellen, welch hohes Maß an Administration und Planung hinter den »freischwebend« wirkenden Medienprodukten steckt. Ihnen würde dann vielleicht auch auffallen, welche sozialen »Zwänge« und welche Machtstrukturen das Verhalten der Medienproduzenten beeinflussen, in welchem Umfang die Produktion der Illusionen (auch) ökonomisches Kalkül ist und warum die Massen diese präsentierten Illusionswelten akzeptieren.

Aber durch solche intellektuellen Anstrengungen würde der theoretische Orginalitätsstatus aufs Spiel gesetzt und der »profanen« Theorie gesellschaftlicher Machtverhältnisse und Manipulationsstrukturen ein Existenzrecht eingeräumt werden müssen: »In der Hand weniger Männer ... konzentriert, mit großer finanzieller Macht ausgestattet, drückt die Presse ihre Bewertung der Ereignisse als öffentliche, also Meinung aller, der gesamten Öffentlichkeit auf; sie verleiht den sensationellen Ereignissen ein ganz besonderes Gesicht, das keineswegs wahr, dafür aber durch die Suggestion des gedruckten Wortes und seine Wiederholung zu einer Illusion, einer geglaubten, nicht mehr zu beweisenden Tatsache« wird, schrieb Karl Otten schon in den 30er Jahren.

Strukturen des Medien-Bewußtseins

Zweifellos thematisieren die »postmodernen« Medientheorien wichtige Erscheinungsformen einer technologisch hochgerüsteten Medien-Realität: So ist die Parzellierung des medialen Realitätsbildes, die Zergliederung jedes Sachverhaltes in scheinbar zusammenhanglose Ereignisse und Episoden der Grundzug herrschender Informationsvermittlung. Darin liegt jedoch nicht ein Verzicht auf Ideologie, wie Baudrillard meint. Denn durch diese Vorgehensweise begründet sich überhaupt erst die spezifische ideologische Leistung der Medien-Apparate: Auch in ihrem Wirkungsbereich läßt sich nachweisen, wie »im Schein der vollendeten Entideologisierung ... die Ideologisierung vollendet geglückt« ist (L. Kofler).

Zu bedenken aber ist, daß die Formen der Manipulation sich verändert haben und ihre Entlarvung ein voraussetzungsvoller Vorgang ist. Die Manipulation vollzieht sich in der Hauptsache nicht mehr durch die unmittelbare Verfälschung der Tatsachen nach den Maßgaben eines ideologischen Systems (wenn so etwas von Zeit zu Zeit immer noch gemacht wird, ist es eigentlich ein »Kunstfehler«), sondern in der Auswahl und Präsentation der Themen und Bilder. Strukturen und Verbindungslinien werden ausgeblendet, Ereignisse zusammenhanglos aneinandergereiht oder in ein sachfremdes Schema gepreßt. Dieser Art des Umganges mit Wirklichkeitsbeschreibungen, der willkürlichen Zusammenfügung von Informationen und dem ideologischen Umgang mit den Fakten ist der modephilosophische Begriff der »Dekonstruktion« zugeordnet.

Jener Rundfunkjournalist beispielsweise der, um die These vom »Mißbrauch des Sozialstaates« zu illustrieren, von einer Münchener Sozialhilfeempfängerin berichtet, die als alleinerziehende Mutter mit einem Kind eine monatliche Unterstützungsleistung in Höhe von 2600 Mark erhält, sagt nichts Unwahres – den Tatbestand der Manipulation erfüllt aber das Verschweigen der Tatsache, daß auch in diesem Fall die »Hilfe zum Lebensunterhalt« (wie es in der Bürokratensprache heißt) unter 1000 Mark liegt und der Rest zur Bezahlung der Wohnungsmiete auf einem überhitzten Markt aufgebracht werden muß.

Die Medienstrategen sind bemüht, die inhaltliche Parzellierung auch organisatorisch festzuschreiben. Orientiert am Prinzip der Arbeitsteilung werden immer mehr spezialisierte und »zielgruppenorientierte« Programme installiert. Aus dem Zwang zur Unterscheidung von den Mitanbietern von Werbeplätzen müssen immer neue Programmvarianten entwickelt werden. Zwangsläufig ist die Entwicklung von immer differenzierteren Spezialkanälen für die diversen Sozial-, Kultur- und Berufsgruppen. Während in Deutschland sich das Angebot noch auf Sender für Sport, Spielfilme, Nachrichten und Musikvideos beschränkt, geht in den USA die Atomisierung der Medienlandschaft über Porno- und Gewaltprogramme bis hin zum 24-Stunden Kriegssender (»Military channel«).

Der Manipulationseffekt durch Fragmentarisierung ist nicht ausschließlich als ein Vorgang der »Fremdsteuerung« zu begreifen. Die

»durchtrainierten Ideologen« (Chomsky) brauchen sich ihrer manipulativen Funktion überhaupt nicht bewußt zu sein. Das falsche Bewußtsein der Medienprodukte ist nicht selten unmittelbarer Ausdruck der geistigen Entfremdung seiner Produzenten. Sie sind eine Artikulationsform *ihres* Alltagsbewußtsein. Doch sorgt zusätzlich ein enges institutionelles Netz für die Kontinuität der intellektuellen Selbstbeschränkung und Selbstgenügsamkeit. Die Auswahlkriterien für das »meinungsrelevante« Personal verhindern die Präsenz kritischer Persönlichkeiten und bewirken die Anpassung des Nachwuchses an die Standards der parteinehmenden »Ausgewogenheit«. Normalerweise reichen die durch die berufliche Sozialisation verinnerlichten Selbstzensurmechanismen aus, um unkontrollierte Äußerungen und Reaktionen zu vermeiden. In seiner, von einer unbeugsamen Aufklärungsintention motivierten Broschüre »Über das Fernsehen«, hat Pierre Bourdieu diese Mechanismen prägnant und nachvollziehbar beschrieben und von einer *Zensur* gesprochen, »die ebenso wirksam ist wie die einer zentralen Bürokratie, eines förmlichen politischen Eingriffs, ja wirksamer noch, weil unauffälliger.«

Weil die medialen Bilderwelten fernab des persönlichen Erfahrungshorizontes der Betrachter angesiedelt sind, ist für den (isolierten) Rezipienten eine kritische Distanzierung kaum möglich. Durch die realitätsentleerten Inszenierungsmuster wird seine Wahrnehmung blockiert. Ein vom Standpunkt der Manipulateure willkommenes Resultat dieser Konstellation ist die Errichtung hoher Bewußtseinsschranken auch gegenüber Informationen, die eigene Interessen berühren. Dabei ist aber nicht der Umfang der Mitteilungen, die »Informationsexplosion«, wie N. Postman meint, die Ursache der verbreiteten »Gedankenlosigkeit« und des Unvermögens, die Wahrnehmungen zu einem verständigen Gesellschaftsbild zusammenzufügen, sondern die medienindustrielle Zurichtung der Nachrichten und Ereignisschilderungen, die keinen realen Anfang und keine Entwicklungsperspektive kennt.

Auch Berichte über verabscheuungswürdige Ereignisse und himmelschreiendes Elend bleiben wirkungslos, weil sie die Oberfläche nicht verlassen, ihnen jene dramaturgische Tiefe fehlt, die nötig wäre, um die Menschen zu erreichen. Indem die Bewußtseinsindustrie das Erinnerungsvermögen der Menschen zerstört, zementiert sie die herrschende

Hoffnungslosigkeit und baut Wälle gegen alternative Formen der Zu-
kunftsorientierung auf. Denn »die Erinnerung selbst ist eine für menschliche Subjektfähigkeit unabdingbare Gestalt des Wissens.« (Th. Metscher)

Durch die gleichförmige Präsentation unterschiedlichster Ereignisse
(Berichte von der Mondlandung werden nach den gleichen Prinzipien
der Unterhaltungsindustrie präsentiert wie die Bilder von einem Erdbe-
ben oder von kriegerischen Auseinandersetzungen) werden die Menschen gegen das Grauen in der Welt immunisiert: »Dieses Kommunika-
tionssystem ist der Spiegel einer Gesellschaft, in der differenzierte Werte
fehlen. Der Spiegel reflektiert nur noch den Schrecken oder die Bedeu-
tungslosigkeit von Zerstörungen. So wird die Welt in der Wahrnehmung
des Subjekts zum *Schrecken oder Spiel.* Die Konsequenz? Eine permanente Verschmutzung der Seele, das Gefühl der Ohnmacht, die Psycho-
se der Einsamkeit, die Ablehnung des Anderen und der Geschichte. *Über
die Menschen wird ein Trauerschleier geworfen.*« (J. Ziegler)

Information und Profit

Anders als es die postmodernen Distributoren des herrschenden Denkens vermuten ist der inhaltliche Reduktionismus des Medienkomplexes nicht durch die technologische Entwicklung bedingt, sondern durch
den manipulativen Einsatz der Medien-Apparate. Nicht durch die »Revolution der Informatik« wird der »Zwang zur Verbreitung« (J. Baudrillard) konstituiert, sondern durch die fortschreitende warenförmige Organisation der Medienapparate. Die Auflagensteigerung und Sehbetei-
ligung im Blick, reicht das Interesse des journalistischen Personals nur
bis zur nächsten Schlagzeile und zur übernächsten »Sensation«. Diese
Beschleunigung des Nachrichtenkarussels und die Jagd nach der sensationellen Schlagzeile stehen im unmittelbaren Zusammenhang mit der
zunehmenden Zirkulationsgeschwindigkeit des Kapitals. Nicht Aufklärung und Information sind unter den Bedingungen der privatwirtschaftlichen Organisation der Medien die verpflichtenden Prinzipien, sondern

die Sicherung und Steigerung der Kapitalrendite. Nur eine von diesen elementaren Bedingungen des Medienapparats losgelöste Betrachtungsweise kann sich in der Vorstellung einer unauflöslichen Verschlingung von Fiktion und Realität, der Ununterscheidbarkeit von Realität und Fiktion, sowie des Verlustes von Sinn und Referenz verfangen.

Für den Medien-Diskurs sind solche Problematisierungen der ideologischen Formationsprozesse kein relevantes Thema. Die Prozesse der inhaltlichen Manipulation werden von ihr auf quantitative Relationen reduziert. Baudrillard bewegt sich durch diesen Reduktionismus auf den Bahnen konservativer Kulturkritik. Auch Gehlen hatte beispielsweise in der quantitativen Zunahme der Informationen (von »Erfahrungen zweiter Hand«, wie es bei ihm heißt) und in der Forcierung der Nachrichtenzirkulation die Ursache für die zunehmende Schwierigkeit gesehen, Realität und Fiktion zu unterscheiden. Die zunehmende Orientierungslosigkeit ist aber kein Problem des Informations*umfangs*, sondern eines der inhaltlichen Gestaltung. Durch die gestaltlose Präsentation von Nachrichten und Informationen wird schon auf der formalen Ebene der Eindruck einer strukturlos-chaotischen Welt erzeugt, erlebt der Rezipient die Welt als undurchschaubar und perspektivlos. Verstärkt wird die ideologische Fragmentarisierung durch ein verändertes Rezeptionsverhalten der Medienkonsumenten. Immer häufiger wird bei abnehmenden Spannungsreizen und auf der Suche nach gefälliger Unterhaltung zwischen den Programmen hin und her gewechselt. Die Fernbedienung ermöglicht ein bequemes »Springen« zwischen den angebotenen Bilderwelten. Vorrangig die als Werbeträger inszenierten Sendungen tragen diesem Verhalten Rechnung, indem sie jede Situation aus sich heraus »verständlich« und »spannend« gestalten. Die einzelnen Episoden werden nur noch locker miteinander verbunden; Szenen mit spektakulären Aktivitäten (»Action«) versuchen eine künstliche und unvermittelte Spannung zu erzeugen. Ohne ihren spezifischen Weltanschauungsmodus inhaltlich explizieren zu müssen, werden die Grundorientierungen des herrschenden Bewußtseins bestätigt: Das Gefühl der sozialen Unordnung, die existentielle Sinnlosigkeit und die individuelle Perspektivlosigkeit.

Der ideologische Raster setzt sich zwar schon auf der formalen Ebe-

ne durch, wird aber zusätzlich immer wieder durch inhaltliche Interpretationsmuster flankiert. Denn der hektische Programmwechsel ist nur
eine Facette im medialen Alltagsverhalten. Nach einschlägigen Untersuchungen gehören je nach Altersgruppe zwischen 4 und 16% der Fern-
sehkonsumenten zu jener Gruppe, die nie oder selten länger als 15 Minuten ihre Aufmerksamkeit einem Programm schenken. Von der übergroßen Mehrheit der Medienkonsumenten werden die im »traditionellen« Sinne bewußtseinsprägenden Sendungen jedoch immer noch geschlossen zu Kenntnis genommen: Beispielsweise die Nachrichtensen-
dungen von ARD und ZDF sind weiterhin die Programme mit den tagtäglich höchsten Einschaltquoten. Von einer regelrechten »Flucht« vor
Informationssendungen kann hauptsächlich bei Jugendlichen gesprochen werden. Sie wechseln am häufigsten das Programm und Zweidrit-
tel der 14 – 16jährigen weigern sich selbst bei stundenlangem Fernseh-
konsum, Nachrichten- und Informationssendungen zur Kenntnis zu nehmen.

Wegen der fortschreitenden Kommerzialisierung gleicht sich die Präsentation und »Aufbereitung« der Information immer stärker der Unterhaltung an; ihre Unterschiede sind nur formaler Natur: Orientiert sich
die Unterhaltung an den Prinzipien des Vergnügens, so ist die Nachricht
dem Sensationsprinzip verpflichtet; ihr gemeinsamer Nenner ist Zerstreuung und Ablenkung. Beide unterliegen deshalb gleichermaßen den
kulturindustriellen Formbestimmungen. Das ökonomische Verwertungs-
interesse diktiert die Gier nach der Sensation und forciert den Zwang
zur auflagenträchtigen Schlagzeile. Die Priorität der Profitmaximierung
stimuliert die medialen Distributionsformen und setzt jenen Mechanismus der Nachrichten-Zirkulation in Gang, der die Quellen und Ereignisse hinter ihrer warenförmigen Präsentation verschwinden läßt und
zu einer »Industrialisierung« des Bewußtseins führt. In der kommerzialisierten und industrialisierten Medien-Landschaft hat sich eine Produktionsweise durchgesetzt, »die im Zuge von Konkurrenz und Videoclip-
Technik auf Tempo setzt, auf sensationelle Bilder, auf immer kürzere
Produktionszeiten und schnelle Video-Elektronik. Bilderflut und oberflächliche, kurzlebige Information gehen Hand in Hand. Features und
Reportagen heute berücksichtigen nicht nur das Aufklärungs- und In-

formations-, sondern auch das Unterhaltungsbedürfnis des Publikums.«
(H. G. Jaschke). Die Aufmerksamkeit konzentriert sich auf das vordergründige Arrangement und das Bildhafte legt durch seine Pseudokon-
kretheit das Denken fest, verpflichtet es auf den Augenblick. Doch gehen diese Wirkungen nicht von den Bildern alleine aus. Die Konzentration der postmodernistischen Medientheorien auf den bildlichen Dar-
stellungsmodus ist sachlich irreführend. Bei einer isolierten Bildprä-
sentation (wenn das Dargestellte nicht schon als Symbol mit eng defi-
nierter Bedeutung fungiert) ist die Aussagekraft nicht groß genug, um
manipulative Wirkungen entfalten zu können. Deshalb müssen die Bilder »interpretiert«, durch Worte und Hinweise erklärt und in einen Kontext gestellt werden.

Erfahrung und Erinnerung

Walter Benjamin hat im Hinblick auf die kulturindustriellen Überlagerungen der Alltagswelt von einer »Krise der Erfahrung« gesprochen,
ohne aber die »postmodernen« Paradoxien zu antizipieren: Das inszenierte »Erlebnis«, der Spannungsreiz der »Sensation« verdrängt die Erfahrung. Zusammenhanglose Eindrücke bemächtigen sich des Bewußtseins und lassen die Phantasie verkümmern. Weil die Medienwelt keine
Bezüge zum Erfahrungshorizont der Alltagswelt besitzt, ihre pseudo-
konkreten Schablonen für die Rezipienten aber eine interpretative Funktion haben, verkümmert der individuelle Erfahrungsschatz. Die künstli-
chen Bildwelten überlagern den eigenen Erfahrungshorizont, ohne eine
Verständnishilfe bei der Verarbeitung der Alltagserfahrungen darzustel-
len. Denn was »die Erfahrung vor dem Erlebnis auszeichnet, ist, daß sie
von der Vorstellung einer Kontinuität, einer Folge nicht abzulösen ist«
(W. Benjamin) Ein homogenes, schlüssiges Bild von den eigenen Lebensverhältnissen ist dem Alltagsbewußtsein fremd. Die defizitären
Erfahrungen steigern das Bedürfnis nach immer neuen Bildern sowie
visuellen und akustischen Sinnesreizen. Durch den Zerfall rationaler
Erklärungsmuster werden die Menschen für demagogische Weltbilder,

autoritäre »Problemlösungen« und in extremen Krisensituationen auch
Mobilisierungsformen wie denen des Krieges als »totales Erlebnis« (W.
Benjamin) anfällig. Die Regression des Bewußtseinshorizonts ist aber
nicht ursächlich an das Auftreten und die Durchsetzung der »Medien-
Kultur« gebunden, sondern wird von dieser nur komplettiert. Regression der politischen Aufklärung und Verfall des Klassenbewußtseins haben entscheidend zum Verlust der Fähigkeit, in sozial-räumlichen und
historischen Zusammenhängen zu Denken, beigetragen.

Bewußtseinsenteignung ist im systematischen Sinne eher Symptom
denn Ursache des Erfahrungsverlustes. Primär ist das soziale Gedächt-
nis durch einschneidende Veränderungen im Alltagsleben erodiert, hat
es durch die Erosion interessenorientierter und zum eigenen Erleben
vermittelter Interpretationsmuster die Fähigkeit zur nicht-repressiven
Verarbeitung der sozialen Erfahrungen verloren. Weil das Alltagsbewußtsein in das System der Verdinglichung und Entfremdung eingeschlossen ist, bleibt seine Fähigkeit zur Selektion der Bilderfülle unterentwickelt, so daß auch die relevante und problemorientierte Medien-
Informationen in den meisten Fällen folgenlos bleibt: »Ohne die irrationale Stufe der Verdinglichung und der daraus folgenden Entfremdung
des Menschen – Entfremdung von seinen Produkten, vom Verständnis
des Gesamtprozesses, von der Kultur und schließlich von seinen eigenen moralischen, geistigen und emotionalen Fähigkeiten, Anlagen und
Gaben – wäre [auch] die zweite der bewußten Manipulation mittels der
unterschiedlichen Medien nicht möglich« (L. Kofler)

Aber so sehr der Geschmack und die Erwartungshaltungen auch formiert sind, drücken sich in ihnen doch reale und ernstzunehmende Bedürfnisse aus. Weil das »Amusement ... die Verlängerung der Arbeit
unterm Spätkapitalismus« (Horkheimer/Adorno) ist, muß das Verlangen nach Zerstreuung als eine Reaktion auf die Anspannung und Hetze
des Arbeitslebens begriffen werden, deren Wirkungen auch in die ar-
beitsfreie Zeit hinein ragen. Die Suche nach Kompensation eines regle-
mentierten und entfremdeten Lebens fördert die Bereitschaft sich der
Fiktion und Illusion auszuliefern. Die filmischen Scheinwelten bringen
Farbe in den Alltag, die mediale Ereignisspannung ermöglicht die willkommene Unterbrechung der herrschenden Langeweile. Vom Action-

Film und der Katastrophenmeldung, der Krimi-Serie und der Skandal-
chronik wird eine Spannung erwartet, die von den Tagessorgen ablenkt,
die Eintönigkeit des Lebens vergessen läßt und die Langeweile überdeckt. Schon Marx wußte zu berichten: »Der Verbrecher unterbricht die
Monotonie und Alltagssicherheit des bürgerlichen Lebens.« Somit wird
»die Scheinwelt des Films ... zu einer wirklichen Welt und die wirkliche
zu einer Scheinwelt, nicht so sehr wegen der im Film innewohnenden
suggestiven Kraft, sondern wegen der Öde der wirklichen Welt«. (K.
Otten)

Doch ist die illusionäre Vernebelung bei den allermeisten Menschen
nur von kurzer Dauer. Nach dem »Ende der Vorstellung« bringt die Alltagswirklichkeit sich immer wieder unmißverständlich zur Geltung. Vom
neuen Film und vom neuen Programm wird deshalb mehr als die Wiederholung der vertrauten Illusionen erwartet. Permanent neue Reize und
Sensationen müssen von der Medienbranche gefunden werden, wenn
die Monotonie des Alltags zumindest für eine kurze Zeitspanne wirkungsvoll überbrückt werden soll. Deshalb wird von den meisten Medienprodukten mehr erwartet als bloße Unterhaltung. Denn da diese in
der Regel ohne inhaltliche Spannung inszeniert wird, kann sie die Gleich-
förmigkeit des Alltags nur vordergründig kompensieren. Deshalb entsteht das Bedürfnis nach der Sensation, die im Unterhaltungsgewerbe
schon immer eine große Rolle gespielt hat; der Trapez-Künstler wie
auch der Bänkel-Sänger lebten von diesem Verlangen.

Die Zerstreuungsindustrie spekuliert bei der Produktion werbeträch-
tiger Sendungen auf das sozial determinierte Verdrängungsbedürfnis des
Publikums, aber nirgends wird der Bannkreis des entfremdeten Lebens
verlassen. Dem Bedürfnis der Rezipienten, etwas gegen die Ereignislo-
sigkeit und Spannungsleere ihres Lebens zu setzen, wird nur dem Scheine
nach entsprochen. Dem Wunsche nach einem inhaltlichen Gegenpol zum
Alltagsleben wird mit einem Angebot zur »Zerstreuung« begegnet. Tri-
vialität und vordergründige Effekthascherei dominieren die Programme. Immer schneller dreht sich die ›Verflachungsspirale‹: Eingeschal-
tet werden Programme, die wenig Konzentration erfordern und »Ablenkung« bieten.

Als Konsequenz der aggressiven Kommerzialisierung des Medien-

Apparates haben sich innerhalb des letzten Jahrzehnts die Gestaltungs-
prinzipien der Bilderwelten (und damit der Manipulation des Massenbewußtseins) entscheidend verändert. Die Inszenierungen sind konkre-
tistischer, sensationslüsterner und voyeuristischer geworden – mit der
Tendenz zum unverhüllten Zynismus. Individuelles Leid und Elend wird
in den »Sensations«-Beiträgen (die vornehmlich von den privaten Fern-
sehanstalten angeboten werden) tagtäglich von einem millionenfachen
Publikum »nachgefragt«.

Neben der emotionalen Abstumpfung wird durch die pseudo-konkre-
tistische Präsentationsweise ein latenter Verfall der Phantasiekräfte verstärkt. Nur die Präsentation einfach strukturierter, harmonischer Gegenwelten oder aber die ständige Steigerung des Sensationsreizes und die
eskalierende Brutalität vermögen den Wunsch, dem Alltag zu entflie-
hen, noch zu befriedigen: »Der Mensch der fetischisierten Welt, der
seinen Lebensüberdruß nur im Rausch zu überwinden mag, versucht,
wie der Morphinist, in der Steigerung des Rauschmittels und nicht in
der Lebensführung, die keines Rausches bedarf, den Ausweg zu finden.« (G. Lukács)

Tausende Gewaltakte auf den Bildschirmen in jeder Fernsehwoche,
Orgien des Horrors und der menschenverachtenden Obszönität haben
darüber hinaus auch noch eine objektive ideologische Funktion. Die
»Ästhetik« des Grauens gewöhnt die Menschen an die realen Gefährdungen und läßt die zunehmende Rücksichtslosigkeit in den sozialen
Beziehungen, die gesellschaftliche Allgegenwart von Gewalt und Brutalität als den normalen Lebenszustand erscheinen. Gewaltorientierte
Konfliktstrategien und soziale Verantwortungslosigkeit prägen sich als
existentielle Verhaltensweisen ein.

Durch diese Art der Bewußtseinsformung wird aber nicht nur eine
dem Herrschaftssystem in seiner Gesamtheit adäquate Sichtweise verbreitet, sondern auch »ungleichzeitigen Bewußtseinsformen« (Fremden-
haß, Nationalismus, soziale und rassistische Vorurteile) in »moderner«
Weise das Feld bereitet. Denn wenn die Menschen über die Grundtatsa-
chen ihrer sozialen Existenz im Unklaren gelassen werden, weil durch
Darstellungsdefizite und gefilterte Informationen die sozio-ökonomischen Tatbestände systematisch auf den Kopf gestellt werden, ist in so-

zialen Bedrohungssituationen ihre Anfälligkeit für extremen Irrationalismus und neofaschistische Demagogie vorprogrammiert.

Welche Reaktionsweise ist bei – um ihren Arbeitsplatz besorgte Menschen wahrscheinlich, wenn ihnen von fernsehoffiziell präsentierten »Ex-
perten« bei jeder passenden oder unpassenden Gelegenheit die »unan-
gemessenen Lohnforderungen der Gewerkschaften« sowie das »insgesamt zu hohe soziale Anspruchsniveau« (der Arbeitenden) als Ursachen für die nicht mehr zu leugnende Krisentendenz vorgeführt werden? Da sie weder einen Begriff vom Verwertungszwang des Kapitals,
noch eine Vorstellung über die Profitrate haben und ihnen auch nur undeutlich bewußt ist, daß die geforderte Umverteilung schon lange stattgefunden hat, ohne einen Niederschlag in neuen und sicheren Arbeitsplätzen zu finden, und sie aus kommunikativen Kontexten, in denen
diese Probleme verständig diskutiert werden können, ausgeschlossen
sind, ist es nicht unwahrscheinlich, daß sie diese Sichtweise, die sowohl
den Tatsachen als auch ihren eigenen Interessen widerspricht, überneh-
men, um wenigstens den Schimmer eines Verständnisses der sozialen
Zusammenhänge und die vage Hoffnung auf eine »konjunkturelle Verbesserung« zu besitzen. Ohne gegenläufige Information (etwa durch
betriebliche Aufklärungsarbeit der Gewerkschaften) ist die Entwicklung
eines entsolidarisierten (z. B. anti-gewerkschaftlichen) Bewußtseins vorprogrammiert. Doch wird durch die Übernahme verzerrter Sichtweisen
das Gefühl der Unsicherheit und Bedrohung nicht beseitigt, sondern,
weil die beruhigende Wirkung sich genau so schnell verflüchtigt wie sie
entstanden ist, allmählich verstärkt. Durch diese Manipulationsformen
konkretisiert sich die Herrschaft als psychische Gewalt, wo die Propaganda von »Sozialpartnerschaft« und »sozialem Netz« spricht. Es entsteht ein intellektueller Infantilismus, an dem bei einer Verschärfung
der sozialen Krise und einer damit einhergehenden Verunsicherung der
rechtsextremistische Irrationalismus bruchlos anknüpfen kann. Auch er
konzentriert sich auf isolierte Erfahrungsmomente und unterstützt die
falsche Konkretheit des Alltagsbewußtseins. Neofaschistische Weltbilder lenken ebenso wie die medien-industriellen Bewußtseinsschablo-
nen von den tatsächlichen Ursachen der sozialen Gefährdungen ab.

Politische Demagogie und mediale Manipulation schaffen aber nicht

im eigentlichen Sinne das deformierte Bewußtsein, sondern knüpfen an
realen Formen der Bewußtseinsfetischisierung und -verschleierung an,
die durch die Wertvergesellschaftung konstituiert und reproduziert wird.
Deshalb ist es evident, »daß im Zentrum einer kritischen Medientheori-
en nicht die Medien stehen«. (O. Negt) Denn verständlich wird die Dialektik der medialen Manipulation erst im Kontext einer übergreifenden
Theorie des gesellschaftlichen Bewußtseins. Wo diese fehlt, wird beständig Ursache und Wirkung, Schein und Wirklichkeit verwechselt.
Zwar sind durch den Medienkomplex neue Möglichkeiten der Beeinflussung und Manipulation entstanden. Doch besteht nach wie vor seine
wichtigste Funktion in der Verstärkung und Systematisierung eines »herrschenden Bewußtseins« – ohne daß es ihm aber gelingt, die eigenen
Widerspruchserfahrungen der Menschen vollständig zu verdrängen:
Denn »die eigentliche Gegenwelt der Medien ist der alltägliche Lebens-
zusammenhang der Menschen.« (O. Negt)

Philosophie der Versöhnung oder Theorie des Widerspruchs?

Antagonismus oder »Widerstreit«?

Die auch für die »postmodernen« Medientheorien grundlegende Festschreibung der »Entzweiung« von Subjektivität und Objektivität sowie der Unüberschreitbarkeit einer »spezifischen Differenz« ist in den Denkvoraussetzungen verankert, die Lyotard in seiner Kategorie des *Widerstreits* expliziert hat: So unbestreitbar von der Existenz unterschiedlicher Interessen und Ansprüchen ausgegangen werden muß, so unbestreitbar erscheint ihm die Unmöglichkeit einer »Versöhnung« der »widerstreitenden« Gesichtspunkte und Argumente. Denn zu diesem Zweck müßte ein »übergeordnetes« Sprachsystem herangezogen werden. Doch damit würde billigend ein »*Unrecht*« (Lyotard) in Kauf genommen. Denn es sei eine irreversible Tatsache, daß die Diskursarten nicht nur verschieden, sondern unhintergehbar heterogen seien. Der Sinn der Sprachen, des Diskurses, des Dialogs sei unentschieden, weshalb es ebenso anmaßend wie vergeblich sei, die divergierenden Bedeutungen in Beziehung zu einer »universelle Sprache« zu setzen. Jedes Reden, das eine verbindliche Bedeutung der Sprache auch für den Anderen unterstellt, befindet sich nach Ansicht Lyotards auf dem Wege zu dessen Unterdrückung. Schon durch den Versuch einer »vermittelnden« Lösung würde das angesprochene »Unrecht« eintreten, weil dazu die »heterogenen« Sprachmuster und Erkenntnismodi einem Metadiskurs untergeordnet würden müßten: »Ein Unrecht resultiert daraus, daß die Regeln der Diskursart, nach denen man urteilt, von denen der beurteilten Diskursart(en) abweichen« (Lyotard). Behauptet wird die Relativität eines »Sprachspiels« also nicht nur in Bezug auf ein anderes: sie wird absolut gesetzt. Voraussetzung dieses Argumentationsmuster ist ein »sprachanalytischer«

Paradigmenwechsel, die Reduktion der gesellschaftlichen Verhältnisse auf sprachliche Beziehungen, die bei Lyotard in der Annahme der Existenz »immenser Wolken aus sprachlicher Materie ..., die die Gesellschaften bilden«, kulminiert.

Im Rahmen eines philosophischen Oberseminars mag die Verweigerung, einen Standpunkt zu verabsolutieren, einen gewissen Überzeugungswert besitzen und als Ausdruck intellektueller Souveränität eines Diskurs-Teilnehmers, der sich hütet, den eigenen Anspruch überzubewerten, Anerkennung finden. Doch ist der Geltungsanspruch dieses Deutungsmusters nicht auf den philosophischen Elfenbeinturm beschränkt, sondern soll als allgemeingültige Regel auch für die Beschäftigung mit realen gesellschaftlichen Konfrontationen dienen. Zur Begründung dieses Theorems können wir wieder das Verfahren eines »geschmeidigen« Wechsels zwischen verschiedenen Abstraktionsebenen beobachten: Sprachanalytisch deduzierte »Regeln« werden unvermittelt zur Beurteilung *sozialer* Konfliktsituationen herangezogen. Dieses verschwiegene »Spiel« mit den Abstraktions- und Argumentationsebenen hat auch hier Methode: Mit gutem Willen kann der Rezipient beispielsweise die Feststellung akzeptieren, daß bei den aktuellen sozio-kulturellen Auseinandersetzungen »ein Basisdissens im Spiel ist, von dem aus inhaltliche Übereinstimmung und gemeinsame Entscheidung nicht mehr möglich sind.« (W. Welsch) Auf Grundlage eines kritischen Gesellschaftsverständnisses könnte aus diesem Satz die Einschätzung herausgelesen werden, daß die sozialen Interessengegensätze einen antagonistischen Charakter besitzen und eine kommunikationstheoretische Diskursethik, die jenseits der realen Konfrontationslinien angesiedelt ist, den zugespitzten Problemkonstellationen nicht gerecht werden kann. Doch gerade dieser Konkretionsebene verweigert sich die Theorie des »Widerstreits«. Dadurch fällt sie sogar noch hinter die a-historischen Abstraktionen der Habermas´schen »Kommunikationsgemeinschaft« zurück, in der »herrschaftsfrei« kraft des »besseren Arguments« entschieden werden soll. Die divergierenden »Optionen« (Welsch) werden postmodernistisch so behandelt, als ob sie im sozialen Raum gar nicht mehr zueinander in Beziehung stünden. Dadurch erscheinen konkurrierende und sich widersprechende Sichtweisen nicht mehr als zum gesellschaftlichen Geschehen vermittelt und noch weniger als Ausdruck *realer* Vergesellschaftungswidersprüche und sozialer Interessengegensätze. Durch die Verdrängung der Frage, weshalb es einen Konsens nicht mehr geben können soll, entsteht der Eindruck einer ontologischen Notwendigkeit der inhaltlichen Ununterscheidbarkeit der sozialen Positionierungen.

Eine vordergründige Plausibilität bekommt diese Sichtweise, weil sie sich zunächst der bunten Welt »lebensweltlicher« Artikulationsweisen zuwendet und die »möglichst unbeschränkte Beachtung der Autonomie, Heterogenität und Irreduzibilität der Lebensformen und ... ihre Entwicklung und Verteidigung« (Welsch) fordert. Doch bescheidet sich der postmodernistische »Diskurs« nicht mit diesen »Einzelerzählungen« (Welsch), sondern transformiert sie durch die logische Verallgemeinerung zu normativen Postulaten mit »universellem« Gültigkeitsanspruch. Der »postmoderne Diskurs« – das konnte auch W. Welsch nicht übersehen – extrapoliert aus den »lebensweltlich« fundierten »kleinen Erzählungen« (deskriptiven Zuschnitts) eine »Meta-Erzählung der Postmoderne« (Welsch) mit normativem Charakter und weit gefaßtem Geltungsanspruch. Oder klarer ausgedrückt: »Die Postmoderne enthält einen tiefen inneren Selbstwiderspruch: Sie denunziert Theorie als ›große Erzählung‹, erklärt alle großen Erzählungen für relativ. Aber die Postmoderne kann nicht ohne eine Reihe großer Erzählungen auskommen.« (R. Steigerwald) Wir haben es jedoch mit einer »großen Erzählung« zu tun, die sich von ihren inkriminierten Vorgängern in mehrfacher Hinsicht unterscheidet: Sie besteht aus Thesen und Erklärungsfragmenten, die aus einem spärlichen Theorierahmen abgeleitet sind. Ihre intellektuelle »Bescheidenheit« resultiert zu einem schlechten Teil aus der Ignoranz gegenüber dem schon erreichten Diskussionsstand über die behandelten Problemkomplexe.

Der angesprochene »Selbstwiderspruch« (W. Welsch) des Postmodernismus besitzt eine entscheidende Rolle bei der Ausbildung seiner ideologischen Funktionalität. Durch die in den Begründungstexten verschwiegene Transfomation, die Umwandlung der »kleinen Erzählungen« zu einem System der Meta-Erzählungen, erscheinen die »Differenzen« und das »Besondere« auch auf der makro-sozialen Ebene als

verteidigungswert – obwohl sich jetzt hinter diesen Begriffen nicht mehr
bloß bedrohte Lebensansprüche und individuelle Artikulationsbedürfnisse, sondern die Sonderinteressen und Herrschaftsansprüche sozialer
Machtgruppen verbergen! Mit der Sprachspiel-Metaphorik wird verborgen, daß es keineswegs »gleichgewichtige« Positionen sind, die sozial um Anerkennung kämpfen. In der klassengesellschaftlichen Realität geht es um gegensätzliche Interessen, von denen in der Regel eine
hegemonial ist; realiter geht es um die Konfrontation zwischen den Lebensansprüchen einer übergroßen Bevölkerungsmehrheit und dem
Machtanspruch (sowie dem ökonomischen Verwertungsbegehren) einer gesellschaftlichen Elite. Erkennbar ist ein Modus der Sprachkritik,
der die objektive Interessenlage »verhüllt ..., indem ... [er] die Ideologiekritik wegschiebt, statt durch sie die Wurzel alles Sprachbedenkli-
chen zu finden.« (E. Bloch) Die »postmodernen Menschen« werden
darauf verpflichtet, mit dem »Dissens« zu leben, d.h. die ihm zugrunde
liegenden Ungleichheiten und *realen* Ungerechtigkeiten zu akzeptieren!

  Zur Illustration seiner Auffassung, daß durch das Beharren auf einem
Standpunkt die Legitimität des anderen in Frage gestellt wird, verweist
Lyotard, propagandistisch geschickt, auf den arbeitsgerichtlichen Rechts-
streit eines Arbeiters. Dessen Ansprüche, im Rahmen der »Diskurs-Re-
geln« des Arbeitsrechts formuliert, könnten einvernehmlich entschieden werden. Würde dieser Arbeiter aber monieren, daß er im Sinne einer kritischen Ökonomie Objekt der Ausbeutung sei, entstünde nach
Lyotard ein »Widerstreit«, der einvernehmlich nicht zu lösen wäre. Bezeichnenderweise führt Lyotard dieses Gedankenexperiment nicht konsequent weiter, fragt nicht, welche gesellschaftspolitische Bedeutung
dieses *reale* Konfrontationsverhältnis hat. Denn dann müßte er konze-
dieren, daß die Normen des Arbeitsrechts Ausdruck gesellschaftlicher
Machtkonstellationen sind, ihre allgemeine Verbindlichkeit *auch* die
Dominanz der einen Seite in dieser Konfliktfiguration ausdrückt. Zwar
sind die sozialstaatlichen Sicherungssysteme (zu denen auch das Ar-
beitsrecht gehört) das Ergebnis sozialer und politischer Kämpfe und
stellen eine große Errungenschaft der Arbeiterbewegung dar. Jedoch
sind sie auch Ausdruck eines Klassenkompromisses, der die grundle-

genden Interessen des Kapitals (auf Ausbeutung der Arbeitskraft und die Reglementierung des Lebens der Arbeitskraftverkäufer und -verkäuferinnen) unangetastet läßt. Bei Berücksichtigung der realen Machtverhältnisse bekommt die Forderung, die »Legitimität« (Lyotard) jeder Argumentation anzuerkennen, einen eindeutigen Sinn: Um keiner Seite »ein Unrecht« (Lyotard) zuzufügen, muß der bestehende Zustand des Status quo aufrechterhalten werden, das bestehende System der Ausbeutung und kapitalistischen Interessendominanz (gleichgültig, ob billigend oder mit dem Ausdruck tiefsten Bedauerns) in Kauf genommen werden! Obwohl Lyotards Denken angeblich von der Parteinahme für unterdrückte Lebensinteressen motiviert ist, verschwendet er keine Mühe darauf zu fragen, wie die elementaren Selbstbestimmungsansprüche des von ihm argumentativ in Anspruch genommenen Arbeiters geltend gemacht, gar praktisch umgesetzt werden können!

Obwohl seine Formulierung etwas anderes intendiert, hat Lyotard – wörtlich verstanden – mit seiner Feststellung eines unüberwindbaren Dissenses sogar recht: Einen Konsens kann es in den grundsätzlichen gesellschaftspolitischen Fragen nicht geben – jedenfalls nicht im Rahmen des kapitalistischen Zivilisationsmodells. Die Radikalisierung des Akkumulationsprozesses ist mit den Lebensinteressen der globalen Menschheit ebenso unvereinbar wie mit den Regenerationserfordernissen der Naturbasis. Die Tendenz zur zeitlichen Komprimierung von Leistung und die Bedeutungszunahme eines kurzfristigen Erfolgsdrucks läßt für perspektivische Überlegungen und Konzepte immer weniger Raum. Auf der allgemeinsten Ebene widersprechen der systemimmanente Verwertungsdruck und die schrankenlose Konkurrenzdynamik mit ihrem elementaren Ausdehnungsdrang den Selbsterhaltungsansprüchen der Gattung. Die in ihren Umrissen immer klarer auf der politischen Tagesordnung erscheinende Alternative lautet: Orientierung an den Kapitalverwertungsinteressen einer kleinen Gruppe von Superreichen, oder an den *vieldimensionalen* Lebensansprüchen der globalen Menschheit!

Durch die mit Eifer geforderte differenzlose Anerkennung der »Differenzen«, wird ein quasi-methodologisches Prinzip in den Diskurs eingeführt, das zu ähnlichen Konsequenzen führt, wie sie der Postmodernismus seinen (demagogisch verkürzt dargestellten) Gegenpositionen

unterstellt: Die Spezifik der Wissensformen wird ignoriert, jeder Erklärungsversuch unter ein absolutes Prinzip (in diesem Fall des Relativismus) subsumiert. Der postmodernistische Imperativ, den Eigenwert jeder Sichtweise und die unverwechselbare Bedeutungsdimension eines
jeden »Sprachspiels« anzuerkennen, schlägt in das Gegenteil des anvi-
sierten Zieles um: Faktisch kann eine spezifische »Wahrheit«, eine besondere Wissensform nur in Relation zu konkurrierenden, aber auch
flankierenden Sichtweisen sich zur Geltung bringen. Es ist aber gerade
diese Form inhaltlicher Relativierung, die dem Verdikt unterliegt, so
daß die spezifischen Bezugspunkte differenter Theorieansätze und Sichtweisen ebenso wie die Aspekte ihrer realen Herrschaftsvermitteltheit
und gesellschaftlichen Durchsetzungskraft unberücksichtigt bleiben. Wie
wir gesehen haben, hält die behauptete Gleichheit aller Positionen dem
Druck der realen gesellschaftlichen Ungleichheit nicht stand. Deshalb
überdeckt solch vordergründige »Pluralitäts«-Haltung nur dürftig die
blinde Parteinahme für das Faktische, denn »gleiche Gültigkeit von allem und jedem bewahrt vorhandene Ruhe und Ordnung.« (B. Schmidt)
   Wir sind bei unserer bisherigen Beschäftigung mit dem Diskurs-Wissen schon auf eine ganze Reihe von Paradoxien gestoßen und haben
manche Kostprobe der beflissenen Anpassungsbereitschaft »einer sich
in abenteuerlichen Ausflüchten windenden« Intelligenz (F. Dubet/D.
Lapeyronnie) bekommen. Dennoch bleibt es ein Rätsel, wie die effektvoll inszenierte Parteinahme für eine bedrohte Individualität und mino-
ritäre Selbstverwirklichungsansprüche mit der stillschweigenden Akzeptanz der Herrschaft abstrakter Verwertungsprinzipien in Einklang
zu bringen ist. Doch überraschen sollte uns diese Tatsache nicht: Schon
die Techniken des Fragens und des Argumentierens sind nicht auf Dissens, sondern auf Versöhnung mit den herrschenden Verhältnissen orientiert. Und die affirmative Haltung zu den sozio-kulturellen Widerspruchstendenzen hat auch einen tieferen Grund: Einem an Nietzsche
geschulten Denken ist der soziale Antagonismus (und in ihm eingeschlossen die Barbarei) eine kulturelle Notwendigkeit und Quelle sozialer
Gestaltungskraft. Nietzsches Maxime »Nichts ist wahr, alles ist erlaubt«
rechtfertigt in seiner postmodernen Modifizierung die herrschende soziale Praxis, die durch eine kaum verhüllte Aggressivität geprägt ist,

weil sie im Interesse reibungsloser Kapitalverwertung bestehende Grenzen überschreiten und sozialstaatliche Beschränkungen beseitigen muß. Sie braucht die Relativierung aller normativen Maßstäbe, um für die antizivilisatorischen Konsequenzen der herrschenden Vergesellschaftungsprinzipien Zustimmung zu erlangen. »Wenn es keine absoluten oder zumindest positiven wissenschaftlichen Wahrheiten gibt, dann hat der Mensch freie Bahn für seine Taten.« (B. H. F. Taureck) Nicht unverwandt ist diese Haltung mit der ideologischen Spiegelung und »spontanen« Rechtfertigung des Konkurrenzprinzips, das, entsprechend der zynischen Interpretation seiner Apologeten, die individuellen Widerstandskräfte fördert und zur gesellschaftlichen Leistungssteigerung beiträgt. Konkurrenz eliminiert die Schwachen und fördert den Triumph der Erfolgreichen.

Konsequent zu Ende gedacht, entlarvt sich auch diese Begründungsvariante des Postmodernismus als affirmative Krisenideologie und zynische Legitimation des Bestehenden: Der von Lyotard behauptete »Widerstand« löst sich auf »in hochdisponiblen Konformismus«, in die »Verfügbarkeit für eine Vielheit unverträglicher ›Verantwortlichkeiten‹«. (J. Wilke) Übrigens verdanken wir unserem gut informierten Gewährsmann Welsch den Hinweis, daß »das Thema der Postmoderne ... erst hier auf höchstem Niveau behandelt« wird! Wir wollen es *deshalb* nicht versäumen, auch die Pointe dieser Denkbewegung zu Kenntnis zu nehmen. Lyotard versucht im Diskurs-Jargon verständlich zu machen, daß er vor allem gegenüber dem Marxschen Klassenkampf-Konzept eine ungleich radikalere Position vertritt. Denn sie würde, so faßt Manfred Frank in seiner instruktiven Schrift mit dem programmatischen Titel »Grenzen der Verständigung« diesen Gedankengang zusammen, »durch ihre utopisch-harmonistische (auf Ausgleich bedachte) Haltung geschwächt und de-radikalisiert: der Klassenkampf ist für Marx ... nur ein transistorischer Zustand, der sich – wie die Hegelsche Differenz – zugunsten einer neuen, nicht mehr agonalen Totalität aufheben muß.«

Die Verfahrensweise ist ebenso banal, wie für die Diskurs-Kultur offensichtlich überzeugungsfähig: Ohne sich in geistige Unkosten zu stürzen, verändert Lyotard einen Begriff, setzt revolutionäre Weltveränderung mit der Hegelschen Vorstellung einer ideellen Versöhnung des

Widerspruchs gleich – obwohl auch er eigentlich schon davon gehört
haben müßte, daß gewisse kategorielle Unterschiede zwischen dem
Hegelschen und dem Marxschen Denken existieren! Auf einen kurzen
Nenner gebracht, lautet die Botschaft Lyotards: Die Hinnahme des Gegebenen ist »radikal«, die Marxsche Forderung, einen gesellschaftlichen Zustand zu überwinden, in dem die Menschen unterdrückte Wesen
sind, obwohl die Möglichkeit der Überwindung lebensfeindlicher Strukturen schon längst vorhanden ist, affirmativ. Wir können uns nun plastisch vorstellen, was Hans Heinz Holz mit dem Satz gemeint hat, daß
zwar die Argumentationsmuster der *Gegenaufklärung* in den letzten
zweihundert Jahren sich kaum verändert haben, aber »immer flacher
geworden« sind!

Normativität und Gesellschaftskritik

Wenn wir auch dem Diskurs-Wissen darin zustimmen können, daß es
keine allgemeinverbindliche Universalperspektive gibt, mit deren Hilfe
der grundlegende Dissens, d.h. der soziale Antagonismus »versöhnt«
werden kann, so können wir uns aber keinesfalls mit der formalisierenden Behandlung dieses Problems, der Ausklammerung seiner realen
Machtimplikationen zufrieden geben: In fast allen Phasen der Klassengesellschaft gelang es einer herrschenden Minderheit, ihre Interessen
gegenüber den Beherrschten durchzusetzen. Ohne einschneidende Beschränkung der ökonomischen Verfügungsgewalt (die immer gleichzeitig Dispositionsmacht über menschliche Lebensinteressen ist) können
die sozialen Grundkonflikte nicht gelöst werden und ohne Berücksichtigung der strukturell vermittelten Interessengegensätze ist auch ein
Verständnis dieses Antagonismus nicht möglich: »Man muß das Kapital vielmehr abschaffen wollen, wenn man es begreifen will, und dieser
Wille, das Kapital abzuschaffen, hat seinerseits außertheoretische Gründe«. (W. Pohrt) Die »normative« Begründung radikaler Gesellschaftskritik (die natürlich der Postmodernismus nicht anerkennen kann, »koste es was es wolle« [J. Derrida]) für die historische Legitimität eines

solchen »Unrechts« (Lyotard), d.h. die projektierte Abschaffung des Kapitalismus, findet sich bei Marx im Kontext seiner nicht-ökonomistisch konzipierten Werttheorie. Daß dies ein Marx ist, den der Diskurs nicht zur Kenntnis zu nehmen gewillt ist, versteht sich von selbst.

Die normativen Maßstäbe der Kapitalismuskritik, die gleichzeitig eine propädeutische Funktion für die Begründung des sozialistischen Projekts besitzen, werden von Marx in seiner die Werttheorie vorbereitenden Kritik der urkapitalistischen Behauptung einer Gleichwertigkeit von Kapital und Arbeit (die von dem Lyotardschen Argumentationsschema indirekt gerechtfertigt wird) begründet. Für Marx ist es nicht eine abstrakte Objektivität von Produktivkräften und Produktionsverhältnissen, die die »Substanz« der Gesellschaft und der Geschichte ausmachen, wie die »Meisterdenker« des Diskurses es in der Phase ihrer Abhängigkeit von den Prämissen einer strukturalistischen »Lektürepraxis« kolportiert haben. Für ihn ist es vielmehr das tätige Verhalten der Subjekte zur Realität; es sind keine »Strukturen« als »metaphysische Subjekte«, die die Geschichte machen, sondern die »wirklichen Menschen« (Marx) in Auseinandersetzung mit ihren Lebensverhältnissen. Weil Marx die Gesellschaft als »das Produkt des wechselseitigen Handelns der Menschen« erkennt, kann er den Menschen als gegenständlich-praktisches Subjekt, als »wirklich, lebendigen Menschen, der alles tut, besitzt und kämpft«, begreifen!

Kapitalismuskritisch gewendet, bedeutet dieses Verständnis der ontologischen Grundlagen der Gesellschaft: Die gesellschaftliche Dynamik geht nicht vom Kapital als dem Ausdruck klassengesellschaftlich strukturierter toter Arbeit, sondern vom lebendigen (Arbeits)-Handeln aus. Die lebendige Arbeit ist zwar eingebunden in die Strukturen des Kapitalverhältnisses; dieses besitzt aber keine »selbsttätige« Funktion. Allein die handelnden Subjekte reproduzieren die stumme Gegenständlichkeit, in der sich das Kapitalverhältnis ausdrückt. Als vergegenständlichtes Produkt ist das Arbeitsresultat (d. h. die Produktionsmittel) eine »ruhende Eigenschaft«, wie es bei Marx im »Kapital« heißt, und somit eine bloß unvermittelte »Form des Seins«: »Die lebendige Arbeit muß diese Dinge ergreifen, sie von den Toten erwecken, sie aus nur möglichen in wirkliche und wirkende Gebrauchswerte verwandeln.« (Marx)

Dieser Sachverhalt wird in der Dogmatik der bürgerlichen Ökonomie durch die Behauptung einer prinzipiellen Gleichwertigkeit der »Produktionsfaktoren« Arbeit und Kapital verschleiert. Marx argumentiert gegen diese legitimatorische Kategorisierung in einer doppelten Weise: Weil die lebendige proletarische Arbeit der wesentliche Faktor der Wertbildung ist, kann das Kollektiv der Arbeiterrinnen und Arbeiter Ansprüche auf Verfügungsgewalt über das Mehrprodukt erheben und Selbstbestimmungsperspektiven durch Selbstorganisation formulieren. Im gleichen Maße aber auch deshalb, weil die Arbeitenden als einzige Agenten des Produktionsprozesses ihre Individualität in den Produktionsprozeß einbringen und in ihrer menschlichen Existenz durch ihn geprägt werden.

Marx behandelt diesen Aspekt ausführlich in einem »Resultate des unmittelbaren Produktionsprozesses« betitelten Text, der im Zusammenhang der Analysen zum 1. Band des »Kapitals« entstanden ist (und nur aus technischen Gründen in die Erstausgabe nicht aufgenommen wurde) und in seiner Bedeutung für das Verständnis der normativen Voraussetzungen seiner Kapitalismuskritik noch fast überhaupt nicht zur Kenntnis genommen wurde: Der Kapitalist setzt mit dem Einsatz des Kapitals »objektive Produktionsbedingungen«, die sich durch ihre bloße Gegenständlichkeit bestimmen und erschließen lassen. Was der Arbeiter »investiert«, ist ungleich mehr. Sein Arbeitsvermögen, die sich zweckmäßig äußernde Arbeitskraft, ist als »subjektive Produktionsbedingung ... das *lebendige Arbeitsvermögen* selbst«. Verwertet der Kapitalist im Produktionsprozeß sein Kapital, so »verwertet« der Arbeiter sich selbst!

Zwar gehört als Faktor der Produktion die lebendige Arbeit ebenfalls zu den »objektiven Bedingungen des Arbeitsprozesses. Aber dennoch macht sich hier folgender spezifischer Unterschied geltend: Die wirkliche Arbeit ist das, was der Arbeiter dem Kapitalist wirklich gibt als Äquivalent für den in Arbeitslohn verwandelten Teil des Kapitals, für den Kaufpreis der Arbeit. Es ist die Verausgabung seiner Lebenskraft, die Verwirklichung seiner produktiven Fähigkeit, seine Bewegung, nicht die der Kapitalisten. Als persönliche Funktion betrachtet, in ihrer Realität, ist die Arbeit die Funktion des Arbeiters und nicht die des Kapitalisten.« (Marx) Ist die Tätigkeit des Kapitalisten eine abgeleitete Funktion (Reproduktion des Kapitalverhältnisses), so ist die Intervention des Arbeiters durch seine Unmittelbarkeit (Zwang zur Reproduktion seines Lebens) gekennzeichnet: »Als Anstrengung, als Verausgabung von Lebenskraft, ist die Arbeit die persönliche Tätigkeit des Arbeiters.«

Differenz und Indifferenz

Im Gegensatz zu solchen theoretischen Ausdrucksformen eines revolutionären Humanismus ist die Haltung des »Postmodernen Denkens« zur widersprüchlichen Realität durch eine fatalistische Grundeinstellung geprägt, die mit der Heideggerschen Charakterisierung deckungsgleich ist: »Das Sein ist als Last offenbar geworden. Warum, weiß man nicht.« Der Denkansatz Heideggers leistet dem Diskurs unschätzbare Dienste (was er auch allgemein anerkennt, ohne daß der Einfluß aber inhaltlich aufgeschlüsselt wird!), weil es seinem Denken gelingt, die widersprüchlichen Anforderungen an den weltanschaulich-funktionalen Intellektuellen in bürgerlichen Krisenverhältnissen zu homogenisieren: »Die Heideggersche ›Seinsphilosophie‹ konzipiert die ständigen Inhalte des lebensphilosophischen Aspekts und Moments der bürgerlichen Dekadenz auf der Ebene der extremen Abstraktheit – das Mythisieren der Krise, die antiintellektualistische Kritik an der Wissenschaft, das Ablehnen ›des Wesens der Technik‹, gepaart mit dem philosophisch garantierten Anerkennen und Genuß der Technik.« (A. Gedö) Als Imperativ einer von Heidegger vorgezeichneten existentiellen Grundeinstellung gilt es, den Zwang, das Schicksal, das »Dasein« in seiner Endlichkeit auszuhalten und dabei zu akzeptieren, »daß man der Modernität gerade da nicht entkommt, wo man sie durchschaut«. (G. Figal) Trotz der Einsicht auf verlorenem Posten zu stehen, gilt es standzuhalten: Die sozio-kulturelle Katastrophenentwicklung zur Kenntnis zu nehmen und als unveränderliche Faktizität zu akzeptieren, soll nach den Worten Figals als Ausdruck »eigentlicher Modernität« gelten. Diese Haltung wird als die Kunst begriffen, »sich selbst über die Schulter zu sehen« und dem Anblick der

chaotischen und pathologischen Moderne standzuhalten, nicht unsicher
zu werden und »mit der begrenzten Vernunft seinen Frieden zu machen«
(G. Figal): Konstruiert wird ein bescheidener »Bewährungsmythos«,
durch den sich die bedrängte Subjektivität am eigenen Schopfe aus den
Lebenssumpf ziehen soll.

Statt die spontanen Erlebnisformen zu ihren gesellschaftlichen Ursachen zu vermitteln, sie also theoretisch zu verarbeiten (was jedoch einen Bruch mit den herrschenden Orientierungen und folglich auch mit
akademischen Karrierehoffnungen erfordern würde), bannt der »postmodern« geprägte Intellektuelle diese Bedrohungserfahrung, indem er
sie positiv akzentuiert, er bestätigt theoretisch noch einmal, was er kritisch negieren (oder zumindest problematisieren) müßte. Aus dieser Position heraus kann er die emotionale Kraft entwickeln, die nötig ist, um
der »menschlichen Verfallenheit« und den Gefährdungspotentialen einer krisengeprägten Welt »mutig« ins Auge zu blicken. Jedoch ist ein
entscheidender Unterschied zu den historischen Referenzpositionen
auffällig: Der »postmoderne« Dissens mit den bürgerlichen Lebensverhältnissen erreicht nirgends die aus Ernsthaftigkeit genährte Überzeugungskraft eines Nietzsche und trotz aller thematischen Nähe halten sich
die Distanzierungsrituale von der Vorstellung einer »Verzweiflung« als
Daseins-Substanz im Heideggerschen Sinne fern. An ihre Stelle tritt die
Auffassung einer unabänderlichen Leere und Gestaltlosigkeit der Welt
– die aber mit subjektivistischem »Sinn« gefüllt werden kann. In den
postmodernistischen Modellentwürfen nimmt diese Option die Gestalt
der kapitalistischen Metropolengesellschaft als einer von Nietzsches dionysischem Vitalismus geprägten »karnevalistischen Utopie« (T. Eagleton) an: »Will Marx einen (in)organischen Körper, unterwirft ihn sein
Verlangen einem genitalem Modell? Wir wollen ein schizophrenes
Modell und einen prekären Körper. Will Marx, daß gezahlt wird? Wir
fordern alles gratis. Beschuldigt Marx? Wir sprechen frei. Marx – das
Proletariat leidet und fordert? Wir lieben fröhlich jedes Ding, das sich
uns bietet.« (J.-F. Lyotard)

In ihrer »erlebnisorientierten« Selbstgenügsamkeit gleicht sich die
philosophische Haltung der Oberflächlichkeit virulenter Lebensstil-
Muster an: Ein subjektivistisches »Widerstands«-Bedürfnis angesichts

einer paradoxen und regredierenden Realität, wird durch die unbestimmte Haltung distanzierender Gesten und lustbetonter Teilnahme abgelöst. Die Menschen bemühen sich vemittels dieser Formen »in der Realität oder in der Phantasie ein Subjekt sein zu wollen, um nicht zum Objekt, d.h. zum Spielball innerer und äußerer Kräfte zu werden«. (H. Kilian) Bei diesem Changieren zwischen Distanz, Resignation und fröhlicher Affirmation ist folgerichtigerweise »nicht mehr die Dialektik am Werk, sondern die Ekstase.« (J. Baudrillard)

Es vollzieht sich faktisch auf diesem Weg die ideologische Unterwerfung in einer Form, die von der Psychoanalyse als Indentifikation mit der Ursache des Leidens beschrieben wird: Um sich von der krisengeprägten Wirklichkeit zu »emanzipieren«, paßt sich das »postmodern« konditionierte Bewußtsein ihr an. Formal handelt es sich bei dieser theoretisch-weltanschaulichen Disposition um einen intellektuellen Regressionsprozeß, der zu einer subjektivistischen Festschreibung realer Erfahrungselemente führt, die dann im nächsten Schritt in der Imagination aufgelöst werden. Nicht »heroisch«, sondern mit einer aufgesetzten Fröhlichkeit und Unbekümmertheit wird der scheinbar universalen Bedrängnis standgehalten und das Bedrohungserlebnis als eigenständiger Sinnhorizont begriffen. Realisiert wird ein Gefühl des »Freiseins für die Freiheit des Sich-selbst-wählens und -ergreifens.« (Heidegger)

Nietzsches »antinomisches Denken« ist das *Modell* einer solchen ideologischen Positionierung gegenüber widersprüchlichen Vergesellschaftungstendenzen, die registriert, aber nicht mehr problematisiert werden. Ein prominenter Vertreter des Postmodernismus sieht die »Chance«, durch den Rückgriff auf Nietzsche die Eindeutigkeit traditioneller Kulturkritik zu umgehen und ein »gelassenes« Verhältnis zur Welt »nach der Moderne« zu entwickeln (G. Vattimo).

Da von den Zeitgeist-Verwaltern die von der herrschenden Vergesellschaftungsweise produzierte Sinn- und Perspektivlosigkeit als nichthintergehbarer Reflexionsgrund akzeptiert wird, beschäftigen sie sich weder mit den Ursachen der Krisenentwicklung, noch thematisieren sie Vergesellschaftungsalternativen. Da dem »Postmodernen Denken« die Polarität von praktizistischer Lebensbewältigung und subjektivistischen (»lebensweltlichen«) »Sinnressourcen« unaufhebbar erscheint, verbietet sich a priori jede Vorstellung einer anderen oder gar »besseren« Welt und die Suche nach konkreten Veränderungsmöglichkeiten. Individuelle Lebensansprüche können sich nach dem postmodernistischen Weltverständnis nur durch die emotionale und geistige Anpassung an die etablierten Verhältnisse realisieren: »Wir müssen unseren Sinn in jedem Augenblick neu entwerfen und werden die wechselnden Perspektiven, unter denen sich uns jeweils unser eigenes Sein und das Sein der Welt darbietet, niemals ›in ein identisches Denken auflösen und alle Differenzen beseitigen‹ (Schleiermacher).« (G. Figal)

»Dekonstruktion« der Herrschaftsproblematik

Das (pseudo-erkenntniskritische) Pathos des alles-in-Frage-stellens, mit dem der Postmodernismus auftritt, entlarvt sich als dekorative Hülle, mit der die fraglose Hinnahme der etablierten gesellschaftlichen Verhältnisse und die Akzeptanz ihrer Wertmuster verborgen wird. »Überall versucht die Postmoderne [zwar] an Widerstandsbewegungen anzuknüpfen; aber nur, um ihnen den kritischen Stachel zu ziehen«. (B. Schmidt) Die isolierten kritischen Theoreme werden durch die untergründigen Strukturprinzipien des Postmodernismus widerstandslos gegen ihre herrschaftskonforme Vereinnahmung: Es ist sein ideologisches Geschäft, den skandalösen Charakter der sozialen Tatsachen zu verschleiern, d. h. sie »vermittelst einer andren Interpretation anzuerkennen.« (Marx/Engels)

Teile des Diskurses okkupieren beispielsweise die Argumente gegen ein ethnozentrisches Denken, in dem sich der Vormachtsanspruch der Kolonisatoren über die Kolonisierten ausdrückt. Doch wird die Kritik um ihre politische Dimension verkürzt, die traditionelle Hegemonie der Standpunkte der Kolonisatoren durch den *erkenntnisrelativistischen* Verweis auf eine gestaltlose »Vielfalt« der unterdrückten Kulturen und ihren originären Existenzanspruch »dekonstruiert«. Die *reale* Machtvermittlung (und die Tatsache, daß sie von ungebrochener Aktualität ist) wird in diesem Zusammenhang nicht thematisiert. »Postmodern«

wird die Anerkennung des Fremden und Ausgegrenzten als ein Akt der »Wiedergutmachung« für gesellschaftlich, bzw. historisch verursachtes Unrecht dargestellt. Subjektiv mag es auch so verstanden werden, jedoch fungiert dieses Denkmodell im ideologischen Kontext des Postmodernismus als Element eines herrschaftskonformen Verdrängungsprozesses; denn durch die plakative Form der »Anerkennung« wird die Frage nach den Ursachen der Ausgrenzung vermieden. Der Herrschaftsmechanismus und die globalen Ausbeutungsstrukturen werden nicht in Frage gestellt, sondern mit der normativen Forderung konfrontiert, die Existenz einer kulturellen »Differenz« anzuerkennen.

Wirklich beim Wort genommen und auf der Grundlage des Postmodernismus konsequent zu Ende gedacht, führt die Forderung nach einer voraussetzungslosen und schematischen Anerkennung des Marginalen und der »Differenz«, die blinde Verteidigung des Minoritären zu absurden Konsequenzen, denn »zu den Randgruppen und Minderheiten [gehören] heute Neonazis, Ufo-Fans, die internationale Bourgeoisie und auch solche Kreise ..., die es für sinnvoll halten, straffällig gewordene Jugendliche blutig zu prügeln.« (T. Eagleton)

In einem Turiner Vortrag über Fragen kultureller Identität hat auch Derrida das Problem thematisiert, daß die »Unterschiede zwischen den Minderheiten, die unübersetzbaren Ideolekte, die nationalen Antagonismen, der Chauvinismus idiomatischer Wendungen nicht um ihrer selbst willen kultiviert werden« können. Er betont nachdrücklich, daß durch die Beachtung der »Differenzen« etwas Gemeinsames nicht zwangsläufig ausgeschlossen, etwas Verbindendes sogar gerettet werden müßte: »Weder Monopol noch Zerstreuung oder Zersplitterung« seinen akzeptabel. Doch scheint Derrida die Vermittlung des Auseinanderstrebenden kaum möglich, so daß zwangsläufig das Begehren eines Gleichgewichts in der »Erfahrung des Unmöglichen« kulminiert! Die ganze Tragik dieser Denkbewegung zeigt sich darin, daß mit den Mitteln des Postmodernismus nicht begründet werden kann, weshalb dem multinationalen Kapital Beschränkungen bei der Ausbeutung der Ärmsten der Armen auferlegt werden sollten, weshalb es vielleicht sinnvoll wäre, den Faschisten ihr blutiges Handwerk zu legen und pädagogische Initiativen an den Prinzipien der Menschenwürde zu orientieren!

Trotz aller rhetorischen Distanzierungsrituale akzeptiert das »postmoderne Wissen« (bei vielen seiner Protagonisten sicherlich gegen ihren Willen) durch seine theoretischen Grundorientierungen die Reproduktionsdynamik der kapitalistischen Moderne, ihre immanente Gleichgültigkeit gegenüber den menschlichen Lebens- und Entfaltungsinteressen. Die von der herrschenden Vergesellschaftungsweise produzierte
Sinn- und Perspektivlosigkeit, ein »Leben ohne Wahrheiten, Maßstäbe
und Ideale« (Z. Baumann) gilt den Zeitgeist-Verwaltern als unhinter-
gehbarer Reflexionshorizont: »Im Zeitalter des Spektakulären verwischen sich die harten Gegensätze von Wahr und Falsch, Schön und Häß-
lich, von Wirklichkeit und Illusion, Sinn und Unsinn, die Gegensätze
werden zu etwas ›Flottierendem‹, und so beginnt man allmählich zu
begreifen ..., daß es fortan möglich ist ohne Sinn und Ziel zu leben«. (G.
Lipovetzky)

Als Funktionselement des herrschenden Selbstbewußtseins scheint
dem »postmodernen Denken« die Polarität von praktizistischer Lebensbewältigung und subjektivistischen (»lebensweltlichen«) »Sinnresour-
cen« unaufhebbar. Weil sie die verbreitete Hoffnungs- und Orientierungslosigkeit der Alltagssubjekte »bestätigen« und ihnen eine pseudo-
philosophische Plausibilität verleihen, besitzen die postmodernistischen
Konstrukte eine kaum zu unterschätzende Rolle bei der Stabilisierung
herrschaftskonformer Denkmuster: Schon der Anspruch auf ein sozial-
orientiert-sinnhaftes Leben jenseits eines narzißtischen »Selbstverwirklichungsstrebens« gilt als vergeblich und illegitim. Denn es existiere
»kein natürlicher Sinn« (M. Frank), der als praktikabler Orientierungs-
horizont oder gar zur Begründung emanzipatorischer Lebensansprüche
taugen würde.

Einige »postmoderne« Denker haben aus diesen weltanschaulichen
Fixierungen auch den naheliegenden Schluß gezogen und die inhaltlichen Konsequenzen des Diskurs-Wissens ausgesprochen: Da jede Wertorientierung und Perspektivität durch die »Verallgemeinerung des
Tauschwertes« unmöglich *und* durch die »Erschöpfung der Ideologiekritik« überflüssig geworden sei (denn angeblich wäre nichts mehr »übrig geblieben, wogegen man sich wenden könnte« [Z. Baumann]), blei-
be angesichts der »apokalyptischen Momente einer ›Menschheitsdäm-

merung‹« der »Nihilismus unsere (einzige) Chance« (G. Vattimo). Mit dieser Konsequenz geht der Postmodernismus aber noch hinter den Selbstanspruch seines Über-Vaters Nietzsche zurück. Er bedient sich zwar seiner Terminologie, ersetzt aber Nietzsches (scheinradikales) Verweigerungspathos durch einen unverbindlichen Pessimismus a la Schopenhauer. Weil der Nihilismus das unentrinnbare Schicksal der Menschen sei, sind sie in postmodernistischer Sicht zur fraglosen Hinnahme des gegebenen Entfremdungszustandes verurteilt. In immer neuen Variationen (ohne jedoch die inhaltliche Richtung zu verändern) wird »nachgewiesen«, daß die Welt menschlicher Fremdbestimmung real *und* gedanklich nicht überschritten werden kann. In einer Invektive gegen die Thematisierung sozialer Entfremdung bei Adorno, wird dieser Weltanschauungseffekt des Postmodernismus von W. Welsch auf den Punkt gebracht. Zwischen falschen und emanzipativen Bedürfnisse zu unterscheiden sei illegitim: »Das ist die Schranke, die postmodern – auf dem Boden eines konsequenten Denkens der Pluralität – nicht mehr zu halten ist.« Es ist durch diese Positionsbestimmung auch nicht mehr mißzuverstehen, was mit dem Pluralitäts-Dogma und der Forderung nach einer »Gerechtigkeit gegenüber dem Heterogenen« (Welsch) gemeint ist: Nicht die prinzipielle Offenheit für Diskussionsbeiträge über die existenziellen Fragen entwickelter Gesellschaften und Lösungsvorschläge zur Bewältigung der globalen Krisenentwicklung wird eingefordert, sondern die Akzeptanz bestehender Lebens- und Herrschaftsverhältnisse.

Kritik ist in dem herrschenden geistigen Klima nicht nur selten geworden, sondern geradezu tabuisiert; gewissermaßen schon atmosphärisch wird jeder Kritikanspruch abgewertet. Den inhaltlichen Auseinandersetzungen vorgelagert ist das normative Korsett einer »Streitkultur«, der (fast) alle Positionen als wechselseitig »anschlußfähig« gelten. »Jeder arbeitet an seiner Theorie und findet Anerkennung, wenn er Anerkennung findet, ohne das Andersdenken anderer als Widerspruch oder gar als Herausforderung empfinden zu müssen«, schreibt Niklas Luhmann im Stile der selbstgefälligen Borniertheit des Zeitgeistmultiplikators. Einzige Bedingung ist, daß die Diskursteilnehmer das stillschweigende Einvernehmen über die Unvermittelbarkeit und fundamentale

Heterogenität der Wissensformen nicht in Zweifel ziehen. Tabuisert ist in den akademischen und kulturellen Reproduktionssphären vor allem die Frage nach den Interessen und sozial vermittelten Präferenzen, die von einem Denken transportiert werden!

Der »postmoderne Diskurs« verbreitet Positionen und präjudiziert theoretische Schlußfolgerungen, die den Herrschenden auch dann verdammt gut ins Konzept passen, wenn sie nicht schon von vornherein zum Bestand reaktionärer Weltbeschreibung gehören! Durch die Behauptung der Unmöglichkeit, die Krisenprozesse theoretisch zu reflektieren, Ursache und Zusammenhänge zu thematisieren, erfüllt das Diskurs-Wissen eine machtstabilisierende Rolle: Er lenkt von den Gründen für die Zerrissenheit der Welt ab, immunisiert das Denken gegen kritisches Fragen und »fundiert« die im Alltag verbreiteten Formen der Resignation und schicksalergebenen Selbstgenügsamkeit. »Mit der Einsicht in den Zusammenhang«, schreibt Marx 1868 an Kugelmann, »stürzt, vor dem praktischen Zusammensturz, aller theoretische Glauben an die permanente Notwendigkeit der bestehenden Zustände. Es ist also absolutes Interesse der herrschenden Klassen, die gedankenlose Konfusion zu verewigen.« Die explizite Opposition des Postmodernismus zum Aufklärungsdenken macht vor diesem Hintergrund durchaus auch *politischen* Sinn: Denn Aufklärung ist, spätestens seit Kants Definition, mit der Intention der Veränderung verbunden. Um gesellschaftliche Transformationen antizipieren zu können, müssen jedoch die Entwicklungsgeschichte und die Ursachenkonstellation eines Zustandes zur Kenntnis genommen werden, denn »jede geistesgeschichtliche Wahrheit ist zugleich Erkenntnis von ihrem Werden«. (W. Benjamin) Kritik ohne diese umfassende »Aneignung« des Gegenstandes und jenseits der »Anstrengung des Begriffs« schlägt zwangsläufig in das Einvernehmen mit dem Kritisierten um – auch wenn dieses Einvernehmen ein »distanziertes« ist.

Es sollte jetzt nicht mehr überraschen, wie fugenlos das »machtkritische« Diskurs-Wissen mit einer »Wissenschaftskritik« aus der Herrschaftsperspektive, wie sie Huxley in seiner »Schönen neuen Welt« beschrieben hat, übereinstimmt: Die normative Bindung der Wissenschaft, ihr Insistieren auf Gemeinwohl und Wahrheit bedroht das reibungslose Funktionieren des autoritären Herrschaftssystems. Wenn sie von diesen tradierten Aufklärungsprinzipien nicht lassen will, ist sie aus diesem Blickwinkel totalitärer Systemreproduktion »ebenso gefährlich, wie sie einst wohltätig war«. (A. Huxley) Ob solche Konsequenzen von allen Teilnehmern am »Großen Diskus« gewollt und akzeptiert werden (woran ja begründet gezweifelt werden kann!), ist nur von nebensächlicher Bedeutung gegenüber der Tatsache, daß die autoritäts*konformen* Positionierungen innerhalb des postmodernistischen »Gesamtkunstwerks« von systematischer Bedeutung sind und deshalb der *Logik des Diskurses* nicht grundsätzlich widersprechen.

Das »postmoderne« Denken leistet durch eine »intellektuelle Kurzatmigkeit, die im Ausfall der historischen Dimension des Bewußtseins sich vollendet« (Adorno), seinen spezifischen Beitrag zum Wissensverlust über die elementarsten gesellschaftlichen Zusammenhänge: Daß es der Kapitalismus ist, der die sozialen Beziehungen zerstört, die Menschen vereinzelt, Frustrationen und emotionale Verwüstungen hervorruft, und daß es seine Organisationsform des sozialen Prozesses ist, die fragmentarisierte Sichtweisen produziert, die das soziale Geschehen als unbegreifbar und lebensfeindlich erscheinen lassen.

Die theoretische »Selbstgenügsamkeit« des »Postmodernen Wissens«, flankiert durch die Verleugnung utopischer Perspektiven, d. h. der realen Tendenz zur Selbstaufhebung der Kapitalgesellschaft, bedeutet in seiner Konsequenz die Parteinahme für zivilisatorische Stagnation und Regression. Denn nur durch die Suche nach dem für das herrschende Bewußtsein »Unmöglichen hat der Mensch immer das Mögliche verwirklicht und erkannt, und die, die sich weise auf das beschränkten, was ihnen möglich schien, sind nie um einen einzigen Schritt vorwärts gekommen.« (M. Bakunin)

Daß die weltanschaulichen Konsequenzen nicht reflektiert werden, die Rezeption in ihren größten Teilen sich nur jener Theorieelemente bedient, die wohlfeil eigenen Argumentationsbedürfnissen entsprechen, ist der eigentliche Skandal der Postmodernismus-Debatte. Der Diskurs nimmt die Positionen, auf die er sich stützt, nicht in ihrer ganzen Bedeutung und in ihren herrschaftskonformen Konsequenzen zur Kenntnis – und verstößt dabei ein weiteres mal gegen seinen Anspruch, Verborgenes und Vernachlässigtes zu thematisieren.

Konturen einer »Postmodernen Soziologie«

Ende der Gesellschaftstheorie?

An der restaurativen Weltanschauungsproduktion beteiligen sich nicht nur philosophisch oder literarisch inspirierte Köpfe. Auch in den Sozialwissenschaften wird den regressiven Zeitgeist-Trends Tribut gezollt. Ein System von Glaubenssätzen, die inhaltlich mit den »postmodernen« Denkansätzen kompatibel sind, ist hegemonial geworden. Auf die Ausweitung der ökonomischen zu einer sozio-kulturellen Krise und die zunehmenden Symptome eines zivilisatorischen Verfalls »antworten« die meisten professionellen Gesellschaftsanalytiker mit theoretischer Agonie und intellektueller Indifferenz, denn ihre in der Vergangenheit akzeptierten Manipulationsbegriffe und herrschaftskonformen Interpretationsmuster haben sich verschlissen und ihre Überzeugungsfähigkeit eingebüßt. Weder kann eine kontinuierliche Fortschrittsentwicklung (der »marktwirtschaftlichen« Gesellschaftsformation) diagnostiziert werden (wie ihn die »Modernisierungstheorie« behauptet hat), noch haben sich die Klassenverhältnisse nach den Vorstellungen der diversen Nivellierungstheorien aufgelöst. Von einer Individualisierungstendenz im Sinne eines zunehmenden personalen Kompetenzgewinns kann angesichts der Krisenexzesse schon gar nicht mehr die Rede sein. Die Täuschung über den Klassencharakter der Sozialverhältnisse läßt sich nicht mehr so ohne weiteres mit assoziativen Manipulationsbegriffen wie »Modernisierung«, »Lebensstil« oder »Individualisierung« erreichen.

Doch hat die Widerlegung der sozialwissenschaftlichen Mythologien durch die Gesellschaftsentwicklung nicht zu radikalisierten (auf die Wurzel der Probleme zielenden) Analyseversuchen, sondern zu einer geschmeidigen Anpassung des affirmativen Denkens an die Krisenverhältnisse und ihnen konforme Weltanschauungsschablonen geführt. Um die Herrschaftsfunktionalität der sozialwissenschaftlichen Theoreme zu restituieren, wird in einem ersten Argumentationsschritt das eigene theoretische Versagen als Auflösung des Wissenschaftsobjektes »Gesellschaft« interpretiert, der Zerfall abstrakter Totalitäten und mechanistischer Interpretationsmodelle behauptet, faktisch aber der Reflexionshorizont des Alltagsbewußtseins generalisiert, das sich mit der Unmittelbarkeit seiner »Erlebniswelt« zufrieden gibt und keinen Begriff von den objektiven Voraussetzungen individueller Lebensverhältnisse besitzt. Auf dieser reduktionistischen Grundlage aufbauend werden dann in einem zweiten Schritt die verschiedenen gesellschaftlichen Bereiche als disparate Ereignis- und Erlebnissphären interpretiert, die nur lose miteinander verbunden sind und deren »Eigensinn« angeblich nicht mehr hinterfragbar sei. Es hätten sich »Systeme« und Interpretationsmuster mit je eigenen Geltungsansprüchen und Wertpräferenzen entwickelt.

Die verbreiteten Skrupel, die Machtprozesse vorbehaltlos zu analysieren, wird als Ausdruck der individualistischen Aufsplitterung der Gesellschaft, als Auflösung der »Industriegesellschaft als Systemzusammenhang« (U. Beck) rationalisiert: Es gibt, überspitzt gesagt, keine Gesellschaft mehr, sondern nur noch orientierungslose Individuen. Fundierend für diese systematische Blickverzerrung ist die Prämisse der Aufgliederung der Gesellschaft in unterschiedliche Sphären mit autonomen Organisationsprinzipien. Wirtschaft, Moral, Wissenschaft und Kunst sind nach eigenen Gesetzen organisiert, die nur peripher aufeinander bezogen sind. Faktisch läuft die Sichtweise auf die Annahme einer Zweiteilung der sozialen Welt in einen ökonomischen Handlungsbereich und einen praxisfernen »lebensweltlichen« Erfahrungshorizont hinaus, wie sie beispielsweise auch von der Habermas´schen »Kommunikationstheorie« propagiert wird. Motiviert ist dieses Interpretationsmodell zwar von der »Verteidigung« individueller (»lebensweltlicher«) Geltungsansprüche, behandelt wird aber der Prozeß der »Ausdifferenzierung« der Lebensbereiche in solch einer Weise, daß die reale Machtdominanz in der »ökonomischen Sphäre« festgeschrieben wird und als Ausdruck einer »evolutionären Rationalität« erscheint.

Auf Basis dieser (im Kern system-funktionalistischen) Konstruktion, proklamiert die »postmodern« gewendete Soziologie den Ausbruch eines »postindustriellen Zeitalters« und behauptet, daß sich der sozio-

strukturelle Zusammenhang in eine Fülle relativ ökonomieferner sozio-
kultureller Milieus, Lebensstile und sozialer Bewegungen aufgelöst habe,
die konkreten Lebensformen nicht primär von sozioökonomischen
Umständen beeinflußt seien. Es gibt in der Konsequenz dieser Sichtweise kein normierendes Zentrum und keinen gesellschaftlichen Zusammenhang mehr, sondern nur jeweils ihren eigenen Gesetzen unterworfene soziale Teilbereiche und »sinnsuchende« Individuen. Der Mensch
steht gewissermaßen hilf- und beziehungslos zwischen »System« und
»Lebenswelt«, nicht nur ohne zu wissen, was mit ihm geschieht, sondern fern jeder Möglichkeit, ein solches Wissen überhaupt noch realisieren zu können. Unversehens (aber nicht zufällig!) bewegt sich ein
nicht unbedeutender Teil der akademischen Soziologie auf einer intellektuellen Reflexionsebene mit den Laienpredigern des politischen Kon-
servatismus: »So etwas wie Gesellschaft gibt es nicht, es gibt nur Individuen.« (M. Thatcher)

Die soziale Welt erscheint in eine Vielzahl von Systemen und Diskursen aufgelöst, so daß ein wissenschaftliches Insistieren auf Struktur-
zusammenhänge und Abhängigkeitsbeziehungen als irrelevant und illegitim deklariert werden kann: »Wenn man unter Postmoderne das Fehlen einer einheitlichen Weltbeschreibung, einer für alle verbindlichen
Vernunft oder auch nur einer gemeinsamen Einstellung zur Welt und
zur Gemeinschaft versteht, dann ist genau dies das Resultat der strukturellen Bedingungen, denen die moderne Gesellschaft sich selbst auslie-
fert. Sie erträgt keinen Abschlußgedanken, sie erträgt deshalb auch keine Autorität. Sie kennt keine Positionen, von denen aus die Gesellschaft
für andere verbindlich beschrieben werden könnte. Es geht daher nicht
um Emanzipation zur Vernunft, sondern um Emanzipation von der Vernunft, und diese Emanzipation ist nicht anzustreben, sondern bereits
passiert.« (N. Luhmann)

Die »Individualisierung« des gesellschaftstheoretischen Blicks

Im Windschatten der postmodernen Schlagworte sollen auch die Sozialwissenschaften den »großen theoretischen Ordnungssystemen«, also der Gesellschaftstheorie als Erklärungsversuch sozialer Bewegungsformen und der Interpretation des Zusammenhangs von Strukturkomplexen und mikro-sozialen Reaktionsmustern, eine Absage erteilen; es soll Abschied von der Idee eines einheitlichen Fundaments des Vergesellschaftungsprozesses genommen werden. Mit rituellem Eifer wird statt dessen eine »alternative« Reflexionsform gefordert, »die Vielfalt betont, an Fragmenten verweilt und auf Entzauberung der großen Synthesen setzt«. (B. Giesen)

Es geht bei dieser Vorgehensweise nur vordergründig um eine größere theoretische Aufmerksamkeit für das »Besondere«, die Berücksichtigung individueller Reaktionsformen und subjektiver Geltungsansprüche, von Gegentendenzen und Eigengesetzlichkeiten innerhalb des objektiven Vergesellschaftungsprozesses, sondern um die unreflektierte Umsetzung des traditionellen Programms des Positivismus. Das sozialwissenschaftliche Interesse soll sich mit der Unmittelbarkeit bescheiden und »an Fragmenten verweilen«, wie es explizit heißt. Nicht nur zufällig reproduziert der Postmodernismus jene Argumente, die im »Positivismusstreit« der 60er Jahre (deren Hauptprotagonisten Adorno und Popper waren) die Gegner eines dialektischen Gesellschaftsverständnisses benutzt haben: Die Vermitteltheit der sozialen Sektoren und Prozesse zu denken sei Ausdruck einer antiquierten Geisteshaltung und den aktuellen Vergesellschaftungsweisen nicht mehr angemessen, alleine schon die Reflexion des Fortschrittsbegriffs ein quasi-theologisches Relikt.

Das makrostrukturelle Umfeld fungiert in den »postmodern« inspirierten Interpretationsmodellen, die nach ihrem eigenen Verständnis den Blick »von der gesamtgesellschaftlichen Determination zur Konstruktion von Institutionen und Kultur aus Interaktion und Kommunikation« (W. Zapf) gewendet haben, nur als Kulisse für subjektivistische Existenzformen und Artikulationsweisen. Die Vermittlung zwischen den sozio-strukturellen Voraussetzungen und den individuellen Existenzbedingungen wird nicht thematisiert, weil nach den Vorgaben einer postmodernen »Selbstreflexivität« das Bild einer einheitlichen sozialen Welt obsolet geworden sei und es keine Instanz mehr gäbe, von der aus ein Ganzes gedacht werden könne. Die »Individualisierung« (im Sinne von Vereinzelungs- und Entsolidarisierungserfahrungen) wird als konstitutives Moment eines Lebensraums begriffen, der aus Subjekten besteht, »die nicht mehr unproblematisch und sicher davon ausgehen dürfen, in ein und derselben Welt zu leben«. (M. Frank) Der Gesellschaftskritik wird durch die Infragestellung der Möglichkeit eines intersubjektiv vermittelbaren Wissens ihre Legitimität bestritten.

Die Stigmatisierung theoretischer Verallgemeinerungen und die Vorstellungen der Inexistenz sozialer Wirkungskomplexe bilden eine vielversprechende »Basis«, um weitgehende Denkverbote postulieren zu können. Angesichts zunehmender sozialer »Verwerfungen« und mit ihnen einhergehender politischer Legitimationsdefizite hat beispielsweise Luhmann den Anspruch der »Massenmedien«, die sozialen Verhältnisse zu beschreiben, als Ursache »pessimistischer Zukunftseinstellungen« zu »entlarven« versucht. Es ist nach seinen Ausführungen verbreitete Praxis, sozio-ökonomische Entwicklungen durch Zahlenverhältnisse und statistische Relationen zu verdeutlichen. Aber *dadurch* werde das Krisenbewußtsein erst erzeugt und die (nach seiner Meinung offensichtlich unnötige) Unzufriedenheit provoziert. Meldungen über einen geringeren Lohnzuwachs als im Vorjahr, Informationen über einen Anstieg der Arbeitslosigkeit oder das reduzierte Wirtschaftswachstum sind nach seinem Verständnis »fatale Unterscheidungen«, die es nicht geben sollte: »Denn bei bewerteten Vergleichen wird mit dem Erreichen der besseren Position die geringere zugleich schlechter, was sie für sich genommen gar nicht sein müßte ... [Denn] ... wieso ist die eine Lage schlechter, wenn die andere besser ist? Was zwingt uns, im Schema des Vergleichs zu denken?« (Luhmann)

Faktisch werden durch den Verzicht auf die *wissenschaftliche* Relativierung der Sozialerfahrungen die fetischisierten Bewußtseinsformen als einzig möglicher Erkenntnismodus festgeschrieben! Die demonstrierte Unfähigkeit, im Beziehungsgeflecht der sozialen Erscheinungen Wichtiges vom Unwichtigen, das Prägende vom Beeinflußten zu unterscheiden, wird zum methodischen Prinzip erhoben und den auf der Wahrnehmungsebene sich aufdrängenden sozialen Tatbeständen gleichsam ein sozio-struktureller Status zugesprochen. Gesellschaftstheorie soll dem Faktischen verpflichtet bleiben, keine andere Normativität als die vom kapitalistischen Weltsystem selbst produzierte zur Kenntnis nehmen: »Ich bin«, schreibt Z. Baumann in seinen »Ansichten der Postmoderne«, »gegen die Wahrnehmung der gegenwärtigen Weltsituation in Begriffen der Krise oder der Deformation. Was ich suche ... ist eine Möglichkeit, diese Realität in ihren eigenen Begriffen zu denken, als ein eigenständiges System, eine Realität, die nicht eine minderwertige Form von irgendetwas anderem ist, sondern einfach sie selbst«. Das nicht unbeträchtliche Problem, das sich durch eine so skizzierte Fixierung auf das Faktische stellt, ist die unvermeidbare Akzeptanz von kategoriellen Reflexionsformen, die aus dieser gesellschaftlichen Praxis, auf die sich das Denken konzentriert, resultieren und Bewußtseinsverzerrungen präjudizieren. Sie spiegeln zwar die gesellschaftlichen Tatbestände soweit wider, wie es zur praktischen Lebensbewältigung notwendig ist, blenden aber fundamentale Zusammenhänge aus.

Zwar besitzt auch für eine dialektische Gesellschaftstheorie jede Wahrnehmungs- und Reflexionsform ihre eigene »Wahrheit«. Auch das von den kapitalistischen Lebensverhältnissen systematisch verzerrte Denken besitzt in der alltäglichen Praxisbewältigung einen eminenten Orientierungswert; sind es doch gerade die spezifischen Verkürzungen und Typisierungen, die dem Alltagsbewußtsein die unmittelbare Orientierung und ein erfolgreiches Handeln ermöglichen. Die in den herrschenden Begriffen »Arbeitnehmer« und »Arbeitgeber« systematische Verzerrung des Verhältnisses von Kapital und Arbeit ist für die Beschäftigung suchenden Verkäufer und Verkäuferinnen ihrer Arbeitskraft nicht vom Nachteil. Jedoch spiegeln sich in ihnen die realen Machtverhältnisse wider: Derjenige, der realiter zum Zwecke ihrer profitorientierten Verwertung die Arbeitskraft kauft, erscheint in dieser Terminologie als ein »gebender« Wohltäter.

Auf einer anderen Ebene ist die betriebswirtschaftliche Rationalität

von elementarer Bedeutung zur Erfolgssicherung in der konkurrenzori-
entierten Ökonomie. Die absolute Priorität des betriebsbezogenen Ko-
sten-Nutzen-Kalküls, auch wenn es volkswirtschaftlichen und sozialen
Interessen widerspricht, ist eine elementare Voraussetzung des wirtschaftlichen Überlebens unter den Bedingungen der Konkurrenz. Die Werft
wird das subventionierte Schiff auch dann bauen, wenn es keinem sinn-
vollen Zweck zugeführt werden kann, und das Bauunternehmen die
Autobahn, auch wenn irreparable ökologische Schäden in Kauf genommen werden müssen.

Im übertragenen Sinne gilt diese Verstrickung von Rationalität und
Irrationalität auch für das theoretische Selbstbewußtsein der bürgerlichen Gesellschaft: Seine für Teilbereiche gültigen Wahrheiten verhindern systematisch den Blick auf den Zusammenhang und lenken von
relevanten Ursachekomplexen ab. Wir werden noch sehen, daß z.B. eine
Kategorie wie die »Individualisierung« gerade deshalb herrschaftskonform instrumentalisiert werden kann, weil in ihr ein rationaler Kern
steckt, mit diesem Begriff ein *Ausschnitt* der gesellschaftlichen Problemlage *beschrieben* wird; ideologisch wird dieses theoretische Projekt erst durch die Generalisierung bestimmter Aspekte (größere individuelle Handlungsspielräume) und die Ausblendung anderer Gesichtspunkte (z.B. die Zuspitzung des Konkurrenzverhältnisses in vielen Lebensbereichen).

Wenn ein gesellschaftstheoretisches Denken nicht dem herrschenden
Schein unterliegen will, kann es an solche kategoriellen Bewußtseinsformen nicht voraussetzungslos »anschließen«. Auf die Problematik von
kategorieller Widerspiegelung sozialer Verhältnisse und die Bedeutung
dieser interessengeprägten Sichtweisen für die kritische Durchdringung
der bürgerlichen Verhältnisse hat Horkheimer hingewiesen: Der kritischen Theorie gelten die ökonomischen Kategorien des Kapitalismus
»Arbeit, Wert und Produktivität genau als das, was sie in dieser Ordnung gelten ... Zugleich erscheint es als die gröbste Unwahrheit, die
Geltung einfach hinzunehmen«. Die kritische Aufmerksamkeit für diese Begriffe schließt das Verständnis ihrer sozialen Funktionalität mit
ein, wozu aber eine Vorstellung des gesellschaftlichen Zusammenhangs
nötig ist!

Den Blick auf das gesellschaftliche Ganze wird aber in den angeführten Beispielen (denen viele andere beiseite gestellt werden könnten) sowohl von Luhmann als auch Bauman tabuisiert. Durch den von ihnen geforderten Perspektivenwechsel, nähert sich die sozialwissenschaftliche Theoriebildung tendenziell dem Reflexionshorizont des Alltagsbewußtsein, seinen spezifischen Selbsttäuschungen und seiner Unfähigkeit, über das unmittelbar Gegebene hinaus zu blicken, an.

Gesellschaft ohne »Zentrum«?

Der quasi-methodologische Hebel, um von der politischen Dimension der sozio-kulturellen Entwicklung abzulenken, ist die Behauptung der Erosion des sozialen »Zentrums«, denn damit wird die Verknüpfung und wechselseitige Bedingtheit sozialer Sachverhalte in Abrede gestellt. Denkbar ist auf der Grundlage solcher Prämissen nur noch die Existenz weitgehend nebeneinander existierender Ereignisketten. Alle sozialen Tatsachen und Entwicklungen werden als *strukturell* gleichrangig begriffen. Ein Bewußtsein von Abhängigkeiten und Dominanzen geht verloren; mit relativistischen und die realen Sachverhalte verzerrenden Konsequenzen werden die unterschiedlichsten Momente der Lebenswirklichkeit formal nebeneinander gestellt, somit faktisch die bestehenden Dominanzverhältnisse ignoriert.

Richtig ist: Die sozio-kulturellen Felder können nicht aufeinander reduziert, beziehungsweise aus einem dominierenden Zentrum »abgeleitet« werden. Berechtigt ist der Hinweis auf die verhängnisvolle Tradition eines ökonomischen Determinismus, der alle gesellschaftlichen Aktivität der Logik des Kapitals unterordnen wollte (und dessen Erben es heute in modifizierter Gestalt auch immer noch versuchen). Die unterschiedlichen sozialen, kulturellen und politischen Teilsysteme besitzen ihre eigene »Logik« und einen spezifischen Geltungsanspruch. Doch folgt aus der (relativen) Eigengesetzlichkeit »ausdifferenzierter« Sozialsphären nicht automatisch ihre »Gleichrangigkeit«, d.h. gleichartige soziale Wirksamkeit. Weil beispielsweise die moralische »Sphäre« ei-

nen eigenen »symbolischen Code« besitzt, *kann* sie ein Widerspruchsprinzip zur Zweckrationalität der ökonomischen Sphäre darstellen. Doch
ist damit der normierende Druck der abstrakten Verwertungsrationalität
nicht außer Kraft gesetzt, wird ihr Eindringen in immer weitere Lebensbereiche, die zunehmende Versachlichung der zwischenmenschlichen
Beziehungen, kurz, die Institutionalisierung der Amoralität nicht verhindert. Moral entwickelt sich auf einer anderen Konstitutionsebene als
das Ingenieurswissen, beide können aber gleichermaßen funktional in
den bestehenden Macht- und Verwertungskontext eingebunden sein.
Doch gehen sie in dieser Funktionalität nicht auf. Technologisches Wissen kann ebenso in der Perspektive menschlicher Selbstbefreiung eingesetzt werden, wie moralische Normen den etablierten Identifikations-
mechanismen widerstreben können. Die alternativen Potenzen bringen
sich jedoch nicht selbsttätig zur Geltung, sondern nur im Kontext »symbolischer« Kämpfe um die Interpretation sozialer Sachverhalte *und* um
den realen politischen Einfluß. Die Eigenlogik der diversen sozio-kulturellen Artikulationsebenen ist noch kein Garant dafür, daß sie sich
einer totalisierenden Vergesellschaftungstendenz entziehen können. Im
Gegenteil: Auch das Sinnliche läßt sich für unsinnlich-abstrakte Zwek-
ke einsetzen und der wissenschaftliche Geist für die Barbarei instrumentalisieren (wenigstens das müßten die »postmodernen« Geistesakro-
baten doch eigentlich begriffen haben!). Eine Kunst, der es nicht gelingt, antizipatorische Inhalte zu konkretisieren, eine Politik, die nicht
unverwechselbare Emanzipationsperspektiven artikuliert, und eine Wissenschaft, die zu der (ideologiekritischen) Verarbeitung ihrer Machtverstrickungen nicht in der Lage ist, bleiben funktionale Elemente eines
übergreifenden Ganzen – auch wenn dieses in sich selbst wiederum in
relativ autonome Teilbereiche strukturiert und – wie Georg Lukács sagt
– als »Komplex von Komplexen« organisiert ist.
    Wenn nicht einem neuen »Dogmatismus« das Wort geredet werden
soll, der nicht weniger rigide wirkt als der tradierte »ökonomistische«,
darf das gesellschaftstheoretische Denken nicht bei der Fixierung der
»pluralen Bestimmungen« differenzierter Sozialsphären stehen bleiben,
sondern muß das Verhältnis von Eigenständigkeit und Vermitteltheit,
Einheit und Mannigfaltigkeit konkret bestimmen. Es ist intellektuell

wenig einträglich, betont Erich Hahn, »Einheit gegen Vielfalt aufzu-
rechnen – oder umgekehrt –, wenn nicht jene wesentlichen Zusammenhänge, Wechselwirkungen, Widersprüche und Triebkräfte erfaßt werden,
die das Ganze, die jeweils konkrete Totalität bestimmen.« Wo das bei
krampfhaft bemühten »Überwindern« marxistischer »Einseitigkeiten«
mit dem Verweis auf die Denkimpulse der »poststrukturalistischen und
postmodernen Diskurse« (L. Peter) nicht geschieht, unterwirft sich dieses
»anti-dogmatisch« gestimmte Denken, den »dogmatischen« Funktionsgesetzen eines überaus realen Kapitalismus, der immer weitere, ehemals
gegenüber seiner *Funktionslogik* resistente, Bereiche in sich aufsaugt.

Es soll nur zum Zwecke der Illustration dieser Problematik erwähnt
werden, daß dem marxistischen Denken das kapitalistische Wirtschafts-
system gerade deshalb kritikwürdig ist, weil es eine »Bereichslogik«
besitzt, die in entscheidenden Punkten den »symbolischen Codes«
menschlicher Lebensansprüche widerspricht. Gerade weil die totalisie-
rende Tendenz der kapitalistischen Reproduktionsdynamik ein antago-
nistisches Widerspruchsprinzip zu den Entwicklungsprinzipien und
Geltungsansprüchen der nicht-ökonomischen Teilbereiche des gesellschaftlichen Lebens (Kunst, Kultur, »Lebenswelt«, Ethik etc.) darstellt,
wird sie im marxistischen Kontext in Frage gestellt. Die Radikalität
marxistischer Kapitalismuskritik (J. Derrida spricht in diesem Zusammenhang mit Schaudern von einer »schrecklich totalitären Dogmatik«
des Marxismus), resultiert aus der Weigerung, sich mit der Instrumentalisierung und Entmenschlichung des Menschen, der »Auflösung der persönlichen Würde in den Tauschwert« (Marx) abzufinden!

Durch den Verzicht, die reale Widerspruchsdynamik zu reflektieren,
ist der Zeitgeist-Diskurs widerstandslos noch gegenüber den banalsten
Legitimationsreden des herrschenden Denkens. Aufschlußreich ist der
Bericht von Hanna Behrend über die intellektuellen Konsequenzen eines solchen Reduktionismus in Teilen des US-amerikanischen Feminismus, für den, durch den angeblichen Bedeutungsverlust eines normierenden »Zentrums«, die »amerikanische Wirtschaft nicht mehr kapitalistisch [dominiert sei], sondern der Austragungsort verschiedener ökonomischer Praxen, von denen keine mehr die Möglichkeit habe, die
Gesellschaft zu gestalten als jede andere.« Also konkret gesprochen:

Wer im mittleren Westen unter ökologischen Gesichtspunkten auf seinem kleinen Acker Rüben anbaut, um sie lokal zu vermarkten, oder als scheinselbstständiger Handelsvertreter bemüht ist, in New Yorker Altersheimen Lebensversicherungen zu verkaufen, hat die gleichen gesellschaftlichen Einflußmöglichkeiten, wie die Chase Manhatten Bank oder General Motors.

Nicht weniger regressiv sind die Konsequenzen, wenn notwendige Differenzierungen bloß gedanklich fixiert, nicht aber zum Anlaß einer weiterführenden Reflexion werden. Daß beispielsweise das Patriarchat älter als der Kapitalismus ist und (wie die bisherigen Erfahrungen gezeigt haben) mit post-kapitalistischen Sozialformen seine Überwindung nicht zwangsläufig eintritt, ist *richtig beobachtet*. Daß deshalb die Problematik des Patriarchats von der Kapitalismuskritik abzukoppeln wäre, der Kampf gegen patriarchalische Zustandsformen ohne den Kampf gegen die kapitalistischen Vergesellschaftungsformen Erfolgsaussichten hätte oder ihn gar ersetzen könnte, ist jedoch *falsch gedacht*: Der Kapitalismus hat die historisch vorgefundenen sozio-kulturellen Formierungen überlagert und seinen eigenen Bedürfnissen angepaßt; Patriarchalismus und Kapitalismus sind eine enge Verbindung eingegangen. Das bedeutet nicht, daß durch die bloße Überwindung der Warengesellschaft die patriarchalischen Zurechnungs- und Einstellungsmuster zwangsläufig verschwinden würden, wohl aber, daß ohne Überwindung der Kapitalwirtschaft noch nicht einmal die Chance einer *grundlegenden* Veränderung besteht!

Übrigens ist auch der Egoismus älter als der Kapitalismus. Deshalb wäre es wenig empfehlenswert, jede seiner Erscheinungsformen auf die »Widersprüche der kapitalistischen Produktionsweise« zurückführen zu wollen. Aber um die Wirkungsmechanismen der Kapitalgesellschaft, die spezifische Prägekraft ihrer Gesetze zu verstehen, kommt es darauf auch gar nicht an! Viel wichtiger wäre es, in *diesem* Zusammenhang zu begreifen, daß innerhalb kapitalistischer Lebensbedingungen sich der Egoismus besonders gut entfalten kann, egoistisches Verhalten mit den herrschenden Sozialprinzipien kompatibel ist und, wenn er sich durch materiellen Erfolg legitimiert, sozial *nicht* sanktioniert wird: Sozialschädliches Verhalten ist nicht systemwidrig, sondern systemkonform!

Individualisierung und Vereinzelung

Auch wenn die Protagonisten der Individualisierungstheorie sich ausdrücklich vom Postmodernismus als Ideologie distanzieren, passen ihre Interpretationen aktueller Vergesellschaftungstendenzen bruchlos in den diskursiven Interpretationsrahmen »postmoderner Lebensverhältnisse«. Die verbreiteten Gesellschaftsbilder weisen nicht nur auf der inhaltlichen Ebene große Ähnlichkeiten auf, sondern sind auch gemeinsamen Grundannahmen verpflichtet. Wenn auch auf einer anderen thematischen Ebene als der philosophische Postmodernismus angesiedelt, hat der individualisierungstheoretische Diskurs einen wichtigen Beitrag zur »Umwertung« der sozio-kulturellen Selbstverständigungsformeln und zur herrschaftskonformen Verformung der gesellschaftspolitischen Terminologie geleistet. Sie ist ein »sozialphilosophischer« Beitrag zur Legitimierung der sozialen Spaltungstendenzen und der Zerstörung personaler Identität. Die Individualisierungstheorie ist darüber hinaus aber auch die »modernisierte« Form eines Sozialdarwinismus, der das Veralten von Gleichheitsorientierungen und die Erweiterung der Lebenschancen für die Starken und Wendigen postuliert.

Auch wenn die Individualisierungstheorie – nicht zuletzt durch eine Gesellschaftsentwicklung, die überhaupt nicht mehr in das von ihr gemalte Bild einer breiten Wohlstandsentwicklung mit zunehmenden personalen Entwicklungschancen passen will – ihren Glanz verloren hat, werden ihre assoziativen Stichworte von den »pluralisierten Lebenslagen« und »individualisierten« Sozialverhältnissen immer noch ungebrochen reproduziert.

Theoriegeschichtlich hat die Individualisierungstheorie die technokratisch orientierten »Modernisierungs«-Konzepte sowie die diversen soziologischen Nivellierungstheorien der Nachkriegszeit abgelöst. Ulrich Beck als ihr prominentester Wortführer und begabter Popularisator schloß an die legitimatorischen Positionen über die »nivellierte Mittelstandsgesellschaft« und den Beginn eines »postindustriellen Zeitalters« an: Das Zentrum seines Gesellschaftsbildes bildet die Annahme einer Auflösung der Klassengrenzen bei Fortbestand, aber auch gleichzeitiger Umschichtung, der sozialen Ungleichheiten. Er hebt drei Entwicklungstrends hervor, die als Ausdruck einer elementaren sozio-kulturellen Akzentverschiebung vorgestellt werden: Die beträchtliche Erhöhung des Masseneinkommens, die »Bildungsexplosion« und die Verbesserung der Aufstiegschancen für breite Schichten der Bevölkerung. Das Resultat dieser sozio-strukturellen Entwicklung sei eine »kulturelle Evolution der Lebensformen«, die zu einer »Enttraditionalisierung der Lebensverhältnisse« und der »Diversifizierung und Individualisierung von Lebenslagen« geführt habe. »Individualisierung« wird mit der Verringerung von Fremdzwängen und dem Bedeutungsverlust ökonomischer Strukturen für die persönliche Lebensgestaltung gleichgesetzt. Durch diesen Prozeß hat sich nach Beck »das Leben der Menschen in der Lohnarbeitsgesellschaft ein gutes Stück aus dem Joch der Lohnarbeit herausgelöst«, wurden neue biographische Entfaltungsspielräume geschaffen.

Die Gesellschaftsentwicklung wird jedoch keinesfalls nur in rosigen Farben gemalt. Die Desintegrationsrisiken, die reale Ungleichheit und die zunehmenden sozialen Verwüstungen werden, zumindest seitdem sie unübersehbar geworden sind, durchaus als Vergesellschaftungsprobleme zur Kenntnis genommen. Das unterscheidet den Individualisierungs-Diskurs von der postmodernistischen Ideologie. Gleichzeitig wird jedoch behauptet, daß Vergesellschaftungsprobleme im wesentlichen nicht mehr auf ökonomische Strukturprinzipien und ein konkretes Machtgefüge zurückgeführt werden können. Deshalb soll trotz aller sozialdestruktiven Konsequenzen der Krisenentwicklung, trotz des offensichtlichen »Sogs nach unten« (Beck), durch die gleichen Entwicklungsprinzipien auch die Rettung nahen. Hier schließt sich der Kreis, wird die weltanschauliche Symbiose mit dem Postmodernismus offensichtlich: Durch die kapitalistische Krisendynamik sollen sich »lebensweltliche Grundlagen« entwickeln, in deren »Zentrum die Freiheit des einzelnen steht.« (U. Beck)

Auch nach individualisierungstheoretischem Verständnis wird unterstellt, daß die sozialen Umwälzungen den Menschen eine zunehmende Zahl »individueller Freiheitsoptionen« und neuartige Chancen eigenverantwortlicher Lebensgestaltung böten. Der krisengeprägte »Individualisierungsprozeß« kulminiere in vermehrten Selbstbestimmungschancen und gesteigerter sozialer Partizipation. Während es bei einigen Individualisierungstheoretikern Differenzierungsmomente, ein Nachdenken auch über die »Schattenseiten« der postulierten »Enttraditionalisierung« und sozialen »Freisetzung« gibt, hat sich aber in der Rezeption ein eindimensionales Verständnis der »Individualisierung« im Sinne von Kompetenzgewinn, Selbstverwirklichung und vermehrter Selbstbestimmung durchgesetzt.

In entscheidenden Punkten wurden die individualisierungstheoretischen Konstruktionen mittlerweile von der Wirklichkeit konterkariert: Ungleichheit und Unterprivilegierung, Ausgrenzung und Fremdbestimmung sind unverkennbar zur Signatur der angeblich »anderen Moderne« (Beck) geworden. Davon, daß sich – wie Beck immer wieder unterstrichen hat – »die Ungleichheitsfragen sozial entschärft haben«, kann ernsthaft nicht mehr die Rede sein. Und noch weniger, daß durch die sozialstaatliche Absicherung die grundlegenden Risiken der Lohnarbeiterexistenz beseitigt worden wären und wir deshalb »heute in der Bundesrepublik bereits in Verhältnissen jenseits der Klassengesellschaft« (!) leben würden.

Auch wenn durch den Druck der Tatsachen in den individualisierungstheoretischen Positionsbeschreibungen solche normativen Festlegungen selten geworden sind, wird weiter mit den theoretischen Grundsätzen und an dem »ambitionierten« Programm, die »Klassen inmitten der kapitalistischen Klassengesellschaft verschwinden zu lassen« (J. Ritsert), gearbeitet. Ihr konstitutives Element ist die Behauptung eines weitgehenden Bedeutungsverlustes sozio-struktureller Rahmenbedingungen für die individuelle Lebensgestaltung. Stichwortartig lautet das Argumentationsschema: Die Gesellschaft als Systemzusammenhang hat sich aufgelöst, die »industriekapitalistischen« Orientierungsnormen haben ihre Bedeutung, die Berufstätigkeit ihre identitätsstiftende Funktion verloren. Bezugspunkt für die individuelle Lebensgestaltung sind fragmentarisierte und »entstrukturierte« Sozialverhältnisse. Die sich herausbildenden »pluralisierten Lebenslagen« haben mit traditionellen Klassen- und Schichtlinien nur noch wenige Gemeinsamkeiten. Das Leben gestaltet sich in relativer Ferne von ökonomischen Zwängen durch den Einfluß »kultureller« Vermittlungsnetze. Wir können in solchen theoretischen Leitsätzen die postmodernistische Behauptung der Möglichkeit einer individuellen Selbstentfaltung jenseits sozialer Bindungen wiedererkennen: »Alles kann nach Belieben gewählt werden« (G. Lipovetzky). Ausdruck solch entstrukturierter Sozialverhältnisse sind für den Individualisierungs-Diskurs die konkurrierenden Lebensstile: Wie jemand lebt, welche »Optionen« er wählt und welchen Entwicklungsweg er einschlägt, sei Ausdruck einer autonomen Entscheidung und weitgehend von seiner Klassen- und Schichtzugehörigkeit unabhängig.

Während diese Konstrukte im Gesellschaftsverständnis der sozialwissenschaftlichen Bürokratie den Status nicht hinterfragbarer Wahrheiten angenommen haben, sprechen die realen Verhältnisse, ohne ideologische Scheuklappen betrachtet, eine andere Sprache. Alle seriösen empirischen Untersuchungen verweisen auf die Stabilität der Ungleichheitsverhältnisse: Statt von einer Nivellierung der sozialen Gegensätze, muß vielmehr von einer unübersehbaren Tendenz zu ihrer Verschärfung und Verfestigung und, statt von einem Bedeutungsverlust der sozio-ökonomischen Ausgangslage für die Lebenschancen, sogar von einer zunehmenden Rolle der sozialen Selektionsmechanismen gesprochen werden. Und welche ungebrochene Bedeutung die Arbeit für die psychosoziale Reproduktion der Individuen besitzt, wird spätestens dann deutlich, wenn sie den Menschen vorenthalten wird, die Arbeitskraftverkäufer und -verkäuferinnen aus dem Erwerbsleben ausgegrenzt und in die Trost- und Perspektivlosigkeit der Arbeitslosenexistenz geworfen werden.

Gerade weil die Individualisierungstheorie von empirisch unhaltbaren Voraussetzungen zehrt, soziale Entwicklungstrends mit dem Vergesellschaftungsprozeß in seiner Gesamtheit verwechselt, ging von ihrem Interpretationsschema zu Zeiten, als der »Traum einer immerwährenden Prosperität« (B. Lutz) noch das Massenbewußtsein dominierte, fraglos eine hohe Faszination aus. In zentralen Bereichen repräsentierte es die Selbsteinschätzung der »aufstiegsorientierten« Protagonisten des »Reformkapitalismus« der 70er und 80er Jahre. Jedoch war der Theorierahmen flexibel und mehrdeutig genug, um auch nach der sozio-ökonomischen »Wende«, nach den ersten gefährlichen Rissen im System des sozialstaatlichen »Interessenausgleichs« verwendungsfähig zu schei-

nen: Weil der Individualisierungsbegriff sowohl Persönlichkeitsentwick-
lung intendiert als auch soziale Absonderung bezeichnen kann, ist er
ebenfalls bei der Beschäftigung mit gesellschaftlichen Entwurzelungs-
und Ausschlußprozessen aktivierbar. Seine flexible Verwendungsweise
ist möglich, weil auf viele Aspekte regressiver Gesellschaftsentwicklung schon im individualisierungstheoretischen Begründungskontext
hingewiesen wurde. Jedoch werden durch diesen sozialen »Realismus«
die sozial-illusorischen Prämissen in ihrem Kern nicht berührt. Krisen-
hafte Entwicklungen und »sozialpathologische« Erscheinungen werden
zwar beschrieben, nicht aber erklärt, d.h. nicht im Kontext der gesellschaftlichen Machtverhältnisse und sozialen Interessengegensätze interpretiert. Der Theorieentwurf ist analog zu den Gesetzmäßigkeiten
und den Konstruktionsmustern der herrschenden Medien-»Kultur« konstruiert: Isolierte Erscheinungen werden aus dem Zusammenhang geris-
sen und zu assoziativen »Beweisketten« zusammengefügt.

Trotzdem steckt in den individualisierungstheoretischen Beschreibungen der Sozialverhältnisse ein realistischer Kern, der auch bei einer kritischen Beschäftigung mit der klassengesellschaftlichen Realität nicht
aus den Augen verloren werden darf. »Individualisierung« im Sinne von
Vereinzelung ist eine elementare Lebens- (und Leidens-) Erfahrung in
der Konkurrenzgesellschaft. Das Individualisierungsprinzip hat dadurch
Realitäts-Status, »daß in den herrschenden Gesellschaftsformen die je
einzelnen Menschen ihren je einzelnen Vorteil, den Profit suchen, daß
gerade durch dieses Beharren auf dem Individuationsprinzip das Ganze
überhaupt sich stöhnend, ächtzend und unter unaussprechlichen Opfern
am Leben erhält und überhaupt reproduziert.« (Th. W. Adorno)

Jeder muß seinen eigenen Weg finden, sein Leben jenseits verläßlicher Anhaltspunkte und solidarischer Beziehungsstrukturen gestalten:
Die entwickelten kapitalistischen Sozialverhältnisse weisen eine be-
schleunigte Veränderungsdynamik auf; die Menschen werden mit stetig
wachsenden Anforderungen und Zumutungen konfrontiert. Es gibt Gruppen, für die der soziale Abstieg vorprogrammiert scheint. Jedoch ist es
unabsehbar, wen es letztlich treffen wird und durch welche Qualifikationen und Verhaltensstrategien der Absturz vermieden werden kann.
Bedingt durch die strukturellen Zwänge, immer öfter nach Alternativen

suchen zu müssen, verschiedene »Optionen« abzuwägen, kann beim
oberflächlichen Betrachter der Eindruck entstehen, »daß immer mehr
Menschen ihr Leben nach individuellen Gesichtspunkten führen«. (S.
Hradil) Vor dem Hintergrund manifester beruflicher Integrationspro-
bleme und sozialer Statusindifferenzen für viele, stellt sich aber die Frage,
worin die unterstellten personalen Entfaltungsmöglichkeiten und lebens-
perspektivischen Freiräume zu sehen sind. Läßt sich sinnvoll von einer
Vergrößerung der Lebenschancen sprechen, wenn immer mehr Menschen an der Krise scheitern und ihr Leben aus den Fugen gerät?

Nach individualisierungstheoretischem Selbstverständnis sind solche
Problematisierungen aber obsolet geworden. Fragen nach der Vernünf-
tigkeit der sozialen Verhältnisse werden ebenso systematisch ausgeklammert wie Problematisierungen der menschlichen Kosten der Konkur-
renzvergesellschaftung – obwohl Absonderung und Einsamkeit, Miß-
trauen und Existenzängste unübersehbare Begleiterscheinungen des In-
dividualisierungsprozesses sind. Wenn der »Individualisierungs-Diskurs«
dieses häßliche Gesicht verwertungsorientierter Vergesellschaftung dennoch einmal zur Kenntnis nimmt, kann er es aufgrund seines bürger-
lich-dogmatischen Menschenbildes – welches das Subjekt als Monade
definiert und Selbstverwirklichung bzw. Persönlichkeitsentfaltung als
Resultat eines distanzierten Verhältnisses zum Mitmenschen begreift –
als positiven Vergesellschaftungseffekt interpretieren.

Mit ihren Prämissen, mit der Verdrängung der Frage nach der Ver-
nünftigkeit sozialer Verhältnisse und der Akzeptanz der Vorgaben eines
»repressiven Menschenbildes« bewegt sich die Individualisierungstheorie im Windschatten eines »postmodernen Denkens«, das die Frage nach
Vergesellschaftungsalternativen tabuisiert hat und dessen intellektueller Horizont mit der Vorstellung einer »unaufhörlichen Gegenwart« identisch ist. »Selbstverwirklichung« und Existenzsicherung werden als Ergebnis einer grenzenlosen »Flexibilität« dargestellt, als Fähigkeit der
Individuen begriffen, unterschiedlichsten Ansprüchen mental aber auch
emotional zu genügen. Defensiv wird »Identität« als die Fähigkeit interpretiert, Grenzen zu übersteigen, permanent Perspektiven *und* Einstellungen zu wechseln. Fatale Konsequenz der auch im individualisierungstheoretischen Kontext transportierten »postmodernen« Indifferenz

ist die Versöhnung mit den individuellen Konsequenzen entfremdeter Sozialbeziehungen, der Zerstörung von Sensibilität und Widerspruchsbedürfnissen.

Entwicklungstendenzen des Risikokapitalismus

Mit ihrer Sichtweise auf die Welt des Sozialen, ist die Individualisierungstheorie Bestandteil jener Diskurse, die die Welt als unwiderruflich zersplittert und zusammenhanglos begreifen und die angebliche Ununterscheidbarkeit von Realität und Fiktion postulieren. Bestätigt wird durch die pseudokonkrete Terminologie der Individualisierungstheorie das manipulierte Gegenwartsbewußtsein, das durch die »wissenschaftliche Totalisierung der Kontrollen« (H. Marcuse) Schwierigkeiten hat, das Richtige vom Falschen und das Schöne vom Häßlichen zu unterscheiden: Obwohl der Individualisierungs-Diskurs einen technokratischen Optimismus ausstrahlt, »bestätigt« er durch seine weltanschaulichen Prämissen das weltanschauliche Klima der Hoffnungs- und Orientierungslosigkeit: Dem »postmodernen« Individuum wird im Strudel des »Individualisierungsaufruhrs« (Beck) seine Vereinzelung (die gleichermaßen eine Faktizität und eine ideologische Spiegelung ist) als unüberwindbar und das fragmentarische Verständnis seiner aktuellen Lebensbedingungen als zwangsläufig »erklärt«. Durch die Verdrängung alternativer Orientierungspunkte wird das falsche Bewußtsein und die weltanschauliche Orientierungslosigkeit hegemonial.

Der Individualisierungs-Diskurs systematisiert und generalisiert die virulenten Formen des falschen Bewußtseins – ist aber nicht als deren Urheber anzusehen. Die kapitalistische Lebenspraxis selbst erzeugt hohe Barrieren gegen das Verständnis der eigenen Lebenssituation: Verzerrte Gesellschaftsbilder sind die »naturwüchsige« Begleiterscheinung der universellen Durchsetzung der Warenform und der arbeitsteiligen Organisation des Sozialgefüges, des herrschenden Tatsachenfetischismus und der menschenverachtenden Zweckrationalität. Der entwickelte Kapitalismus produziert permanent entfremdetes Denken und verdinglichte Bewußtseinsformen, so daß die gesellschaftlichen Subjekte, die von ihnen selbst erzeugte soziale Welt »als ein außer ihnen existierendes gesellschaftliches Verhältnis von Dingen« (Marx) erleben und Interpretationsmuster akzeptieren, die ihrer eigenen Interessenlage widersprechen! Anfällig für solche selbstunterdrückenden Sichtweisen werden die Menschen durch einen beständigen Leistungs- und Konzentrationsdruck, der ihr Denken und ihre Aufmerksamkeit dominiert und immer deutlichere Spuren auch in den Lebensbezügen jenseits der Erwerbsarbeit hinterläßt: Durch den sozialen Druck, der aus dem Vorrang der Kapitalrendite resultiert, müssen die Individuen immer mehr Lebensenergie aufwenden, um in der Konkurrenzgesellschaft bestehen zu können.

Der Kapitalismus ist so ungemein stolz auf seine Erfolge, jedoch erreicht er sie nur, weil er die Menschen permanent verunsichert und aus dieser Unsicherheit immer neue Höchstleistungen herauspreßt. Um Erfolg zu haben, sagte kürzlich in einem Zeit-Gespräch der Chef des Computer-Multis INTEL, muß ein Klima der Angst herrschen: »Angst hilft, Mitarbeiter zu mobilisieren, gerade in Zeiten des Erfolgs.« Diese Auffassung ist genauso realistisch wie sie zynisch ist: Mit der allgemeinen Unsicherheit der Arbeitsplätze wächst die Angst, zu versagen und den gesteigerten Leistungsnormen nicht mehr genügen zu können. Die Menschen erleben die ganz gewöhnliche Gesellschaftsentwicklung als eine ihre Lebensgrundlagen und ihre Persönlichkeit bedrohende Gewalt. Ohne Übertreibung kann gesagt werden: Sozial erzeugte Angst ist zum Ende des 20. Jahrhunderts zur Grunderfahrung der Menschen geworden.

Durch »moralische Degradation«, wie Marx diesen psychischen Zwang genannt hat, werden soziale Zustände geschaffen, die geeignet sind, die langfristige Verbesserung der Profitrate zu garantieren. Die krisenerzeugte Existenzangst zersetzt die Widerstandsbereitschaft und politische Handlungsfähigkeit der Arbeiterklasse. Die dadurch möglich gewordene Umverteilung des Sozialprodukts zugunsten des Kapitals ist eine Seite dieses Prozesses. Die andere und langfristigere ist die Umformung der sozialen und ideologischen Verhältnisse, sowie eine Veränderung der psychischen Dispositionen: Den durch die Krise verunsicherten Individuen können ungünstigere Arbeitsbedingungen und stagnierende Einkommen zugemutet werden.

Der sozio-ökonomische Strukturwandel, auf den sich das Individualisierungstheorem bezieht, hat tatsächlich zu tiefgreifenden Veränderungen geführt und u.a. auch die beruflichen Entwicklungschancen für
einen (kleineren) Teil der abhängig Beschäftigten positiv verändert.
Durch die Verabsolutierung dieser *Tendenz* wird allerdings ein verzerrtes Gesellschaftsverständnis produziert: Denn der »Nebeneffekt« des
»Modernisierungsschubes« sind verschlechterte Lebenschancen für
wesentlich größere Sozialgruppen. Nicht einmal mehr als Mittelschicht-
perspektive kann der individualisierungstheoretische Prognoserahmen
interpretiert werden. Die traditionellen Qualifikationsmuster sind keine
Garantie mehr gegen den sozialen Abstig, denn es sind gerade die
aufstiegsorientierten Sozialgruppen, die von der gegenwärtigen Krisenentwicklung besonders nachhaltig betroffen sind.

Hintergrund dieser Entwicklungstendenz des Risikokapitalismus sind
nicht »kulturelle« Akzentverschiebungen (wie die Individualisierungstheorie meint), sondern grundlegende Änderungen des Akkumulations-
modus, der durch die Ausbreitung der Informationstechnologien und
die Steigerung arbeitsplatzvernichtender Rationalisierungsinvestitionen
geprägt ist. Bei den Neuinvestitionen bleibt durch den konsequenten
Einsatz moderner Technologien die »Beschäftigungswirksamkeit« ge-
ring. Der Kapitaleinsatz in bestehende Anlagen führt regelmäßig zur
Verringerung der Arbeitsplätze, bei gleichzeitiger Erhöhung der Produktivität. Beide Faktoren zementieren die Massenarbeitslosigkeit und
damit die zugespitzte Konkurrenz der Arbeitskraftverkäufer untereinander. Und weil durch die »Bildungsoffensive« das Qualifikationsni-
veau generell gewachsen ist, erhalten traditionelle Statusvorteile im
Kampf um die begehrten Positionen neue Wirkungskraft. Für ein Denken, das sich nicht mit den Oberflächenerscheinungen der sozialen Entwicklung begnügt, ist trotz aller Variationen und sozialen Umgruppierungen die Konstanz der klassengesellschaftlichen Grundmuster nicht
zu übersehen: »Die fraglose Differenzierung innerhalb gegebener Klassen hat nicht zur Auflösung dieser Klassen geführt. Sie geht einher mit
gravierenden gesamtgesellschaftlichen Polarisierungen und weltweiten
Prozessen der Vereinheitlichung sozialer Lagen.« (E. Hahn)

Mit ein wenig gutem Willen (und gelegentlicher Lektüre der Zeitungen des Großkapitals) hätte auch den Individualisierungs-Propagandisten nicht verborgen bleiben dürfen, »daß die gesellschaftliche Dynamik nach wie vor entscheidend von der Kapitalakkumulation bestimmt wird« (J. Hirsch). Die ökonomische Entwicklungsdynamik beeinflußt die Lebensführung der »dezentrierten Individuen«, die angeblich »nicht mehr sozio-strukturell erklärt werden« kann, elementar: Der erreichte soziale Status ist hochgradig instabil und immer öfter auch mit der Erfahrung verbunden, daß noch so große Anstrengungen die soziale Unsicherheit nicht beseitigen und, auch wenn die propagierte »Verantwortung für den eigenen Lebensweg« ernst genommen wird, alle Strategien zur Restabilisierung an der »Macht der Umstände« scheitern. Angst und Unsicherheit ist für 80 Prozent der Berufstätigen eine elementare Erfahrung. Sie fürchten sich vor dem Arbeitsplatzverlust oder dem Vorgesetzten; sie leben in Sorge, den Leistungsanforderungen nicht zu genügen oder für die Zukunft nicht hinreichend qualifiziert zu sein.

Doch auch die »Erfolgreichen« und »Flexiblen« haben einen hohen Preis für die soziale Selbstbehauptung zu zahlen. Weil die leistungsgesellschaftliche »Normalität« mit ihrem permanenten Konkurrenz- und Anpassungsdruck ein permanentes Widerspruchsprinzip zu den menschlichen Selbstentfaltungsbedürfnissen darstellt, werden massenhaft psychische Defekte produziert und durch zwanghafte Formen der Selbstdisziplin emotionale Verwüstungen hervorgerufen: Viele Menschen werden von Depressionen geplagt, leiden unter den unsicheren Zukunftsperspektiven, dem Gefühl der Sinnlosigkeit ihres Lebens, der sozialen Beziehungs- und Rücksichtslosigkeit. Wer das Tempo der »Leistungsgesellschaft« nicht mithalten und dem psychischen Leidensdruck nicht mehr standhalten kann, flüchtet – auch um den Preis der Selbstzerstörung – in legale und illegale Drogen. Hunderttausende sind rauschgiftsüchtig, die Zahl der Medikamentenabhängigen und Alkoholkranken geht in die Millionen!

Bei vorurteilsfreier Betrachtung erweist sich die Behauptung einer erweiterten Gestaltbarkeit des Lebensentwurfes innerhalb einer »anderen Moderne« (Beck) nur als uneingelöstes Versprechen: Für mehr als die Hälfte der bundesdeutschen Bevölkerung ist nicht eine vermeintliche »Wohlstandsperspektive«, sondern die Sorge um die Existenzsicherung mentalitätsprägend. Noch vor wenigen Jahren »gesichert« erscheinende Lebensverhältnisse werden von realen Abstiegssorgen überschattet. Statt von einer »offensiven«, zukunftsorientierten Handlungsbereitschaft kann (keineswegs ausschließlich) bei den Verlierern der aktuellen »Modernisierungsoffensive« nur noch von einer resignativen Erwartungshaltung die Rede sein.

Auch wer aktuell nicht bedroht ist, beurteilt die Zukunftsaussichten zunehmend skeptisch: Immer größere Bevölkerungsgruppen registrieren einen zunehmenden Widerspruch zwischen der offiziellen Wohlfahrtsideologie und der krisengeprägten Alltagsrealität: Solche lohnarbeitstypischen Unsicherheitserfahrungen sind so konstant und von solch elementarer Bedeutung, daß sie von den »lebensweltlichen« Erlebnismomenten, von Konsummustern, Freizeitverhalten und politischen Präferenzen zwar temporär überlagert, nicht aber außer Kraft gesetzt werden können. Die Realität bringt sich gegenüber den individuellen Illusionen und ideologischen Nebelwelten immer wieder zur Geltung! Soziale Konfrontationen und verunsichernde Lebensverhältnisse alleine führen aber nicht zu kritischem Bewußtsein. Von der Spezifik der sozio-kulturellen Einflußfaktoren ist es abhängig, ob die Widerspruchserfahrungen verständig verarbeitet, resignativ hingenommen werden oder aber einen fruchtbaren Boden für kompensatorische Orientierungsschablonen wie Fremdenfeindlichkeit und Nationalismus bilden.

Triumphierend verweisen die herrschaftskonformen Sozialwissenschaften auf die Defizite des Alltagsbewußtseins, stellen mit kaum verhohlener Schadenfreude das Fehlen klassenspezifischer Artikulationsformen fest. Sie begnügen sich mit dem Verweis auf diesen Zustand – um gleichzeitig seine politische Dimension zu verdrängen. Denn die ideologische Selbstunterwerfung funktioniert deshalb so reibungslos, weil die Kräfte alternativer Orientierung schwach entwickelt sind und die Hegemonie der kapitalistischen Orientierung massenwirksam nicht in Frage gestellt wird. Fetischisierte Bewußtseinsformen, die unmittelbar aus der kapitalistischen Lebenspraxis resultieren, können sich ungestört entfalten und die Vorstellungen von der Unerschütterlichkeit der bestehenden Verhältnisse verfestigen. In entfremdeten Lebensverhältnissen, in denen sich das Lebensinteresse auf die Bewältigung des Au-

genblicks konzentriert, wird die *Erfahrung* durch das *Erlebnis* verdrängt
und werden durch die hegemonial gewordenen entfremdeten Interpretationsmuster auch noch die Reste eines historischen, der sozialen Selbstvergewisserung dienenden Bewußtseins zerstört.

Für diesen Zustand gibt es *strukturelle* Ursachen: Die sozialen Gruppen sind durch die arbeitsteiligen Organisationsformen aufgesplittert,
ihre unmittelbaren Interessen haben sich unterschiedlich ausgeprägt. Ein
adäquates Bewußtsein über die eigene Lebenssituation stellt sich auch
unter wesentlich günstigeren sozio-kulturellen Bedingungen nicht automatisch ein, sondern ist Ergebnis eines voraussetzungsvollen Vermitt-
lungsprozesses, dessen wichtigste Elemente widersprüchliche Sozialerfahrung, Auflehnungs- bzw. Artikulationsbedürfnis und die *Aneignung
emanzipatorischen Wissens* sind. Durch den Bedeutungsverlust kritischer Gesellschaftsbilder bleibt trotz massenhafter Unsicherheit und
Unzufriedenheit die sozial-integrative Alltagsorientierung dominant. Für
diesen »Stabilitätszustand« gibt es auch schlechte *historische* Gründe:
Die der deutschen Arbeiterbewegung vom Faschismus geschlagenen
Wunden sind bis heute nicht verheilt. »Hierzulande zehren«, wie Erich
Fried treffend gesagt hat, »die Kräfte der Unterdrückung immer noch
von dem reichen Kapital, das die Hitlerzeit ihnen hinterlassen hat«! An
die kapitalismuskritische Tradition der Weimarer Republik konnten nur
noch politische Randgruppen anschließen. Der Stillstand antizipatori-
schen Denkens wurde zusätzlich durch die Entwicklung im »realen Sozialismus« begünstigt. Die Unattraktivität der Lebensverhältnisse im
»Osten« waren aus der Perspektive des Alltagsbewußtseins ein permanentes »Widerspruchsprinzip« zu antikapitalistischen Orientierungsver-
suchen.

Konkurrenz und Lebensstil

Die sozialen Widersprüche werden von den Menschen registriert, doch
sind sie im Rahmen des hegemonialen ideologischen Klimas nicht in
der Lage, ihre individuellen Bedrückungen zu den sozio-strukturellen

Ursachen zu vermitteln. Sie bleiben in den Netzen des herrschenden Denkens gefangen. Um sozial funktionsfähig zu bleiben, müssen sie auch »um den Preis einer fortschreitenden Zerrüttung ... [ihrer] Selbstreflexivität« (H. Krauss) herrschaftsbesetzte Handlungsmuster und fremdbestimmte Interpretationsschablonen reproduzieren.

Wie diese fetischisierte Widerspruchsverarbeitung funktioniert, möchte ich beispielhaft an der individualisierungstheoretischen Auffassung über die »Diversifizierung von Lebensstilen«, als Ausdruck einer angeblich von den sozialen Strukturzwängen abgekoppelten Vergesellschaftungsweise, diskutieren: Es sei nur der Vollständigkeit halber erwähnt, daß auch auf diesem, ihrem ureigensten Gebiet, die empirische Bestandsaufnahme zu *ungunsten* der Individualisierungstheorie ausfällt. Die Lebenstilinszenierungen repräsentieren weder den behaupteten Modus »ökonomieferner« Vergesellschaftung, noch sind sie Ausdruck vergrößerter individueller Gestaltungsspielräume, sondern Indiz für den Einbruch kapitalistischer Orientierungsmuster auch in die Lebensbereiche jenseits der Erwerbsarbeit.

Im Gegensatz zum individualisierungstheoretischen Wahrnehmungsschema wird deutlich, daß sich neue Lebensstilmilieus eng an traditionelle Ungleichheitskulturen anschmiegen und weitgehend die hergebrachten *Relationen* sozialer Differenzierung reproduzieren. Die Machtkoordinaten bleiben unberührt, die sozialen Ungleichheiten werden nicht nivelliert. Soziale Grenzen werden durch die konsumvermittelten Lebensstilmuster nur zum Schein überwunden: Ein lohnabhängig Beschäftigter mag sich in seiner Freizeit vielleicht der Einbildung hingeben, daß er als Mercedes-Besitzer (und somit durch die werbestrategisch intendierte »Simulierung fremder Lebensstile«) seinem (ebenfalls mercedes-fahrenden) Chef gleichgestellt ist – eine konfrontative Begegnung mit diesem im Betrieb wird ihn aber schnell wieder auf den Boden der Tatsachen zurückholen!

Die Lebensstilmuster sind weniger Ausdruck autonomer Lebensgestaltung, sondern des Zwangscharakters des sozialen Reproduktionsrahmens. Die Lebenstilinszenierungen spielen eine zunehmende Rolle bei der sozialen Positionsbehauptung, sie sind eine sozio-kulturelle Form, in welcher die Auseinandersetzung um den Konkurrenzvorteil und die

Statussicherung ausgetragen wird. Der durch den Fortfall tradierter Bindungen angeblich erweiterte soziale Handlungsspielraum wird subjektiv als Anpassungszwang an nicht nur sich ständig verändernde, sondern auch »unerprobte« und durch den Verlust kollektiver Erklärungsmuster undurchschaubare Lebenssituationen erlebt. Die Relativierung der traditionellen Qualifikationskriterien erzwingt nachdrückliche Formen der Selbstrepräsentation. Die Marktkonformität des Eignungsprofils muß durch adäquate Verhaltensweisen symbolisch demonstriert, der soziale Partizipationsanspruch durch Distinktion zum Ausdruck gebracht werden. Die Selbststilisierungen sind zuallererst Ausdruck der Anpassung der Psyche an die veränderten Verwertungsbedingungen der Ware Arbeitskraft. Das Individuum ist gezwungen, auf die Erwartungs- und Anspruchshaltungen des Marktes durch »symbolische« Demonstrationen zu reagieren, seinen »Individualismus« nach außen zu kehren. Es muß eine »Fassade« (Freud) aufbauen, um seine soziale Funktionalität zu beweisen. Individualisierung in ihrer sozio-strukturellen Bedeutung entlarvt sich somit als Ausdruck realer Vereinzelung, als Resultat gesellschaftlicher Verhältnisse, in denen das Individuum nur in Konkurrenz zu anderen Subjekten und durch die Instrumentalisierung seiner eigenen Persönlichkeit bestehen kann.

Die individualisierungstheoretische Konzentration auf den Bedeutungsverlust »traditioneller Bindungen« führt zu einer weitreichenden Fehleinschätzung der an ihre Stelle getretenen sozio-ökonomischen Abhängigkeiten: der existenziellen Notwendigkeit zur Selbstverwertung und zur rigorosen Anpassung an die marktvermittelten Reproduktionsformen. Durch den beständigen Druck der Konkurrenz werden die Individuen immer wieder mit neuen Aufgaben und ungewohnten Entscheidungskonstellationen konfrontiert. Wenn sie ihr Leben erfolgreich bewältigen wollen, müssen sie eigenverantwortliche Entscheidungen treffen und ungewohnte Wege gehen. Die mit den neuen Verhältnissen konfrontierten Arbeitskraftverkäufer müssen es nicht nur lernen, sich wechselnden Rollen und Leistungsansprüchen anzupassen, sondern auch (wie es in der aktuellen organisationstheoretischen Manager-Literatur heißt), »sie akzeptierend zu ertragen, ohne zu rebellieren«.

Das Leben wird unter den Bedingungen der Krise und des gesteigerten Anpassungsdrucks als »kontingent« erlebt, und die diese »Zufälligkeit« berücksichtigenden Handlungsstrategien werden als »freie« Entscheidungen (jenseits »industriegesellschaftlicher Zwänge«) rationalisiert. Diese Erlebnisform bezieht sich zwar auf reale Zusammenhänge, verarbeitet sie aber »spiegelverkehrt«: »Die Konkurrenz und der Kampf [der] Individuen untereinander erzeugt und entwickelt erst diese Zufälligkeit als solche. In der Vorstellung sind daher die Individuen unter der Bourgeoisieherrschaft freier als früher, weil ihnen die Lebensbedingungen zufällig sind; in der Wirklichkeit sind sie natürlich unfreier, weil mehr unter sachliche Gewalt subsumiert.« (K. Marx)

Durch die Organisationsformen eines konkurrenzgeprägten Lebens werden hohe Barrieren gegen die Einsicht in die tatsächlichen Zusammenhänge aufgebaut. Es entwickelt sich »eine Scheinfreiheit, etwas, was wie mehr Verfügung über unsere Welt aussieht und in Wahrheit mehr Abhängigkeit von ihr bedeutet – um so mehr, als sich diese Abhängigkeit als Erweiterung unserer Wahl- und Handlungsmöglichkeiten verkleidet.« (H. von Hentig)

In dieser Universalisierung des Konkurrenzprinzips ist auch die zunehmende Konfrontationsbereitschaft – die zur Signatur aller entwickelten Industrieländer geworden ist – angesiedelt: Denn die Herausstellung der eigenen Qualifikationen ist – ob gewollt oder ungewollt – immer gegen andere gerichtet und wird in der Situation latenter Statusgefährdung zielstrebig als Mittel im sozialen Positionskampf benutzt. Lebensstil wird zunehmend zur sozialen Abgrenzung und zur Ausgrenzung lästiger Konkurrenten eingesetzt. Lebensstilisierung ist zugleich Symbol sozialer Ungleichheit. Der Einzelne muß, um in der Konkurrenzgesellschaft nicht übersehen zu werden, sich unverwechselbar »profilieren« und, wenn er erfolgreich ist, signalisieren, daß er zurecht einen »gehobenen« Platz einnimmt. Ein »profilierter« Lebensstil soll die Legitimität der Überlegenheit demonstrieren und den Abstand zu den Konkurrenten festschreiben. Deshalb ist »die Pluralisierung der Lebensstile kein harmonisch-friedvoller Prozeß, sondern von Herablassung und Neid, von Mißgunst und Kränkung, von Abgrenzungskämpfen und dem Bestreben umstellt, Exklusivität zu erreichen.« (S. Neckel)

Nicht unbeträchtlich ist der Konformitätsdruck, der von den Kon-

summustern des sozialen Umfelds ausgeht. Der Erwerb der »richtigen«
Automarke, der Gebrauch der opportunen Kleidung kann über Integration oder Ausschluß entscheiden. Obwohl sich die Kleidungsregeln verändert haben, spielen sie eine elementare Rolle bei der sozialen Selektion auch jenseits des Berufslebens. Besonders deutlich ausgebildet sind
diese sozio-kulturellen Zuordnungsmechanismen bei Kindern und Jugendlichen zu beobachten, weil ihr Verhalten spontaner und ungefilter-
ter als bei den Erwachsenen ist. Wer die »falschen« Turnschuhe trägt,
wird nicht nur distanziert betrachtet und »symbolisch« ausgeschlossen,
sondern faktisch an den (Gruppen)-Rand gedrängt. Um ein vollwerti-
ges Mitglied einer jugendlichen Bezugsgruppe zu sein, ist eine Mini-
malausstattung mit wechselnden Konsumgütern unabdingbar.

»Lebensstil« ist gleichzeitig auch eine Rationalisierungsform individueller Versagensängste, die durch die herrschenden psycho-sozialen
Regulationsformen im Kontext einer krisenhaften Sozialentwicklung
hervorgerufen werden: Weil sie (nach außen) die eigene Lebensmisere,
für die sich die Krisenopfer verantwortlich fühlen, verschleiern können,
aber auch (subjektiv) ein Mindestmaß an Ordnung und Orientierung in
einer unüberschaubar gewordenen Welt versprechen, klammern sich die
sozial »enttäuschten« und verunsicherten Arbeitskraftverkäufer und -
verkäuferinnen an die werbemedial aufgearbeiteten Lebensstilmuster:
Je größer der Anpassungszwang und die Fremdbestimmung, um so bereitwilliger wird die kollektive Lebenslüge eines selbstbestimmten Individualismus »kultiviert«. Von der Vorstellung, sich als unbeschränk-
ter Herr seiner Lebensumstände geben zu können, geht aber angesichts
der krisenhaften Sozialentwicklung dennoch eine große Faszination aus!
Treffend hat Friedhelm Kröll diesen Vorgang als »Selbstermächtigung
der gesellschaftlichen Individuen unter den Strukturbedingungen der
Ohnmacht« beschrieben. Da jedoch »die Selbstinszenierung immer
zweifelhaft ist und die Selbstdarsteller deswegen ewig ›an der eigenen
Biographie, der Moral basteln‹ müssen, bleibt alles im Zustand der permanenten Unsicherheit und Wechselhaftigkeit.« (R. Kurz)

Nicht nur aus diesen Gründen sind die Lebensstil-Inszenierungen alles andere als Ausdruck »ökonomieferner« und selbstbestimmter sozialer Artikulationen. Sie tragen das Signum der Fremdbestimmung, nicht

zuletzt deshalb, weil sie sich durch warenästhetisch aufbereitete Leitbilder, durch den Konsum werbemedial konstruierter Symbolträger realisieren und Ausdruck einer Tendenz zur »Auflösung der persönlichen Würde in den Tauschwert« (Marx) sind.

Nicht einmal ansatzweise wird die soziale Funktionalität der Konsum-»Kultur« von der positivistischen »Lebensstilforschung« problematisiert; unbeachtet bleibt die Rolle der Lebensstilinszenierungen als angestrengter Versuch individueller »Selbsterhaltung in der Warenwelt« (C. Daniel), aber auch in ihrer konkreten Bedeutung für die ideologische Reproduktion des Machtsystems. Statt dessen werden die ideologischen Selbstbespiegelungen und individuellen Rationalisierungsmuster als adäquate Realitätsbeschreibungen mißverstanden: Der Individualisierungs-Diskurs begnügt sich mit der Registrierung dieser Selbstbeschreibungen, ohne auch nur ansatzweise ein Bewußtsein des gewichtigen Problems subjektiver Widerspruchsverarbeitung oder über die Rolle der Selbstbilder als Moment der alltäglichen Praxisbewältigung zu besitzen.

Die Situation ist paradox: Trotz der behaupteten Hinwendung zu subjektiven Erfahrungsdimensionen hat im individualisierungstheoretischen Kontext das Individuum als Handlungssubjekt mit seinen Motivationsstrukturen und Bedürfnisartikulationen keinen *systematischen* Stellenwert. Auch deshalb wird verkannt, daß »Individualisierung« *zum Teil* nichts anderes als eine ideologische Reflexionsform darstellt, sich hinter dem »Individualisierungskomplex« eine im Marxschen Sinne »kategorielle«, die tatsächlichen gesellschaftlichen Zusammenhänge verzerrende Bewußtseinsform verbirgt. Individualisierung im Sinne von Vereinzelung ist Ausdruck der konkurrenzförmigen Vergesellschaftung und einer elementaren Orientierungslosigkeit gleichermaßen. Nicht die (sozioökonomischen) Zwänge haben sich verflüchtigt, sondern die Wahrnehmungsformen und Interpretationsmuster »individualisiert«: Die eigene Stellung innerhalb der Klassen- und Konkurrenzfiguration, die Isolationserfahrung und subjektivistische Zurückgeworfenheit werden von den betroffenen Subjekten »verabsolutiert«; das »individualisierte« Bewußtsein zerreißt den gesellschaftlichen Zusammenhang und produziert partikulare Sichtweisen und Verarbeitungsformen. Durch den Verzicht auf eine konkrete Untersuchung der gesellschaftlichen Reproduktionsdynamik bleibt das Individualisierungstheorem diesen spontanen Selbsttäuschungen des Alltagsbewußtseins verhaftet, gleicht sich die Sozialtheorie dem Rationalisierungshorizont der »vereinzelten« Subjekte an.

Zur Theorie ideologischer Herrschaftsreproduktion

Subjekt und System

Um die Machtverfallenheit des Diskurs-Wissens – auf die schon mehrfach summarisch hingewiesen wurde – zu begreifen, ist die Beschäftigung mit den konkreten Formen der Herrschaftsvermittlung im entwikkelten Kapitalismus unvermeidlich. Zwar wird in den einschlägigen Texten des »Postmodernen Denkens« ein »machtkritischer« Anspruch erhoben, den konkreten Prozessen der *Machtvermittlung* jedoch keine Aufmerksamkeit geschenkt. Auch dort, wo die *Machtverstrickungen* das Thema sind, wird die Macht als ungebändigte Urkraft begriffen, die dem gesellschaftlichen Handeln vorgelagert ist. Auch bei dem »Macht-Theoretiker« Foucault wird durch eine überstrapazierte »Opferperspektive« die *reale Vermittlungsebene* von Macht und *Herrschaft* verfehlt. Darauf wird noch zurück zu kommen sein.

Das verbreitete Ressentiment des Diskurses gegen ökonomistische Verkürzungen des Denkens hat insofern eine Berechtigung, als die aktuellen Formen der Herrschaftsvermittlung alleine durch die Analyse wirtschaftlicher Machtpositionen nicht begriffen werden können. Mit diesem Vorbehalt laufen sie aber bei den Vertretern eines kritischen Marxismus-Denkens offene Türen ein. Nicht zuletzt deshalb, weil auch bei Marx von einer simplifizierenden Verkürzung der Problematik auf die bloße ökonomische Vermittlung nun wirklich keine Rede sein kann. Gesellschaftliche Macht basiert in seinem Verständnis auf der Verfügungsgewalt über die Produktionsmittel, wird aber in der entwickelten bürgerlichen Gesellschaft in immer stärkeren Maße ideologisch vermittelt. Marx hat diese Problematik in seinen Analysen der menschlichen und sozialen Entfremdung, sowie der fetischisierten Bewußtseinsformen behandelt. Seine Interpretationsangebote beinhalten auch seine *nicht-ökonomistische* Theorie der Machtvermittlung, die selbstredend jeder vermissen muß, der den elementaren entfremdungs- und ideologietheoretischen Kontext des Marxschen Denkens ignoriert!

Am Vorwurf der ökonomistischen Verkürzungen der Macht-Problematik ist immerhin soviel richtig, daß die Marxismus-Diskussion den umfassenden Interpretationsansatz von Marx oft nur bruchstückhaft zur Kenntnis genommen und einseitige Sichtweisen postuliert hat. Sozialstrukturanalyse ist zwar das unverzichtbare Fundament eines kritischen Verständnisses der gesellschaftlichen Wirklichkeit und ihrer Entwicklungstendenzen. Doch reicht das Interesse für das sozio-ökonomische Beziehungsgeflecht nicht aus, um die Funktionsweise komplexer Sozialsysteme und die Gesetzmäßigkeiten der Herrschaftsreproduktion zu begreifen. Theoretische Anstrengungen, die sich nur auf den strukturellen Kontext konzentrieren, muß es als Rätsel erscheinen, weshalb es dem Kapitalismus als institutionalisiertem System der Krisen und der Ungleichheit immer wieder gelingt, die Menschen emotional und geistig an sich binden. Die ökonomische Bewegungsanalyse kann zwar nachweisen, weshalb die Warenvergesellschaftung tendenziell ihrer Selbstauflösung zustrebt, nicht aber deutlich machen, wie angepaßtes Verhalten produziert wird oder durch welche Bedingungen subjektive Widerstandskräfte gefördert werden. Im ökonomistischen Kontext muß es allemal unbegriffen bleiben, weshalb auch die Krisen (wie Geschichte und Gegenwart gleichermaßen lehren) ein – wenn auch relatives – Moment der Selbststabilisierung der Kapitalherrschaft sind. Die Erfahrungen des 20. Jahrhunderts haben zwangsläufig die Aufmerksamkeit der innovativen marxistischen Theoriebildung von der Annahme einer »gesetzmäßigen« (also zwangsläufigen) Überwindung des Kapitalismus zur Analyse seiner Selbststabilisierungsfähigkeiten gelenkt: Durch welche Vermittlungsschritte entstehen systemkonforme Denkweisen und Einstellungsmuster, über welche Mechanismen ist die verbreitete Identifikation der Menschen mit den herrschenden Normen organisiert?

Zu berücksichtigen ist, daß die herrschaftsrelevanten Effekte nur noch zum Teil von den tradierten Vermittlungsapparaten ausgehen und mehr als bloße geistige Konformität bewirken. Von den Prozessen mit formierender Wirkung wird »der ganze Mensch betroffen: Bewußtsein, Psyche und Leiblichkeit. Einbezogen in diese Vorgänge ist die Totalität menschlicher Sinnlichkeit. Damit treten die traditionellen Formen ideologischer Bildung in ihrer Bedeutung tendenziell zurück«. (Th. Metscher)

Im zeitgenössischen Marxismus hat besonders Leo Kofler ein umfassendes Modell zum Verständnis der geistigen und psychischen Herrschaftsreproduktion vorgelegt: »Für die Analyse der vielfältigen Formen der Ideologie im Spätkapitalismus bietet Kofler das ganze dedektorische Vermögen des Marxismus auf ... [um] den Schein restlos verdinglichter Prozesse und ihrer anonymen Herrschaft« zu destruieren (E. Bloch).

Gerade weil er an die Absichten des Marxschen Denkens anschließt, stellt seine Ideologietheorie einen unversöhnlichen Gegensatz zum verbreiteten Verständnis der gesellschaftlichen Bewußtseinsprozesse gemäß eines monokausalen Basis-Überbau-Schemas dar. Auf dem Jahrmarkt der gesellschaftsanalytischen Theorieangebote war für Leo Kofler eine Alternative zum dialektischen Praxisdenken nicht in Sicht; denn kein anderer Interpretationsansatz stellt so kompromißlos die menschlichen Lebens- und Entfaltungsinteressen in den Mittelpunkt der Reflexion und konzentriert seine Denk- und Erkenntnismittel auf die Analyse der historischen Emanzipationspotentiale. Keine andere Sozialtheorie erhebt auch nur den Anspruch, objektive Bewegungsformen und subjektive Reaktionsmuster in ihrer wechselseitigen Bedingtheit zu betrachten, materiell-ökonomische und kulturell-ideologische Entwicklungen als unterschiedliche Momente eines einheitlichen Prozesses zu analysieren und *gleichzeitig* auch die Spezifik der herrschaftsrelevanten Reproduktionsdynamik ins Bewußtsein zu heben.

Zur Profilierung der materialistischen Gesellschaftstheorie als Gegengift zu den wirkungsmächtigen Selbsttäuschungen und kategoriellen Bewußtseinsverzerrungen ist für Kofler das Verständnis der Gesellschaft als strukturierte Totalität, deren »Substanz« die auf ihre gesellschaftlichen Umstände reagierenden und zielgerichtet agierenden Menschen sind, zwingend. Kofler konkretisiert mit seinem Dialektik-Verständnis die Marxsche Auffassung vom handelnden Menschen als dem

»übergreifenden« und konstitutiven Element des gesellschaftlichen Prozesses. Theoretischer Bezugspunkt ist zwar die Gesellschaft als gegliedertes Ganzes, jedoch ohne die konkreten Differenzierungsformen zu vernachlässigen: Obwohl die einzelnen Momente funktional in den sozialen Kontext eingebunden sind, besitzen sie eine eigenständige Dynamik (eine Bedeutung die nicht restlos im »Ganzen« aufgeht). Im Kontrast zur Idee des alten Materialismus vom Menschen als passives, den objektiven »Strukturen« und Bewegungen bedingungslos unterworfenes Wesen reflektiert die historisch-dialektische Wirklichkeitswissenschaft das Verhältnis des Menschen zur Welt als einen Prozeß des tätigen und konstituierenden Verhaltens.

Aus der Perspektive marxistischer Praxisphilosophie ist der gesellschaftlich handelnde Mensch Schöpfer seiner Lebensumstände, die sich unter antagonistischen Bedingungen zwar gegenüber ihren Urhebern verselbständigen und in der Wahrnehmung ganzer Generationen und Epochen zur »zweiten Natur« (Marx) gerinnen können, ohne aber ihren Charakter prinzipieller Veränderbarkeit zu verlieren. »Nach Marx ist der Mensch ein tätig-leidendes Wesen in dem Sinne, daß er einerseits nur solchen Bedingungen unterworfen sein kann, die er selbst macht, anderseits aber die ihn bestimmenden Erscheinungen niemals gegenständlicher Natur sind, sondern stets nur gesellschaftliche.« (L. Kofler) Die objektiven Lebensumstände sind der unmittelbare Bezugspunkt aller menschlichen Aktivitäten, stellen jedoch keine mechanischen Abhängigkeitsverhältnisse dar, sondern enthalten immer alternative Entwicklungsperspektiven.

Um die Rolle der handelnden Menschen bei der Konstitution und Modifikation ihrer Lebensverhältnisse und die vorhandenen Handlungsalternativen realistisch zu erfassen, ist ein radikaler Bruch mit den herrschenden Vorstellungen über die Unaufhebbarkeit der etablierten Machtstrukturen zwingende Voraussetzung. Denn das verdinglichte Bild eines von den menschlichen Aktivitäten unabhängigen Eigenlebens der sozialen Verhältnisse verzerrt den Blick auf die tatsächlichen gesellschaftlichen Verhältnisse und ihre Reproduktionsformen.

Revolutionärer Humanismus

Gesellschaftstheoretische Kompetenz reicht jedoch alleine nicht aus, um die aus der herrschenden Praxis resultierenden systematischen Bewußtseinsverzerrungen neutralisieren zu können. Denn dem dominierenden Gesellschaftsverständnis liegen weltanschauliche Interpretationsraster zugrunde, durch die schon vorab »entschieden« wird, daß die menschliche Existenz absurd und schicksalsverfallen ist, Herrschaft und Ungleichheit unüberschreitbare Zivilisationsbedingungen sind. Deshalb setzt radikale Kritik- und Analysefähigkeit ein entwickeltes Menschenbild, eine profilierte Vorstellung über die qualitative Dimension menschlicher Vergesellschaftung und die gattungsspezifischen Entwicklungspotentiale voraus. Erst durch eine profilierte Antwort auf die Frage »was dem Menschen nützlich ist« (Marx), erhält die Kritik an den Verhältnissen, »in denen der Mensch ein geknechtetes und erniedrigtes Wesen ist« (Marx), ihre theoretische Plausibilität; erst der »anthropologische Blick auf den Menschen wird zum unerbittlichen Antrieb der Begründung der radikalen Revolution.« (H. Marcuse)

Ein dialektisches Menschenbild zielt nicht auf ein abstraktes »Wesen«, wie eine triviale Anthropologiekritik penetrant unterstellt, sondern reflektiert die »allgemeinen Bedingungen« der menschlichen Existenz, deren Bezugspunkt die handelnden Subjekte innerhalb ihrer gesellschaftlichen Verhältnisse sind. Die Zuspitzung des Denkens auf die gattungsspezifische Charakteristik der menschlichen Existenz ist notwendig, um eine Vorstellung davon entwickeln zu können, welche Bedürfnisse und Zielsetzungen der humanen Selbstverwirklichung dienen, aber auch, welche sozialen Organisationsformen den menschlichen Elementarinteressen und Entwicklungsmöglichkeiten angemessen und damit erstrebenswert sind. Es geht in letzter Konsequenz um die von Marx im »Kapital« gestellte Frage, welche Gesellschaftsformation die der »menschlichen Natur würdigsten und adäquatesten Bedingungen« zu schaffen in der Lage ist.

Jedoch kann eine dialektische Anthropologie ihre antizipierte Funktion als Orientierungsrahmen, der einen Kontrast zur entfremdeten Rea-

lität bildet, nicht alleine durch die Beschreibung temporärer Existenzbedingungen erfüllen. Die »von der marxistischen Theorie erstrebte
humanistische Definition des Menschen ist auf der bloßen Grundlage
einer nur historischen Betrachtung nicht möglich.« (Kofler) Eine Vorstellung über die »menschliche Natur im allgemeinen«, im Verhältnis
zur der »in jeder historischen Epoche modifizierten Menschennatur«
(Marx), kann nur durch abstrahierende und verallgemeinernde Denk-
operationen, nur auf der Grundlage einer »anthropologischen Erkennt-
nistheorie« (Kofler) entwickelt werden.

Koflers dialektische Anthropologie, konzipiert als Propädeutik kritischer Gesellschaftstheorie, beschäftigt sich zunächst mit den formalen
Voraussetzungen der menschlichen Vergesellschaftung, um aus dem
Wissen über »die unveränderlichen Voraussetzungen menschlicher Veränderbarkeit« einen Begriff von der emanzipatorischen Perspektivität
der Gattung entwickeln zu können: Die historische Existenz der Menschen ist durch eine Reihe sozial-ontologischer Komplexe charakterisiert: Bewußtsein, entäußernde Tätigkeit (erst durch das reflektierte
Verhältnis zu seinem Arbeitsgegenstand gewinnt der Mensch auch ein
Verhältnis zu sich selbst!), Kooperation, Selbstreflexivität (die gleichermaßen Selbsterkenntnis und Vernunft einschließt), aber auch jene aus
der »menschlichen Naturgeschichte« resultierenden Faktoren, wie den
körperlichen und psychischen (der »Triebstruktur«) Organisationsformen. Diese, wie Kofler unterstreicht, »*formalen*« Voraussetzungen der
menschlichen Existenz existieren jedoch immer schon in einer sozial
transformierten Weise. Die Triebkonstanten werden durch soziale Be-
ziehungsgeflechte überlagert, die ontogenetischen Voraussetzungen
»durch den Prozeß der Produktion selbst ... aus naturwüchsigen in geschichtliche verwandelt«. (Marx)

Das verändernde und gestaltende Verhalten ist dem Menschen ein
elementares Lebensbedürfnis, dem ein Komplex von Triebkonstanten
zugrunde liegt, die durch sozio-kulturelle Überlagerungen zu Bedürfnissen als unmittelbare Handlungsintention transformiert worden sind.
Da die Bedürfnisse gesellschaftlich vermittelt sind und nur im sozialen
Kontext befriedigt werden können, sind sie notwendigerweise zum Tä-
tigkeitskomplex und der Vernunft zurückvermittelt. Und weil das

menschliche Handeln die biologische Bedürfnisdetermination überschreitet, impliziert es erotische Lebensgestaltung als elementaren Ausdruck des Selbstverwirklichungsstrebens. »Der Mensch handelte nicht,
wenn er nicht gleichzeitig nach glückhafter Befriedigung des Eros streb-
te.« (Kofler) Diese »Dialektik von Eros und Tätigkeit« hat Leo Kofler
folgendermaßen beschrieben: »Indem die tätige Seite in der menschlichen Erscheinungsweise ihre Impulse aus dem alle Lebensbedürfnisse
umfassenden Eros empfängt und andererseits der Eros sein Maß und
seine Entwicklung aus dem Reich der menschlichen Tätigkeit, entsteht
ein harmonisches Zusammenwirken beider, das Marx im ›Kapital‹ und
in den ›Grundrissen‹ als ›Spiel‹ [der menschlichen Sinne und Kräfte]
bezeichnet« hat. Selbstverwirklichungsbedürfnisse und gattungsspezifische Geltungsansprüche bilden die irreversible Basis der menschlichen Handlungsintention, auch wenn sie in der Alltagspraxis von fremden Interessen und verdinglichten Verwertungsgesichtspunkten überlagert sind.

Erst durch eine solche Anstrengung des Begriffs (verbunden mit einem konkret-soziologischen Bericht über das Verhältnis der historischen
Emanzipationspotentiale zum repressiven Entwicklungsstand der Produktionsverhältnisse), wird das historisch-materialistische Programm zu
einer konkreten Emanzipationstheorie, und ist davor gefeit, in einem
unentschlossenen Räsonieren über die Schicksalsverfallenheit der
Menschheit und die unüberschreitbare Dominanz der Manipulationsmechanismen stecken zu bleiben. Emanzipatorische Bedeutung bekommt
die anthropologische Reflexion durch das Bewußtsein über die Existenz
gattungsspezifischer Entfaltungsinteressen in den alltäglichen Praxis-
konstellationen, durch die Gewißheit, daß in jeder Handlungsintention
ein Moment menschlichen Selbstverwirklichungsstrebens präsent ist –
so marginal und gebrochen in der antagonistischen Gesellschaft dessen
Anteil auch immer sein mag: »In allen menschlichen Tätigkeiten ist
Hoffnung, denn alle Tätigkeit ist auf Ziele gerichtet, die noch nicht Ver-
wirklichtes verwirklichen wollen«. (Kofler)

Der theoretische Rekurs auf den Menschen, die Profilierung des historischen Materialismus als »revolutionären Humanismus« war für
Kofler nicht nur deshalb unverzichtbar, weil ohne ihn gegen die domi-

nante Ideologie menschlicher Absurdität aufklärend gar nicht mehr hätte argumentiert werden können; genauso dringend war die Herausarbeitung einer Vorstellung von den humanen Geltungsansprüchen auch, weil die menschlichen Elementarinteressen durch die kapitalistische Lebenspraxis (und die ihr entstammenden Legitimationsmuster) faktisch negiert werden: Die warengesellschaftliche Reproduktionsdynamik ist nicht an den Lebensansprüchen (die mit intellektueller Sprengkraft nur als Gattungsbedürfnisse reflektiert werden können), sondern an der Kapitaloptimierung orientiert; wo sie dominiert, herrscht das Tote (das Kapital als vergegenständlichte Arbeit) über das Lebendige. Weil dem Kapitalismus nicht nur die qualitativen menschlichen Entwicklungsbedürfnisse gleichgültig sind, sondern von ihm auch sozio-kulturelle Regressionen und eine zunehmende Entzivilisierung billigend in Kauf genommen werden, ist die humanistische Perspektive für ein Denken, das sich nicht in den herrschenden Selbsttäuschungen verfangen will, unverzichtbar: Denn »radikal sein heißt, die Sache an der Wurzel fassen; die Wurzel für den Menschen aber ist der Mensch selbst.« (Marx)

Das fetischisierte Bewußtsein der »Freiheit«

Um die virulenten ideologischen Selbsttäuschungsmechanismen zu entlarven, muß das theoretische Interesse über die Beschreibung des sozio-ökonomischen Beziehungsgeflechts hinaus gehen. Die Funktionsweise komplexer Sozialsysteme und das Verständnis der Gesetzmäßigkeiten der Herrschaftsreproduktion verlangen den dialektischen Blick auf die in ihren gesellschaftlichen Verhältnissen handelnden Subjekte und die mehrschichtigen Formen ihrer Realitätsverarbeitung. Dieser Ansatz schließt auch die Aufmerksamkeit für die alltäglichen Reaktionsformen und individuellen Motivationsstrukturen der Menschen mit ein.

Im Kontext der Analyse der Entstehung und Vermittlung affirmativer Mentalitäten und subjektiver Widerspruchspotentiale aktiviert Kofler eine Einsicht, die er in seiner umfassenden gesellschaftsgeschichtlichen Studie »Zur Geschichte der bürgerlichen Gesellschaft« entwickelt hat:

daß es für die historisch-dialektische Sozialtheorie unverzichtbar ist, nicht nur objektive Strukturen und subjektive Bedeutungsverhältnisse zu erfassen, sondern auch deren wechselseitige Bedingtheit zu analysieren. Folgerichtig war für Kofler der »subjektive Faktor« kein explizites Thema, denn es wäre ihm nie in den Sinn gekommen, daß man ihn auch weglassen, marxistische Sozialanalyse ohne den Blick auf die Vermittlung von objektiven und subjektiven Momenten funktionieren könnte.

Die Erfahrungen mit der fordistischen Ausprägung der Herrschaftsreproduktion, ihren Manipulationsmechanismen und der »aktiven« Beteiligung der Subjekte am Integrationsprozeß haben Koflers Forschungsprogramm strukturiert. Die entscheidenden Fragen lauteten: Durch welche Vermittlungsschritte entstehen systemkonforme Denkweisen und Einstellungen, über welche Mechanismen ist die verbreitete Identifikation der Menschen mit den herrschenden Normen organisiert?

Oberflächlich betrachtet, reproduzieren sich die entwickelten »Industriegesellschaften« ohne sichtbaren Zwang, existieren für die Subjekte beträchtliche Handlungs- und Entfaltungsräume; strukturelle Benachteiligungen scheinen nebensächlich geworden zu sein. Jedoch präsentiert sich für eine mit sozialpsychologischen Einsichten fundierte Gesellschaftsanalyse ein ganz anderes Bild: Die angeblich klassenneutrale »Modernisierungs-« und »Individualisierungstendenz« ist als fortschreitender Prozeß individueller Selbstunterwerfung organisiert. Die Machtimplikationen werden von den Subjekten verinnerlicht, ihre Psyche den kapitalistischen Verwertungsinteressen konform instrumentalisiert: »Die ideologischen Formen der Repression haben sich im 20. Jahrhundert weitgehend irrationalisiert und haben psychische Bereiche erreicht und besetzt, die in früheren Epochen noch Kräfte des Widerstands aufgespeichert hatten.« (Kofler)

Ideologische Anpassung wird vorrangig nicht mehr durch die Orientierung auf normative Weltbilder bewirkt, sondern funktioniert durch die machtadäquate Formierung der Massenpsyche. Durch die warenförmige Überlagerung des Sozialisationsprozesses werden die Menschen emotional instrumentalisiert; die entwickelte kapitalistische Gesellschaft reproduziert sich nicht nur materiell und geistig, sondern nachhaltig auch in den psychischen Strukturen der Gesellschaftsmitglieder.

Die Macht- und Ideologiereproduktion ist nicht durch »äußere An-
ordnungen« organisiert, sondern integraler Bestandteil der Alltagspraxis. Zwar wird die herrschaftskonforme Sichtweise durch ideologische
Apparate formiert und verallgemeinert, jedoch kann durch deren Existenz weder ihre Entstehung noch Wirkungsweise erklärt werden. Die
ideologische Funktionalität des Denkens entsteht durch die Auseinandersetzung der gesellschaftlichen Subjekte mit ihren (materiellen und
ideologischen) Lebensbedingungen. »Das Sein bestimmt das Bewußtsein«. Dialektisch gefaßt ist dieses Sein der »wirkliche Lebensprozeß«
(wie es bei Marx und Engels in der »Deutschen Ideologie« heißt) der
Menschen, die Organisation des individuellen Lebens im Kontext di-
vergierender Faktoren und Anspruchstendenzen, materieller Existenzbedingungen und sozio-kultureller Einflußfaktoren.

Durch die »Tiefenwirkung« der ideologievermittelten Herrschaftsreproduktion kann weitgehend auf die Anwendung externer Gewaltmittel
verzichtet werden. Die strukturellen Zwänge bleiben hinter einem dichten ideologischen Schleier verborgen. Trotz der unerbittlichen Notwendigkeit, sich den objektiven (Arbeits-)Markterfordernissen und den »dynamischen« Leistungsansprüchen anzupassen, ist das Gefühl einer gestaltlosen »Freiheit« verbreitet. »Aber angesichts der gleichzeitigen
Tatsache, daß die Individuen auf dem Wege der (sozialpsychologisch
beschreibbaren) Verinnerlichung der moralischen Vorschriften ohnehin
›freiwillig‹ das tun, was die Herrschenden und die ideologisch fetischisierten (verdinglichten) Strategien der sich über die Köpfe der Individuen hinweg durchsetzenden Prozesse ihnen abverlangen, bleibt die
Unterdrückung nicht weniger gesichert.« (L. Kofler)

Strukturen ideologischer Formierung

Der der subjektiven Anpassungsbereitschaft zugrunde liegende ideologische Schein ist Resultat der kapitalistischen Organisation des Vergesellschaftungsprozesses. Verzerrte Gesellschaftsbilder sind die irreversible Begleiterscheinung der universellen Durchsetzung der Warenform

und der arbeitsteiligen Organisation des Sozialgefüges, der Wirkung des herrschenden Tatsachenfetischismus und einer unreflektierten Zweckrationalität.

Der entwickelte Kapitalismus als eine Vergesellschaftungsweise, die die Rationalität in den Teilbereichen extrem gesteigert hat, das Zusammenspiel der technischen wie auch der sozialen Kräfte aber dem blind produzierten »Zufall« überantwortet, bringt permanent Entfremdung und verdinglichte Bewußtseinsformen hervor. Obwohl die handelnden Menschen intensiv aufeinander bezogen sind, dominiert bei ihnen der Eindruck der sozialen Isolation. Die Wahrnehmung des Anderen bleibt durch die Konkurrenzorientierung geprägt; der Mitmensch wird als gegensätzliches Prinzip zur eigenen Existenz und zu den eigenen Lebensinteressen widerstrebend wahrgenommen; durch die Wirkungen des Warenfetischismus erleben die Menschen das von ihnen selbst Konstituiertes und reproduziertes Sozialverhältnis »als ein außer ihnen existierendes gesellschaftliches Verhältnis von Gegenständen« (Marx). Die soziale Welt wird als bedrohlich und lebensfeindlich erfahren: Der ordnenden und planenden Strategie in den zweckrationalen Handlungsbereichen steht das Erlebnis einer chaotischen Sozialwelt gegenüber. In dem Maße wie sich die Handlungsprodukte gegenüber ihren Urhebern verselbständigen, »verselbständigt« sich auch das Denken gegenüber seinen Trägern, indem es ihnen, wie Leo Kofler schreibt, »wie eine ideelle Gewalt von fremder Herkunft, aber versehen mit der Kraft, als ›Wahrheit‹ Anerkennung zu erzwingen, erscheint.«

Die gesellschaftlichen Verhältnisse im Kapitalismus erscheinen den Menschen auf der Ebene des Alltagsbewußtseins als »naturförmig« und unüberwindbar. An diesen Mystifikationen des Alltagsbewußtseins schließen die systematisierten Formen des herrschenden Denkens mit ihren Vorstellungen von der Unaufhebbarkeit der etablierten Zustände an. Ihr Instrument sind objektivistische Denkmuster, systemtheoretische und struktur-funktionalistische Erklärungsmodelle, die den handelnden und verändernden Menschen aus ihren Betrachtungen ausblenden. Das Resultat sind fetischisierte Totalitätsvorstellungen, in denen die Subjekte als universale Verfügungsmasse erscheinen, die einem vorgezeichneten Schicksal ausgeliefert sind. Inhaltlich ist die »Leugnung der Fähigkeit gesellschaftlicher Subjekte, ihre Verhältnisse eigenverantwortlich, autonom zu gestalten, ... gleichbedeutend mit der Behauptung der Ausweglosigkeit der heutigen Situation der Menschheit«. (G. Stiehler) Auch wenn in den diversen philosophischen und sozialtheoretischen Interpretationsangeboten diese Weltsicht differenziert begründet wird, ist der ideologische Effekt fast immer der gleiche: alltägliche Vergeblichkeitsvorstellungen werden zu ontologischen Bestimmungen stilisiert.

Je größer in der Abhängigkeit von den fetischisierten Bewußtseinsformen das Gefühl der sozialen Fremdheit und je intensiver das Bedrohungserlebnis ist, um so stärker entwickelt sich nicht nur ein intensives »Weltanschauungsbedürfnis« und ein Streben nach Orientierungssurrogaten, sondern auch die Bereitschaft zur Anpassung und Unterwerfung, die den Schein der »freiwilligen Identifikation mit diesem Prozeß« (Kofler) erzeugt.

Ausgangspunkt aller ideologischen Formierungsprozesse sind die in der warenproduzierenden Gesellschaft alltagspraktisch vermittelten verdinglichten Bewußtseinsformen, die das entfremdete soziale Verhältnis in seiner realen Unmittelbarkeit widerspiegeln. »Diese primäre Stufe der ideologischen Reflexion vollzieht sich in einer spontan-irrationellen Form. Sie stellt schlechthin das dar, was man als die ›unreflektierte‹ Hinnahme erlebter ökonomischer Zwangsläufigkeit und damit zusammenhängend gesellschaftlicher Schicksalhaftigkeit im Alltagsbewußtsein« (Kofler) bezeichnen kann. In der beschriebenen Reibungslosigkeit kann das System der Selbstunterdrückung jedoch nur funktionieren, weil den aus der unmittelbaren Praxis entstammenden Bewußtseinsverzerrungen mehrschichtige Strukturen des Unbewußten mit repressiver Funktionalität vorgelagert sind.

Diese im praktischen Lebensvollzug »spontan« sich entwickelnden Interpretationsschablonen werden durch sowohl historisch als auch aktuell vermittelte Bilder und Deutungsmuster zu einem Weltbild mit politischer Orientierungsstruktur komprimiert. Leo Kofler hat mehrere tradierte Ideologiekomplexe mit »*tiefensoziologischer*« Wirkung unterschieden, die jeweils eine eigene Genese und eine differenzierte Funktionalität besitzen, sich aber gegenseitig beeinflussen und inhaltlich »ergänzen«. Festgefügte Vorstellungen wie beispielsweise die, daß sich

»jeder selbst der Nächste« ist, oder daß »Die-da-oben« doch machen, was sie wollen, entsprechen zunächst einmal den unmittelbaren Sozial-erlebnissen der Menschen. Doch solche »empirischen« Feststellungen entfalten ihre vollständige Wirkung erst durch die Prägekraft der verinnerlichten Koordinaten eines »*repressiven Menschenbildes*« (Kofler).

Die Basis der weltanschaulichen Formierungsprozesse sind tief verwurzelte Bewußtseinsebenen, die bei der Interpretation aktueller Erlebnisse einen spontanen Einfluß ausüben. Während der Warenfetischismus und der irrationale Nihilismus den geistigen Gegenwartsströmungen angehören, ist das repressive Menschenbild das Produkt der gesamten klassengesellschaftlichen Entwicklung der Menschheit, dem die Moral als eine »*quasi-archaische Ideologie*« zur Seite steht. Wie das repressive Menschenbild »psychisch ebenfalls verinnerlicht, leitet sie die Handlungen der Individuen in einer den repressiven Anforderungen der Klassengesellschaft entsprechenden Weise.« (Kofler) Durch die Existenz des repressiven Menschenbildes werden die aktuellen Erfahrungselemente zu tradierten und herrschaftskonformen Interpretationsmustern in Beziehung gesetzt: »Durch Jahrtausende die Geschichte der Klassengesellschaft begleitend, wird ... [es] immer stärker zur ideologischen ›Gewohnheit‹ und dringt immer tiefer in den subjektiven Erlebnis- und Gefühlsbereich, um schließlich archaische Bedeutung zu erlangen.« (Kofler)

Dieser Bewußtseinsmodus »fundiert« die Generalisierung und »Ontologisierung« der Unterdrückungserfahrungen vieler Generationen und repräsentiert eine der Wurzeln des resignativen Gegenwartsbewußtseins. Als quasi-kulturelle Konstante (als eine Form der christlich-abendländischen Ideologie) ist beispielsweise das Verständnis der Arbeit als prinzipiell leidvoll und mühselig anzusehen, oder auch die Vorstellung der Unaufhebbarkeit des feindselig-aggressiven Verhaltens der Menschen untereinander. Sowohl zynische Legitimationsreden vom »Recht des Stärkeren«, als auch die Vorstellung vom »Überlebenskampf« der Rassen können beispielsweise unmittelbar an solche Integrationsschablonen anschließen.

Das Gewicht der einzelnen Bewußtseinsschichten bei der Bewertung und Verarbeitung aktueller Erfahrungen ist von den übrigen ideologi-

schen Konstellationen (der Struktur des »Gegenwartsbewußtseins«), wie
auch von den Interpretationsbedürfnissen des Alltagsdenkens abhängig. Je unverstandener die eigene Welt und je undurchsichtiger das soziale Leben erlebt wird, um so größer ist die individuelle und kollektive
Empfänglichkeit für die archaisch-irrationalen Interpretationsmuster.

Genuß und Unterdrückung

Obwohl seine Existenz vom Alltagsbewußtsein verdrängt und ein Bewußtsein seiner Integrationswirkung aus der sozialtheoretischen Reflexion verbannt ist, kommt dem repressiv strukturierten Gewissen eine
zentrale Rolle bei der ideologischen Formierung und den »freiwilligen«
Unterwerfungshandlungen zu. Nur scheinbar haben sich die traditionelle Moralsysteme gelockert; es ist Ausdruck empirischer Blindheit und
intellektueller Unbedarftheit, wenn ein individualisierungstheoretisch
motivierter Autor postuliert, daß entwickelte Industriegesellschaften in
wesentlich geringerem Umfang auf kulturellen Konsens angewiesen sind
als vorindustrielle Gesellschaften. Zwar existiert durch das verbreitete
Bewußtsein individualistischer »Freiheit« die Illusion »ungebundener«
Handlungsmöglichkeiten und eines grenzenlosen »Genusses«. Jedoch
stößt dieses Selbstverwirklichungsstreben immer wieder an die Grenzen sowohl des »Realitätsprinzips«, als auch an die Demarkationslinien
der verinnerlichten Verhaltensmuster und Normensysteme. Deshalb gelingt, wie Kofler unterstreicht, die »Verletzung von tief ins Psychische
versenkten Tabus und moralischen Grundsätzen ... nicht restlos, ja hin-
sichtlich der gesellschaftlich relevanten in einem äußerst eingeschränkten Maße. Dies erklärt sich aus dem unaufgehobenen Widerspruch des
zur totalen Freiheit drängenden Enttabuisierungstrebens zu der faktisch
unangetastet bleibenden repressiven Ordnung, die eine Unterwerfung
des Individuums und seine entsprechende moralische Anpassung voraussetzt.«
    Diese Akkomodation wird durch die ebenfalls in der Massenpsyche
eingelagerte Leistungsorientierung stimuliert, die keinesfalls ihre Prä-

gekraft verloren hat. Als Ergebnis eines langfristigen Anpassungspro-
zesses haben die kapitalistisch sozialisierten Menschen Leistungs- und
zu moralischen Postulaten geronnene Disziplinmuster internalisiert.
Diese Orientierungen sind aber nicht nur das Resultat sozio-kultureller
Vermittlung, sondern werden durch den gesellschaftlichen Reprodukti-
onsprozeß permanent erneuert; das Leistungsprinzip wird durch die
Universalität der Konkurrenz immer wieder zur Geltung gebracht. Wer
sozial nicht unterliegen will, muß leistungs- und durchsetzungsbereit
sein!

Die arbeitsgesellschaftlichen Wertmuster haben weder ihre normierende Wirkung verloren, noch ist ihre subjektive Orientierungsfunktion
schwächer geworden. Jedoch ist eine zweifache Veränderung eingetreten: Zum einen hat es sich von einem kodifizierten Normensystem zur
verinnerlichten »Leistungsmoral« entwickelt. Zum anderen haben sich
die Vorstellungen von der Bedeutung anstrengender und aufopferungs-
voller Arbeit säkularisiert. Nicht mehr das Seelenheil verspricht der durch
die Arbeit bedingte Lustverzicht, sondern die Freuden des Konsums.
Die Opfer werden nicht für die »Zukunft«, wohl aber für einen dem
Arbeitsprozeß *nachgelagerten* Zeitpunkt erbracht. Durch die gesteigerte
Arbeitsintensität ist das notwendige Maß der »Selbstverleugnung« und
Bedürfnisunterdrückung nicht geringer geworden; verändert hat sich aber
die Breitenwirkung der Orientierungsmuster. Der »rationalen Lebensführung« (M. Weber) unterwirft sich nun nicht nur ein relativ kleiner
Kreis sozialer Funktionsträger, sondern die Gesellschaft in ihrer Ge-
samtheit.

Aus diesem Komplex von Gründen überschreitet der gegen »die verfestigten Traditionen, tabuisierten Gewohnheiten, moralischen Syste-
matisationen und psychischen Bindungen sich auflehnende Mensch ...
in Wahrheit nirgends die ihm von der repressiven Ordnung wirksam
über sein Pflichtgefühl (als Ausdruck seiner Identifikation mit dem Vorhandenen) einerseits und über sein Schuldgefühl (als Ausdruck seiner
direkten oder indirekten Teilnahme am Prozeß der Enttabuisierung)
anderseits psychisch gesetzten Grenzen. Vielmehr wird die partielle
Enttabuisierung ihrerseits, indem sie im Dienste dieser Enttabuisierung
und des Genusses steht, als auch um durch Erfüllung von Pflicht aus-

gleichend zu wirken, zu einem Hebel der weiteren Unterwerfung unter
den repressiven Prozeß. Sowohl der Drang trotz ›genießerischer‹ Lebensführung seine Leistungsfähigkeit unter Beweis zu stellen, als auch
der Schein der Gewährung repressionsloser Sparten im Bereich des privaten Lebens wirken in die Richtung der Akkomodation an die herrschende Repression und der Identifizierung mit ihr.« (Kofler)

Eng verbundenen mit der sozialintegrativen Wirkung des repressiven
Gewissens ist die »Dialektik von Genuß und Askese« (Kofler). Stichwortartig zusammengefaßt geht es dabei um die Einbindung elementarer menschlicher Lebensansprüche in den konsumvermittelten Prozeß
der Selbstunterdrückung: Um an den Verheißungen der »Konsumgesellschaft« partizipieren zu können, müssen die Menschen sich bereitwillig den repressiven Anforderungen des »Werkalltagslebens« (Marx)
unterwerfen. Genuß unter den Bedingungen der Wertvergesellschaftung
schlägt in Selbstunterdrückung um. Denn mit den »erotisch« motivierten Ausbruchsversuchen, die an warenförmige Konsummuster gebunden bleiben, überschreiten die Alltagssubjekte nirgends das integrative
Geflecht von repressiver Lebensform und »*rationalisierter Askese*«
(Kofler).

Nur scheinbar sind durch die »Wohlstandsgesellschaft« die Koordinaten verschoben, ist das Leistungsbewußtsein durch einen »system-
überschreitenden« Hedonismus abgelöst worden. Zwar haben sich mit
dem Siegeszug der fordistischen Massenproduktion die Konsumchancen für breite Bevölkerungsschichten erweitert und findet eine nachhaltige Orientierung auf individuelle Bedürfnisartikulation und -befriedi-
gung statt. Faktisch ist aber durch die gesellschaftliche Aufwertung des
Genusses die Bedeutung des Leistungsimperativ noch verstärkt worden: Nur durch intensivierte Anstrengungen und die Unterwerfung unter die Bedingungen des repressiven Arbeitsprozesses läßt sich der versprochene Genuß realisieren. Während durch die Konsumpropaganda
dem Individuum Genuß und Lebensfreude versprochen werden, bleibt
es um so fester an das System der rationalisierenden Askese, der Leistung und des Erfolgs im Berufsleben gefesselt. Nicht primär durch die
erweiterten Konsumchancen werden politische »Legitimationsdefizite«
kompensiert und systemkonforme Mentalitäten erzeugt, sondern durch

die Organisation des Partizipationsprozesses, der, um Genuß zu ermöglichen, Unterwerfung voraussetzt. Der hedonistische, auf extreme Selbstbezüglichkeit orientierte Individualismus, der für das Diskurs-Wissen Referenzstatus besitzt, ist somit als der spiegelbildliche Ausdruck von Verhältnissen zu erkennen, in denen der Konsum als die »Belohnung« für den Verzicht auf ein erfülltes Leben fungiert.

Kritik und Verschleierung

Auch progressiv intendiertes Denken ist in den Bannkreis des ideologischen Integrationsprozesses geraten: Wenn sie nicht zu den Ursachen sozio-kultureller Krisenerscheinungen vordringt, sich mit dem anklagenden Verweis auf Krisensymptome begnügt, regrediert auch Kritik zu einem Element des Verschleierungsdenkens. Möglich ist eine solche Vereinnahmung durch die einschneidende Veränderung der hegemonialen Weltanschauungssysteme geworden. Sie bemühen sich nicht mehr um eine direkte Verteidigung oder gar die Idealisierung der etablierten Zustände. Weil von den Menschen aller Klassen und Schichten die gesellschaftliche Realität als perspektivloser Zustand erlebt wird, sind direkte Formen der Apologie nicht mehr möglich. Das machtfunktionale Bewußtsein erfüllt seine stabilisierende Rolle im ideologischen Klassenkampf (der keineswegs immer »kämpferisch« gestaltet sein muß!), indem es das sozial erzeugte Mißbehagen als Konsequenz einer prinzipiellen Absurdität und Ausweglosigkeit der menschlichen Existenz verklärt und auf diesem Weg die bestehende Gesellschaftsform von ihrer Verantwortung für den agressionsgeprägten und ungerechten Zustand der Welt entlastet. Weil qualitativer Fortschritt bürgerlich nicht mehr gedacht werden kann, wird er pauschal negiert – und, um ganz sicher zu gehen, wird auch die Möglichkeit eines Entwicklungsbegriffs bestritten. Beginnend mit dem Irrationalismus Nietzsches, über das Absurditätspathos der modernen Kunst, bis hin zu den endzeitgestimmten Theoriefragmenten der »Postmoderne« sorgen Weltbildkonstruktionen, die den sozio-kulturellen Widersprüchen das »Omen der zwanghaften Ausweglosigkeit andichten« (Kofler), dafür, daß kritisches Fragen wirkungslos bleibt und Empörung sich in folgenloser »Revolte« auflöst. Fast alle sozio-kulturellen »Pathologien« können dann »unproblematisch« in dieses Verarbeitungsraster integriert werden. Sie erfüllen »ihren Zweck vollkommen, wenn durch sie eine Schicht der Intelligenz, die infolge der Einwirkungen der ökonomischen und Kulturkrise zum Feind und Verächter der gegenwärtigen Gesellschaft geworden ist, davon abgehalten wird, aus dieser ihrer Feindschaft und Verachtung wirkliche praktische Konsequenzen zu ziehen.« (G. Lukács)

Kritik schlägt beispielsweise dann in Affirmation um, wenn die Herrschaftsproblematik nur noch unter dem Aspekt subjektiver »Verstrikkungen« in ein gestaltloses Machtsystem reflektiert werden. Ohne Verständnis ihrer historischen Genese und ohne Berücksichtigung ihrer sozio-ökonomischen Vermitteltheit erscheint die »Macht« als »universal« und unaufhebbar. Eine ähnliche Verschleierungsfunktion hat auch jener pseudokritische Reflex, der angesichts der warengesellschaftlichen Negation menschlicher Entfaltungsinteressen in die Feststellung des »Todes des Subjekts« flüchtet. In beiden Fällen werden temporäre historische Erfahrungen generalisiert und virulente ideologische Selbsttäuschungen weltanschaulich homogenisiert, mit einer pseudophilosophischen Plausibilität ummantelt: Der soziale Entfremdungszustand wird gedanklich fixiert, statt theoretisch verarbeitet zu werden, der manifesten Krisenentwicklung ein unreflektiertes Katastrophenbewußtsein zur Seite gestellt. »Zweifellos entspringen solche ideologischen Haltungen der fetischisierten Warenstruktur der kapitalistischen Gesellschaft, die dingliche ›Natur‹prozesse vortäuscht, wo gesellschaftliche Verhältnisse agieren.« (Kofler)

Den Zusammenhang zwischen den irrationalistischen Vergesellschaftungstendenzen des hochentwickelten Kapitalismus und dem regressiven Charakter vieler intellektueller Produkte hat Kofler exemplarisch in seinen ästhetischen Schriften an der Dominanz des Absurden und der »kontemplativen«, weltfremden Abstraktion in Kunst und Literatur analysiert. Durch die Vereinseitigung und Verabsolutierung realer Entfremdungstendenzen zeichnen die Produkte des ästhetischen Modernismus ein verzerrtes Bild von der Realität, unterwerfen sich dem verdinglichten Tatsachenschein und der unreflektierten Alltagspraxis. Dieser Verarbeitungsmodus hat einen gewichtigen Anteil bei der Narkotisierung des Gesellschaftsbewußtseins, bei der Verschleierung der strukturellen Ursachen der sozio-kulturellen Widersprüche.

Es scheint wie ein schlechter historischer Witz und ist doch nur banale Realität, daß in einer Phase neuer Verfestigungen der Klassendifferenzen und der einseitigen Aufkündigung des »Klassenkompromisses« von Seiten der Herrschenden, eine profilierte Vorstellung über die konkreten Machtkonstellationen kaum vorhanden ist; die Rede über die Herrschaftselite ebenso wie die Frage nach den Strukturen und Artikulationsformen des herrschenden Denkens stößt selbst in Kreisen kritischer Intelligenz auf Unverständnis.

Koflers historisch-materialistischer Interpretation entgeht den »diskurstheoretischen« und »kulturkritischen« Fallstricken, indem sie Macht trotz ihrer »Universalität« nicht als anonyme (und letztlich klassenneutrale) Größe, sondern als gesellschaftliche Aggregatform begreift, die soziologisch-konkret bestimmbaren Trägern und sozio-ökonomischen Interessenlagen zuzurechnen ist. Dem Schein der Alternativlosigkeit industriekapitalistischer Systemreproduktion begegnet er durch die soziologische Detailanalyse: Auch der repressive Staat, die dekadente Elite und die bürokratischen Apparate (denen er jeweils detaillierte Studien gewidmet hat) besitzen eine historische Genese, eine identifizierbare Struktur – und ihr Funktionieren ist über konkrete Handlungsträger organisiert. Die ideologische Formierung und die individuelle Unterwerfungspraxis verlieren nur durch eine solche soziologische Konkretisierung die Aura schicksalhafter Zwangsläufigkeit. Auch die repressive Totalität ist Produkt menschlicher Aktivität; was die Menschen als verfestigte »Naturform« wahrnehmen, ist die »Vergegenständlichung seiner Kräfte und Verhältnisse und muß als solche entschleiert werden.« (L. Kofler)

Besonders aufschlußreich in diesem Zusammenhang ist Koflers Beschäftigung mit der herrschenden Klasse und den ihr machtfunktional assoziierten sozialen Gruppen, die ein Realitätssegment repräsentieren, deren Analyse sich nicht nur die akademische Soziologie »erfolgreich« verweigert hat. Auch gesellschaftskritische Diskussionen sind kaum über

die sozialstatistische Wahrnehmung des herrschenden Blocks hinaus-
gekommen; selbst in den klassentheoretischen Interpretationsmodellen
ist das Verständnis der sozialen Funktionalität und der weltanschaulichen Wirkungsmechanismen des »herrschenden Denkens« (im Sinne
der Marxschen Definition) unterentwickelt. Dem konkreten Prozeß der
Herrschaftsvermittlung, vor allem seinen Veränderungen und spezifischen Gesetzmäßigkeiten wurde wenig Beachtung geschenkt. Fatale
Folge dieses Defizits ist die verbreitete Hilflosigkeit und »Indifferenz«
gegenüber den machtkonformen Denkweisen und die Entwicklung einer »Diskurs-Kultur«, der fast alle Wissensformen miteinander kompatibel erscheinen.

Alltägliche Widerspruchserfahrungen

Kofler hat sich weder über die Stabilität des kapitalistischen Herrschaftssystem noch über die faktische Systemintegration der Arbeiterklasse
Illusionen gemacht. Doch ist er nie der resignativen Selbstgefälligkeit
einer »negativen Dialektik«, die indirekt den ideologischen Schein einer Unaufhebbarkeit der herrschenden Zustände zu bestätigen scheint,
verfallen. Seine kritischen Zustandsbeschreibungen des Spätkapitalismus waren auch deshalb immer mit der Suche nach Anknüpfungspunk-
ten für politische Aufklärung verbunden. Trotz seiner festgefügten Erscheinungsweise ist der Kapitalismus von unzähligen Widerspruchstendenzen, neue Antworten erzwingenden Entwicklungen der Produktivkräfte geprägt, die sich in sozio-kulturellen Zuspitzungen, aber auch
subjektiven Widerstandshandlungen äußern. In dieser Herangehensweise
manifestiert sich ein elementarer Unterschied zur bloß kulturkritischen
»Entlarvung« des Verblendungszusammenhangs, dessen Überwindung
nicht einmal als Möglichkeit ins Kalkül gezogen wird.

    Durch die Verbindung theoretischer Verallgemeinerung mit empiri-
scher Sozialanalyse konnte Kofler »kulturkritische« Generalisierungen
und die aus ihnen resultierende Resignation vermeiden: »Wenn ich ins
Konkrete gehe, bekomme ich einen anderen Begriff vom historischen

Fortschritt, weil ich Widersprüche und Entwicklungen sehe, die stets Neues, oft überraschendes und keineswegs das ›Immergleiche‹, wie Adorno sagt, implizieren.« Durch die soziologische Untersuchung der Differenzierungsformen des Vergesellschaftungsprozesses, der dialektischen Analyse des Bürgertums, der Bürokratie, der Gewerkschaften, des Kleinbürgertums, des Managers und des Arbeiters, der affirmativen und der progressiven Intelligenz, sowie der Ergründung kultureller Reproduktionsstrukturen, habitueller Ausdrucksformen vor allem auch des Alltagslebens, konnte Kofler die Vorstellung einer verfestigten »Eindimensionalität« (Marcuse) der spätkapitalistischen Gesellschaft überwinden.

Leo Kofler interessierte sich auf der Grundlage seines sensibilisierten Gegenwartsbewußtseins nicht nur für das Ausmaß entfremdeter Lebensverhältnisse und die Ursachen falscher Bewußtseinsstrukturen, sondern vehement auch für die Frage, durch welche sozio-kulturellen Konstellationen Erkenntnisfortschritte (und politische Aufklärungseffekte!) möglich sind. Fundamental ist der immanente Widerspruch des auf den ersten Blick ausschließlich herrschaftsstabilisierend wirkenden Konsummechanismus: Die Bedürfnisartikulationen der Menschen sind den Verwertungsgesichtspunkten des Kapitals untergeordnet. Aber dennoch werden durch die Warenpropaganda permanent qualitative Wünsche stimuliert, die nur oberflächlich befriedigt werden können. Weil sich der Genuß nur durch die Unterwerfung unter die asketischen Ansprüche der fremdbestimmten Arbeit realisiert, ist der Konsummechanismus zwar unmittelbar ein Moment der Herrschaftsreproduktion, erzeugt langfristig jedoch auch eine Bedürfnisdynamik, die nur schwer kanalisierbar ist. Aus profitorientierten Marktstrategien resultieren Verheißungen, die die herrschende Vergesellschaftungsform permanent in Frage stellen.

Signatur des Wandels oder Krisenideologie?

Reflexionsstufen eines formierten Bewußtseins

Mit den Kriterien einer dialektischen Theorie ideologischer Herrschafts-reproduktion bewertet, die auch empirisch mit den aktuellen Vergesell-schaftungsproblemen korrespondiert, erweisen sich die »subversiven« Selbstzurechnungen des »Postmodernen Denkens« als äußerst fragwür-dig. Das Diskurs-Wissen thematisiert zwar die »Macht«, dringt aber zu den konkreten Fragen der Herrschaftsvermittlung im entwickelten Ka-pitalismus nicht vor. Und trotz einer profilierten Vorstellung über die Machtverstrickungen des Wissens, wird die soziale Funktionalität des eigenen Denkens nicht thematisiert. Auf beide Problemkomplexe wer-den wir noch zurückkommen.

Mit ideologiekritischem Blick betrachtet – soweit können wir unsere kritische Lektüre vorläufig zusammenfassen – erweist sich die Diskurs-Philosophie als eine intellektuelle Reaktionsform auf eine diffuse *kapi-talistische* Krisenentwicklung, und deren herrschaftskonforme Interpre-tation als ein akzeptabler Modus des sozio-kulturellen Wandels. Der Postmodernismus reagiert auf objektive Krisenprozesse, beschreibt und kommentiert stichwortartig die daraus resultierenden subjektiven Wi-derspruchserfahrungen. Weil er jedoch die Ursachen der sozio-kultu-rellen Umbrüche verschweigt, entlastet er die herrschenden Verhältnis-se von ihrer Verantwortung für die massenhaft auftretenden individuel-len und sozialen »Pathologien«, für die leidvoll im Alltagsleben erfah-rene Unsicherheit und Perspektivlosigkeit, die belastenden Entzweiun-gen und Ausgrenzungen! Systematisch wird vom Diskurs der Eindruck erweckt, es handele sich bei der »Postmoderne« um ein Entwicklungs-stadium jenseits eines klassenantagonistisch strukturierten Kapitalismus.

Die Existenz des Kapitalismus wird zwar nicht bestritten, gleichzeitig aber behauptet, daß soziale Paradoxien und Ungleichheiten sich nicht mehr durch einen kapitalismusspezifischen Reproduktionsmechanismus, durch die private Verfügung über die Produktionsmittel, aus dem Gegensatz von Kapital und Arbeit erklären ließen.

Jedoch weist bei genauer Betrachtung die »postmoderne« Gesellschaftsentwicklung mehr Gemeinsamkeiten als Differenzen mit einer tradierten kapitalistischen »Moderne« auf (in diesem Sinne gibt es gute Gründe für Luhmann, den *Begriff* »Postmoderne« zu vermeiden!); die aktuelle Sozialformation bleibt vor allen Dingen bürgerliche Gesellschaft, wenn auch eine von wichtigen Errungenschaften der Arbeiterbewegung »befreite«. Die »Postmoderne« ist die Signatur eines trotz seiner Krisentendenzen selbstbewußt gewordenen Kapitalismus und Ausdruck eines »falschen Bewußtseins, [das] zum ›Zeitgeist‹ des Krisenmythos hypostasiert« (A. Gedö) wird.

Die inhaltliche Konsequenz dieses ebenso »spontanen« wie affirmativen Reaktionsmodus ist die selektive Wahrnehmung sozialer Tatbestände. »Bevor wir uns jedoch mit Lyotard und anderen auf eine Neue Mythologie des Undarstellbaren einlassen und diese mit einer romantischen Apologie des Unsagbaren mischen, sollten wir fragen, was aus diesen unbestreitbaren Grenzen der Darstellbarkeit eigentlich folgt. Es folgt, daß in jeder Darstellung vieles nicht dargestellt bleibt.« (M. Seel) Beispielsweise muß, um einen Sachverhalt adäquat zu erfassen, das Wichtige vom Nebensächlichen, das Systematische vom Zufälligen geschieden werden. Rede ich von einem Haus, kann ich nur summarisch auf die Ziegelsteine eingehen, aus denen es gebaut ist; konzentriere ich mich auf das Dach, werden die Fenster kaum berücksichtigt werden können; die Richtigkeit der Annahme, daß im Mittelmeerraum die Sommer heiß und trocken sind, wird nicht dadurch in Frage gestellt, daß es trotzdem auch Regentage gibt. Ohne mythologische Ambitionen stellt sich die Frage des Nichtdarstellbaren realistischerweise nur innerhalb der Darstellung, muß anerkannt werden, daß das Undarstellbare »ein Verhältnis des Darstellenkönnens selbst« ist (M. Seel).

Nun ist es besonders aufschlußreich, was *grundsätzlich* und mit programmatischer Folgerichtigkeit in den Redeinszenierungen des »Post-

modernen Denkens« ausgespart bleibt. Es beansprucht intellektueller
Ausdruck eines Epochenumbruchs zu sein, thematisiert aber die sozio-
kulturellen Entwicklungen in einer auffällig selektiven Weise. Die modephilosophischen Aussagesysteme sind von erstaunlichen Verdrän-
gungsleistungen geprägt: Von sozialen Partikularinteressen und struktureller Ungerechtigkeit, vom fundamentalen Irrationalismus des kapitalistischen Zivilisationsmodells, den sozialen Determinanten der Lebensgestaltung und den *realen* Machtkonstellationen redet der Postmodernismus nicht – und doch ergreift er unmißverständlich Partei, wenn
er eine subjektivistische Selbstentfaltung und die »Ästhetisierung der
Lebenswelten« propagiert: Alles, was er predigt, »ist eine Philosophie
für jene saturierten und privilegierten Individuen und Schichten, die
sich den Luxus leisten können, zwischen verschiedenen Daseinsmög-
lichkeiten zu wählen. Für die Entrechteten, die schon von der Wiege an
damit rechnen müssen, vor Elend zugrunde zu gehen, ist die spätbür-
gerliche Philosophie der Differenz und des Pluralismus nicht nur hohle
Rhetorik, sondern auch blanke Provokation.« (H. Sāna) Stefan Gandler
hat zu recht problematisiert, das trotz eines gegenteiligen Selbstverständnisses, beispielsweise der Differenz-Begriff »in einer bestimmten Weise mit dem gegenwärtigen bürgerlichen Zynismus harmoniert, der sich
nicht mehr an die historische Versprechung des Glücks für alle erinnern
möchte«.

Ist schon die Lebenswirklichkeit im Metropolen-Kapitalismus komplizierter als die postmodernistische Dogmatik zur Kenntnis nehmen
will, fehlen ihr angesichts der globalen Katastrophenentwicklung vollständig die Worte: Die sozial-destruktive Dynamik der Kappitalakku-
mulation mit ihren Konsequenzen bis in die entferntesten Regionen des
Erdballs kommt in den postmodernistischen Redeinszenierungen nicht
vor. Doch ist das nicht verwunderlich. Ohne die Analyse der globalen
Zusammenhänge, die, will sie ihren Gegenstand nicht verfehlen, immer
auch Kritik der politischen Ökonomie sein muß, bleiben selbst die drängendsten Probleme nicht nur unbegriffen, sondern auch unbezeichnet.

Trotz der demonstrativen Parteinahme für ethnische Minderheiten,
ist die *faktische* Beschränkung des Selbstverwirklichungsanspruchs auf
die Minderheit der Privilegierten in den Metropolen der Kapitalgesell-

schaft keineswegs ein Zufall. Nur zu gut paßt diese Haltung in das Koordinatensystem der nietzscheanischen Denkvoraussetzungen der postmodernistischen »Meisterphilosophen«. Die Absicht ihres verehrten »Ahnherren der Postmoderne« (Welsch) war es, einen philosophischen Beitrag zur Schaffung einer privilegierten Herren-Kultur zu leisten, die eine eigene »Lebenssphäre« ausbildet, »mit einem Überschuß von Kraft für Schönheit, Manier bis ins Geistigste; eine bejahende Rasse, welche sich jeden großen Luxus gönnen darf ..., stark genug, um die Tyrannei des Tugend-Imperativs nicht nöthig zu haben.« (F. Nietzsche)

Vor diesem theoriegeschichtlichen Hintergrund wirkt auch angesichts der realen Problemlagen und einer zunehmenden Ungerechtigkeit auf der Welt (die faktisch auf die Suspendierung des Existenzrechts hunderter Millionen Menschen hinausläuft), der immanente Zynismus, wie er in der Lyotardschen Minimalisierung des Gerechtigkeitsproblems zum Ausdruck kommt nicht mehr überraschend: »Die Gerechtigkeit wäre folgende: der Vielfalt und Unübersetzbarkeit der ineinander verschachtelten Sprachspiele ihre Autonomie, ihre Spezifität zuzuerkennen, sie nicht aufeinander zu reduzieren.«

Doch kehren wir zu unserer eingangs gestellten Frage zurück, ob die »postmodernen« Interpretationsangebote Ausdruck eines grundlegend positiven Wandels in Kultur und Gesellschaft sind. Es ist begründeter Zweifel angebracht: Wenn die als »postmodern« beschriebenen Lebensverhältnisse eine prägnante »Qualität« haben, dann ist es die Unsicherheit und Orientierungslosigkeit bei gleichzeitiger Abwesenheit des Bedürfnisses nach Kritik und Überwindung: »Seinem affirmativen und auf die kulturelle Oberfläche beschränkten Wesen nach ist das postmoderne Lebensgefühl bereits ›vortheoretisch‹ völlig auf systemkonforme warenästhetische Erwartungen und Hoffnungen fixiert, in denen die Krise ausgeblendet ist.« (R. Kurz)

Nichts wäre dringender als ein profiliertes Verständnis der aktuellen Umwälzungen, ein entwickelter Begriff der »postfordistischen« Lebensverhältnisse und die Modi ihrer ideologischen Reflexion. Doch trägt der Postmodernismus etwas Entscheidendes zum Verständnis der Gegenwartsprobleme bei? Fraglich ist auch, was an der fatalistischen Akzeptanz des Gegebenen »postmodern« sein soll? Handelt es sich nicht eher um die »Vollendung« jener »eindimensionalen« Gesellschaftsentwicklung, die ein kritischer Marxismus schon in den 60er Jahren analysiert hat? Haben wir es mit einem neuen Vergesellschaftungsmodus zu tun, oder nur mit der forcierten Widerspruchsentwicklung des alten, der durch den rationalen Charakter der Irrationalität, durch ein zirkuläres System der Selbstunterdrückung charakterisiert ist? Ist für »Postmoderne« nicht jene »Standardisierung der Denk- und Handlungsweise« (A. Gramsci) charakteristisch, die sich in der »fordistischen« Entwicklungsphase des Kapitalismus durchgesetzt hat? Haben sich nicht Lebensverhältnisse entwickelt, in denen immer hartnäckiger sich ein falsches Bewußtsein ausbreitet, »das gegen seine Falschheit immun ist« (H. Marcuse)?

Für ein gesellschaftskritisches Denken, das sich von den verzerrten Selbstbildern des hegemonial gewordenen Kapitalismus nicht täuschen läßt, ist die »Postmoderne« weniger die Signatur eines Epochenumbruchs, sondern Kulminationspunkt eines langfristigen Formierungsprozesses, der zur Nivellierung der Massenpsyche, der Betäubung des Kritikbedürfnisses und zur Funktionalisierung des Protestes geführt hat. Die gesellschaftsgeschichtlichen Referenzpunkte dieser ideologischen Entwicklung liegen in der Hochphase des »fordistischen« Regulationsmodus, als für das Massenbewußtsein durch den Schein einer kontinuierlichen Fortschrittsentwicklung und der angeblichen Nivellierung der sozialen Gegensätze, der sozialstaatlich domestizierte Kapitalismus eine historisch beispiellose Attraktivität besaß. Der Kapitalismus hatte ein Entwicklungsstadium erreicht, in dem er sich »zunehmend über die Introjektion seiner Bedürfnisse« (H. Marcuse) reproduzierte. Indem die Individuen, die aus der Perspektive ihrer Selbstentfaltung und humanen Lebensgestaltung fremden Bedürfnissen verinnerlichten, organisierten sich die individuelle Bedürfnisbefriedigung und die Reproduktion der repressiven Gesellschaft als ein in weiten Bereichen synchroner Prozeß. Das Fühlen und Handeln der Menschen wurde Bestandteil eines Systems der Selbstunterdrückung.

Nachdem die Hegemonie kapitalismuskonformer Weltbilder in den westlichen Industrieländern erreicht war, konnten sich die Theoreme der »Posthistoire« und des »postideologischen Zeitalters« ohne größere

Widerstände durchsetzen. Vom Standpunkt einer kapitalistischen Gesellschaft mit erwiesenen Selbststabilisierungsfähigkeiten schien ihre sinnvolle Überschreitung sowohl programmatisch als auch praktisch nicht mehr denkbar. Diese selektiven Wahrnehmungsmuster sind nicht ohne Auswirkungen auf das Selbstverständnis des Postmodernismus geblieben, dessen Kritik an den »großen Erzählungen« durch eine vergleichbare Verdrängungsleistung funktioniert: Die dominante »Erzählung« der kapitalistischen Akkumulationsdynamik mit ihrer aggressiven Ausbreitungs- und Vereinnahmungstendenz bleibt ausgeklammert!

In Hinblick auf die realen Machtkonstellationen und die Ursachen der krisenhaften Sozialentwicklung ist nur sehr wenig davon zu spüren, daß der Postmodernismus »allen alten und neuen Hegemonie-Anmaßungen entschieden entgegen« tritt (Welsch). Die intensive Überlagerung der Lebensverhältnisse durch abstrakte Verwertungsprinzipien findet im »postmodernen« Kontext nur ein schwaches Echo in Begriffen, die der Oberfläche des Vergesellschaftungsprozesses verhaftet bleiben. Noch die prägnantesten Entwicklungen werden als gesellschaftliche Erscheinungen ohne benennbare Ursachen registriert.

Konstatiert der Diskurs eine soziale »Segmentierung« und spricht er von einer »Unsynthetisierbarkeit der Lebensformen und Rationalitätsmuster«, so hat er auf den ersten Blick den Augenschein auch auf seiner Seite. Diese »empirische« Plausibilität schlägt jedoch in falsches Bewußtsein um, wenn in diesen sozialen Zustandsformen nur »Vielfalt« erkannt werden soll. Denn damit wird die Kehrseite der Oberflächenphänomene ignoriert, bleiben die konkreten Leidenserfahrungen, die durch die existenziellen Verunsicherungen und die soziale Vereinzelung hervorgerufen werden, ebenso ausgeklammert wie die Erlebnisformen der sozialen Ohnmacht und geistigen Fremdbestimmung.

Doch mit dieser Selbstzensur alleine gibt sich der »postmoderne Diskurs« nicht zufrieden: Seine apologetische Haltung hält der Postmodernismus auch bei der Behandlung gravierender sozial-pathologischer Erscheinungen »konsequent« aufrecht. Der tragisch geprägte Kampf der Menschen um ihre soziale Existenzsicherung *und* um ihr psychisches Gleichgewicht wird als Voraussetzungen einer positiv gemeinten Lebensgestaltung in der »Postmoderne« uminterpretiert. Noch in den sozialen Entwurzelungen, perspektivischen Diffusionen und der normativen Ratlosigkeit will der »postmoderne« Denker die Bedingungen einer »Wiederaneignung« sehen. Durch dieses positive Verständnis der Krisenprozesse wird das legitimatorische Selbstbild des Risikokapitalismus (wie wir es im individualisierungstheoretischen Kontext kennengelernt haben) ratifiziert, das die sozialen »Entstrukturierungsprozesse« mit der Erweiterung individueller Handlungskompetenz gleichgesetzt: Die »Fragmentarisierung« der Subjekte durch die forcierten Krisenprozesse, ihre sozio-kulturelle Orientierungslosigkeit, sowie die Zerstörung ihrer sozialen Bindungen, werden mit einem abgeklärten Zynismus als notwendige Voraussetzungen individualistischer »Befreiung« interpretiert. Selbst die irrationalistische und gewaltgeprägte Formierung jugendlicher Subkulturen wird (in diesem konkreten Fall von Wolfgang Welsch) als Ausdruck eines individualistischen »Befreiungsaktes« angesehen. »Unterprivilegierte Ausdrucksformen« von autoritär strukturierten Jugendlichen, die sich intellektuell verantwortungsvoll nur als Ergebnis sozialer Degradierung, existentieller Verunsicherung und psychischen Elends begreifen lassen, werden auf der Grundlage der irrationalen Prämissen des »Postmodernen Denkens« als »gleichermaßen legitim und verteidigungswert« (Welsch) klassifiziert. Auch in solchen individuellen Not- und Krisensituationen soll eine »experimentelle Selbstfindung« möglich sein: »Aus der repressiven Toleranz ist so vollends, freilich plural, die tolerierte Repression geworden.« (R. Behrens) Einmal mehr ist somit der Postmodernismus einem zentralen Motiv des Existentialismus als bürgerlicher Krisenideologie verpflichtet: Im konkreten Zusammenhang dessen Auffassung der »Krise [als] die einzig wesenhafte Form des menschlichen Daseins« (O. F. Bollnow).

Durchführbar ist solch intellektueller Selbstbetrug nur auf der Grundlage eines bürgerlich-repressiven Menschenverständnisses: Interpretiert werden die gesellschaftlichen Subjekte als asoziale Größe, die ihre Freiheitsmöglichkeiten am effektivsten jenseits von normativen Bindungen und sozialen Rücksichten entwickeln können. Diese Prämisse, bewährtes Element des herrschenden Legitimationsdenkens, besitzt einen philosophiehistorischen Referenzpunkt mit einschneidend anti-demokratischer und reaktionärer Tradition. Anknüpfend an realen – wenn auch hilflosen – Selbstbestimmungsbestrebungen, verschafft sich das »postmoderne« Manipulationsdenken eine antiautoritäre Aura und den »Anschein des Antitotalitarismus ..., [aber] herauskommt die Freiheit des Nietzscheanischen Übermenschen, des Prototyps des autoritären, an keine Moral gebundenen Menschen«. (R. Steigerwald) Durch die weltanschauliche Brille Nietzsches betrachtet, erhält die »lebensweltliche« Egozentrik ihre Legitimation als Ausdruck eines »vitalistischen« Lebensprinzips, das die Erneuerung verknöcherter Verhältnisse garantieren soll.

Ideologische Transformationen

Seine ideologisch-affirmativen Effekte erreicht das Diskurs-Denken nicht durch ein schamhaftes Verschweigen, sondern im Gegenteil durch eine demonstrative Hinwendung zu bestimmten Aspekten der sozio-kulturellen Krisenentwicklung, durch die Aufmerksamkeit für Krisensymptome, die gewöhnlich verdrängt oder relativiert werden. Dadurch entsteht der Eindruck eines kritischen Verhältnisses zu den gesellschaftlichen Problemen. Jedoch ist dies bloßer Schein; denn trotz einer nonkonformistischen Aufmerksamkeit und eines verbalen »Radikalismus« dringt der Postmodernismus nicht zum Kern der sozio-kulturellen Krisenentwicklung durch. Seine Sprache täuscht Aufsässigkeit vor – aber nur, um von den skandalösen Zusammenhängen abzulenken. Denn die sozio-kulturellen Widersprüche werden nicht als das Ergebnis sozialer Entwicklungsprozesse analysiert, sondern mit »neutraler« Interessiertheit nur zur Kenntnis genommen. Da der Zusammenhang systematisch ausgeblendet bleibt, kann auch noch die Beschreibung der Krisenprozesse weltanschaulich funktionalisiert werden.

Da darüber hinaus die sozialen Widerspruchstendenzen als angeblich unausweichliche Begleiterscheinungen »entwickelter Sozialsysteme« interpretiert werden, geht der strebsame Privatdozent auch bei ihrer Benennung keinerlei Risiken eines karriereschädlichen Dissenses mit dem herrschenden Denken ein. Obwohl das Diskurs-Wissen sich mit einigen Weltanschauungselementen des Existentialismus überschnei-

det, verlangt es offensichtlich nicht einmal mehr dessen subjektivistische »Verweigerungshaltung«. Als Charakteristika einer »postmodernen« Intelligenz hat Lyotard jene Anforderungen spezifiziert, die für
eine Karriere in der Konkurrenzgesellschaft unabdingbar sind: »Ge-
schmeidigkeit, Toleranz und ›Wendigkeit‹«. Welch rasche Anpassungs-
fähigkeit die bürgerlichen Verhältnisse von der »organischen« Intelligenz verlangen, war zum Ende der 90er Jahre »mustergültig« zu beobachten: Nur wenige Monate benötigte die Mehrheit der Ökonomen, um
ihre These von einem immerwährenden goldenen Zeitalter der Kapital-
vermehrung durch Katastrophenszenarien abzulösen – offensichtlich,
ohne von dem Bedürfnis nach Rechtfertigung ihres geschmeidigen Pa-
radigmenwechsels belastet zu sein.

Für eine Intelligenz mit funktionalen Weltanschauungsaufgaben
(Künstler, Literaten und Philosophen), die in der entwickelten bürgerlichen Gesellschaft von der Pflicht zu konkreten Festlegungen zugunsten
des Bestehenden suspendiert ist, lassen sich die existenznotwendigen
Anpassungsleistungen weniger auffällig, aber mit nicht geringerer ideologischer Gründlichkeit erledigen. Mit philosophischen Konstruktionen
ebenso wie mit ästhetischer Symbolik, können sie die angebliche Unüberwindbarkeit des Faktischen und die Sinnlosigkeit konkreten Verän-
derungswillens thematisieren. Dieser Modus des ideologischen Funk-
tionalismus existierte schon vor der Existenz des Diskurs-Wissens, jedoch wurde er von den Protagonisten des Postmodernismus aktualisiert
und zu neuer Meisterschaft entwickelt: Durch die Kombination einer
ethischen Biegsamkeit mit inhaltlicher Mehrdeutigkeit bleiben die Par-
teigänger der »Postmoderne« vor unkalkulierbaren Konflikten mit den
geistesbürokratischen Instanzen (also den Entscheidungsgremien über
Titel und Stelle) verschont. Denn, wie wir gesehen haben, konzentrieren sich die »subversiven« Strategien des Postmodernismus auf Neben-
schauplätze, vermeiden sie es, die elementaren sozialen Widersprüche
zu thematisieren.

Die ideologische Verfügbarkeit des Diskurs-Wissens beginnt mit dem
Verfall der sprachlichen Präzision: Begriffe haben meistens nur noch
eine ins Extrem gesteigerte metaphorische Bedeutung. Schon deshalb
gelingt es der »postmodernen« Rede nicht, die herrschenden Selbsttäu-

schungen zu durchdringen. Was zählt, ist »die Sensation, die provokante These. Sie ist um so erfolgreicher, je weniger sie wirklich provokant eine Veränderungskonsequenz nach sich zieht« (R. Behrens). Sie ist um so überzeugender für das intellektuelle Gegenwartsbewußtsein, je »authentischer« sie die verdinglichten Selbstbilder der Krisengesellschaft (die auch eine psychische Stabilisierungs- und soziale Orientierungsfunktion haben) reproduziert.

Wenn diese Selbstbespiegelungsbedürfnisse erfüllt sind, fallen in der »Diskurs-Kultur« argumentative Paradoxien scheinbar nicht mehr ins Gewicht und offensichtlich auch niemandem mehr auf. Für die Verklärung der realen Verhältnisse (im vorliegenden Fall der warenästhetischen Instrumentalisierung des Körpers und seiner individuellen Wahrnehmung als etwas Fremden) ein aufschlußreiches Textbeispiel: »Der Körper bezeichnet nicht länger etwas Schändliches oder eine Maschine, er steht für unsere tiefe Identität, für die man sich nun nicht mehr zu schämen braucht und die man jetzt an den Stränden oder in den Vergnügungsstätten nackt und in seiner natürlichen Wahrheit zur Schau stellen darf.« (G. Lipovetzky) Aber läßt sich sinnvoll von »Identität« sprechen, bzw. welche Identität kann gemeint sein, wenn die Menschen einem unerreichbaren Idealbild des Körpers nachhetzen und seine vom Verfall geprägte Realität verdrängen, wie es der Autor gleich im nächsten Satz beschreibt? Daß er die Reduzierung des Körpers auf ein Symbol der Leistungsfähigkeit auch noch als Ausdruck einer »postmodernen« Würde des Körpers ansieht, vollendet eine intellektuelle Verwirrung babylonischen Ausmaßes: »Man muß stets über seine Funktionstüchtigkeit wachen, gegen seine zunehmende Alterung ankämpfen, die Anzeichen seines Verfalls durch ein permanentes chirurgisches, sportliches, diätetisches usw. Recycling bekämpfen: körperliche Gebrechlichkeit ist heute schon zu einer Schändlichkeit geworden.« (Lipovetzky) In die Lebenswirklichkeit übersetzt bedeutet diese zutreffende Beschreibung: Der Mensch mit einer im Alter natürlicherweise abnehmenden Leistungskurve und als reales Widerspruchsprinzip zu der verlogenen Ideologie permanenter »Jugendlichkeit« ist in der »Postmoderne« zu einer Schändlichkeit geworden!
Die Paradoxie solcher Denkbewegung ist keine zufällige Entgleisung,

sondern hat »methodischen Status«. Die Diskurs-Kultur schließt systematisch an entmystifizierende Erkenntnispotentiale und kritische Begriffssysteme an – aber nur, um sie herrschaftskonform zu »transformieren«. Diese Vorgehensweise soll anhand zweier wichtiger Themenkomplexe näher betrachtet werden:

Aus der richtigen Einsicht, daß die menschliche Sprache flexibel strukturiert ist, sich durch den jeweiligen Redekontext Bedeutungsverschiebungen der Begriffe ergeben, wird die Unmöglichkeit der Verallgemeinerbarkeit von Aussagen, ja von verständiger Kommunikation überhaupt deduziert: Relationalität wird mit Relativismus verwechselt, die Vielschichtigkeit sprachlicher Kontexte als Indiz einer rein subjektiven Bedeutung von Aussagesystemen interpretiert. Sprache wird nicht als Medium der Verständigung (die gerade erst durch ihre Flexibilität möglich wird!), sondern als unüberschreitbare Schranke aufgefaßt: Aus ihrer kontextuellen Mehrdimensionalität wird auf eine inhaltliche Unbestimmtheit geschlossen: Sie müsse deshalb »letztlich dunkel bleiben. Insofern ist die Sprache ähnlich instabil wie die Welt, die sie zu beschreiben trachtet.« (H.-M. Schönherr-Mann) Mit der realen Funktionsweise sprachlicher Kommunikation hat dieses Problemverständnis nicht viel zu tun. Der Satz: »Die Tür ist offen«, kann eine einfache Tatsachenfeststellung sein. Er kann jedoch auch eine »normative« Bedeutung haben. Mit ihm kann ein Mitbewohner aufgefordert werden, die Tür zu schließen, weil Kälte in das Haus eindringt. Der gleiche Satz kann auch eine einladende Bedeutung haben, nachdem jemand an der Tür geklopft hat. Der Sinn der Aussage verschiebt sich tatsächlich in allen Fällen – bleibt durch den Redekontext jedoch konkret nachvollziehbar. Derrida würde jetzt natürlich mit sophistischem Hintersinn einwenden, daß wir nicht wissen können, weshalb jemand an die Tür geklopft hat, wer dieser Jemand war und ob er tatsächlich nur sein Einlaßbegehren signalisieren oder ein geheimes Signal übermitteln wollte. Daß wir das aus der Distanz und ohne nähere Informationen nicht wissen können, ist sicherlich richtig. Die aber in einen solchen Vorgang (man könnte auch sagen: in einen solchen *Praxis-Kontext*) involvierten Personen verfügen in der Regel über genügend Informationen und »Hintergrundwissen«, um die Bedeutungen kontextuell erschließen zu können.

Wenn beispielsweise durch das Klopfen ein Signal gegeben werden soll (»Aufgepaßt Kinder, die Mutter kommt!«), sind seine Empfänger gewöhnlich über seinen Zweck informiert. Aber auch, wenn jemand nur sinn- und ziellos an fremde Türen klopft, ist *diese* Sinn- und Ziellosigkeit objektivierbar und keinesfalls als Beweis für die Behauptung geeignet, daß kommunikativer Sinn *grundsätzlich* nicht erschließbar sei!

Genau diesen Eindruck aber versucht das Diskurs-Denken zu vermitteln: Im Gegensatz zur realen Funktionsweise der Sprache soll die kontextuale Vermittlung des kommunikativen »Sinns« als das entscheidende Hindernis für die intersubjektive Vermittlung von Erfahrungen und sprachlichen Absichten begriffen werden. Die »Iterabilität« der Sprache bewirkt nach Derrida, »daß man (immer schon, auch) etwas anderes sagen will, was man sagen will, etwas anderes sagt, als man sagt und sagen möchte«. In welcher Weise solche Stilisierungen weltanschaulich ausgeschlachtet werden können, wird durch die Behauptung dokumentiert, daß »durch die Einsicht in den oszillierenden Charakter der Sprache alle bisherige ethische Bemühung obsolet« erscheinen muß (H.-M. Schönherr-Mann). Und das bedeutet ja, »wenn man den Postmodernisten auch nur einmal beim Wort nehmen dürfte – ehe er wieder vermittels seiner Gleitsemantik, vermittels der Legitimierung durch die Paralogie und einer netten ›linken‹ Geste entschlüpft« (J. Wilke), daß auch gegen die herrschende ethische Indifferenz und moralische Multivariabilität kein tragfähiges Argument zur Verfügung stände!

Zu einer vergleichbaren, das Faktische legitimierenden und ihr kritisches Potential entschärfende Konsequenz führt auch die postmodernistische »Bearbeitung« tiefenpsychologischer Erkenntnisabsichten. Freuds Thematisierung der Verstrickungen der Menschen im gesellschaftlichen Machtgefüge und in Strukturen, in denen sich diese Abhängigkeit reproduziert, schließt immer die Frage nach der Möglichkeit der Selbstbefreiung mit ein. Die Psychoanalyse als Kulturtheorie ist von einem Problembewußtsein motiviert, das für alle Emanzipationstheorien von zentraler Bedeutung ist: Wie können die Menschen trotz ihrer strukturell vermittelten Fremdbestimmung zum Subjekt des sozio-kulturellen Geschehens werden? In der Diskurs-Praxis wird der psychoanalytische Theorieansatz, der dem Bewußtsein die Vorherrschaft streitig macht und die Rolle des Unbewußten bei der Orientierung der Menschen in der Welt thematisiert, auf die Behauptung einer unentrinnbaren Abhängigkeit des Individuums von seiner Triebstruktur verkürzt. Freuds konkrete Aufklärungsintention, durch Analyse der zwiespältigen Strukturprinzipien der Psyche, den Menschen ein rationales Verhältnis zu seinen unbegriffenen und verdrängten Existenzgrundlagen zu ermöglichen, wird auf den Kopf gestellt. Lacan hat dem Diskurs die einschlägigen Stichworte geliefert: Er interpretiert den Menschen als Gefangenen in den Netzen seiner psychischen Struktur, sein Selbstbild (in welcher Form auch immer) begreift er als Fiktion. Das Verhältnis der bewußten Instanzen zum dynamischen Unbewußten wird nicht mehr als widersprüchliche Beziehung, sondern als Hierarchie betrachtet: Das Unbewußte beherrscht die Bewußtseinsebenen, der Mensch ist ihnen unterworfen. Für Lacan ist das Unbewußte nicht ein das menschliche Leben und Erleben ermöglichendes und organisierendes Organisationsprinzip, sondern ein Determinationsprinzip. Er interpretiert das Un- und Vorbewußte als eine »Urkraft«, die alle Bewußtseinsprozesse strukturiert. Weil auf diesem Wege Strukturierung mit Fremdbestimmung gleichgesetzt wird, bleiben alle Versuche der Selbsterkenntnis vergeblich; das Subjekt kann sich von den Einflüssen des Unbewußten nicht emanzipieren, seine Autonomie und Selbstbestimmungsvorstellungen bleiben fiktional. Aus ihrem Begründungskontext gerissene und ihres Sinnes entleerte Argumente Freuds werden zu einem absoluten Zweifel an der Möglichkeit menschlicher Selbstbestimmung instrumentalisiert. Die Leistung Freuds einer »Dezentrierung« des »cartesianischen Subjekts«, das in der Illusion einer völligen Übereinstimmung mit seinen Intentionen handelt, wird zur Grundlage eines weltanschaulichen Konstrukts mit resignativen und emanzipationsfeindlichen Konsequenzen umgebaut: Weil das sachfremd stilisierte Subjekt sich unter *keinen* Umständen selbst erfassen könne, ist für Lacan die Behauptung »Ich denke« gleichbedeutend mit dem Satz »Ich lüge«! Das »diskursive Wissen« leitet aus diesem Erklärungsmodell die Gewißheit ab, daß es unmöglich wäre »Objektivität« zu benennen, den fiktiven Erlebnisraum zu verlassen, richtige und falsche Denkinhalte zu unterscheiden. Mit diesen ideologischen Fixierungen hat es nicht nur einen spezifischen Anteil an der

»epidemischen Verbreitung eines Geistes der Resignation« (B. Wielenga), sondern auch an der Legitimierung gesellschaftlich produzierter Unmündigkeit.

An diesen Themenkomplexen können wir exemplarisch die postmodernistische Strategie der Bedeutungsverschiebungen erkennen, die – wen wird es noch überraschen – immer in die gleiche Richtung zielen. »Dekonstruiert« werden die Begriffe, die das semiotische Gerüst eines gesellschaftskritischen Denkens darstellen und wegen ihrer Bedeutung nicht ignoriert werden können. Jedoch werden sie ihrer intellektuellen Substanz beraubt, inhaltlich so ausgeweitet oder verschoben, daß sie alles (und damit letztlich nichts) bezeichnen können: Der Terror – ist die Sprache! Das Totalitäre – ist die Vernunft! Die Macht – ist ein System individueller Selbstverstrickung! Die Psyche – ein labyrinthisches Gefängnis.

Gleichheit und Differenz

Durch die postmodernistische »Bearbeitung« verlieren ehemals progressiv besetzte Begriffe ihr unverwechselbares Profil und können widerstandslos in einen gegenaufklärerischen Kontext integriert werden: »Das Recht auf Differenz, in den 60er Jahren eher von linker Seite mit anti-imperialistischer Stoßrichtung reklamiert, ist mit seiner kulturrelativistischen, anti-univeralistischen Zuspitzung zunehmend ambivalent geworden und hat längst Eingang in rechte Diskurse gefunden.« (K. Priester)

Daß beispielsweise durch die isolierte Wahrnehmung ethnischer und kultureller Differenzen noch kein »oppositionelles Prinzip« konstituiert wird, sollte durch die Instrumentalisierung dieser Theoreme im Argumentationskontext einer durch die Zeitgeistschablonen intellektuell aufmunitionierten »Neuen Rechten« deutlich geworden sein: Sie fordern die Ausgrenzung der Fremden und ihre Rückführung in ihre angestammten Heimatländer, angeblich, damit sie ihre kulturelle Eigenständigkeit bewahren und ihre »Differenzen« ausleben können!

Solche Instrumentalisierung ihrer Begriffe ist von den konzeptionellen Ideologen des Postmodernismus keinesfalls intendiert. Das Konzept der »Differenz« und der »Heterogenität« ist ohne Hintergedanken als Parteinahme für unterdrückte Subjektivitäten konzipiert: Verdrängten Bedürfnissen und unkonventionellen Existenzweisen soll Aufmerksamkeit geschenkt, die Absolutheitsansprüche eines ordnenden Allgemeinen in Frage gestellt werden. Jedoch ist offensichtlich mit dem methodischen Instrumentarium des Diskurs-Wissens dieser Anspruch nicht zu realisieren. Es ist ebenso der Verdacht nicht von der Hand zu weisen, daß auch die fremdbestimmte Verwendungsweise ihrer Theoreme eine (fast unvermeidliche) Konsequenz konzeptioneller Indifferenzen und verdeckter Vorentscheidungen des »Postmodernen Denkens« sind. Schon terminologisch verstrickt es sich in kaum entwirrbare Widersprüche. Denn der Differenz-Begriff in seinem abstrakten Verwendungsmodus ist kaum geeignet, die intendierten (individualistischen) Selbstentfaltungsansprüche auf der Basis nivellierender und die subjektiven Geltungsansprüche bedrohender Vergesellschaftungsbedingungen auch nur zu bezeichnen: Gleichheit und Differenz sind funktional zum kapitalistischen Reproduktionsmechanismus vermittelt. Sie basieren auf dem dialektischen Verhältnis von ökonomischer Gleichheit (in den gesellschaftlichen Tauschprozessen) und sozialer Ungleichheit! Ist die formale Gleichheit des Marktes die Voraussetzung der Ausbeutung der Ware Arbeitskraft, so die soziale Differenzierung der Ausdruck ihrer gesellschaftlichen Konsequenzen. *Diese* Differenz ist »ein unentbehrlicher Teil des gegenwärtigen repressiven und exploitativen Gesellschafts- und Wirtschaftssystems ... [Deshalb können] der interne Widerspruch oder der Doppelcharakter der kapitalistischen Moderne ... weder durch das Begraben der Gleichheit noch durch das Verschmähen der Differenz, sondern nur durch die kritische Analyse des dialektischen Verhältnisses, das zwischen ihnen besteht, überwunden werden.« (S. Gandler) Der Verzicht auf diese entscheidende Reflexionsarbeit hat weitreichende Konsequenzen: Das »Postmoderne Denken« bleibt den Selbsttäuschungen eines kapitalistisch geprägten Sozialbewußtseins verhaftet, dem es nicht gelingt, den Doppelcharakter der »gesellschaftlichen Verhältnisse als notwendigerweise ebenso *gleiche* wie *ungleiche* (differentielle) zu begreifen.« (S. Gandler)

Jene gutgläubigen Rezipienten des Postmodernismus, die sein distanzierendes Pathos für das Ganze nehmen, unterliegen regelmäßig einem fundamentalen Irrtum. Beeindruckt von den häufig zutreffenden Beschreibungen von Symptomen, »übersehen« sie jene »methodisch« bedingten affirmativen Wendungen, die mit ziemlicher Regelmäßigkeit zur Legitimation der angesprochenen Sachverhalte führt.

Beschreibung und Affirmation

Durch den »postmodernen« Blick werden problematische gesellschaftliche Entwicklungen verharmlost, bzw. wird das Fragwürdige zur Bedingung einer »selbstbefreienden« Lebensgestaltung stilisiert. Fast immer nach dem gleichen Muster schlägt partielle Kritik in die Bejahung des angesprochenen Sachverhalts um. Ein exemplarisches Beispiel für diesen objektiven Verschleierungsmodus finden wir bei H.-G. Vester, der auf den hegemonialen Einfluß der US-amerikanischen Lebensart auf das Selbstverständnis in den entwickelten kapitalistischen Ländern und die sozialwissenschaftliche »Widerspiegelung« dieser Verabsolutierung verweist: »Was eine historisch bedingte soziale Formation war, wurde in ahistorischer Weise zur Institution der Familie schlechthin. Im Vergleich zu diesem Bild oder Zerrbild muß der heute zu beobachtende Pluralismus familialer Strukturen wie ein Scherbenhaufen erscheinen. Doch nur, wenn man von der typischen Familie der fünfziger und frühen sechziger Jahre ausgeht, kann von einem Scherbenhaufen die Rede sein. Von der postmodernen Warte aus gesehen, stellt die Moderne der fünfziger und sechziger Jahre die Ausnahme und nicht die Regel dar. Und das nicht nur im Bereich der Familie.«

Diese Argumentation entbehrt nicht einer gewissen Komik – und ist dennoch sehr ernst gemeint: Von der Erfahrung der Zerstörung aus betrachtet, erscheint die Zerstörung als »Normalzustand«. Unabhängig von der Frage, ob nicht die postmodernistische Wendung auf das gegenwärtig Faktische, nicht in gleicher Weise eine positivistische Selbstbeschränkung ist wie die theoretische Fixierung auf die konsumkapitalistische

Kleinfamilie, fällt durch das unreflektierte Verhältnis zur »postmodernen« Auflösung traditioneller Strukturen nicht nur das Problembewußtsein über die soziale Funktion von Familienformen unter den Tisch. Auch die individuellen Konflikt- und Leidenserfahrungen, die mit dem Funktions- und Formwandel verbunden sind, werden nicht mehr thematisiert. In ihrer vordergründigen Begeisterung für die Veränderungen in der »Postmoderne«, befangen im Rausch der »Entzweiungen« und »Differenzierungen«, des »Nebeneinander und Durcheinander des Disparaten«, wendet das »Postmoderne Denken« den Blick von den individuellen und sozialen Kosten der »Dezentrierung«, von den sozialpathologischen Konsequenzen der krisenförmigen Veränderung der Sozialverhältnisse ab! Solche »Transformationsleistungen« sind keine zufälligen Effekte, sondern zwangsläufiges Resultat des »postmodernen« Denkansatzes. Denn nach seinem expliziten Selbstverständnis, stellen sich in »vielheits-offener Perspektive ... Situationen und Phänomene völlig anders dar, sind sie grundlegend positiv konnotiert.« (W. Welsch) Die Deskription des Weltzustandes wird mit der Bejahung seines Sein-Sollens vermengt: Die »Beschreibung dessen, was ist, droht umzuschlagen in einen ›fröhlichen Positivismus‹, in herzhafte Affirmation der bestehenden Verhältnisse.« (M. Frank)

Solche legitimatorischen Effekte treten beispielsweise schon auf der theoretischen Makroebene ein, wenn »Macht«, wie bei Foucault, begrifflich so universal gefaßt wird, daß keine soziale Aktivität sich ihr mehr entziehen kann, oder wenn, wie wir gesehen haben, bei Baudrillard die Realität als Fiktion und die Fiktion als Realität verklärt wird. Während im ersten Fall, auch dort, wo der Ansatz herrschaftskritischen Erkenntnisgewinn verspricht, durch das Verlassen des Bodens geschichtlicher Verhältnisse und realer gesellschaftlicher Vermittlung die »Macht« eine »schier ins Unendliche [gehende] Universalisierung erfährt« (O. Negt), und konkrete Herrschaft durch den Schein ihrer Unvermeidbarkeit entlastet wird, werden im anderen Fall die Fragen nach dem Verhältnis von Wirklichkeit und Illusion, Wahrheit und Lüge überflüssig und dadurch die Manipulationswirkungen der medial-politischen Komplexe legitimiert. Beide Denkansätze knüpfen zwar an realen Tendenzen an, diese werden jedoch mit totalisierenden Interpretationschablonen »bearbeitet« und verabsolutiert. Um die Funktionsweise dieses methodischen Mechanismus zu verstehen, müssen wir ein weiteres Mal einen Blick auf die nietzscheanischen Denkvoraussetzungen des Postmodernismus werfen: Ist Foucaults Vorstellung einer Permanenz der Macht Nietzsches Auffassung der Machtverfallenheit der Masse verpflichtet, orientiert sich Baudrillard an einem Nietzsche, der den Schein zu einer unüberwindbaren Instanz erklärt, der mit keinem Begriff beizukommen sei und der keine Realität entspricht: »Wir leben in einer Welt, in der die ureigenste Funktion des Zeichens darin besteht, die Wirklichkeit verschwinden zu lassen und zugleich dieses Verschwinden zu tarnen.« (Baudrillard)

In beiden Fällen wird die Realität durch die »Interpretation« aufgelöst und die Haltung einer abstrakten Revolte kultiviert, die sich gegen »alles« wendet, die *konkreten* Machtstrukturen und Entfremdungsprozesse aber außer acht läßt. Beide Interpretationsansätze verzerren reale gesellschaftliche Entwicklungen durch sachlich unzulässige Verallgemeinerungen von Teilaspekten. Es lassen sich zum Beispiel problemlos Belege für Baudrillards Grundgedanken einer unentwirrbaren Verschlingung von Realität und Fiktion durch eine zunehmende Ununterscheidbarkeit »von Tauschwert und Gebrauchswert« finden: Der warenästhetische Schein und das werbestrategisch vermittelte Image erhalten realkapitalistisch eine immer privilegiertere Rolle. Doch ist es unzutreffend, daß die Gebrauchswertseite dadurch ganz verdrängt wird: Das Auto ist ein Fortbewegungsmittel, auch wenn es ein überaus *reales* Statussymbol ist!

Deutlicher noch wird die Brüchigkeit der theoretischen Verabsolutierung *eines* Trends der »Konsumgesellschaft«, wenn wir uns den Funktionsgesetzen des Arbeitsmarktes (auf dem die *grundlegende* Ware des Kapitalismus gehandelt wird!) zuwenden. Würde Baudrillard auch für ihn behaupten wollen, daß seine Waren (also die lebendige, menschliche Arbeitskraft) bloße Symbole eines zirkulären Austauschprozesses sind? Ein bloßer Tauschwert, der »in alle Richtungen, in alle Lücken, *ohne irgendeine Bezugnahme auf irgend etwas*, aus reiner Kontiguität« strahlt? Die Kenntnisnahme der marktgesellschaftlichen Realität, der in ihr dominierenden Anstrengungen, den »Kostenfaktor Arbeit« zu reduzieren, und des Bemühen, aus den Beschäftigten auch noch die letzten

Leistungsreserven heraus zu pressen, müßte eigentlich auch Baudrillard darüber belehren, wie elementar die Bedeutung des Gebrauchswerts (der Ware Arbeitskraft) ist!

Das krisenförmige Bewußtsein der Krise

Zwar besitzt der Postmodernismus als Reaktionsform auf tiefgreifende sozio-kulturelle Veränderungen ein unbestreitbares *Moment* von Wahrheit. Peter Bürger hat mit seiner Charakterisierung des Postmodernismus als »unbegriffenen Ausdruck dafür, daß die Moderne sich anders denken muß«, nicht unrecht; jedoch ist diese Fähigkeit zum alternativen Denken dem Diskurs selbst nicht gegeben: Weil es auch registrierte Widersprüche theoretisch nicht zu durchdringen vermag, gelangt das »Postmoderne Denken« über den Status eines *krisenförmigen Bewußtseins der Krise* nicht hinaus – zumal es ja selbst die diagnostizierte Orientierungs- und Perspektivlosigkeit zu einem unentrinnbaren Epochenschicksal verklärt. Das Diskurs-Wissen ist der Ausdruck einer Entwicklung, deren Ursachen ihm verborgen bleiben; denn mit der sozio-ökonomischen Substanz der Umwälzungen setzt es sich ernsthaft nicht auseinander! Im besten Falle ist noch von menschlichen Krisen, nicht aber mehr von gesellschaftlichen die Rede.

»Die Postmoderne«, darin können wir Welsch zustimmen, »ist keineswegs ein bloßes Überbauphänomen«; nicht nur als theoretisches Konstrukt hat sie Realitätsstatus. Sie ist auch die affirmative Reaktion auf gesellschaftliche Entwicklungsprozesse: »Alle Argumente, die gegen Demokratie, Fortschritt, Vernunft und Humanismus auftauchen, sind nicht bloß ausgeklügelt, sondern entstammen dem gesellschaftlichen Sein unserer Epoche. Sie kommen ... nicht aus den Büchern ins Leben, sondern aus dem Leben in die Bücher.« (G. Lukács)

Obwohl die postmodernistischen Geisteshaltungen sich affirmativ zu den ideologischen Grundtendenzen der Epoche und den spontan-irrationalistischen Alltagsorientierungen verhalten, drückt sich in ihnen aber dennoch ein spezifisches Distanzierungsbedürfnis aus: Sie sind die

»spontane« Reaktion auf intensive Krisenerfahrungen, ohne aber die Schärfe des historischen bürgerlichen Krisenbewußtseins zu besitzen. Ideologiekritisch betrachtet, sind die »postmodernen« Bewußtseinsformen Ausdruck eines diffusen »Leidens an der Wirklichkeit«, dessen bürgerlich-kapitalistische Ursachen (anders als bei Nietzsche bis hin zur Lebensphilosophie) jedoch nicht mehr thematisiert werden. Es wird auch nicht mehr, wie in den tradierten Weltanschauungssystemen, eine »Allmacht der Umstände« in den Mittelpunkt gerückt, sondern in der von Heidegger vorgezeichneten Weise eine unbestimmte »seinshafte« Verstrickung der »Subjekte« postuliert und damit letztlich der subjektivistische Erfahrungskosmos verabsolutiert.

Auch wenn der Diskurs sich bei der Beschreibung aktueller Vergesellschaftungstendenzen der Sprache kritischer Gesellschaftstheorie bedient und mit einem distanzierenden Gestus auftritt, verbleibt er durch seinen methodischen Reduktionismus im Bann eines verdinglichten Gegenwartsbewußtseins. Zwar wird beispielsweise von Lyotard das von Nietzsche adaptierte restaurative Geschichtsverständnis einer »ewigen Wiederkehr« pathetisch zu einem a-historischen Kapitalismus-Begriff in Beziehung gesetzt: »Die geregelte Wiederkehr ist das Kapital«. Jedoch wird den Reproduktionsbedingungen der kapitalistischen Gesellschaft keine weitere Beachtung geschenkt, sondern nochmals auf den Spuren Nietzsches der Schein (einer *unabänderlichen* Dominanz des Kapitalsystems) als finaler Ausdruck eines sozialen Sachverhalts ratifiziert. Durch die dogmatisch gesetzten Bewertungen wird ein realistischer Blick auf die spätmodernen Lebensbedingungen verhindert. Entgegen der postulierten Absicht werden die durchaus vorhandenen Anzeichen eines qualitativen (weil über den Kapitalismus hinaus weisenden) Wandels ignoriert und die Thematisierung realer Widerspruchstendenzen tabuisiert.

Die in den Diskurs-Sphären – trotz der penetranten Behauptung der Ungewißheit über das Zukünftige und die Offenheit aller Entwicklungen – immer wieder auftauchende Fixierung auf eine angebliche »Unaufhörlichkeit des Kapitalismus«, ist alles andere als ein Zufall! Die Vorstellung des Alltagsbewußtseins von einer Permanenz der Gegenwart prägt auch den Diskurs-Horizont. Das »Postmodernen Wissen«

verschließt sich jedem Begriff konkreter Gesellschaftsveränderung und gestattet weder den Blick zurück noch eine Orientierung nach vorne. Diese Verweigerungshaltung fällt der »Postmoderne« um so leichter, als das konstatierte Zusammenwachsen von Subjektivem und Objektivem keinesfalls als etwas Kritikwürdiges gedacht wird; der Verzicht auf ein kritisch-reflexives Verhältnis zu den Vergesellschaftungsprozessen gehört zur stillschweigenden Übereinkunft des Diskurses.

Die Geschichte erscheint nicht wenigen Vertretern des Postmodernismus durch den »Sieg« des Kapitalismus an ihr Ende gekommen zu sein: »Die Zukunft ist schon angekommen, alles ist schon angekommen ... Ich meine, wir haben weder die Realisierung einer revolutionären Utopie zu erwarten, noch andererseits ein explosives Atomereignis. Die zersprengende Kraft ist schon in die Dinge eingetreten. Es ist nichts mehr zu erwarten«. (Baudrillard) Spätestens durch solche Sätze entlarvt sich das »postmoderne Denken« als eine Reflexionsstufe des falschen Bewußtseins, das den Horizont der herrschenden Verhältnisse als unüberschreitbar erlebt.

Als wesentliche Bedingung seiner ideologischen Funktionalität hat der Diskurs jedoch die Fähigkeit entwickelt, seine ideologische Anpassung zu verschleiern. Demonstrativ bemüht er sich, kulturelle »Distanz« zu demonstrieren und den Eindruck eines grundlegenden Dissenses mit dem hegemonialen Meinungsspektrum zu erwecken. In dem herrschenden ideologischen Klima der interessierten Interesselosigkeit scheinen noch die fadenscheinigsten Selbstetikettierungen zu genügen, um von der faktischen Herrschaftsfunktionalität abzulenken. Der ideologische Verschleierungseffekt des diskursiven Umgangs mit den sozialen und kulturellen Erscheinungen ist um so überraschender, als die Distanzierungsbemühungen selten überzeugend ausfallen (und meistens in ihrer Harmlosigkeit kaum zu überbieten sind). So wird beispielsweise einem zeitgenössischen Künstler, dem die offiziellen Ausstellungsinstitute bereitwillig ihre Tore öffnen, schon deshalb, weil er den »Kunstbetrieb ironisiert«, eine »subversive Rolle« im Getriebe der »Macht« attestiert.

Ein diskurstheoretischer Kleinmeister illustriert die intellektuelle »Subversivität« am Beispiel einer »postmodernen« Literatur, die sich von der Realität entpflichtet fühlt und im Unentschiedenen angesiedelt

ist: Da sie auf eine zentrale Botschaft verzichtet, könne der Rezipient
seinen Assoziationen freien Lauf lassen. Darin soll potentiell ein kreati-
ves Moment liegen, welches »in gewissem Sinne auch subversiv [ist],
da der Leser eine andere Botschaft der Lektüre entnehmen kann, als
ihm von einer autoritären Instanz zugemutet wird.« (H.-G. Vester)

Doch wäre es zu einfach in diesen hier dokumentierten Trivialitäten
nur das Triviale zu sehen. Wir können in diesen Beispielen auch ein
bestimmtes Schema von Bedeutungverschiebungen von Begriffen, die
aus dem Kontext entfetischisierender Wirklichkeitsaneignung stammen,
feststellen. Exemplarisch wird die postmodernistische Miniaturisierung
der Macht- und Herrschaftsproblematik demonstriert: Als »autoritäre
Instanz« wird eine Literatur »entlarvt«, die sich nicht auf die Generie-
rung des Scheins und Fetischisierung der Mehrdeutigkeit beschränkt,
als »subversiv« ein im besten Fall kreativer Umgang mit literarischen
Texten klassifiziert!

Das Muster für solch banale »Widerspruchshaltungen«, das in nicht
wenigen postmodernistischen Redeinszenierungen präsent ist, hat Ro-
land Barthes durch seine »Entlarvung« der Sprache als »faschistisch«
geliefert. Diesen bedeutungsschweren Begriff benutzt er als Synonym
für den »Systemcharakter« der Sprache, ihrer Eigenschaft, immanente
Zwänge auf den Sprechenden auszuüben. Diesen Zwängen sei nur durch
einem »subversiven« bzw. »revolutionären« Umgang mit ihr zu entkommen; worunter die Schaffung subjektivistischer Sprachsysteme zu verstehen sei. Als »subversiv« und »revolutionär« werden also »Kommunikationsformen« qualifiziert, die eine intersubjektive Verständigung und
damit ja wohl auch gemeinsames (politisches) Handeln verhindern!

Stefan Gandler hat auf eine aufschlußreiche historische Parallele hingewiesen: »Die Postmodernen sind für die Moderne, was die Jesuiten
für die katholische Kirche waren: sie sind augenscheinlich radikal, aber
auf der Ebene des Konzeptuellen und Wesentlichen lau. Sie retten das,
was zu verschwinden hat, durch ihre pseudoradikale Kritik, welche die
kompromißlose Kritik, die das Fortbestehen der unterdrückerischen
Realität in Bedrängnis bringt, unwirksam macht. Dies kann in bestimmten Fällen problemlos einhergehen mit dem subjektiven Willen, die
Unterdrückung der Menschen durch den Menschen zu überwinden, was

aber nichts an ihren in letzter Instanz negativen Auswirkungen für die Emanzipation ändert.«

Distanzierende Gesten und pseudokritisches Pathos sind im Gefüge einer »postmodernen« Geisteskultur so wohlfeil zu inszenieren, weil in vielen Bereichen die Manipulationskategorien schon hegemonial geworden sind und dem weltanschaulichen Relativismus kaum noch nennenswerter Widerstand geleistet wird: »Der Untergangsstimmung, wie sie sich in unseren Tagen entwickelt, fehlt jedes Gegengewicht.« (E. Jünger) Die Aushöhlung des Denkens und die Verballhornung kritischer Begriffe ist *auch* Ausdruck einer unwidersprochenen Definitionsmacht des herrschenden Blocks, der auf der Grundlage einer tiefgreifenden Verunsicherung der Menschen die Signalbegriffe des politischen Diskurses inhaltlich aushöhlen und nach seinen Bedürfnissen füllen kann. Indem es ihm gelingt, auch die traditionellen Begriffe eines kapitalismuskritischen Politikverständnisses in seinem Sinne zu instrumentalisieren, diskreditiert er noch den besiegten Gegner: Unter dem Deckmantel der »Reform« werden soziale Sicherungen beschnitten und überwunden geglaubte Ausbeutungsverhältnisse restauriert; »Solidarität« bei den Opfern der sozialen Umwälzungen eingefordert, damit die Privilegien der Krisen-Profiteure ungeschmälert bleiben; »Selbstverwirklichung« mit dem Streben nach werbe-medial vermittelten Konsummustern gleichgesetzt.

Die Perpetuierung des falschen Bewußtseins

Bedingt durch seinen methodischen Reduktionismus liefert sich der Postmodernismus bedingungslos den ideologischen Selbsttäuschungen der kapitalistischen Gesellschaft aus. Seine Kritik der »Meta-Erzählungen« und die Überbewertung des Partiellen, Fragmentarischen und Unabgeschlossenen ist Ausdruck einer Fluchtbewegung vor der direkt entgegengesetzten Entwicklungstendenz eines vereinnahmenden und dominierenden Kapitalismus. Zum Verwechseln ähnlich ist das Diskurs-Wissen einem Alltagsbewußtseins, das die Unmittelbarkeit der Erscheinungen akzeptiert, kein Bewußtsein von Entwicklungstendenzen und Vermittlungen besitzt. Weil die unmittelbare Nähe des Eindrucks nicht verlassen wird, wird auch die mögliche Vermittlung verfehlt, auf die die Sache selbst verweist.

Was einem gutgläubigen und staunenden Publikum als philosophische Meisterleistung und Beweis einer konsequenten intellektuellen Unabhängigkeit vorgeführt wird, ist kaum mehr als der ideologische Reflex auf einen Zustand des Sozialen, der die beständige Konzentration auf das »Faktische« erzwingt und damit die Fähigkeit zum Denken elementar beschädigt: »Mitten im Netz der ganz abstrakt gewordenen Beziehungen der Menschen untereinander und zu den Sachen entschwindet die Fähigkeit zur Abstraktion.« (Adorno) Nur noch in der unmittelbaren Anschauung ist dieses Denken, das eine Vorstellung vom Prozeß und somit einen Begriff vom Vergangenen verloren hat, dem aber auch der Blick auf die Zukunft Angst einflößt, ganz bei sich.

Der bereitwillige Verzicht auf ein in die Tiefe zielendes Gegenwartsverständnis, der den Gleichklang des Diskurses mit dem Alltagsbewußtsein begründet, ist jedoch gleichzeitig das Geheimnis seiner weltanschaulichen Überzeugungskraft: Seine formell zurückhaltende und unbestimmte Rede schließt an Stimmungen der Ungewißheit, des Nicht-Festlegen-Wollens und des gestaltlosen »Suchens« an: Das Diskurs-Wissen hat den Augenschein zwangsläufig auf seiner Seite, weil es sich jeden Blick über das Faktische hinaus versagt und die »totalitäre Logik der vollendeten Tatsachen« (H. Marcuse) akzeptiert.

Warum ist es aber gerade diese Übereinstimmung mit den herrschenden ideologischen Trends und seine Affinität zum Alltagsbewußtsein, aus der die Attraktivität des Postmodernismus für eine Intelligenz resultiert, die in ihrer Mehrheit verunsichert und perspektivlos ist? Der Postmodernismus bietet gerade durch die positive Interpretation der herrschenden Ziel- und Orientierungslosigkeit, in *Kombination* mit seinem gehalt- und folgenlosen »Radikalismus«, der Intelligenz die Möglichkeit, ihr spezifisches Selbstverständnis zu bewahren, d.h. einen historisch gewachsenen Kritikanspruch aufrechtzuerhalten, ohne in Widerspruch zu den herrschenden Wertvorstellungen zu geraten. Vordergründig wird eine »subversive Dispositivität« in Anspruch genommen, jedoch hinter der Fassade des »Widerspruchs« der harte Kern des resignativen und zynischen Gegenwartsbewußtseins reproduziert.

Wir haben gesehen, daß auch jene postmodernistischen Denker, die auf den ersten Blick »kritisch« gestimmt sind, die (objektiv kapitalistische) Widerspruchsentwicklung als irreversibel ansehen. Diese Disposition hat den unbestreitbaren Vorteil, daß die verunsicherte Intelligenz ihre »eigene Machtlosigkeit bequem rationalisieren« (T. Eagleton) und die geistige Kapitulation als autonome Entscheidung interpretieren kann. Die versteckte Angst vor der Katastrophe wird durch ihre Akzeptanz kompensiert; und mit Bekennermut wird behauptet, daß »es zum Kapitalismus keine globale Alternative gibt« (Lyotard): Auf die realgesellschaftliche Bedrohung der Zukunftsperspektive reagiert das (post-)moderne Bewußtsein also mit der Behauptung eines Verlustes der Zukunft.

Eine Perspektive der Überwindung existiert nicht mehr, sagt G. Vattimo, deshalb müssen die Menschen in der »Postmoderne« sich mit der »Verwindung« (Heidegger) begnügen, d. h. sich mit der »Einsicht« der Zirkularität ihres Lebens und ihres Begehren zufrieden geben, weil die Schaffung eines »wirklich Neuen« nicht mehr möglich sei. Den Spuren solch resignativen Geschichtsbewußtseins folgend, fordert Z. Bauman von der Gesellschaftswissenschaft, daß sie sich zu einer »Soziologie der Postmoderne« mit einer affirmativen Grundeinstellung zu entwikkeln habe: »Sie muß vor allem die spezifische Qualität der postmodernen Figurationen akzeptieren, statt sie als kranke oder minderwertige Form der Gesellschaft zu behandeln.«

Aufschlußreich (weil sie die ideologische Unterwerfungsbereitschaft des Diskurs-Denkens deutlich hervortreten läßt) ist auch die Vorgehensweise J. Derridas bei der »Dekonstruktion« und »Weiterentwicklung« des Marxschen Fetisch-Begriffs. Fetischisierte Bewußtseinsformen sollen nicht mehr aus historisch entstandenen Praxisformen erklärt, sondern als eine Invariante der menschlichen Existenz verstanden werden: »Sobald es Produktion gibt, gibt es auch Fetischismus« (Derrida). Diese Feststellung soll paradoxerweise als nachdrückliche Infragestellung des Marxschen Interpretationsansatzes verstanden werden, der nicht konsequent genug sei, um die Zwangsläufigkeit desorientierender Bewußtseinsformen zur Kenntnis zu nehmen.

Faktisch repräsentiert Derridas Position das genaue Gegenteil der aus der Marxschen Kapitalanalyse resultierenden Erkenntnis eines fundamentalen Zusammenhangs von sozio-ökonomischer und geistig-emotionaler Fremdbestimmung: Weil den Produzenten die Resultate ihrer Tätigkeit enteignet werden, können diese ihnen als eine fremde Gewalt gegenüber treten (vereinfachend gesagt: Die Arbeiter produzieren Maschinen, die sie arbeitslos machen). Aus der Perspektive ihrer subalternen Praxis kehren sich Ursachen und Wirkung um, *erscheint* den Produzenten das von ihnen *erzeugte* soziale Verhältnis in der »Festigkeit von Naturformen« (der Abbau von Arbeitsplätzen wird als aus der technischen Entwicklung resultierender »Sachzwang« erlebt). Diese, die sozialen Beziehungen verdinglichenden Bewußtseinsformen, spiegeln zwar reale gesellschaftliche Verhältnisse wieder, verschleiern aber ihre Herrschaftsimplikationen.

Doch worin liegt nun die behauptete Inkonsequenz der Marxschen Sichtweise und die reklamierte Überlegenheit der Derridaschen Position? Konsequent zu Ende gedacht, fundiert Marx ein emanzipatorisches Praxisverständnis, gibt Anregungen, auf welchen Wege das System sozial produzierter Selbsttäuschungen neutralisiert und selbstbestimmtes Handeln möglich werden kann. Alles »subjektphilosopische Illusionen«, sagt der Postmodernismus! Aber welche Alternative bietet sein Problemverständnis? So ganz klar wird das in diesem, das Marxsche Denken »dekonstruierenden« Text nicht. Jedenfalls ist es keine mit einer nachvollziehbaren Emanzipationsperspektive. Das Resultat der »subversiven« Dekonstruktionsbemühungen Derridas besteht vorrangig darin, daß die skandalöse Realität der zu ihren menschenverachtenden Wurzeln zurückgekehrten Marktgesellschaft, der Zusammenhang von Herrschaft und Entfremdung, Ausbeutung und Verdinglichung sinnvoll nicht mehr thematisiert werden können. Durch die behauptete Unüberwindbarkeit des falschen Bewußtseins wird jeder kritischen Fragestellung und jedem emanzipatorischen Veränderungsprojekt die Legitimation entzogen. Warum soll einer Sache auf den Grund gegangen und an der Umwälzung von gesellschaftlichen Verhältnissen gearbeitet werden, wenn die Menschen dem System der Desorientierung und Selbstunterdrückung nicht entkommen können?

Nochmals wird durch dieses Beispiel der Weltanschauungseffekt des
Diskurs-Wissens deutlich: »Post-Marxismus, Post-Modernismus, Post-
Strukturalismus und ähnliche Denkrichtungen haben alle auf ihre Weise
– unabhängig davon, worin die Absichten ihrer Verfechter bestehen –
dazu beigetragen, die Distanzierung von umfassenden Projekten menschlicher Emanzipation, insbesondere vom Marxismus zu befördern.« (R.
Miliband) Derrida hätte aber seinen Spitzenplatz unter den postmodernistischen »Meisterdenkern« nicht verdient, wenn er die faktische Herrschaftsfunktionalität seiner Sichtweise (weil sie jede soziale Veränderungsintention als illusionär klassifiziert) nicht durch ein Gemisch von
neologistischem »Tiefsinn«, ornamentaler Sprachspielerei und verba-
lem Radikalismus zu verschleiern wüßte. Wie jeder geübte Postmoder-
nist jongliert er mit Elementen und Begriffen traditioneller Sozialkritik,
aber nur, um ihnen ihre Substanz zu rauben und sie funktionalistisch zu
instrumentalisieren. (Kein Zufall ist die vorsorgliche Absicherung, die
Welsch vornimmt: »Terminologische Kleinlichkeit wäre gerade in Sachen Postmoderne fehl am Platz«.)

»Lehnwörter«, die einem kritischen Kontext entstammen, sind eine
ornamentale Beigabe, die den harten Kern des Diskurs-Wissens, seinen
prinzipiell desorientierenden Charakter verschleiern sollen. Es werden
Theoreme des gesellschaftskritischen Denkens reproduziert, jedoch innerhalb eines Zusammenhangs, der ihre herrschaftskritischen Inhalte
neutralisiert. Die Thematisierung eines Sachverhalts schwankt meistens
zwischen sprachlicher Emphase der Distanzierung und inhaltlicher Parteinahme für das Faktische: Die Menschen leben in einer sozialen Wüste, heißt es beispielsweise bei Gilles Lipovetzky in seinem Buch »Nar-
ziß oder Die Leere«; sie leiden unter der »sozialen Verödung« und der
»Zunahme depressiver Zustände«, sind »gegenüber dem Sinn ihres Lebens gleichgültig geworden« und leben in »einem Bewußtseinsklima
des Pessimismus und der Angst vor der unmittelbar bevorstehenden
Katastrophe«. Trotzdem ist die soziale Wüste als Chance zu verstehen:
Sie »liegt vor uns, sie ist unter die großen Errungenschaften der Zukunft
einzuordnen ... Vor allem aber ist sie keine Verfremdung«. (Lipovetzky)
Die Sinn- und Perspektivlosigkeit werden ebenso wie die Entwirkli-
chung der Welt als Indizien einer Befreiung von traditionellen »Zwän-

gen« interpretiert! Es herrscht eine »Indifferenz«, die es erlaubt, daß »alle Geschmacksrichtungen, alle Verhaltensweisen nebeneinander bestehen können, ohne sich gegenseitig auszuschließen ... Unter diesen Umständen wird augenscheinlich, daß die derzeitige Indifferenz nur sehr partiell das umfaßt, was die Marxisten, selbst im weitesten Sinne, *Entfremdung* nennen ... Indifferenz bedeutet nicht Passivität, Resignation oder Mystifizierung, mit dieser Kette marxistischer Identifizierungen muß endgültig gebrochen werden.« Wenn das Leben als defizitär empfunden wird, dann nur deshalb, weil die »postmodernen« Lebensprinzipien sich noch nicht vollständig haben durchsetzen können: »Wenn diese Verödungen auch auf lange Sicht eine untolerierbare Funktionsstörung herbeiführen, resultieren diese doch nicht aus einem Übermaß, sondern aus einem *Mangel* an Indifferenz.« (G. Lipovetzky)

Auch ohne Illusionen über die herrschaftskonforme Grundausrichtung des Diskurses zu haben, ist es doch immer wieder überraschend, wie bereitwillig und unmißverständlich die Philosophie der Unentschiedenheit und Zurückhaltung Partei für das Bestehende ergreift! Unter dem Deckmantel »subversiver« Entlarvungsansprüche wird den faktischen Regressionen der theoretische Segen erteilt, die verwertungsorientierte Negation des Subjekts zur theoretischen Norm erhoben und dessen »Tod« (Foucault) und »Dispersion« (Welsch) postuliert. Die postmodernistischen »Bilderstürmer« entlarven die Systeme des falschen Bewußtseins nicht, sondern verschaffen ihnen generelle Gültigkeit: Die perspektivische Orientierungslosigkeit der herrschenden Praxis wird durch eine prinzipielle »Dezentrierung des Sinns« legitimiert und durch die relativistische Behandlung der Wahrheits- und Erkenntnisproblematik die Dominanz von Lüge und Täuschung sanktioniert.

Die Vorgehensweise wiederholt sich mit penetranter Regelmäßigkeit: Das »Postmoderne Denken« greift sich jene Elemente kritischen Denkens heraus, deren Inhalte durch Verabsolutierung in ihr Gegenteil umgebogen werden können. Beispielhaft ist diese Vorgehensweise beim postmodernistischen Umgang mit der Problematik sozial vermittelter Bewußtseinsformen zu beobachten: Aus der Tatsache der sozialen Vermitteltheit jedes Denkens wird die Vorstellung einer Unaufhebbarkeit fetischisierter Bewußtseinsformen »abgeleitet«. Zwar gehört die Ein-

sicht über den verzerrenden Einfluß sozio-kultureller Faktoren auf das
Denken zum Kernbestand eines kritischen Gesellschaftsverständnisses.
Als Ideologietheorie ist sie jedoch eingebunden in ein Konzept des gesellschaftlichen Bewußtsein, das nicht nur die Entstehungsbedingungen
eines verzerrten Denkens thematisiert, sondern auch eine Vorstellung
darüber besitzt, in welcher Weise auch realistischer Erkenntnisgewinn
Ausdruck der Produktivkraftentwicklung und der zu ihr vermittelten
sozio-kulturellen Konstellationen ist. Die Tatsache der sozio-historischen
Vermitteltheit der Wissensformen präjudiziert nicht das Urteil über ihren Wahrheitscharakter. Es gibt Denkmuster, die mit der Epoche, die
sie hervorgebracht hat, untergehen. Jedoch gibt es auch Einsichten, die
ihre Gültigkeit über das Zeitalter ihrer Entstehung hinaus behalten. Sie
verlieren die Gültigkeit für die von ihnen bezeichneten Felder auch dann
nicht, wenn sie »aufgehoben«, d.h. in einen größeren Zusammenhang
integriert werden: Die Aussagen der klassischen Physik behalten trotz
aller relativitäts- und quantentheoretischen Erweiterung des menschlichen Horizonts ihre Gültigkeit für den Bereich der Mechanik.

Gleiches gilt für die formale Logik, die in spezifischen Bereichen
gültig bleibt, auch wenn sie zur Erfassung komplexer Prozesse unge-
eignet ist: »Die Relation von Prämissen und Konklusion, der Schluß als
Satz, Urteil, gewonnen aus Sätzen ... – das ist der bleibende Kern der
aristotelischen Theorie. Jedoch die schematischen Figuren der Syllogi-
stik allein sind nicht geeignet, den komplizierten Gang jener Schlüsse,
die große wissenschaftliche Entdeckungen umfassen und formulieren,
wiederzugeben. Das bedeutet nicht, daß sie als Schemata der gedanklichen Widerspiegelung von Zusammenhängen elementaren Charakters
falsch oder bedeutungslos wären: Im Gegenteil: sie sind die elementaren Instrumente, Werkzeuge des Denkens!« (B. Fogarasi)

Die Intelligenz in der Krise

Die Intelligenz reagiert durch die Übernahme der Stimmungsbilder und
Assoziationsschemata des Postmodernismus nicht nur auf die verbrei-

teten weltanschaulichen Desorientierungen, sondern auch auf eine ernste Krise ihrer eigenen Existenzbedingungen, den akademischen Stellenabbau und eine latente berufliche Unsicherheit. »Die Intelligenz als jene Schicht der Gesellschaft, die infolge der gesellschaftlichen Arbeitsteilung die Produktion und Propaganda der Ideologie als Lebensbeschäftigung, als geistige und materielle Basis der eigenen Existenz betreibt, reagiert außerordentlich rasch und empfindlich auf alle Wendungen, die sich in der materiellen Wirklichkeit der Gesellschaft vollziehen. Sie reagiert aber ... in der Klassengesellschaft stets mit einem falschen Bewußtsein, und zwar je höher entwickelt die gesellschaftliche Arbeitsteilung ist, je weiter die materielle Auflösung der herrschenden Klasse fortschreitet, mit desto falscherem Bewußtsein.« (G. Lukács)

Für die in einem doppelten Sinne verunsicherte Intelligenz sind die postmodernistischen Denkmuster »Existenzbestimmungen«: Sie sind in einer Situation intellektueller und sozialer Bodenlosigkeit eine Rationalisierungsform eben dieser Bedrohungs- und Unsicherheitserfahrungen. Vielleicht noch stärker als die Menschen in ihren Alltagsverhältnissen ist die »freischwebende« Intelligenz so elementar verunsichert, daß schon die Benennung von Krisenphänomenen als entlastender Vorgang empfunden wird. Sozialpsychologisch ist dieser Vorgang als Assimilation an das Chaos, um die Bedrohung zu bannen, zu interpretieren, wissenssoziologisch als eine spezifische Praxis ideologischer Unterwerfung.

Durch die vorbehaltlose Akzeptanz einer immanenten Perspektivlosigkeit des sozialen Geschehens restituiert das denkende Subjekt eine schon verloren geglaubte weltanschauliche Sicherheit. Gleichzeitig garantiert die Übereinstimmung dieser Denkbewegung mit den herrschenden Orientierungsschablonen auch einen karrierefördernden Konsens mit den hegemonialen Stimmungen. Den Frieden mit dem herrschenden Denken zu machen fällt um so leichter, als positive Stellungnahmen von den »organischen Intellektuellen« (Gramsci) auch nicht mehr erwartet werden, sondern ein ideologisch entlastendes Einvernehmen darüber, daß Sicheres niemand weiß und Besseres nicht zu erwarten sei, vollständig ausreicht. Der Gedanke wird zum »Aal: wendig, glatt, schlüpfrig und zufrieden, damit überall durchzukommen und nirgends gefaßt zu werden« (C. Türcke).

Aus der Perspektive einer »lebensweltlichen« Funktionalität für die Intelligenz betrachtet, stellt der Postmodernismus die Verfallsform einer »Theorie des dritten Weges« dar, die sich einer konsequenten Analyse der Krisenprozesse versagt. Derrida illustriert diese Option mit dem Satz: »Ich denke an die Notwendigkeit einer neuen Kultur, die eine andere Weise erfindet, das Kapital (Marxens Werk und das Kapital im allgemeinen) zu lesen und zu untersuchen.« Diese Haltung müsse zwischen zwei Polen lavieren; sie müsse zwar »den Mut aufbringen zu einer neuen Kritik der neuen Auswirkungen des Kapitals in bislang unbekannten technisch-sozialen Strukturen« (interessant ist schon die Feststellung, daß hierzu Mut aufzubringen wäre!), aber gleichzeitig auch die schon angesprochene »schrecklich totalitäre Dogmatik« einer radikalen Kapitalismuskritik vermeiden.

Von Klasseninteressen und sozialen Konfrontationsverhältnissen, von der antizivilisatorischen Widerspruchsdynamik des kapitalistischen Zivilisationsmodells, sozialer Fremdbestimmung und *realen* Machtkonstellationen ist deshalb folgerichtig nicht die Rede und soll es zur Vermeidung einer traditionellen »marxistischen Einschüchterung« (womit Derrida wohl die radikale »Kritik alles Bestehenden« [Marx] meint) auch nicht sein! Das hat einen nicht geringen Vorteil: Durch diesen Blickwinkel (der sich auf das »Fragment« konzentriert und den Zusammenhang ausblendet) wird die Gefahr reduziert, daß die mit der Widerspruchsentwicklung konfrontierte Intelligenz sich mit »systemkritischen« Gedanken, also auch mit der Einsicht auseinandersetzen muß, daß viele der drängenden Probleme auf dem Boden der herrschenden Gesellschaftsordnung nicht mehr lösbar sind.

Die Scheu vor kompromißlosen Positionsbestimmungen und eine nur dürftig verdeckte ideologische Anpassungsbereitschaft ist besonders in den akademischen Bereichen hegemonial geworden; die Bereitschaft, sich vorbehaltlos auf eine Sache einzulassen und – um der Erkenntnis und der Wahrhaftigkeit willen – den Tabus der herrschenden Diskurse zu widersprechen, ist deutlich zurückgegangen. Wo in den soziologischen Seminaren Anfang der 70er Jahre noch von der Klassenstruktur, den Problemen der Triebunterdrückung, der Mehrwertmasse, dem falschem Bewußtsein und den Formen repressiver Machtreproduktion die

Rede war, dominiert ein Jahrzehnt später eine krude Kombination von
Systemtheorie und quasi-positivistischer Selbstbeschränkung auf das
»Fragment«. Während die Begriffe der ersteren eine machtneutrale So-
zialreproduktion vortäuschen, wird im zweiten Fall mit dem Anspruch
einer »Individualisierung« des sozialwissenschaftlichen Blicks die systematische Verweigerung legitimiert, auch nur die drängendsten Vergesellschaftungsprobleme zur Kenntnis zu nehmen. Die Täuschung über
den Klassencharakter der Sozialverhältnisse und die veränderten – aber
deshalb nicht weniger wirksamen – Formen der Fremdbestimmung wird
mit großer Konsequenz und beträchtlichem Aufwand betrieben. Hegemonial in der sozialwissenschaftlichen Diskussion sind »Zauberworte«
wie »Modernisierung« und »Selbstreflexivität«, »Lebensstil« und »Individualisierung« geworden: Mit Hilfe einer harmlos scheinenden Be-
griffshülle wird versucht, den harten Kern der sozialen Selektion und
Machtreproduktion zu verbergen: Das »ausdifferenzierte« Strukturge-
füge wird in einem Klima wendiger Anpassungsbereitschaft ohne große
Erklärungsnot zum Prozeß »sozialer Selbstorganisation« vermittelt, der
Klassenantagonismus unter der Hand zum Resultat evolutionärer »Ausdifferenzierung« uminterpretiert. Widerstand gegen diese angepaßten
Denkmuster ist nicht sehr verbreitet, denn den meisten Intellektuellen
ist die Beschäftigung mit kritischer Gesellschaftsanalyse, die Frage nach
Machtverhältnissen und Ausbeutungsmechanismen kein allzu dringen-
des Bedürfnis mehr.

   Die Anpassung der Intelligenz vollzog sich nicht als abrupte »Wende«, sondern war in Abhängigkeit zur allmählichen Veränderung des
sozio-kulturellen »Klimas« als stufenförmiger Prozeß organisiert. Im
einem ersten Schritt erfolgte die Entwöhnung von den Vorstellungen
der Herrschaftsvermittlung politischer Prozesse. Unreflektierte Hoffnungen wurden auf eine »Zivilgesellschaft« als sozialer Entfaltungsraum jenseits von ökonomischen Zwängen und Machteinflüssen gesetzt.
Je lauter sich *dieses* Verständnis fälschlicherweise auf Gramsci berief,
um so naiver artikulierten sich zivilgesellschaftliche Illusionen und ver-
ringerte sich die Bereitschaft, das spannungsgeladene Verhältnis von
Kapitalismus und Demokratie zur Kenntnis zu nehmen. Das Verhältnis
zur Institutionen-Demokratie blieb unreflektiert: »Deren theoretisch

aufwendig begründete Alternativlosigkeit wurde zu einem nicht unwichtigen Bestandteil und Versatzstück einer allgemeinen ideologischen Wende, deren Kern in der bedingungslosen Anerkennung der gesellschaftlichen und politischen Realitäten eines globalisierten Kapitalismus besteht.« (J. Hirsch)

Der Anpassungsprozeß war schon weit vorangeschritten, als durch den Zerfall des sozialistischen Blocks die Hinfälligkeit von Fortschrittsorientierungen und die Vergeblichkeit post-kapitalistischer Optionen scheinbar augenfällig wurden. Der zum Zeitpunkt des »Epochenbruchs« schon dahinsiechende Postmodernismus erhielt einen unerwarteten Auftrieb. Entstanden war durch fundamentale sozio-ökonomische Veränderungen, die Verschiebung der Machtkoordinaten zugunsten des Kapitals und die globale Durchsetzung des neo-liberalen Dogmas eine intellektuelle »Großwetterlage«, in der die Orientierungen und Stimmungen des Postmodernismus bereitwillig akzeptiert wurden. Weil er grundsätzliche Stellungnahmen tabuisiert, keine karriereschädlichen Entscheidungen verlangt und darüber hinaus auch noch voraussetzungslose »Selbstbefreiung« verspricht, war er einer fundamental verunsicherten und zur ideologischen Assimilation an die neuen Gegebenheiten (deren hervorstechendstes Merkmal das Fehlen einer institutionalisierten Systemalternative ist) bereiten Intelligenz höchst willkommen.

Distanz und Anpassung

Weil der »postmoderne« Diskurs offensichtlich zur *kritischen* Distanzierung nicht fähig ist und den machtbesetzten Realitätsdefinitionen qualitativ nichts entgegensetzt, bleibt er Teil der entfremdeten Selbstbewegung eines späten Kapitalismus. In nicht wenigen Fällen sind die Ausgangspunkte des postmodernistischen Denkprozesses zwar die Erfahrungen der Fremdbestimmung und das Gefühl der Verlorenheit in der Gesellschaft. Doch gibt sich der »postmoderne« Diskurs mit diesen unmittelbaren Wahrnehmungen, den unreflektierten Erlebnisformen zufrieden und dringt nicht zu ihren Ursachen vor. Doch gereicht ihm das nicht zum Nachteil: »Indem sie oberflächliche ›Erlebnisräume‹ des Gesellschaftlichen beschreibt, übt die Postmoderne eine zunehmende Faszination aus. Sie erklärt unsere dem Anscheine nach spontansten und unmittelbarsten Beobachtungen für gültig – und erhebt damit den Blick anstelle der Vernunft zum zentralen Erkenntnismedium.« (S. Lang) Sie »bestätigt« damit die Selbstgenügsamkeit einer entfremdeten Wahrnehmung, die auf das Unmittelbare und den »Augenblick« konzentriert ist.

Zwar werden auch durch diesen reduktionistischen Verarbeitungsmodus Realitätssegmente »widergespiegelt«, »nur stellt die Widerspiegelung realer Probleme noch nicht das Aufdecken ihrer wirklichen Ursachen dar« (R. Steigerwald). Aber wie wir schon festgestellt haben, ist das auch gar nicht die Absicht des Postmodernismus! Die Frage nach den Ursachen für das »Leiden an der Gesellschaft« wird nicht nur systematisch ausgeblendet, sondern mit einem wirksamen Denkverbot belegt. Der Diskurs begnügt sich mit dem Verweis auf sozio-kulturelle »Entzweiungen« und bringt mit einer melancholischen Geste zum Ausdruck: Die Welt ist eben so.

Gerade wenn die Empfehlungen einer »linken« Apologie beherzigt werden und – wie es beispielsweise A. Huyssen gefordert hat – der Postmodernismus ohne Vorbehalte und Ressentiments zur Kenntnis gefordert wird, löst sich ein »Postmodernismus des Widerspruchs« (H. Forster) in den Nebelwelten ideologischer Selbsttäuschungen auf, entlarvt sich das Diskurswissen als die aktualisierte Variante eines herrschaftskonformen Denkens. Sein intellektuelles Koordinatensystem ist mit einem fatalistischen Gegenwartsbewußtseins nicht deckungsgleich, aber kompatibel: In seinen konsequenten Formen kann das »Postmoderne Denken« in sozialen Widersprüchen nichts anderes als naturwüchsige Zustandsformen sehen. Diese »Naturwüchsigkeit« wird durch ein Interpretationsschema legitimiert, das eine irreversible Zersplitterung und immanente Strukturlosigkeit der sozialen Ereignisketten annimmt und die historische Unüberschreitbarkeit des gegebenen Zustands unterstellt; soweit ist das Gesellschaftsbild des »Postmodernen Denkens« mit den system-funktionalistischen Konstruktionen in der Soziologie vergleichbar. Jedoch erfolgt auf postmodernistischer Grundlage ein

Bekenntnis zu den herrschenden Verhältnissen in einer Deutlichkeit, die die system-funktionalistische Theorie immer vermieden hat: Gewissermaßen »formationstheoretisch« wird das kapitalistische Vergesellschaftungsmodell als Endpunkt der Geschichte angesehen, eine Alternative als undenkbar erachtet. Durch diesen affirmativen Bezug zum globalen Marktsystem wird das »postmoderne Wissen« selbst Teil seines »theoretischen und sozialen Zynismus« (R. Kurz). Die Destruktivität der »Wertvergesellschaftung« wird als unvermeidliche Konsequenz entwickkelter Sozialsysteme »rationalisiert«, die Geltung fetischisierter Bewußtseinsformen verabsolutiert.

Zur Festlegung des »Postmodernen Denkens« auf das Faktische paßt nur zu gut die korrigierende Intervention Lyotards, der im Gegensatz zur verbreiteten Diskurs-Meinung in der »Postmoderne« keine neue Epoche, sondern eine »Moderne« mit veränderten Einstellungen und Orientierungen sehen will, die also mit qualitativen Veränderungsperspektiven gebrochen hat und mit sich selbst zufrieden ist. Legitimiert sind die »postmodernen« Handlungsmuster, Lebensformen und perspektivischen »Selbstbeschränkungen« durch ihre bloße Existenz, denn nach Auffassung des Diskurses »weisen [sie] sich eigentätig als sinnvoll aus« (Welsch)! In einer trivialisierenden Variante wird der Hegelsche Gedanke, nach dem das Existierende vernünftig ist, auf den spätbürgerlichen Entfremdungszustand übertragen: Die Widerspruchsdynamik des Sozialen, die mentalen Entzweiungsverhältnisse, die emotionale Unzufriedenheit, die Dominanz des alltäglichen Existenzkampfes in einer Gesellschaft des potentiellen Überflusses, die Orientierung der Lebensansprüche an den Gesetzen eines anonymen und unerbittlichen »Arbeitsmarktes« werden als »konkrete Formen der Vernunft« (Welsch) interpretiert.

Regressionsformen des Denkens

Karikatur der Philosophiegeschichte

Im Falle der Übereinstimmung mit der bornierten Selbstzufriedenheit des herrschenden Denkens postuliert die postmodernistische Intelligenz Prinzipien wie »Gelassenheit« und »Toleranz«. Jedoch wird sie sofort aggressiv und »kämpferisch«, wenn sie mit den theoretischen Alternativen zu ihrem eigenen Kategoriensystem konfrontiert wird. Von der reklamierten »ironischen Distanz« ist dann ebensowenig zu spüren wie von dem Postulat, daß es für jeden Text immer verschiedene Lesarten gibt und eine eindeutige Festlegung den Tatbestand geistigen »Terrorismus« erfülle. Dieser nochmalige Verstoß gegen einen zentralen Orientierungspunkt des eigenen Denkens ist auch verständlich: Der Postmodernismus steht in einem permanenten Spannungsverhältnis zu kritisch-dialektischen Theoriemodellen. Jedoch ist dieses Spannungsverhältnis alles andere als produktiv. Denn das »Postmoderne Denken« verschafft seinen eigenen Grundsätzen die notwendige Plausibilität, indem es die intellektuellen Gegenpositionen maßlos entstellt. Der intellektuelle Gegner wird so präpariert, durch die Dekonstruktions-Maschinerie so lange fragmentarisiert, bis er auf eine »postmoderne« Maßeinheit verkleinert ist. Die Gegenposition wird in einer sachfremden »Eindeutigkeit« so interpretiert, daß ihre »Widerlegung« ein leichtes Spiel ist und widerspruchslos die eigene »Erzählung« von der historischen und gedanklichen Unüberschreitbarkeit der herrschenden Zustände verbreitet werden kann: Die Suche nach wissenschaftlichen Erkenntnismöglichkeiten wird als absolutistisches Wahrheitsstreben diskreditiert, die erkenntniskritische Frage nach dem Realen als philosophisches Begehren karikiert, das die Welt beherrschen will und sie deshalb in ein illusorisches System einzuschließen versucht. Dem methodischen Denken insgesamt wird eine Tendenz zur undifferenzierten Verallgemeinerung unterstellt. Ähnlich wird mit allen relevanten erkenntniskritischen Begriffen verfahren: Wahrheit, Zusammenhang, Widerspruch etc. signalisieren in postmodernistischer Sicht eine Form entfremdeten Denkens.

Ihren selbstentlarvenden Höhepunkt erreicht die Dekonstruktions-Prozedur durch ein ebenso banales wie assoziatives Wortspiel mit einem Grundbegriff dialektischen Weltverständnises: Wer nach Ursachen und Wirkungen, Zusammenhängen und Entwicklungen, nach der Verwobenheit der Gegenwart mit der Vergangenheit und der Zukunft fragt, thematisiert das Ganze. In der philosophischen Terminologie ist das Ganze die Totalität, wer aber die Totalität ins Visier nimmt, gleitet automatisch ab ins Totalitäre. Nicht der reale Zusammenhang ist möglicherweise ein Zwangsverhältnis; dem Totalitarismus-Verdacht unterliegt im postmodernen Verständnis, wer den gesellschaftlichen Kontext thematisiert.

Zweifellos ist der »ideelle Gesamtgegner« des Diskurs-Wissens der Marxismus in *allen* seinen Varianten. Der Postmodernismus kann ohne große Anstrengung als Beleg *seiner* Auffassung des Marxismus als »Meta-Erzählung« auf diverse Marxismus-Interpretationen verweisen, die der Geschichte die Funktion eines automatischen Subjekts zuschreiben oder undialektischen Fortschrittsvorstellungen das Wort reden. Mit den Auffassungen von Marx und Engels hat aber das präsentierte Schreckgespenst nur sehr vermittelt etwas zu tun! Auch hier rächt es sich für das »Postmoderne Denken«, daß sein theoriegeschichtliches Wissen nur aus zweiter und dritter Hand stammt. Im Kontrast zum reduktionistischen Verständnis des Marxismus als einer Theorie, die die reale Geschichte, die »Fülle der Ereignisse, die aus der menschlichen und nicht-menschlichen Welt auf uns zukommen, ... der Idee einer allgemeinen Geschichte der Menschheit« unterordnet (J.- F. Lyotard), ist »der emanzipatorische Anspruch des Marxismus nicht generell einer abstrakten ›Menschheit‹ verpflichtet ..., sondern auf die Lebensumstände des einzelnen, konkreten Subjekts ausgerichtet«. (H.-P. Brenner)

Berechtigte Kritik an Ökonomismus und Dogmatismus, an »Absolutheitsobsessionen« und Interpretationsmonopolen wird generalisiert und auf alle Formen gesellschaftlicher Fundamentalanalyse übertragen. Um den eigenen Argumenten Überzeugungskraft zu verleihen, wird ein

Theorieverständnis kolportiert, das der Selbstbegründung kritischer Gesellschaftstheorie ins Gesicht schlägt und offensichtlich die Marxismus-Diskussion unseres ganzen Jahrhunderts verschlafen hat! Durch Zitatenmontage und bodenlose Interpretationsakrobatik wird die theoretische Gegenposition so präpariert, »daß der Sieg der positiven Kräfte außer Frage steht«. (T. Eagleton)

Bittere Ironie der Theoriegeschichte ist es, daß diese »Neandertal-Versionen« (T. Eagleton) des Marxismus nicht (nur) von den traditionellen Gegnern dialektischer Gesellschaftstheorie verbreitet werden. Was die eifrigsten postmodernistischen »Post-Marxisten« im Kopf haben, ist *ihr* Marxismus-Verständnis aus einer Zeit, als der Name »Marx« für sie noch eine positive Bedeutung besaß. »Bewältigt« haben sie ihre intellektuelle Vergangenheit, indem sie ihr mechanistisches Theorieverständnis, in dem »verlorengegangen oder gar nicht vorkommt, was Marx unter materialistischer Geschichtsauffassung verstanden wissen wollte« (O. Negt), einfach mit einem negativen Vorzeichen versehen haben: Sie verweigern sich wie ehedem der Anstrengung des Begriffs und »bescheiden« sich mit dem selbstgefälligen Postulat – auch wenn es diesmal mit der Selbstgefälligkeit des herrschenden Denkens korrespondiert.

Am Werk ist »eine Konvertitenmoral aus der Wut revolutionärer Enttäuschung«, denn es »sind ja fast alle enttäuschte Mai-Kinder, die sich nach dem Scheitern der großen Bewegung 1968 zunächst linksradikalen Gruppierungen anschließen, um dann mit der Entlarvung des ›totalitären‹ Marx die eigene Vergangenheit zu bewältigen.« (O. Negt) Ihre zur Schau gestellte »Trauer« über die historischen Regressionen soll von ihrer ehemaligen Leichtgläubigkeit und ihrem unhistorischen Bekennermut ablenken. War doch ihr Denken niemals lebendiger Erfahrung, sondern immer einem abstrakten Schwarz-Weiß-Schema verpflichtet. Der auffällige Mangel an Dialektik wurde auch zu jenen Zeiten schon durch das übertriebene Pathos ihrer Rede kompensiert.

Über die Zwischenstation der gnadenlos reaktionären »Neuen Philosophie« haben nicht wenige der postmodernistischen »Meisterphilosophen« sich durch die »subversive« Stilisierung restaurativer Vorurteile gegen Emanzipation und Sozialismus für ihre strategischen Positionen in den Diskurs-Netzen qualifiziert. Von unübertroffener Aktualität zu solchen Metamorphosen ein Kommentar aus der Vergangenheit: »Die philosophischen Industriellen, die bisher von der Exploitation des absoluten Geistes gelebt hatten, werfen sich jetzt auf die neuen Verbindungen.« (Marx/Engels)

Der Umschlag vom Objektivismus zum Subjektivismus ist zwar Ausdruck einer gewachsenen Sensibilität für gewisse Antinomien des Objektivismus (sei es in seiner strukturalistisch modifizierten oder seiner tradierten ökonomistischen Variante), jedoch führt diese Erfahrung nicht zur Aufarbeitung seiner Widersprüche. Statt über die Vergangenheit intellektuell Rechenschaft abzulegen, wird sie abstrakt negiert und anstelle des alten der unentrinnbaren Determination wird ein neuer Dogmatismus der Differenz und des Fragments »kultiviert«. Wie in »vergangener Zeit« kümmern den »gewendeten« Dogmatiker nicht die realen Organisationsformen eines Sachverhalts, sondern nur dessen »Gebrauchswert« im Konstruktionsgefüge *seines* Weltbildes. Nachdem der Konvertit durch das Fegefeuer des »poststrukturalistischen und postmodernen Diskurses« (L. Peter) gegangen ist, kann er dort, wo er vorher die Eigendynamik der »Strukturen« oder einen »ökonomischen Determinismus« am Werk sah, nur noch »die Pluralität der Bestimmungen moderner Gesellschaften« erkennen, die sich soweit in »unterschiedliche soziale, politische und kulturelle Teilsysteme« (L. Peter) aufgegliedert hätten, daß Wirkungs- und Ursachenverhältnisse kaum mehr zu identifizieren wären. Gewissermaßen aus alter Anhänglichkeit wird zwar noch ein Zusammenhang zwischen einer krisenhaften Sozialentwicklung und »den privatwirtschaftlichen Produktions- und Verteilungsformen« konstatiert, eine gesellschaftstheoretische Erklärung aber als unmöglich erachtet. Soziale »Pathologien« sollen nicht (mehr) aus »Widersprüchen der kapitalistischen Produktionsweise« und auch nicht in ›letzter Instanz‹ aus der ökonomischen Basis abgeleitet werden« können (L. Peter). Die intellektuelle Rückzugsposition ist die Ideologie einer fundamentalen Unübersichtlichkeit der Welt, weil die dialektische Methode der Destruktion von Bewußtseinsblockaden nie ernsthaft in Betracht gezogen wurde. Hatte der »postmodern« gewendete »Marx-Kenner« in den Zeiten abstrakter Erkenntnisgewißheit immer schon vorgängig alles gewußt, will er mittlerweile überhaupt nichts mehr wissen und stilisiert diese Haltung zu einer Form intellektueller Abgeklärtheit und charakterlicher »Bescheidenheit«. Es wird deshalb auch nicht viel nutzen, solchen Matadoren des Zeitgeistes noch einmal die Überprüfung ihrer methodischen Herangehensweise an die aktuellen Vergesellschaftungsprobleme nahe zu legen und darauf hinzuweisen, daß die soziale Welt, von der kulturellen und ideologischen »Peripherie« betrachtet, ohne einen Begriff ihres »Zentrums«, ohne ihren Strukturprinzipien und ökonomischen Bewegungsformen die notwendige Aufmerksamkeit zu schenken (was ja nicht zwangsläufig »Ökonomismus« bedeutet!), defizitär bleiben muß, und die vielfältigen Erscheinungen und Entwicklungstrends, losgelöst von den materiellen Reproduktionsprozessen (durch die sie nicht »differenzlos« determiniert werden, zu denen sie aber *vermittelt* sind), einen quasi imaginären Charakter erhalten.

Daß die kapitalistische Gesellschaft kein »*steuerndes* Zentrum« besitzt, aus dem alle Prozesse und Erscheinungsformen abgeleitet werden könnten, ist richtig. Denn, daß ihre Reproduktionsprozesse nicht geplant und *zentral gesteuert* sind, ist gerade das besondere Charakteristikum einer über den Markt vermittelten Macht- und Reproduktionsstruktur. Die bürgerliche Gesellschaft kann durch die faktische Gewalt ihrer sozialen Organisationsprinzipien (durch die Institutionalisierung ökonomischer Macht) ebenso auf die planmäßige Steuerung wie auf den permanenten politischen Zwang verzichten. Durch die klassenförmige Strukturierung des Gesellschaftsgefüges entwickeln sich eine Vielzahl widerstreitender Interessen – aber auch ein Netz von Dominanzen und hegemonialen Einflüssen, die den »gewöhnlichen Lauf« (Marx) der Machtreproduktion sicherstellen, gleichzeitig jedoch auch die Ursachen einer systemimmanenten Krisen- und Widerspruchsentwicklung sind.

Natürlich resultieren die sozialen Widersprüche nicht aus einem *abstrakten* Kapitalismus, sondern aus dem Handeln konkreter Menschen, die aber in ihren Lebensverhältnissen kapitalistische Gesetzmäßigkeiten berücksichtigen müssen. Nicht der Kapitalismus im »allgemeinen« produziert Formen des sozialen Zwanges und zivilisatorische Widerspruchstendenzen, sondern die mit seiner Existenz gesetzte Konkurrenzorientierung und seine krisenanfällige Reproduktionsdynamik. Der Kapitalismus ist nicht für jedes Elend auf der Welt verantwortlich; es gibt Konflikte, die beispielsweise einen historisch tieferen Ursprung haben. Aber auch diese Widerspruchsentwicklungen sind zum kapitalistischen Welt*system* vermittelt. Seine hegemonialen Kräfte (die keine abstrakte Größe sind und auch dort, wo sie nicht zu personalisieren sind, soziostrukturell identifiziert werden können!) greifen in diese Konflikte ein und verhindern nicht selten sozial-verträgliche Lösungen.

Nicht einer abstrakten »Produktionsweise« und auch nicht »Miseur le Capital« (Marx), sondern den Eliten des Finanzkapitals ist es gelungen, über ihren (ökonomisch abgestützten) politischen Einfluß in den Metropolen, ihre Vorstellungen von globaler »Ordnung« und ihre (interessengeprägte) Sichtweise »vernünftigen Wirtschaftens« durchzusetzen. Die finanzkapitalistischen Eliten verstärken und beschleunigen Entwicklungs-, Ausbreitungs- und Herrschaftstrends, die dem kapitalwirtschaftlichen Produktionsmodus inhärent sind. Durch den zum politischen Programm erhobenen Ökonomismus greift das hegemonial gewordene Finanzkapital die sozialstaatlichen Regulationsformen an und ist auf diesem Wege, der Zerstörung der »Grundlagen der Zivilisation« (P. Bourdieu) auch in den Metropolen schon ein beträchtliches Stück voran gekommen. Weltweit zwingen sie mit Hilfe ihrer Institutionen wie der »Weltbank« und dem »Internationalen Währungsfond« allen abhängigen Ländern die Anerkennung von Regeln und Verhaltensweisen auf, die ihre reibungslose Integration in den globalen Ausbeutungsprozeß (der stufenförmig und differenziert organisiert ist) sicherstellen. Ihre »monitär« orientierten Strategien hinterlassen in großen Teilen der Welt eine barbarische Spur des Massenelends und der Perspektivlosigkeit.

Zweifellos lassen sich nicht alle sozialen Probleme aus der kapitalistischen Vergesellschaftungsform, in der die Handlungssubjekte durch den sozio-strukturellen Gegensatz aufeinander bezogen sind, »ableiten«. Die Sozialwissenschaften hätten aber zunächst einmal genug damit zu tun, den Zusammenhang zwischen kapitalistischer Konkurrenz und Krisendruck, verinnerlichtem Erfolgsstreben und Selbstunterdrückung, institutionalisierter Ausgrenzung und sozialer Anomie zu erklären. Es gibt keine Gleichsetzung von Kapitalismus und Gewalt, Konkurrenz und Entzivilisierung. Aber das Tatsächliche ist nicht nur im Fall des realen Kapitalismus der Beweis seiner Möglichkeit: Die Regeln kapitalistischer Vergesellschaftung fördern ein konfrontatives Verhältnis der Menschen zueinander; die kapitalistische Konkurrenzgesellschaft ist durch eine zunehmende Rücksichtslosigkeit geprägt; Gewalt in der Form der Ausgrenzung der Überflüssigen und Schwachen ist eine akzeptierte Form sozialer »Rationalität«!

Die kapitalistische Risikogesellschaft ist durch eine unübersehbare »Dynamik« des Lebenskampfes geprägt. Beständig muß um die erreichte Position gerungen, der individuelle Lebensanspruch zur Geltung gebracht werden. Die materielle und soziale Reproduktion der Individuen ist an die Erfüllung objektiver Leistungsstandards und nicht selten an die bedenkenlose Durchsetzung egoistischer Interessen geknüpft. Es herrscht ein permanenter Handlungsdruck, der subjektiv als Unsicherheit und Existenzangst erlebt wird. Die Sorge, den Leistungsansprüchen nicht zu genügen, beruflich ausgegrenzt zu werden und sozial zu unterliegen, ist allgegenwärtig. »Diese elementare Unsicherheit der sozialen Existenz, die Ungewißheit, was die Zukunft bringen wird, legt den Individuen dringend nahe, energisch ihre Ellenbogen zu gebrauchen, um nicht unter die Räder zu kommen. Sie legt ihnen also nahe, sich egoistisch zu verhalten und, wenn es sein muß, auch Brutalität nicht zu scheuen, um im Lebenskampf sich durchsetzen zu können.« (R. Kühnl)

Um sozial zu bestehen, müssen die Menschen sich bedingungslos den Zwängen von Disziplin und Zweckrationalität unterwerfen. Dominant ist der Zwang zur komprimierten Leistung: Immer mehr muß in immer kürzeren Zeiträumen geleistet werden. Die Signatur der »leistungsgesellschaftlichen« Lebensverhältnisse ist das rast- und maßlose Vorwärtsstreben, welches weder auf die individuelle Leistungsfähigkeit noch auf soziale Folgen Rücksicht nimmt; das Resultat ist sozialer Darwinismus, die Verdrängung von Konkurrenten und den, aus der Perspektive ökonomischer Verwertungsinteressen, Bedeutungslosen. Durch die soziale Verallgemeinerung der Marktlogik verallgemeinert sich ein Prinzip sozialer Desorganisation und Fragmentarisierung: »Der Markt aggregiert nicht nur, er disaggregiert auch ... Soziale Verknüpfungen ... werden dekomponiert, Solidaritätsbeziehungen ausgedünnt oder ganz gesprengt. Marktvergesellschaftung bedeutet asoziale Soziabilität.« (S. Breuer)

Die anti-soziale Dynamik der »Konkurrenzfiguration« (Norbert Elias) prägt die Menschen bis in die Tiefendimensionen ihrer Psyche: Denn Leistung und Erfolg als »Imperativ allen Denken und Handelns ... erfordert vom Individuum eine ständige Aufmerksamkeit und Anpassung, also ein kontinuierliches, beharrliches, kurz, zwanghaftes Verhältnis zu sich selbst.« (R. Zoll) Im gleichen Sinne spricht ein Vertreter des US-Bankkapitals von der Existenz eines »fortgeschrittenen Kapitalismus«, dessen »rauhes und brutales Klima den Beteiligten eine strikte Disziplin« auferlegt. Aus dem Zwang zur »Leistungssteigerung« und sozialen Positionsbehauptung entwickeln sich aggressive Verhaltensstandards; sie sind eine nicht unvermeidliche, aber nur schwer zu verhindernde Begleiterscheinung des alles beherrschenden ökonomischen Verwertungszwangs und des daraus resultierenden Konkurrenzprinzips: Denn dessen »Wesen, wie sehr es sich zu Zeiten [auch] versteckte, ist die Gewalt, die sich heute offenbart.« (Th. W. Adorno/M. Horkheimer)

Die Wirkungen des abstrakten Verwertungszwanges und die aus ihm resultierende Konkurrenzmentalität bleiben nicht auf die Sphäre der Erwerbsarbeit, den Bereich des »instrumentellen Handelns« (Habermas) beschränkt, sondern prägen auch den sozialen Habitus, die Mentalitätsformen und »lebensweltlichen« Beziehungsmuster. Der Wachstumsfetischismus und die Leistungsideologie manifestieren sich individuell in einem Karrierestreben und Konkurrenzdenken, die sich auf die Gestaltung zwischenmenschlicher Beziehungen wie auch in den Lebensbereichen jenseits der Erwerbsarbeit auswirken. Es entwickelt sich eine feindliche Haltung gegenüber den Mitmenschen, weil sie als »Gegensatz« zu den eigenen Lebensinteressen erlebt werden, und eine Mentalität des unbedingten Durchsetzungswillens, die grundsätzlich auf die Gewaltoption nicht verzichten kann. »Schon jetzt zeigt sich in der Jugend, sowohl in den Randzonen wie in der von Abstiegsängsten gebeutelten Mitte der Gesellschaft, eine Radikalisierung der Durchsetzungsstrategien bis zum Gesetzesbruch.« (A. Barth)

Durch die Verallgemeinerung der Rücksichtslosigkeit verändern sich die sozialen Verhaltensstandards; zu beobachten ist eine zunehmende

Verrohung der sozialen Verkehrsformen. Das Alltagsbewußtsein beschreibt den sozialen Zustand mit den Begriffen »soziale Kälte« und »Ellenbogengesellschaft«: Die im sozialen Umgang tabuisierte Gewalt schlägt, durch den Zwang, die eigene soziale »Handlungsfähigkeit« zu bewahren, zunehmend in Akzeptanz von aggressiven Durchsetzungsstrategien um. Unter den Jugendlichen halten fast jeder zweite Junge und jedes dritte Mädchen Gewalt für normal.

Mit der ökonomischen Reproduktionsdynamik verändern sich die sozio-kulturellen Standards; tendenziell gleichen sich die alltäglichen Verhaltensweisen dem Zeitverständnis im Wirtschaftsleben an. Nicht nur über die Werbung wird das Ideal des schnellen Lebens, der rastlosen Jagd nach dem »Erlebnis« vermittelt. Auf der Suche nach »spektakulärer« Abwechslung und konsumbestimmten Erlebnisreizen werden große physische und psychische Anstrengungen in Kauf genommen. Freizeitaktivitäten finden beispielsweise immer stärker in kommerzialisierten, warenförmig strukturierten Organisationsformen statt und sind in einer ähnlichen Weise leistungsbetont wie das Berufsleben. Akzeptiert werden diese Verhaltensweisen, weil sie den (verinnerlichten) ökonomischen Leistungsmustern entsprechen. Stimulierend ist dabei die Angst, etwas zu verpassen – und weil Nichtteilnahme schon den Verdacht der »Verweigerung« erweckt.

Soweit einige skizzenhafte Bemerkungen (eine ausführliche Diskussion dieser Problemkomplexe finden sich in meiner Studie »Dialektik der Entzivilisierung. Krise, Irrationalismus und Gewalt«) zu der tiefsinnigen Behauptung, daß die elementaren Gesellschaftsprobleme als Ausdruck einer zusammenhanglosen »Pluralität der Bestimmungen moderner Gesellschaften« nicht mehr aus den »Widersprüchen der kapitalistischen Produktionsweise« erklärt werden können (L. Peter)! Daß es auch aus anderen Gründen aggressives Verhalten und sozial verantwortungsloses Bestreben geben kann, ändert nichts an der dominanten Bedeutung kapitalistischer Gesetzmäßigkeiten für die grundlegenden gesellschaftlichen Entwicklungstendenzen. Was nützt dem Verhungernden der Hinweis, daß auch übermäßiges Essen zum vorzeitigen Tod führen kann!

Das strukturalistische Erbe

Um seinen eigenen Positionen die notwendige Überzeugungskraft zu verleihen, muß der Diskurs das Denken von Jahrhunderten als monolithischen Block präsentieren, die »Geschichte der modernen Philosophie und die widerstreitenden Begriffsschemata bis zur Unkenntlichkeit« einebnen (S. Benhabib). Foucault z. B. legitimiert sein eigenes Projekt durch die Banalisierung des historisch-dialektischen Problemverständnisses. Kategorisch unterstellt er dem Marxismus eine ökonomisch-funktionalistische Vorstellung von Macht und Herrschaft, der keine theoriegeschichtliche Realität entspricht.

Die seriöseste Variante der postmodernistischen »Bewältigung« der Philosophiegeschichte ist es noch, wenn Extrempositionen als repräsentativ für die ideengeschichtlichen Hauptstränge dargestellt werden. So werden eine noch zusätzlich simplifizierte Variante des philosophischen Determinismus als Inbegriff des historisch-dialektischen Denkens und die idealistischen Subjektillusionen frühbürgerlicher Philosophie als die Ursache aktueller Selbsttäuschungen über das »Subjekt« dargestellt. Die Pointe dieser Vorgehensweise liegt darin, daß nicht wenige der postmodernistischen »Meisterdenker« mit Vehemenz einen theoretischen Reduktionismus bekämpfen, den sie ehemals mit gleichem Absolutheitsanspruch vertreten haben: Geprägt waren sie vom Objektivitätsfetischismus und geschichtsphilosophischen Determinismus des Strukturalismus. Nur in diesem Kontext ergeben viele ihrer Aussagen auch überhaupt nur einen Sinn. Es war der Strukturalismus, der die Existenz« einer »Metasprache« verkündete, welche die Bedeutungen aller besonderen Sprachen in sich einschließt, und wogegen der Postmodernismus heute eine »Widerstandslinie« aufbauen will.

Fast die gesamte Garde der postmodernistischen »Meisterphilosophen« ist durch die Schule eines strukturalistischen Weltverständnisses gegangen. Ihren heutigen Distanzierungsritualen gegen ein verzehrendes Allgemeines liegen intensive Erfahrungen mit den Interpretationsschablonen eines ebenso weltfremden wie subjektlosen Objektivismus zugrunde. Doch kann von einer produktiven Überwindung dieser theoretischen Sackgasse keine Rede sein. Die meisten Protagonisten eine »poststrukturalistischen« Denkens« haben sich von ihren »strukturalistischen Prämissen« (H. U. Wehler) nicht emanzipieren können. Es hat prototypischen Charakter, wenn »in einer eigentümlichen Beerbung seiner strukturalistischen Anfänge ... Foucault, sobald er seiner Machttheorie die Gestalt historischer Untersuchungen gibt, die Subjekte behavioristisch als gestaltlose, konditionierbare Wesen« (A. Honneth) stilisiert.

Weil sie ihre intellektuelle Vergangenheit nur durch einen abstrakten »Paradigmenwechsel« »bewältigt« haben, verbleiben die meisten Protagonisten des »Poststrukturalismus« im Bannkreis strukturalistischer Denkvoraussetzungen. Sie versuchen einem neo-mechanistisches Theorieverständnis dadurch zu entkommen, indem sie ihre tradierten Überzeugungen einfach mit einem negativen Vorzeichen versehen und den abstrakten Objektivismus mit einem nicht weniger abstrakten und unvermittelten Subjektivismus »ergänzen«: Nachdem sie den Gesellschaftsbegriff auf die Kältegrade reduziert haben, die in der sie umgebenden kapitalistischen Gesellschaft herrschen, wird die lauschige Wärme des Subjektivismus dankbar akzeptiert – auch wenn sie vom vernunftvernichtenden Feuer des Irrationalismus genährt ist.

Seine vordergründige »Bestätigung« erhält dieses weltanschauliche Schwanken zwischen objektivistischen und subjektivistischen Orientierungen (also zwischen logisch sich ausschließenden Positionen) durch eine reale, aber nicht verarbeitete Widerspruchserfahrung: In den objektivistischen Interpretationsmodellen werden die virulenten Verdinglichungserfahrungen und Vergeblichkeitsvorstellungen des Alltagsbewußtseins generalisiert, gleichzeitig jedoch die aus den »postfordistischen« Lebensverhältnissen resultierenden Illusionen eines Bedeutungsverlustes der objektiven Verhältnisse und die Möglichkeit subjektivistischer »Selbstverwirklichung« in gesellschaftlichen »Nischen« kultiviert. Die demonstrative Vorliebe für subjektivistische Präferenzen hindert das Diskurs-Wissen jedenfalls nicht an der bereitwilligen Reproduktion einschlägiger Überzeugungen der strukturalistischen Ideologie oder noch älterer weltanschaulicher Fixierungen über die Abhängigkeit der Menschen von »Dingen«, auf die er keinen Einfluß nehmen kann: Das Sub-

jekt löst sich im Diskurs-Wissen in den unentrinnbaren und nicht er-
kennbaren Bedingungen seiner Existenz auf. Man darf sich, betont Foucault in der »Archäologie des Wissens«, »das Subjekt der Aussage nicht
als mit dem Autor der Formulierungen identisch vorstellen«! Obwohl
das »Postmoderne Denken« bestrebt ist, Distanz zu den theoretischen
Ritualen eines dogmatischen Strukturalismus zu halten, hat sich an den
Basisüberzeugungen wenig verändert: Wie ehedem wird der »Tod des
Subjekts« und die Unüberschreitbarkeit subjektiver Selbsttäuschungen
verkündet.

So offensichtlich große Teile des Diskurses immer noch im Banne
eines philosophischen Objektivismus stehen, so intensiv wird auch versucht, diese Verbindungslinien zu relativieren. Im vorläufig letzten Ka-
pitel der Entwicklungs- und Rezeptionsgeschichte des strukturalistischen
Denkens entsteht dadurch ein kurioses Bild. Glauben wir den Selbsteinschätzungen der einflußreichsten Multiplikatoren der »strukturalistischen
Ideologie« (L. Althusser), so hatten sie (Foucault und Althusser sind
hier nur die prominentesten Beispiele) nur ein peripheres und äußer-
stenfalls temporäres Verhältnis zu ihr – so daß sich dieser wirkungs-
mächtige Theorie-Trend fast in Nichts auflöst! Hinter der wohlgestalte-
ten Fassade der Selbstzurechnungen (»ich war nie Strukturalist« – behauptet Foucault) zeigt sich jedoch, daß den Diskurs viel mehr, als er
sich eingestehen möchte, mit der Ideologie eines Strukturalismus ver-
bindet, der »mit seinen rigorosen Kodes, universalen Schemata und kalten
Reduktionen ... in der Sphäre des Geistes eine Verdinglichung [reflek-
tierte], die in der Wirklichkeit schon längst stattgefunden hatte.« (T.
Eagleton)

Schon die von Althusser, dem einflußreichen Prediger einer struktu-
ralen Lektüre von Marx, vorgeschlagene »wissenschaftliche« Betrachtungsweise des Sozialgeschehens war mit den herrschenden ideologischen Selbsteinschätzungen weitgehend kompatibel: »Die Produktionsverhältnisse (und die politischen und ideologischen Verhältnisse einer
Gesellschaft) sind die wahren Subjekte.« (Althusser/Balibar) Während
Marx in kapitalismuskritischer Absicht unterstreicht, daß die Menschen
ihre gesellschaftlichen Verhältnisse selbst »erzeugen«, behauptet Althusser das genaue Gegenteil – und bestätigt damit die verdinglichten

Inhalte des herrschenden Denkens: »Die Produktionsverhältnisse sind die wahren Subjekte. Und wenn man zufällig darauf verfiele, die Produktionsverhältnisse auf zwischenmenschliche Beziehungen zurückführen zu wollen, so täte man dem Marxschen Denken Unrecht.«

Solcher Objektivismus ist eine Variante der strukturalistischen Philosophie, deren ursprünglich epistemologische Perspektive verlassen und mit universalem Interpretationsanspruch auf diverse geisteswissenschaftliche Bereiche, später auf Gesellschaft und Geschichte in ihrer Gesamtheit übertragen wurde. Trotz aller Modifikationen und verbalen Distanzierungen perpetuiert diese Denkweise einen mechanistischen Reduktionismus, der für den »Mensch in seinen gesellschaftlichen Verhältnissen« (Marx) kein systematisches Verständnis besitzt. Gedacht werden historische Wirkungskomplexe und objektive Abhängigkeiten im Sinne einer *naturwissenschaftlichen* Kausalität. Durch die terminologischen und theoretischen Zaubereien des Strukturalismus verschwinden die Individuen in einem Komplex anonymer Umstände und Ereignisse.

Kritische Gesellschaftstheorie seit Marx sieht es im Kontrast zu solchen objektivistischen Fixierungen als ihre Aufgabe an, die Mystifikationen des Alltagsbewußtsein zu zerstören und die Vorstellungen einer dinghaften Festigkeit der herrschenden Zustände als Ideologie zu entlarven. Ihre Intention ist es, den Mythos, daß die gesellschaftlichen Umstände ein »automatisches Subjekt« (Marx) seien, theoretisch zu blamieren und durch eine profilierte Vorstellung darüber zu ersetzen, in welcher Weise *die Umstände eben so sehr die Menschen, wie die Menschen die Umstände« verändern* (Marx/Engels).

Das methodische Hauptproblem, der von Althusser begründeten strukturmarxistischen Vorgehensweise, ist die Dominanz eines rationalistischen Wissenschaftsbegriffs, der der Auffassung einer konkreten Dialektik, mit ihrer Konzentration auf die handelnden und die sozialen Gesetzmäßigkeiten konstituierenden Menschen, entgegengesetzt ist. Reproduziert wird ein Rationalitätsbegriff, der immer weniger zeitgemäß erscheinen will, weil er den gesellschaftlichen Zusammenhang quantitativ faßt und auf ein abstraktes Beziehungsschema reduziert. Althussers Versuch, dem Marxismus durch die abstrakte Entgegensetzung von »Ideologie« und »Wissenschaft« ein »wissenschaftliches« Fundament

zu verschaffen, führt zu einer szientistischen Grundeinstellung, die sich
als das historische Echo recht unterschiedlicher Theorietraditionen erweist, zu denen gleichermaßen mechanischer Materialismus, logischer
Positivismus, positivistischer Evolutionismus und auch ein tradierter
Ökonomismus gehören.

Durch ihre mechanistischen Denkvoraussetzungen sehen sich die
Anhänger des Strukturmarxismus aber mit einem grundsätzlichen Dilemma konfrontiert: Wenn das soziale Geschehen ein Automatismus ist,
wie soll dann eine verändernde Praxis überhaupt möglich sein? Alternative Entwicklungen können nicht mehr im realen Geschichtsprozeß
wahrgenommen werden, sondern müssen – solange der intellektuelle
Negationsanspruch gegenüber der kapitalistischen Gesellschaft aufrecht
erhalten wird – ihm voluntaristisch entgegengesetzt werden. Der Dominanz der Herrschaftsreproduktion wird deshalb eine Vorstellung von
Diskontinuität zur Seite gestellt, die einen spontanen und absoluten
»Befreiungsakt« als möglich erscheinen läßt. Der »revolutionäre Bruch«
ist das Zauberwort mit dem grundlegende Veränderungen, sowohl der
Theorie- als auch der Gesellschaftsgeschichte, beschworen (aber nicht
erklärt) werden.

Der objektivistische Ausgangspunkt (ohne daß auf ihn verzichtet wird)
schlägt somit in eine subjektivistische Weltsicht um, auf deren Grundlage das Bestehende abstrakt und intellektualistisch in Frage gestellt
wird. Sowohl »strukturmarxistisch« als auch »postmodern« wird (wenn
auch mit jeweils anderen Worten und theoretischen Differenzierungen)
die Meta-Erzählung eines undialektischen, bürgerlichen Materialismus
perpetuiert, der die Gestaltungskompetenz der gesellschaftlichen Subjekte einem universalen Determinationsprinzip subsumiert: »Was ist
dieses anonyme System ohne Subjekt, was ist es, das denkt? Das ›Ich‹
ist zerstört ... – nun geht es um die Entdeckung des ›es gibt‹... In gewisser Weise kehren wir damit zum Standpunkt des 17. Jahrhunderts zurück, mit folgendem Unterschied: nicht die Menschen an die Stelle Gottes
setzen, sondern ein anonymes Denken, Erkenntnis ohne Subjekt, Theoretisches ohne Identität ... Man denkt innerhalb eines anonymen und
zwingenden Gedankensystems, nämlich dem einer Epoche und Sprache.« (M. Foucault) Im Sinne der Prämissen eines mechanischen Mate-

rialismus reduziert Foucault die Menschen auf gestaltlose und konditionierbare Wesen; seine Sichweise blendet damit die realen Herrschaftsimplikationen der Disziplinierungsvorgänge aus. Die »Machttheorie« ignoriert die Probleme der psychisch vermittelten Unterwerfung und Formierung, der Internalisierung von Herrschaftsmuster und konstruiert einen Körperbegriff, der jenseits der realen »Einheit von psychischen und physischen Vorgängen« angesiedelt ist und gemäß des physikalistischen Programms »als ein mechanisch funktionierendes Energiesystem« (A. Honneth) begriffen werden soll. Restituiert wird das Reflexionsniveau eines mechanischen Materialismus, dem Marx als »Hauptmangel« in den »Thesen über Feuerbach« vorwirft, daß durch ihn »der Gegenstand, die Wirklichkeit, Sinnlichkeit nur unter der Form des Objekts oder der Anschauung gefaßt wird; nicht aber als sinnlich menschliche Tätigkeit, Praxis, nicht subjektiv.«

Deutlich wird die Abhängigkeit des »Postmodernen Denkens« von mechanistischen Interpretationsprinzipien auch im Lyotardschen Gebrauch des Begriffs »Sprachspiele«. Im Gegensatz zu Wittgenstein ist damit nicht gemeint, daß »die Menschen die Sprache gebrauchen und mit ihr Spiele trieben, sondern daß die Menschen unwillentlich in diese antagonistisch verlaufenden Spiele verwickelt seien und, jeder als ein ›Selbst‹ verstanden, dem Ablauf nur geringfügige Verschiebungen verleihen könne.« (J. Wilke)

Die »postmoderne« Aufmerksamkeit für das Individuelle und Unverwechselbare bedeutet offensichtlich nicht, daß mit den objektivistischen Grundannahmen einer verdrängten strukturalistischen Vergangenheit wirkungsvoll gebrochen wird. Konstitutiv für das Diskurs-Wissen ist vielmehr ein Schwanken zwischen Subjektivismus und Objektivismus, der beständige Wechsel zwischen beiden Positionen: »Das bei der Türe hinausgeworfene Absolute kommt durchs Fenster immer wieder zurück. Es ist aber ein anderes Absolutes« (G. Lukács): Der »Absolutismus« einer objektiven Wirklichkeit wird durch den Absolutheitsanspruch subjektivistischer Selbstgewißheit ersetzt.

Philosophische Grenzgänge

Trotz seiner behaupteten »Pluralität« kennt der Postmodernismus keinen Spaß mehr, wenn sich ein Denken nicht selbstgenügsam mit der Feststellung des »Verlustes von Referenz und Repräsentation« zufrieden gibt, sondern nach gesellschaftlichen Zusammenhängen, realen Ursachen- und Wirkungskomplexen fragt. Selbst die – wenn auch bedauernde – Hinnahme barbarischer Denkmuster erscheint nicht wenigen seiner Vertreter gegenüber einer ideologiekritischen und sozialanalytischen Nachhaltigkeit als das kleinere Übel. Für Lyotard beispielsweise existiert keine *theoretisch* legitime Möglichkeit, antizivilisatorischen Entwicklungstendenzen zu widersprechen; denn es existiere kein normativer Horizont, der beispielsweise das Engagement gegen den Krieg legitimieren könnte; von den Denkvoraussetzungen der »Postmoderne« sei es »ein Widerspruch, sich für menschliche Gemeinschaft verantwortlich einzusetzen« (J.-F. Lyotard)!

Auch Derrida hat große Schwierigkeiten, mit *theoretischen* Argumenten antizivilisatorische Erscheinungen wie den Rassismus in die Schranken zu weisen – auch wenn er gegen seine konkreten Formen politisch Stellung bezieht. Eine philosophisch »geschlossene und identifizierbare Kohärenz« für Phänomene wie »Totalitarismus, Faschismus, Nazismus, Rassismus, Antisemitismus« hält er für unerreichbar – und deshalb eine klares Urteil darüber auch anmaßend! Die Anerkennung eines intellektuellen »Asylrechts« für die »Logik des derart inkriminierten Diskurses« begreift er allemal als akzeptabler als dessen dezidierte »Entlarvung« und die Offenlegung seiner gesellschaftlichen Wurzeln: »Das Vorhaben einer solchen formalisierenden und sättigenden Totalisierung scheint mir gerade der wesentliche Charakter jener Logik zu sein, deren ... ethisch-politische Folgen entsetzlich sein können und die ich, das ist eine meiner Regeln, niemals anerkennen werde, koste es, was es wolle«!

Diese Ausführungen ernst zu nehmen, bedeutet zu akzeptieren, daß die Ideen der »Menschenwürde« und »Solidarität«, mit denen der »Reinrassigkeit« und des »Herrenmenschen« austauschbar sind und durch die

Indifferenz allen Wissens eine normative Verhältnisbestimmung zu ihnen sich verbietet: In solchen Bezügen wird der theoretische Antihumanismus, den das Diskurs-Wissen so gerne als geistige Großtat feiert, praktisch!

Daß Derrida, und mit ihm viele andere Postmodernisten, der Grundentscheidung, *unmißverständlich und theoretisch fundiert* gegen die Barbarei Position zu beziehen, aus dem Weg geht, ist kein Zufall! Denn sonst wäre es nötig, die Ursachen der zivilisatorischen Katastrophen zu analysieren, sich ein schonungsloses Bild von jenen gesellschaftlichen Verhältnissen zu erarbeiten, die Selbstzerstörung und Irrationalität produzieren. Doch solchen »Zumutungen« will Derrida sich nicht aussetzen, sondern sich auf den »wachsamen Widerstand« (Derrida) einer distanzierten Haltung beschränken. Diese Positionierung impliziert zwar die Aufgabe einer »dekonstruktiven« Entlarvung der faschistischen und rassistischen Logik – aber damit schließt sich nur der Kreis einer intellektuellen »Selbstgenügsamkeit«, die sich der Frage nach den Ursachen sozio-kultureller Widersprüche entzieht. Denn diese Aufgabe präsentiere sich »ebenso dringend wie endlos« (was wohl nach Derridas Verständnis undurchführbar heißt), weil das Verfahren der »Dekonstruktion« die Unentschlossenheit und Unabgeschlossenheit mit einschließt.

Einen solchen verführerischen Modus der »Problembewältigung« hatte schon Heidegger modellhaft für die ideologische Entlastung des institutionalisierten Systems der Barbarei entwickelt. Seine »philosophische« Entsorgung des Faschismus (beispielsweise mit der Bemerkung aus dem Jahre 1945, daß durch dessen Niederschlagung »die Welt ... die Besiegte ihres eigenen Aufstandes« geworden sei) ordnet den Hitlerismus in eine abendländische Verfallsgeschichte ein und begreift das angepaßte Denken als eine »Spannung, die es auszuhalten gilt« (G. Figal). Gleichzeitig soll das Schweigen über die konkreten Dimensionen der faschistischen Verbrechen als »Scham« des Betroffenen anerkannt werden.

Für die weltanschauliche Hilflosigkeit *und* inhaltliche Doppelbödigkeit des Postmodernismus (die in ihrer *Konsequenz* den Charakter der Komplicenschaft besitzen) gegenüber rechtsextremem Gedankengut gibt es noch krassere Beispiele: Auf die demagogische These des französischen Historikers Faurisson, daß die Existenz von Gaskammern nicht hinreichend zu beweisen sei, da die Opfer kein Zeugnis mehr ablegen können, reagiert Lyotard mit der Feststellung eines »Dilemmas«: Da von der Existenz intersubjektiver Prozeduren der Realitätserfassung nicht mehr ausgegangen werden könne und die Opfer sprachlos geworden seien, lasse sich die Frage nach der Realität des nazistischen Massenmordes nicht mit »universellem« Anspruch beantworten!

(Sehr weit ist dieses »postmoderne« Argumentationsschema von den »Begründungen« deutscher Rechtsextremisten für ihre Phrase von der »Auschwitzlüge«, ihrer Leugnung der historischen Existenz der faschistischen Massenvernichtungsmaschinerie nicht entfernt. Fast wortgleich ist es mit der verklausulierten Parteinahme des Historikers Nolte für diesen Geschichtsrevisionismus mit antizivilisatorischer Konsequenz. Zwar bezweifelt Nolte nicht, daß es Gaskammern und Massenmorde gegeben hat. Doch hält er die Position der »Revisionisten«, die den Völkermord durch Gas abstreiten, für so abwegig nicht. Denn »Aussagen von Augenzeugen sind besonders rar«, und einen »zwingenden Gegenbeweis« zu den Behauptungen der »Auschwitzlüge« kann Nolte nicht erkennen.)

Innerhalb der aktuellen weltanschaulichen Formierungsprozesse spielen solche Positionierungen eine wichtige Rolle für die Gewöhnung an vernunftfeindliche und irrationalistische Orientierungen. Selbst wenn diesen nicht unmittelbar das Wort geredet wird, werden sie von den modephilosophischen »Diskursen« zumindest stillschweigend in Kauf genommen. Zwar wird vom allergrößten Teil der postmodernistischen Intelligenz der *politische* Rechtsextremismus »spontan« verworfen, doch bleibt die Ablehnung unbegründet, zumal es kaum möglich ist, wirkungsvoll gegen die diversen rückwärtsgewandten Orientierungen zu argumentieren, wenn die Überzeugung fehlt, Vernunft historisch zur Geltung bringen, oder es an der Fähigkeit der Menschen mangelt sich aus den Verstrickungen »selbstverschuldeter Unmündigkeit« (Kant) zu lösen: »Den Rassismus kann nicht bekämpfen, wer zur Aufklärung sich zweideutig verhält.« (D. Claussen).

Natürlich ist auch der Diskurs gegen den Völkermord und die Massenvernichtung, bietet sogar ein Begründungsschema an, das »ethisches« Verhalten aus dem Erfahrungshorizont des Subjekts zu begründen versucht. Danach kann eine nicht-universalistische Begründung für zwischenmenschliche Rücksichtnahmen nur aus dem unmittelbaren Lebenskontext abgeleitet werden. Hier gibt es sicherlich Berührungspunkte mit einer realistischen Emanzipationstheorie, jedoch gerät der Diskurs auch bei der Behandlung der ethischen Fragestellung an die Grenzen seiner normativen Denkvoraussetzungen: Seine ethischen Reflexionsformen sind mit der Hypothek der Prämisse der Relativität aller Wissensformen, Reaktionsmuster und Erkenntnisweisen belastet. Diese Denkvoraussetzungen (die gesellschaftliche Elementarerfahrungen abbilden!) legitimieren ethische Indifferenz und normative Gleichgültigkeit.

Terry Eagleton hat die widersprüchlichen Konsequenzen dieser Konzeption sehr plastisch durchdekliniert: »... Ich habe mich übrigens noch nicht von der Kampagne für nukleare Abrüstung zurückgezogen, ich habe nur die Gründe für meine Mitgliedschaft entsprechend modifiziert. Nun bin ich gegen den Atomkrieg, nicht weil dann eine metaphysische Gattung in die Luft gesprengt würde, sondern weil es gewisse Unannehmlichkeiten für das Leben meiner Nachbarn in Oxford mit sich bringen würde. Der Vorteil dieser Modifizierung besteht darin, daß meine Mitgliedschaft in der Kampagne nicht mehr die blutleere, hochgeistige Angelegenheit von früher ist, sondern pragmatisch, experimentell und hautnah-sinnlich erfahrbar. Wenn mein kleines Stück Oxford eine Atomkatastrophe erlebt, ist mir das Schicksal der Universität Virginia wirklich gleichgültig.«

Mit der Diskriminierung dialektischer Totalitätskategorien und der Tabuisierung einer gesellschafts*analytischen* Sichtweise bringt sich der Postmodernismus nicht nur in der Konfrontation mit der realen Barbarei in große argumentative Schwierigkeiten, denn durch seine Abhängigkeit von den herrschaftskonformen Selbstbildern verfängt er sich bei den Versuchen der intellektuellen Widerspruchsverarbeitung immer unentwirrbarer in dem engen Netz von Deutungsmustern, die seinen ursprünglichen Intentionen widersprechen. Immerhin ist es ja seine ausdrücklich formulierte Absicht, allen hegemonialen Ansprüchen entschieden entgegen zu treten und die »Sphären der Macht, der Begierde und des Betrugs« (I. Hassan) zu entlarven.

Bestimmte Spielarten des Feminismus haben in solchen Deklarationen eine Geistesverwandschaft zu ihrem eigenen Projekt der »Dekonstruktion« patriarchalischer Hegemonieansprüche erkennen wollen. Doch wie soll dieses Vorhaben realisiert werden, wenn die ideologiekritische Fragestellung als illusionär erachtet und der für die individuellen Lebensbedingungen maßgeblichen »großen Erzählung«, nämlich der kapitalistischen Akkumulationsdynamik und der von ihr ausgehenden verwertungsorientierten Normierung immer weiterer Lebensbereiche, keine Beachtung geschenkt wird? Denn die Erlebnisse der Subjekte, auf die sich der Diskurs bezieht, sind ja nicht unvermittelt zu verstehen, eine selbstbestimmte Haltung gegenüber dem »Realitätsprinzip« ist vielmehr nur auf der Basis des Verständnisses seiner Funktionsweise möglich. Denn »auch wenn ihre Vertreter keine Universalansprüche mehr gelten lassen ..., der Tauschwert als Universalwert bleibt der Postmoderne auf jeden Fall erhalten«. (P. V. Zima)

Es muß gerechterweise aber auch gesagt werden, daß einige feministische Autorinnen nach der Phase seiner unkritischen Rezeption eine distanzierte Haltung zum Postmodernismus eingenommen haben. Ihrer zunehmenden Skepsis liegt die Einsicht zugrunde, daß die eigenen Emanzipationsansprüche durch die Denkvoraussetzungen des Diskurses fundamental in Frage gestellt werden. Trotz aller berechtigten Skepsis gegenüber »großen Geschichtserzählungen« stellt Seyla Benhabib fest, daß »die These vom ›Tod der Geschichte‹ das epistemologische Interesse an Geschichte und Geschichtserzählungen [verdunkelt], das das Bestreben aller geschichtlichen Akteure begleitet hat.« Und sie stellt anschließend an diese Feststellung die entscheidende Frage: »Wenn dieses ›Interesse‹ daran, die Lebensgeschichten und Kämpfe der ›Verlierer‹ und ›Opfer‹ der Geschichte wiederzuentdecken, verlorengeht – können wir dann noch eine engagierte feministische Theorie hervorbringen?«

Macht und Wahrheit

Über den »Terrorismus der Begriffe«

Es ist aufschlußreich, einmal konkret zu fragen, welche Konsequenzen sich aus den postmodernistischen Prämissen ergeben: Ein Zwangsverhältnis liegt nicht vor, wenn aus Gründen der Kapitalverwertung mit dem Abbau von Arbeitsplätzen auch Lebensperspektiven bedroht, die personale Identität beschädigt und das sozio-kulturelle Regulationsgefüge destabilisiert werden. Als Zwangsverhältnis läßt sich »postmodern« nur das systematische Fragen z.B. nach den sozio-ökonomischen Ursachen der Arbeitslosigkeit identifizieren. Das Diskurs-Wissen kehrt die realen Verhältnisse um, denn der Zwang geht nach dessen Verständnis nicht von den sozialen Konstellationen, sondern vom Begriff aus: »Terror« (wie es in der bescheidenen und lebensnahen Sprache des Postmodernismus heißt) üben die Zeichen und Bedeutungen aus, die aktiviert werden müssen, wenn der Zusammenhang des individuellen Schicksals mit sozio-ökonomischen Fundamentalbewegungen thematisiert und zu diesem Zweck Elemente einer »großen [gesellschaftstheoretischen] Erzählung« aktiviert werden. Wir können uns nun sicherlich lebhaft vorstellen, wie angenehm die massenhafte Verbreitung relativistischer, die konkrete Totalität der Gesellschaft verleugnender Denkmuster für Herrschaftsverhältnisse ist, die mehr als nur ihre Verantwortung für Arbeitslosigkeit zu verschleiern haben: Im besten Fall nehmen sie Partei für den Status quo!

Wie das argumentativ funktioniert, möchte ich an einem Beispiel illustrieren, das aus einem etwas anderen theoretischen Zusammenhang stammt, aber nur zu gut in den »postmodernen« Argumentationskontext hineinpaßt. Ich meine die Behandlung der Wahrheitskategorie im »radikalen Konstruktivismus«, dessen Marktwert nicht zufällig mit der Breitenwirkung eines explizite »postmodernen« Denkens gewachsen ist:

Heinz von Foerster verdammt die Frage nach der Wahrheit, weil nach seinem philosophischen Grundverständnis intersubjektiv gültige Aussagen nicht möglich und dem Denken nur die sinnlich wahrnehmbare Oberfläche zugänglich seien. Im gleichen Atemzug verkündet er als Dogma die Selbsteinschätzung des Gesellschaftsbewußtseins in Zeiten des Neoliberalismus: Wir können keinen Sachverhalt sicher beschreiben, da sind wir Gefangene der Relativität unseres Wissens. Aber: »Wir sind frei zu wählen, wir sind frei uns zu entscheiden.« Jedoch hat diese Wahlfreiheit sehr enge Grenzen. Sie ist in konstruktivistischer Sicht nur legitim, solange die herrschenden Interpretationsmuster nicht in Zweifel gezogen werden. Denn sobald einer Sache auf den Grund gegangen, zum Beispiel gefragt wird, ob es stimmt, daß »alle in einem Boot sitzen«, oder ob durch Lohnverzicht Arbeitsplätze geschaffen werden, muß die Wahrhaftigkeit der herrschenden Interpretationsschablonen überprüft werden. Das muß auch von Foerster zumindest erahnen, denn seine erkenntnisrelativistischen Allgemeinplätze werden jetzt – vorsorglich und zur Abschreckung – mit Bildern geschichtlicher Dramatik verquickt. Denn, so warnt er, »in dem Moment, in dem man von Wahrheit spricht, entsteht ein Politikum, und es kommt der Versuch ins Spiel, andere Auffassungen zu dominieren und andere Menschen zu beherrschen. Wenn der Begriff der Wahrheit überhaupt nicht mehr vorkäme, könnten wir vermutlich friedlich alle miteinander leben.«

So redet, wer von sozialen Strukturen, der realen Dialektik von Macht und Herrschaft keine Ahnung hat – oder Großaktionär ist. Wir können aber sicher sein, daß dem Großaktionär – im Gegensatz zu unserem hyperkritischen Philosophen – bewußt ist, daß möglichst viele Denker mit solchem Tiefgang die Gewähr dafür sind, daß er ein noch größerer Großaktionär werden kann! Denn das, was Herr von Foerster als »friedliches Zusammenleben« bezeichnet, ist die blinde Akzeptanz des Herrschaftswissens – und damit auch von Machtverhältnissen!

Von *seinen* theoretischen Prämissen aus betrachtet hat unser konstruktivistischer Philosoph, für den die Realität ein Produkt subjektivistischer Konstitution ist, natürlich recht. Nur wer historisch-dialektisch denkt, kann von seinem tradierten »Vorurteil« nicht lassen, daß Herrschaftsstrukturen auch dann existieren, wenn Herr von Foerster sie noch nicht zur Kenntnis genommen hat. Aus der Sicht der Menschen in ihren gesellschaftlichen Verhältnissen gesprochen: Auf Wahrheit kann jede Gesellschaft verzichten, für die Fetischismus und Selbsttäuschung überlebenswichtig sind. Sobald aber die herrschaftsbesetzten Sichtweisen und Realitätsdefinitionen in Frage gestellt werden, drängt sich das Wahrheitsproblem auf. Deshalb irrt auch Richard Rorty, wenn er glaubt, eine soziale Reformpolitik (oder gar »Klassenpolitik«, von der er neuerdings theatralisch redet) würde jenseits der Bemühungen um einen realistischen Blick auf die sozio-kulturellen Gegebenheiten gelingen: »Wenn man nur immer wieder von Gerechtigkeit, Chancengleichheit, Einkommensunterschieden, Fairneß und dergleichen redet, dann kann man sich die Fragen, was wahr, was vernünftig, was natürlich ist, einfach sparen.« (Rorty) Denn was mit Gerechtigkeit und Gleichheit, oder gar »Fairneß« gemeint ist, ist gesellschaftlich höchst umstritten und Ausdruck »symbolischer« Kämpfe, die in realen Interessengegensätzen fundieren. Die Antworten sind immer zu diesen Interessenlagen vermittelt. Alternative Sichtweisen und Ansprüche müssen gegen das herrschende Macht- und Interessenkartell und die mit ihnen »organisch« (Gramsci) verbundenen Interpretationsvarianten durchgesetzt werden.

Aber in einem entscheidenden Punkt hat Herr von Förster dennoch recht: Mit der Frage nach der Wahrheit endet tatsächlich das friedliche Zusammenleben, wie schon die Bibel in ihrem Gleichnis von Eva und der Schlange zu berichten weiß. Solange Eva im blinden Einvernehmen mit den Tabus gelebt hat, konnte sie in Frieden existieren. Friedlich konnten auch die Mägde und Knechte zu allen Zeiten leben, die den Erzählungen ihrer Herren trauten und mit diesen einer Meinung über die Gottgewolltheit der sozialen Ordnung waren. Sobald die unterdrückten Menschen aber vom »Baume der Erkenntnis« gegessen hatten, kehrte Unzufriedenheit in ihr Leben ein. Einmal, weil sie erkannten, daß ihre Lebensverhältnisse auch bisher schon nicht so friedfertig waren, wie die jeweiligen Legitimationsideologien behaupteten, und zum anderen, weil mit der Bewußtseinsentwicklung auch das real immer schon vorhandene Konfrontationsverhältnis zwischen den sozialen Klassen, die Form der bewußten politischen Auseinandersetzung annahm!

»Macht« als Schicksal

Das Diskurs-Wissen hat einen aktiven Anteil daran, daß die Intelligenz das Problembewußtsein über die konkrete Machtvermitteltheit von Denkmustern weitgehend verloren hat. Erkenntnisfragen werden mit großer Selbstverständlichkeit als Probleme erachtet, die jenseits sozialer Interessenkonstellationen angesiedelt sind. Auch in kritisch gestimmten Diskussionen hat sich auf fast »rätselhafte« Weise das Wissen um die realen Machtverhältnisse und die Vermittlungsstrukturen des »herrschenden Denkens verflüchtigt, dominiert die scheinbar bereitwillige »Hinnahme der triumphierenden Faktizität« (H. Sāna).

Nicht Ursache, aber doch Symptom der verbreiteten intellektuellen Selbsttäuschungen ist die »Machttheorie« Michel Foucaults. Sie präsentiert einen Erklärungsrahmen, »in der Macht diffus verteilt ist, statt sie auf beiden Seiten angebbarer Konfliktlinien zu kristallisieren, eine Theorie, in der Geschichte nicht gemacht wird, sondern in der sich große Entwicklungen auf geheimnisvolle (und interessenlose) Art durchsetzen, in der es kein Zentrum gesellschaftlichen Funktionierens (zum Beispiel in der Organisation von Produktion und Aneignung eines Mehrproduktes) gibt«. (H. Treiber/H. Steinert)

Von ihr wird nicht, wie fälschlicherweise meistens angenommen wird, die Komplexität der Herrschaft thematisiert, sondern der Blick auf die individuellen Verstrickungen in ein universales »Machtsystem« (für das keine sozio-strukturellen Ursachen benannt werden) gelenkt und das Bewußtsein für die vermeintlich irreversible Schicksalsverfallenheit der geschichtlich handelnden Menschen »geschärft«: »Die Menschheit schreitet *nicht* langsam von Kampf zu Kampf bis zu einer universellen Gültigkeit fort, worin die Regeln sich für immer den Krieg substituieren; sie verankert alle ihre Gewaltsamkeiten in Regelsystemen und *bewegt sich von Herrschaft zu Herrschaft* fort.« (Foucault) Die Universalität der Herrschaftssysteme wird durch ihre Multidimensionalität komplettiert: Das Netz der Unterdrückungen ist unüberschaubar, weil es unstrukturiert ist und sich einer konkreten Ursachenanalyse entzieht. Die Menschen bleiben den gestaltlosen, aber in allen sozialen Poren, in jedem Beziehungsgeflecht präsenten Gewaltimperativen bedingungslos unterworfen. Deshalb habe sich nach dem Verständnis Foucaults jeder Befreiungsversuch immer als eine raffiniertere und intensivere Form der Unterdrückung und Reglementierung erwiesen.

Foucault geht von der zutreffenden Beobachtung aus, daß die Machtbeziehung keine »Einbahnstraße« ist, sondern auch die von ihr Betroffenen eine aktive Rolle bei ihrer Perpetuierung und Reproduktion spielen: Die Unterdrückten beteiligen sich aktiv an ihrer eigenen Unterdrückung. Doch schließt er daraus fälschlicherweise auf die Abwesenheit eines strukturellen Vermittlungsschemas der Über- und Unterordnung; unter »Machtbeziehungen« will Foucault explizite etwas verstanden wissen, was »von den Herrschaftszuständen verschieden ist«. In seiner Vorstellung können Opfer- und Täterrollen deshalb nicht mehr auseinandergehalten werden: Foucault inszeniert die Macht als einen Spuk, der überall und nirgends ist. Sie hat keinen sozialen Ort, sondern ist »interessenlos« und universell, ein »Komplex bösartiger Energien, die in unser Leben eindringen, die gesamte Gesellschaft und alle Individuen auf molekularer Ebene penetrieren und vor denen es kein Entrinnen gibt.« (M. Edmundson)

Zwar sind auch im historisch-materialistischen Problemverständnis »die von der Macht Ausgeschlossenen vielfältig in sie verwoben«, von ihr subordiniert und zugleich »ihre subjektive Existenzbedingung« (G. Stiehler). Durch die aktive Teilnahme der Subjekte am Prozeß der Herrschaftsvermittlung (der ihre eigene Unterdrückung und machtkonforme Instrumentalisierung mit einschließt!) wird aber der hierarchische Charakter der sozialen Machtverhältnisse nicht aufgehoben. Auch der »leitende Angestellte« oder der Vorarbeiter, der seine Untergebenen überwacht und reglementiert, bleibt selbst ein Beherrschter. Jedoch sind die vielschichtigen Formen der Selbstunterdrückung Ausdruck der Machtpräsenz eines entwickelten Kapitalismus. Auch die Selbstunterwerfung ist eine (psychisch und ideologisch vermittelte) Form der Anpassung an die Imperative eines konkreten Machtsystems, dessen ökonomische »Substanz« vielleicht nicht auf den ersten Blick offensichtlich, aber dennoch theoretisch zu entschlüsseln ist: Alle Macht existiert nur, solange das ihr entsprechende Herrschaftssystem die machtkonformen

Orientierungen und Präferenzen gesellschaftlich durchsetzen kann. Herrscher und Beherrschte sind in der »Machtfiguration« (N. Elias) funktional aufeinander bezogen. Der Herr braucht den Knecht, um sich als Herr etablieren und reproduzieren zu können. Auch als gefestigtes, in seinen institutionalisierten Formen, ist das Herrschaftssystem an ihre erzwungene oder »freiwillige« Akzeptanz gebunden. Jedoch wird dadurch das »Zentrum« der Macht, ihre hierarchische Anordnung nicht aufgehoben.

Weil Foucault diese sozialen Strukturbeziehungen mißachtet, er die Latenz der Machtvermittlung ausklammert, gelingt es ihm nicht, zum Verständnis der Macht in den entwickelten Kapital-Gesellschaften vorzudringen. Er formuliert keinen objektiven Begriff der Herrschaftsperpetuierung, sondern beschränkt sich auf die Beschreibung von Machtbeziehungen, wie sie von den gesellschaftlichen Akteuren erlebt werden. Die Argumentation knüpft an Bruchstücke spontaner Sozialerfahrung an (Übermacht des Objekts, Verdinglichungstendenzen, Vergeblichkeit des Aufbegehrens), ohne diesen spontanen, warengesellschaftlich erzeugten Erlebnishorizont selbst zu überschreiten: Foucaults monistische »Machttheorie« verlangt keine anderen Reflexionsvoraussetzungen als die von der kapitalistischen Alltagswirklichkeit selbst gesetzten. Bekräftigt wird dadurch aber der gesellschaftlich erzeugte falsche Schein eines Verschwindens realer Herrschaftsinteressen hinter (klassen-)neutralen Sachzwängen.

Die gestaltlose »Universalität« dieses Machtbegriffs (wie auch die ähnlich konstruierte Kategorie »Unterdrückung« in den sogenannten post-marxistischen Diskursen) hat den fragwürdigen Vorteil, daß jede Form individueller Bedrückung damit bezeichnet (wenn auch nicht analysiert und erklärt) und eine allgemeine Mißbilligung über nicht näher bezeichnete »Zustände« zum Ausdruck gebracht werden kann. Weil durch diese Form der »Rationalisierung« des Erlebnishorizontes Sinn auf Sinnlichkeit reduziert wird, kann die objektive Verknüpfung des subjektivistischen Erlebens mit realen Erfahrungsmomenten überhaupt nicht mehr stattfinden. Politik und Praxis werden dadurch ebenso konsequent ausgeklammert wie jeder Gedanke an die Sozialvermitteltheit des eigenen Denkens.

Foucault entwickelt zwar ein Konzept der ›Subversion‹ (das haben wir natürlich auch mindestens erwartet!), dessen Reichweite aber äußerst beschränkt erscheint. Es konzentriert sich auf die Verweigerungshandlungen und Selbstzuschreibungsrituale gesellschaftlicher Außenseiter und Randgruppen, ohne daß klar zu erkennen wäre, wie durch solche Widerstandspraxen die Dominanz des Machtsystems durchbrochen werden kann, zumal eine Konstante seiner Reflexion die Annahme ist, daß der »Widerstand niemals außerhalb der Macht« liegt.

Weil er das Problem der Machtvermittlung auf den menschlichen »Körper« als die vermeintliche Instanz unmittelbarer und reflexionsloser »Erfahrung« reduziert, sind sein vorrangiges Thema die (selektiv wahrgenommenen) frühindustriellen und industriekapitalistischen »Formierungen der ›Disziplinargesellschaft‹« (Foucault). Die aktuellen Formen ideologischer Herrschaftsreproduktion werden von ihm dagegen ignoriert. Diese gegenwartsanalytische Leerstelle wird durch die Bilder tradierter mechanischer Disziplinierungsprozesse gefüllt: »Wir sind nicht auf der Bühne und nicht auf den Rängen. Sondern eingeschlossen in das Räderwerk der panoptischen Maschine, die wir selber in Gang halten – jeder ein Rädchen.« (Foucault) Die Ignoranz gegenüber ideologisch (und psychisch) gesteuerter Herrschaftsvermittlung legitimiert sich für Foucault durch die behauptete Inexistenz eines psychisch und geistig strukturierten Subjekts: »Was bei den Dingen, die die Menschen sagen, zählt«, heißt es in »Die Ordnung der Dinge«, »ist nicht so sehr das, was sie diesseits oder jenseits dieser Worte gedacht haben mögen, sondern das, was sie von vornherein systematisiert«.

Vor diesem theoretischen Hintergrund ist eine überraschende »Wende« bemerkenswert, die Foucault kurz vor seinem Tod artikuliert hat. »Ich habe mir vorgenommen, ... den Menschen zu zeigen, daß sie weit freier sind, als sie meinen ... Alle meine Untersuchungen richten sich gegen den Gedanken universeller Notwendigkeiten im menschlichen Dasein. Sie helfen entdecken, wie willkürlich Institutionen sind, welche Freiheit wir immer noch haben und wieviel Wandel immer noch möglich ist.« Ohne Zweifel verstößt Foucault mit diesen Sätzen gegen eherne Gesetze des Diskurs-Denkens – aber er bleibt programmatisch. Was er intoniert ist bestenfalls Zukunftsmusik, sind Absichten, die er möglicherweise einlösen wollte. Mit der emanzipationsfeindlichen Systematik seiner explizierten »Machttheorie« haben sie nichts zu tun. An der Rolle, die sein Theorierahmen bei der Tabuisierung konkreter Machtkritik und bei der »Fundierung« des Mythos eines universellen, der menschlichen Geschichte quasi vorgelagerten Machtsystems spielen, können solche Versuche faktischer »Selbstkritik« nichts ändern; seine Prämissen bleiben eine schwere Hypothek. Wenn die Subjekte (denen Foucault nun ihre »Freiheit« zeigen will) *theoretisch* ausschließlich durch ihre Fremdbestimmung, als durch die Machtapparate konstituierte, definiert werden, ist schwerlich zu begreifen, durch welchen Modus und auf welchen Wege sich ihre Leidenschaften, Bedürfnisse und Sehnsüchte in einer selbstbefreienden Weise zur Geltung bringen können. Die Realisierung der von Foucault thematisierten Emanzipationsperspektive würde verlangen, die so mühsam errichteten Kulissen seines Theatrum mundi als irreversibel herrschaftsbestimmtes Jammertal wieder einzureißen, den Blick auf das reale Weltverhältnis der Menschen zu richten und von der strukturalistischen Ideologie einer universellen Determination der Subjekte Abschied zu nehmen. Doch was bleibt dann von Foucault, seinen Themen und seiner weltanschaulichen Registratur?

Es bleibt zu bedenken, daß die »Machttheorie« in einen Interpretationsrahmen eingegliedert ist, durch den sie inhaltlich strukturiert wird. Foucaults philosophiegeschichtlicher Referenzpunkt ist Nietzsches Vitalitätskonzept: »Man muß aufhören, die Wirkungen der Macht immer negativ zu beschreiben, als ob sie nur ›ausschließen‹, ›unterdrücken‹, ›verdrängen‹, ›zensieren‹, ›abstrahieren‹, ›maskieren‹, ›verschleiern‹ würde. In Wirklichkeit ist die Macht produktiv; und sie produziert Wirkliches.« (Foucault)

Man kann mit Negt der Meinung sein, daß mit Hilfe des Foucaultschen Ansatzes die »Aufmerksamkeitsrichtung auf unsere Verhältnisse« gelenkt werden könnte. Aber solche Aktualisierungsformen entsprechen nicht dem dringenden Bedürfnis des Diskurses: »Wo die Apologeten auftreten und Foucault als umfassendes Gesamtsystem behandeln, ist das handlungsfähige Subjekt verschwunden.« (O. Negt). Überhaupt muß es angesichts des behaupteten zirkulären Charakters des Machtsystems ein Rätsel bleiben, wie aus der bloßen Benennung von »Machtdiskursen« ein subversiver Effekt resultieren soll. Denn die reale Dimension von Macht *und* Herrschaft ist jenseits des inkriminierten ideologiekritischen Ansatzes, ohne Thematisierung des Verhältnisses von realistischem und falschen Bewußtsein nicht zu leisten: Unter dem Denkmantel der Machtkritik wird faktisch ein System sich selbst generierender Macht konstruiert.

Erkenntnis als Privileg

Obwohl Foucault betont, daß die Subjekte heillos in den Strukturen des Wissens und Erkennens verstrickt sind (also »das Subjekt nichts ist, was wirkt, sondern eine Fiktion« darstellt, wie es bei Nietzsche heißt) und in Rechnung gestellt werden soll, »daß das erkennende Subjekt, das zu erkennende Objekt und die Erkenntnisweisen jeweils Effekte jener fundamentalen Macht/Wissen-Komplexe [also nicht in einem dialektischen Sinne zu ihnen vermittelt sind!] und ihrer historischen Transformation bilden« (Foucault), scheint es eine Möglichkeit zu geben, den Machtimperativen zu entkommen. Jedoch ist eine solche »Souveränität« nicht voraussetzungslos möglich und vor allen Dingen nicht für jedermann und von jeder Frau zu erreichen: Wer dem Determinationskontext entkommen will, muß zum Kreis der »eigentlichen Philosophen« (Nietzsche) gehören, deren substanzielle Qualifikation nach Lage der Dinge darin besteht, die umfassende Machtverfallenheit des Denkens zu postulieren – und wie selbstverständlich die eigene Philosophie davon auszunehmen und sie als privilegierte Reflexionsform zu begreifen, die sich den (eben noch als universal bezeichneten) Zwängen entziehen kann. Obwohl jegliches Erkenntnisbemühen skeptisch beurteilt und jede Reflexion als machtverfallen akzentuiert wird, beansprucht der »Meisterphilosoph« einen privilegierten Erkenntnisstatus, der keiner weiteren Begründung bedarf. Konstitutiv ist bei diesen »Verkündern des Todes des Subjekts« eine »über allen argumentativen Regeln schwebende, frei flottierende Subjektivität«. (R. Burger) Es dominiert eine subjektivistische Erkenntnisgewißheit, von der Foucault sagt, daß sie »vor jeder menschlichen Existenz« und »vor jedem menschlichen Denken existiert«! Für die eigene Rede wird jener Sinn und jene Kohärenz in Anspruch genommen, die der Sprache »im allgemeinen« abgesprochen wird.

Hier schließt sich der Kreis: Der »kritische« und »subversive« Philosoph nimmt seinen von Nietzsche zugewiesenen Platz jenseits eines objektiven Determinationsgefüges ein, dem nur die »*Masse*« unterworfen ist: »Die eigentlichen Philosophen ... sind Befehlende und Gesetzgeber ... Ihr ›Erkennen‹ ist Schaffen, ihr Schaffen ist eine Gesetzgebung, ihr Wille zur Wahrheit ist – Wille zur Macht.« (Nietzsche) Indem er sich eine in Skepsis und Resignation eingebettete Erkenntnisgewißheit zurechnet, ordnet sich der Philosoph in das von Nietzsche definierte »hohe Menschentum« ein, das strikt von den gesellschaftlichen Niederungen, den Lebensräumen der »Herde« getrennt wird. Er ist die Personifikation des nietzscheanischen »Herrenmenschen«, der in der Lage sein soll, den nihilistischen Sinnverlust zu überwinden. Daß dieser exklusive Erkenntnisanspruch an keine intersubjektiven Regeln gebunden ist und in Opposition zur logischen Beweisführung steht, ist dem aristokratischen Selbstverständnis evident: »Die Gesetze der Logik sind universal und bringen jeden auf dasselbe Niveau herab; sie sind also, folgert Nietzsche, nur eine List des Pöbels, um des wahrhaft überlegenen Menschen Herr zu werden und ihn zu demütigen.« (J. Carey) Sich den Lebensverhältnissen an der Basis der gesellschaftlichen Pyramide (»Eine hohe Kultur ist eine Pyramide«, heißt es bei Nietzsche) zuzuwenden, ist strikt untersagt, weil durch eine solch »tiefe Perversität« (Nietzsche) der »Meisterphilosoph« seinen exklusiven Status verspielen würde.

Ähnliche Vorstellungen einer unabgeleiteten Erkenntnisgewißheit waren übrigens auch für den Denkstil Althussers bezeichnend, der, wie Foucault, von Nietzscheanischen Prämissen geprägt ist. Obwohl auch Althusser im systematischen Kontext das Denken nur als Funktion objektiver Prozesse begreift und deshalb behauptet, daß den Menschen ein Verständnis ihrer Praxis nicht möglich ist, weil »hinter dem Rücken des Bewußtseins dieses Bewußtsein produziert« (Althusser) wird, reklamiert der strukturalistische Theoretiker für sich einen Ausnahmestatus. Dem Hegelschen Weltgeist gleich, sollen durch seine Worte sich die Implikationen einer nicht mehr hintergehbaren Objektivität artikulieren. Auch Althusser erhebt für sich einen (angeblich obsolet gewordenen) absoluten Wahrheitsanspruch, ohne diesen auch nur im Ansatz zu begründen: »Ich sprach ganz einfach die Sprache der Wahrheit«, sagt er apodiktisch.

Wir sehen in diesem Zusammenhang nochmals, wie wichtig es für das Diskurs-Wissen ist, wenn es seinen spielerischen Einfluß auf die philosophischen Trends nicht aufs Spiel setzen will, die Frage nach den eigenen Denkvoraussetzungen zu tabuisieren! Die Abhängigkeit von Nietzsche wird zwar nicht bestritten, jedoch nicht in den entscheidenden Konsequenzen offengelegt. W. Küttler hat sicherlich recht, wenn er betont, daß es wenig Sinn macht, dem »Postmodernen Denken« seine intellektuelle Abhängigkeit von Nietzsche vorzuwerfen. Aber unverzichtbar ist es, auf die inhaltlichen Konsequenzen seiner unkritischen Adaption hinzuweisen: Der Nietzscheanismus ist kein beliebiges, »plurales« Element des Diskurswissens, sondern sein vernunft- und emanzipationsfeindliches Fundament!

Ästhetik der Emanzipation oder des Scheins?

Die Ästhetisierung der Lebenswelt

Trotz seiner ambivalenten Begründungsstruktur ist in seinen besten Teilen der Postmodernismus auch Reaktion auf zivilisatorische Widerspruchsentwicklungen und daraus resultierende Weltbilddiffusionen. Und auf dieser Ebene hat das »Postmoderne Wissen« auf den ersten Blick auch etwas Überzeugendes: Mit seiner Kritik an den »großen Erzählungen« will es falsche Gewißheiten zerstören und absolutistische Anmaßungen diskreditieren; individuelle Lebens- und Entfaltungsansprüche sollen gegenüber Krisentendenzen und objektiven Nivellierungsprozessen zur Geltung gebracht werden. Wenn auch nicht in einer konkretisierten Form, durchzieht die Forderung nach »Selbstverwirklichung« die Diskurs-Welten.

Aber wie gesagt, sind diese Projektionen nur auf den ersten Blick überzeugend. Denn überaschenderweise soll diese »Selbstfindung« im Hier und Jetzt möglich sein. Während von der bürgerlichen Intelligenz früherer Epochen die Krisenentwicklung der bürgerlichen Gesellschaft noch erlitten und als »Krise der Kultur« (Simmel) oder als zunehmende Sinnlosigkeit des individuellen und kulturellen Lebens (Max Weber) erlebt und von ihr zumindest noch metaphorisch zum gesellschaftlichen Prozeß in Beziehung gesetzt wurde, will der postmodernistische Konformist auch noch in den sozialen Krisensituationen die Chancen subjektiver Selbstfindung erkennen: Die Unsicherheit der Lebensverhältnisse und die »Kontingenz« der Orientierungsmöglichkeiten zwingen nach seinem Verständnis das Individuum, nach verborgenen Möglichkeiten zu suchen und sich gegenüber den sozialen Gegebenheiten flexibel zu verhalten. Im Verständnis des Diskurses fördert die radikalisierte

Konkurrenzgesellschaft »das Bestreben des Einzelnen, über sich selbst hinaus zu gelangen, zu neuen und individuellen Lebensformen, zu allseitiger Beweglichkeit und lebenslangem Lernen und Experimentieren.« (G. Gamm) Die eben vielleicht noch mild-anklagend (aber immer mit »ironischer Gelassenheit«) festgestellte sozio-kulturelle Widerspruchsentwicklung soll unvermittelt die Voraussetzung individueller Selbstentfaltung sein. Die radikalisierte Marktgesellschaft soll den Prinzipien der Pluralität und der Multivariabilität (verstanden als Basis subjektiver Selbstermächtigung) zum Durchbruch verhelfen.

Einzige Voraussetzung, die Segnungen eines angeblich radikal veränderten Vergesellschaftungsmodus zu genießen, soll eine positive Grundeinstellung zu den »postmodernen« Umwälzungen sein, zu denen eine »Ästhetisierung der Lebenswelt« gerechnet wird, in der eine neue Sensibilität ihren Entfaltungsraum finden soll. Doch dieses mit bedeutungsschwerer Rhetorik beschriebene »kulturelle Kennzeichen der Postmoderne« erweist sich bei genauer Betrachtung als deckungsgleich mit den warenästhetischen Prinzipien einer »Konsumkultur«, die in weiten Lebensbereichen die Maßstäbe für das »Schöne« und Erstrebenswerte definiert. »Die ästhetische Prägung« im Sinne des Postmodernismus ist nach den Worten Welschs »schon im Alltag festzustellen, vom neuen Styling der Privat- und Konsumsphäre über die neue Rhetorik des Schönen bis hin zu ästhetischen Trends der Freizeitgestaltung.« Die Dominanz der Warenästhetik, die ehemals der Intelligenz noch kritikwürdig erschien, wird vom Diskurs ohne Umschweife rehabilitiert. Faktisch bedeutet diese *positiv* gestimmte Fixierung auf eine von kapitalistischen Verwertungsinteressen überlagerte Alltagskultur, daß die Enteignung der Sinne und die marktkonforme Instrumentalisierung des Denkens als Fundament selbstbestimmter Lebensgestaltung angesehen werden. Mit einer immer wieder erstaunlichen Naivität werden die Schablonen der Werbeindustrie übernommen, die bei Konsum eines bestimmten Produktes Selbstverwirklichung und versprechen. Um die illusionären Perspektiven der Konsumindustrie und die warengesellschaftlichen Selbstbilder ratifizieren zu können, muß der Diskurs ignorieren, daß ein den Prinzipien menschlicher Selbstverwirklichung verpflichtetes Streben nach Schönheit (die Intention eines »gelingenden Lebens«, wie Welsch

sagt) ein oppositionelles Prinzip zur risikokapitalistischen Realität darstellt: Nur als Widerspruch kann sich das Ästhetische (wenn es mehr als
Dekoration und Trost sein will) zur Geltung bringen!

Mit seiner unreflektierten Gleichsetzung von ästhetischem Erleben
und individualistischer »Selbstbefreiung« ratifiziert der Postmodernismus ein weiteres mal kritiklos den gegeben Zustand und die von ihm
produzierten ideologischen Selbsteinschätzungen: Die Versprechen der
Werbestrategen und die von der Warenwelt erzeugten illusionären Bilder werden für bare Münze genommen. Prinzipiell, so wird behauptet,
sei es gleichgültig, in welchen Formen der Genuß organisiert ist. Es gilt
dem »Postmodernen Denken« geradezu als intellektuelle Großtat, die
Grenzen zwischen »hoher« Kunst und Massenkultur nicht mehr gelten
lassen zu wollen. Es gelte, fordert Paul de Man, »die Grenzen zwischen
literarischem und nichtliterarischem Diskurs« zu verwischen. Das Disparate wird einzig wegen seiner Disparatheit als gleichwertig erachtet,
und es wird postuliert, daß eine differenzierende Betrachtung ihre Berechtigung verloren habe: »In der Kulturproduktion wie auch in ihrer
theoretischen Reflexion sind die Grenzen eingerissen worden.« (M.
Vester) Kunst und Kommerz hätten nicht nur ihre jeweils eigenständige
Berechtigung, sondern seien auch als austauschbar anzusehen. Ihre »plu-
rale« Existenz sei das Ergebnis einer »neuen Freiheit« als gesellschaftlicher Grunderfahrung, und das Prinzip der Austauschbarkeit der Ausdruck einer Kultur ohne Bevormundung und restriktiven Normen.

Ignoriert wird in der zirkulären Selbstbegründung der universalisier-
ten Massenkultur die »Differenz« zwischen den artikulierten Bedürfnissen und den Genußformen, die funktionales Element einer repressiven Lebensrealität sind; ignoriert wird, daß die Menschen durch dieses
System manipulativer Bedürfnisbefriedigung nur noch fester in den
Mechanismus der Selbstunterdrückung eingebunden werden: »Mit allen realen Differenzen, mit der von der Postmoderne als ›demokratisch‹
ausgegebenen Nivellierung des Unterschieds von Kunst und Kitsch, Pop
Art und ernster Kunst, Pornographie und Liebesdichtung (Leslie A. Fied-
ler) verschmelzen auch Herrschaft, Widerstand und Befreiung – als
Realia und ästhetische Kategorien – zu einem unterschiedslosen Brei
anmaßender Gleichheit.« (Th. Metscher)

Faktisch ist ein selbstbestimmtes Leben ohne die Kritik bestehender Verhältnisse nicht möglich. Kritische Distanz ist um so nötiger, als auch das Bestehende sich mit dem Schein der falschen Schönheit der Warenwelt (und der zu ihr vermittelten repressiven Bedürfnisbefriedigung) umgibt: »Die Kritik hat die imaginären Blumen an der Kette zerpflückt, nicht damit der Mensch die phantasielose, trostlose Kette trage, sondern damit er die Kette abwerfe und die lebendige Blume breche.« (Marx)

Der Postmodernismus unterliegt nochmals einem eklatanten Irrtum, wenn er als Referenz zu einer »anderen Form« des Erkennens ein *voraussetzungsloses* ästhetisches Erleben stilisiert: Denn dem Erleben geht notwendigerweise Gestaltung voraus, die gerade als gelungene ästhetische, sich auf das *konkrete* Ganze bezieht! Erkenntnisorientierung ist Voraussetzung jeder Praxisbewältigung. Wenn die Menschen nicht in ihrem Alltag scheitern wollen, müssen sie sich ein Bild von der Welt machen, in der sie leben. Trotz aller klassengesellschaftlich produzierten Bewußtseinsblockaden darf deshalb die Realität nicht gänzlich verzerrt erscheinen. Wenn die Menschen jedoch darüber hinaus ein selbstbestimmtes Verhältnis zu ihren Existenzbedingungen realisieren wollen, müssen sie die fetischisierten Gesellschaftsbilder destruieren und sich ein Bild von den gesellschaftlichen Strukturbedingungen erarbeiten.

Diese aus der Perspektive humaner Selbstentfaltung unaufhebbare Dialektik von Abhängigkeit und Widerstand ist für das »Postmoderne Wissen« auch im Kontext seiner Vorstellung einer »Ästhetisierung der Lebenswelt« kein Thema. Der »postmoderne Mensch« wird nicht als handelnder, sondern als konsumierender verstanden, sein Weltverhältnis als passiv und kontemplativ skizziert: Das Schöne soll sich ohne Streben nach Wahrheit realisieren. Damit wird ein Funktionsprinzip der klassengesellschaftlichen Realität festgeschrieben: Der strukturelle Gegensatz zwischen rationaler Lebensbewältigung und ästhetischem Erleben, asketischer Leistung und dionysischem Genuß.

Menschliche Praxis ist (trotz oder vielleicht auch gerade wegen der realen Entfremdungstendenzen) prinzipiell auf die *»Ausbildung einer Welt im ästhetischen Sinne«* orientiert. (G. Lukács) Der Mensch produziert nach dem Maß der Schönheit, heißt es bei einem Marx, dessen

humanistische Radikalität darin besteht, daß er den realen Entfremdungstendenzen das irreversible Streben der Menschen nach Wahrheit und
Schönheit entgegensetzt. Es handelt sich bei diesem Streben um einen
Prozeß, der zur Trieb- und Bedürfnisbefriedigung der Menschen vermittelt ist, aber auch den Prinzipien rationaler Gestaltung unterliegt:
Ästhetische Selbstverwirklichung ist zum differenzierten Komplex
menschlicher Tätigkeit vermittelt, die gleichermaßen der biologischen
wie kulturellen Bedürfnisbefriedigung dient. Weil sich in diesem Prozeß notwendigerweise Triebimpulse mit rationalem Gestaltungswillen
vermengen, ist auch das Streben nach Schönheit (was ja in letzter Konsequenz Selbstverwirklichung bedeutet) nicht von der Frage nach Wahrheit zu trennen: Aus »der inneren Verbindung von Eros und Schönheit
im Kunstwerk kommt die Wahrheit der Kunst, der Imperativ: ›Es soll
(muß) Friede sein, Erfüllung, Glück.‹ Das normative ›soll‹ ist hier nicht
von außen oder oben oktroyiert, sondern ist die (sublimiert) Triebnot-
wendigkeit und der ›natürliche‹ Gegenstand des Eros.« (H. Marcuse)

(Post)-Modernistische Ästhetik als Ideologie

Als Referenz für seine Vorstellungen einer »Ästhetisierung der Lebenswelt« dienen dem Diskurs neben den Prinzipien einer am »Haben« orientierten Konsumwelt künstlerische Artikulationsformen, die schon
längst ihren Frieden mit den entfremdeten Zivilisationsstandards gemacht haben und sich einer »Kultur« als Symbiose aus Kunst, Konsum
und Kommerz verschrieben haben. Mit ihren Forderungen »Kunst und
Leben«, »Traum und Realität« zu versöhnen, imitiert die modephilosophische Apologie zwar den verbalen Radikalismus surrealistischer
Manifeste, ihre Protagonisten bleiben aber von der Verzweiflung der
historischen Avantgarde verschont. Die von ihr skandalisierte Kunst-
und Lebensfeindlichkeit der Warengesellschaft ist für die selbsternannten postmodernistischen Urenkel kein relevantes Thema. Denn sie begreifen den Kapitalismus nur noch als »virtuelle« Größe und seine »Überschreitung« als einen Akt der »symbolischen Distanzierung«. Sie beru-

fen sich zu diesem Zweck auf eine schon längst veraltete »Avantgarde«, die mit der Spannung des Wunsches gebrochen hat und mehrheitlich nur noch in der Lage ist, mit ihren zittrigen Händen das fremdbestimmte Lebens dekorativ zu umrahmen. Es ist bezeichnend, daß der Postmodernismus von den Avantgarden der »Moderne« nur jene gelten lassen will, die nicht mehr durch Inhalte, sondern nur noch durch Form-»Innovationen« provozieren will.

In seinen ambitioniertesten Beiträgen thematisiert der ästhetische (Post?)-Modernismus zwar das alltägliche Grauen, die herrschende Gewalt und Rücksichtslosigkeit, jedoch bietet er den Rezipienten durch seine bevorzugten Darstellungsformen keine Chance zur objektivierenden Selbsterkenntnis und zur Überwindung seiner fetischisierten Selbstbilder: Ihre ästhetisierenden Werkkomplexe bezeichnen zwar (in den besten Fällen) Entfremdungssituationen, jedoch opponieren sie nicht dagegen. Da ihnen das Erinnerungsvermögen abhanden gekommen ist, ist ihnen auch die Trauer über die verpaßten Chancen humaner Lebensgestaltung nicht möglich. Umstandslos schließt das Kunstverständnis des »Postmodernen Denkens« an die herrschenden Formen einer ebenso selbstgefälligen wie anti-emanzipatorischen Kunstpraxis an. Lyotard beispielsweise ergreift Partei für eine Kunst subjektivistischer und hermetisch abgeschlossener Bedeutungen, weil sich in ihnen das Unbestimmte und Undarstellbare manifestiere. Die monochromen Farbflächen eines Barnett Newmann will er als »Ereignis« ohne Bestimmtheit und ohne subjektive Verfügung verstanden wissen. Solche »sprachlose« Kunst soll die Fähigkeit besitzen, das »Unsagbare« zum Ausdruck zu bringen, bzw. auf das Anderssein der Dinge zu verweisen und die uneinholbare Kontingenz aller Sachverhalte und Entwicklungen zu symbolisieren. In dieser Unbestimmtheit und der daraus folgenden Absage an soziale Emanzipationsansprüche sieht das Diskurs-Wissen die Verbindungslinien zu seinem eigenen weltanschaulichen Fundament.

Trotz ihrer »Sprachlosigkeit« und symbolischen Selbstbezüglichkeit gefällt sich der den Kulturbetrieb dominierende »avantgardistische« Ästhetizismus in der Geste der radikalen Verneinung. Es gehört aber eine gehörige Portion Naivität dazu, darin schon eine »Rebellion gegen Ordnung« als »das hervorstechendste Merkmal zeitgenössischer Kunst«

(Z. Bauman) zu sehen! Denn, was in Frage gestellt und womit »kompromißlos gebrochen« werden soll, ist nicht so ohne weiteres zu erkennen. Ihr Widerspruchspotential kann Kunst tatsächlich nur entfalten, wenn sie mit den Kategorien des verdinglichten Alltagsbewußtseins und den herrschenden Tabus bricht. Doch wie soll ihr das in der bevorzugten Form einer subjektivistischen Allegorik gelingen, zumal die Objekte und Präsentationen des wohlfeilen »Avantgardismus« sich meistens dem unmittelbaren Verständnis entziehen? Ihre Manifestationen sind deshalb auch immer die große Stunde der Interpreten. Erstaunlicherweise benötigt die Kunstszene, die mit dem Anspruch auftritt, traditionelle Kulturprivilegien in Frage zu stellen sowie die Kluft zwischen Kunst und Leben zu überbrücken, die erklärende Vermittlung durch eine Heerschar von »Kritikern« und Kulturredakteuren.

Hervorgehoben werden in den Texten der Ausstellungskataloge und in den Berichten der Massenmedien subjektive und soziale Relevanzansprüche. Ebenso ist von der Progressivität, innovativen Potenz und spontanen Artikulationskraft der (post)-modernistischen Kunstproduktionen die Rede, ohne daß so recht klar wird, was vorangetrieben und zum Ausdruck gebracht werden soll. Formmetamorphosen ersetzen die inhaltliche Auseinandersetzung. Darin, daß sie auf nachvollziehbare Inhalte nicht festzulegen sind, sei ihre »radikale Verwiesenheit auf Pluralität« (Welsch), also ihre Verpflichtung auf das Grundprinzip der »Postmoderne«, zu erkennen.

Ohne der Dialektik von Form und Inhalt die notwendige Beachtung zu schenken, wird die Destruktion der Form und die damit erzielte »Schockwirkung« als Befreiungsakt von affirmativen Inhalten interpretiert. Dieses Mißverständnis ist möglich geworden, weil die formale »Radikalität« der Avantgarde mit sozial relevanten Distanzierungsmustern korrespondiert: Seit dem beginnenden 20. Jahrhundert manifestiert sich in weiten Teilen der bürgerlichen Intelligenz ein Unbehagen an der »modernen Zivilisation«, ein soziales Distanzierungsbedürfnis und der Wunsch nach einem »anderen Leben«. Die historische Avantgarde als unmittelbarer Ausdruck dieser weltanschaulichen Krisensituation der bürgerlichen Gesellschaft thematisiert die subjektiven Erlebnis- und Verarbeitungsformen von Differenz und Distanz. Aber in der Regel verarbeitet sie das Krisenbewußtsein nicht, sondern illustriert es nur. Damit verfehlt sie aber ihre eigenen Absichten und Möglichkeiten und steht in einem unüberbrückbaren Gegensatz zu ästhetischen Aktivitäten des Erinnerns und des Widerspruchs.

Ihr emanzipatorisches Potential kann Kunst nur entfalten, wenn sie die Wirklichkeit nicht linear abbildet, sondern den ganzen Reichtum menschlicher Aktivitäten und Intentionen verarbeitet. Nur wenn sie sich auf die Realität in ihrer differenzierten Totalität bezieht, ist sie in der Lage, eine eigene, vielschichtige und mehrfach vermittelte »Welt« zu schaffen. Kunst ist das Produkt subjektiver Welterfahrung und Weltverarbeitung, bleibt aber immer an die objektive Realität als Ausgangspunkt gebunden. Diese Gebundenheit existiert auch dann, wenn der Künstler sich der Realität verweigert, bzw. sich in subjektivistische Gegenwelten flüchtet. Nur im Bewußtsein dieser Gebundenheit kann die »Besonderheit« der ästhetischen Sphäre begriffen werden.

Der selbstgenügsame Subjektivismus verfängt sich dagegen in den Netzen des herrschenden Bewußtseins und reproduziert unbewußt und hilflos (wenn auch in mehrfach gebrochener Weise), was zu überwinden intendiert war. Nur »durch die Fokalisierung der entscheidenden Erfahrungen des Kontaktes mit der Welt, in der Intimität des Bewußtseins wie in einer Art transzendentalen Kristallisation, gelingt es dem Selbstbewußtsein, sich zu objektivieren, indem es in der Immanenz der Welt, durch die es sich konstituiert hat, eintaucht und seine spezifischen Dimensionen zu erkennen gibt.« (N. Tertullian)

Kunst realisiert ihre »Autonomie«, wenn ihr die Objektivierung der subjektiven Erlebnisformen, die Bewußtmachung ihrer sozialen Verankerung gelingt. Statt durch die Verabsolutierung des Subjektiven und die Kultivierung einer zurückgezogenen Innerlichkeit, realisiert sie sich durch die künstlerische »Rekonstruktion« des Beziehungsgeflechts von objektiver Determination und den Erlebnisformen. Die von der (post)-modernistischen Kunst transportierte Subjektivität ist jedoch von der Vorstellung einer partikularen, unvermittelten Existenz der Individuen geprägt. Verallgemeinert wird somit eine durch die warengesellschaftliche Lebenspraxis spontan produzierte Vorstellung eines existentiellen Gegensatzes der sozialen Akteure und eines unaufhebbaren Wider-

spruchs zwischen dem Erleben und Erkennen: »Da er nicht gedacht
werden kann, soll er ›erlebt‹ werden«, dekretiert eine Anleitung zur
Beuys-Rezeption.

In solcher ästhetischen Praxis drückt sich die ideologische Abhängigkeit von den herrschenden Vergesellschaftungsformen und den ihnen funktional zugeordneten Reflexionsmustern aus: Verdinglichte Gesellschaftsbilder werden in subjektivistische, irrational überlagerte Erlebnisformen transformiert. Durch den Einsatz einer egozentrischen Allegorik und grotesker Ausdrucksformen werden repressiv besetzte Bereiche der Phantasie aktiviert; vordergründig werden zwar Schock-Ef-
fekte erzeugt, im Resultat das Subjekt jedoch nur noch fester an die
widersprüchliche Realität und ihre verschleiernden Orientierungsmuster gebunden: »Die moderne Allegorie drängt sich überall da dem ästhetischen Bewußtsein auf, wo der Künstler mit dem Problem der verdinglichten Entfremdung des Lebens nicht fertig wird, ihm im Gegenteil selbst unterliegt ... Zwar mag der moderne Künstler ... sich selbst als
unnachgiebig kritisch einschätzen, jedoch hindert ihn seine ideologische Orientierung an der verdinglichten Erscheinungsweise der spätbürgerlichen Welt daran, den Weg der durchschauenden und damit eine
wirklich kritische Haltung ermöglichenden Vermittlung zu den strukturellen Bedingungen dieser Welt« einzuschlagen (L. Kofler).

Es ist natürlich eine konstitutive Fähigkeit des Mediums Kunst, emotionale Reaktionen hervorzurufen und Assoziationsprozesse zu stimu-
lieren. Es hängt aber zu einem wesentlichen Teil von der durch das Kunstwerk vermittelten Symbolik und ihrer stilistischen Transformation ab,
welche Inhalte diese psychischen Verarbeitungsprozesse annehmen. Da
der größte Teil der Gegenwartskunst durch seinen Symbolgehalt und
seine Gestaltungsformen die repressiv besetzten Phantasiebereiche aktiviert, vorhandene Resignation und Orientierungslosigkeit bestätigt,
kann sie die ihr zugerechnete Funktion eines »Gegenprinzips« nicht erfüllen.

Dem ästhetischen Erleben ist zwar eine spezifische Form menschlicher Selbstbewußtwerdung inhärent, deren Realisierungsformen aber
begriffen werden müssen. Wenn die ästhetische Praxis nicht in Affirmation, in einem oberflächlichen Frieden mit dem Bestehenden enden will,

muß sie als Widerspruchsprinzip organisiert sein und an verschüttete Lebens- und Entfaltungsansprüche erinnern! Jedoch will der ästhetische (Post)-Modernismus das genaue Gegenteil: die Kunst und das Leben auf der Basis der Entfremdung »versöhnen«. In seiner gestalterischen Praxis zwingt diese Maxime, an der Nivellierung des Widerspruchs zwischen borniertter Alltäglichkeit und subversivem Anderssein zu arbeiten. Aktiv wird die Destruktion der ästhetischen Form betrieben, um jede Erinnerung an die Möglichkeit des Widerspruchs auszulöschen und sicher zu stellen, daß die der Öffentlichkeit präsentierten Stilisierungen und Formalisierungen mit dem herrschenden Realitätsprinzip kompatibel sind.

Dort, wo die »Avantgarde« die traditionelle Werkkategorie negiert, z.B. Alltagsobjekte unmittelbar in den Rang einer künstlerischen Objektivation erhebt, stimuliert sie die beschriebenen Assoziationsprozesse mit ihren weltanschaulichen Konsequenzen. Aus dem Kontrast zum traditionellen Formenspektrum wird ein abstrakter Negationsanspruch abgeleitet, der so sehr mit sich selbst beschäftigt ist, daß er jede ernsthafte Auseinandersetzung mit den Problemen der Epoche vermeidet. So bezieht sich etwa die sogenannte »Konsum-Kunst« unmittelbar auf alltägliche Erfahrungsmomente. Bezeichnenderweise sind weniger inhaltliche Konfrontationen, sondern das »Design« der Alltagswelt der unmittelbare Anknüpfungspunkt. Aber immerhin soll das Bekannte – in einen neuen Kontext gestellt – den Betrachter irritieren und, nach Auskunft der wohlfeilen Interpretationen, »Fragen nach der Konsumgesellschaft« provozieren. Doch Versuche, Möbel als Skulpturen zu deklarieren, oder die Präsentation einer zur »Kunst« erhobenen Schaufensterdekoration bleiben in der Unübersichtlichkeit der warenförmigen Vergesellschaftung stecken. Bei dem bloß naturalistischen Arrangement von Alltagsobjekten erweisen sich, trotz (vielleicht vorhandener) guter Absichten die Aussagen und ästhetischen Effekte als dürftig. Sie ergeben sich vor allem nicht aus dem Kunstwerk selbst, »erschließen« sich erst durch die interpretatorische Hilfestellung. Durch die Fixierung auf den unmittelbaren Augenblick leisten diese ästhetisierenden Verweisungsversuche ihren spezifischen Beitrag zur Verdrängung und zum Vergessen. Weil sie Barrieren gegenüber der Erinnerung und dem Gegenwartsverständnis aufbauen, gehen von ihnen keine Impulse für eine zukünftige Praxis der Selbstbestimmung und nicht-repressiven Lebensgestaltung aus!

»Für dieses Konzept der Trans-Avantgarde ist vor allem der Abschied von einem Eckpfeiler des Avantgarde-Theorems der Moderne, die Absage an den Sozialauftrag der Kunst, charakteristisch. Der Künstler will nicht mehr der ästhetische Handlanger oder Propagandist einer gesellschaftlichen Utopie sein.« (W. Welsch) Für diese »Freiheit« ist jedoch ein hoher Preis zu zahlen: Durch den Verzicht auf die Emanzipationsperspektive liefert sich der ästhetische (Post)-Modernismus bedingungslos den herrschenden Wertpräferenzen und Desorientierungen aus.

Die behauptete Überwindung der »Grenze zwischen der Kunst und dem Leben« findet ihren Ausdruck in der denkbar plattesten Form künstlerischer »Widerspiegelung«: In einer Montagetechnik, die nur »abbildet« und selektierend zitiert, dabei die Geschichte verleugnet und ihre eigene Deutungsabsicht nur behauptet. Ihr fehlt eine radikale antizipatorische Tendenz und sie besitzt keine gestalterische Kraft, um Zusammenhänge erfahrbar werden zu lassen: Mit ihren Kategorien ist es nicht möglich, das Netz der ideologischen Selbsttäuschungen zu durchdringen, und mit ihren Gestaltungsformen perpetuiert sie eine »Ästhetik der sozialen Unverbindlichkeit« (H. Säna). Durch die Symbolisierung des isolierten Augenblicks wird ein Welt-Bild fixiert, das mit den beängstigenden, weil unverstandenen Momentaufnahmen des Medienapparats deckungsgleich ist: Das »stählerne Gehäuse« (Weber) der Entfremdung und Verdinglichung wird durch die Verweigerung eines interpretativen Weltbezugs in seiner scheinbaren »Unaufhörlichkeit« bestätigt.

Der generalisierende Ton solcher Feststellungen ist nicht unproblematisch, aber als Reaktion auf den umfassenden Relevanz- und Deutungsanspruch einer künstlerischen »(Post)-Moderne«, die auch vom Diskurs summarisch in Anspruch genommen wird, unvermeidlich. Es bleibt natürlich im Einzelfall zu untersuchen, ob ein Kunstwerk Funktionselement des ideologischen Integrationsprozesses ist oder tatsächlich Widerstandspotentiale erschließt, die Menschen zum Nachdenken über ihr Lebensschicksal oder ihren sozialen Standort animiert werden und die Ahnung der Möglichkeit eines humanen Lebens zum »Vorschein« (Bloch) gebracht wird.

Auflehnung und Unterwerfung

Subjekt und Entfremdung

Die Bedingungen individueller Selbstverwirklichung sind komplizierter, als es in den theoretischen Fixierungen des Postmodernismus zum Ausdruck kommt. Die programmatische Vorstellung eines elementaren Geltungsanspruchs des Subjekts jenseits eines Verständnisses der Möglichkeiten seiner Durchsetzung besitzt nur einen eingeschränkten Realitätsgehalt: Durch die Verabsolutierung der »Differenz«, der Behauptung der Unmöglichkeit des vermittelnden und objektivierenden Denkens, werden das Subjekt und sein gesellschaftlicher Zusammenhang als polare Gegensätze festgeschrieben. Die Konsequenz dieser theoretischen Stilisierung, denen keine soziale Realität entspricht, ist der Verlust eines kritischen Begriffs der sozialen Lebensverhältnisse und der Fähigkeit, die Bedingungen eines »gelingenden Lebens« (Welsch) zu reflekticren: Das »Subjekt« des Postmodernismus ist so konstruiert, daß der soziale Zusammenhang und seine konkreten Lebensbedingungen ausgeblendet bleiben.

Vielleicht stimmt es sogar, daß durch den Verzicht auf methodische Stringenz subjektive Befindlichkeiten besser erfaßt und subjektivistische Erlebnisformen umfassender »widergespiegelt« werden können. Aber dieses »Erfassen« ist meistens nur ein gestaltloses Ahnen, das einem intuitiven »Fühlen« gleicht. Darin mag man das Prinzip einer irreversiblen »Differenz« als Ausdruck ursprünglicher, noch nicht verformter Lebensansprüche sehen. Aber schon um ihre Existenz überhaupt wahrnehmen zu können (was natürlich unabdingbar ist, wenn die »Differenzen gerettet« werden, ihnen zu ihrem angeblich so lange verweigerten Recht verholfen werden soll!), ist es unverzichtbar, die Konstitutionsbedingungen des individuellen Lebens zur Kenntnis zu nehmen. Die »Differenz« kann deshalb nicht gleichzeitiger Ausgangs- und Endpunkt des Denkens, sondern nur ein Durchgangsstadium zum Begriff sein. Wird die »Differenz« verabsolutiert, bleibt zwangsläufig die Fähigkeit auf der Strecke, die Existenzbedingungen des Subjekts und die sozialen Voraussetzungen seines konkreten Erlebens zu begreifen. Denn »vom isolierten Individuum der bürgerlichen Gesellschaft aus ist das Leben (die Welt) unerreichbar.« (G. Lukács)

Weil Subjektivität als emanzipatorische Potenz nur in Opposition zu den dominierenden Formen der Verdinglichung und Entfremdung zu bewahren ist, sollten alle postmodernistischen Selbstzurechnungen sinnvollerweise darauf hin befragt werden, welche Bedeutung das spontane »Erleben« und die Fixierung auf eine vermeintliche Unmittelbarkeit der Erfahrung für das Weltverhältnis der Subjekte haben. Führen sie zu einem profilierten Verständnis der eigenen Lebenssituation, oder binden sie das suchende und fragende Individuum nur noch stärker an die dominanten Formen der Abhängigkeit und Bevormundung? Ist es nicht wahrscheinlicher, daß durch die intellektuellen Fesseln, die der Diskurs sich auferlegt, die angestrebte Selbstermächtigung des Subjekts zum Scheitern verurteilt ist?

Daß »Freiheit« ohne Notwendigkeit gedacht, aber auch Selbstverwirklichung – wie uns gesagt worden ist – ohne personale Identität möglich sein soll, ist kein Zufall: Der Postmodernismus verdrängt die widersprüchlichen Existenzbedingungen im Kapitalismus und vermeidet alle Problematisierungen, die zu einem Konflikt mit dem herrschenden Denken führen könnten. Weil das Programm einer gestalt- und bodenlosen »Freiheit« bereitwillig die Entfremdung als eine »Grundbedingung« menschlicher Existenz akzeptiert, klingt die »postmoderne« Rede vom »Ich« doch meistens nur wie ein unterwürfiges »Man«, von dem bei Heidegger die Rede ist. Registriert werden zwar Widersprüche zwischen Subjekt und der sozio-kulturellen Realität, jedoch werden keine gesellschaftlichen Positionen mehr identifiziert, denen sie zugeordnet werden können.

Weil ein kritisch-theoretischer Kontext fehlt, bleibt der »postmoderne« Auflehnungsversuch kraftloses Symbol eines subjektivistischen »Protestes« gegen die selbstzerstörerischen Konsequenzen einer radikalisierten Moderne: Die »Individualisierung« des theoretischen Blicks, führt nicht zu der versprochenen Sensibilität für die Menschen in ihren Lebensverhältnissen, denn »der Wille, durch Versenkung in die je eigene Individualität anstatt durch deren gesellschaftliche Erkenntnis auf das unbedingte Feste, auf Sein zu stoßen, führt in eben die schlechte Unendlichkeit«. (Adorno)

Im »Postmodernen Denken« spiegeln sich »naturalistisch« die individuellen Existenzbedingungen einer radikalisierten Warengesellschaft: Die Atomisierung ist in ihr die Voraussetzung der Handlungsfähigkeit der Individuen, der narzißtisch besetzte Partikularismus eine wichtige Bedingung ihrer gesellschaftlichen Durchsetzungsfähigkeit. Trotz der effektvoll reklamierten Absicht, verschüttete und verweigerte Subjektansprüche zu thematisieren, ist das konkrete Subjekt gerade in den Texten der »achtenswerten Postmoderne« (Lyotard), bedingt durch ihr dichtes Netz ideologischer Abhängigkeiten, nur selten das Thema (den Bildern der medial vermittelten Erlebniskultur« verpflichtet, wird es eher in den Texten ihrer »diffusen« [Welsch] Variante berücksichtigt); sorgfältig wird es in einem Wald verdinglichter Begriffe verborgen. Hinter der massiven Ansammlung von »Differenzen« und »Simulakren«, »Diskursen« und »Ambivalenzen«, »Kontingenzen« und »Codes« kann seine Existenz nur noch vage vermutet werden. Durch ein System abstrakter und realitätsferner Begriffe wird ein subtiles Verständnis der Individuen in ihren komplizierten Lebenssituationen mit ihren vielschichtigen (und sich meist widersprechenden) Ansprüchen verstellt. Der Gefahr, das Leben mit den Begriffen zu erschlagen, ist sicherlich jede theoretische Reflexion ausgesetzt. Für einen Postmodernismus, der sich den theoretischen Vermittlungsschritten verweigert, ist diese Konsequenz fast zwangsläufig!

Das Resultat der postmodernistischen Denkbewegungen ist deshalb nicht die angestrebte intellektuelle Selbstermächtigung, sondern die fraglose Hinnahme der gesellschaftlichen Formierungsprozesse, die blinde Akzeptanz der real-existierenden Tendenz zur Vereinnahmung und Manipulation der »dezentrierten« Individuen. Anders als seine Protagonisten meinen, drückt sich in diesem Denken nicht die Spezifik des historischen Umbruchs aus, entwickelt es sich »nicht aus einem neuen Bedürfnis, sondern befriedigt nur mit Reizen alte Bedürfnisse«! (Brecht)

Symptome des Widerspruchs

Trotz ihrer eklatanten Widersprüchlichkeit repräsentieren die »postmodernen« Zeitgeistkonstellationen im ideologischen Reproduktionsgefüge des Spätkapitalismus ein objektives Widerspruchsmoment. Um kein Mißverständnis aufkommen zu lassen: Nicht der postmodernistische Überzeugungskanon repräsentiert dieses Widerspruchsprinzip! Er ist, um ein treffendes Worte von Hans Heinz Holz zu benutzen, die Äußerungsform einer »Philosophie der zersplitterten Welt«, die ein allgemeines Bewußtsein der Zersplitterung artikuliert, nicht aber zu dessen Ursachen vordringt, dies auch gar nicht anstrebt und ein solches Verlangen als Zumutung betrachtet. Der prozessuale Zusammenhang, der die Fragmentarisierung bewirkt, soll unbegriffen bleiben! Durch diese weltanschaulich motivierte Verweigerungshaltung werden spezifische Erkenntnismöglichkeiten ignoriert, die gerade von der bürgerlichen Gesellschaft in ihrem Krisenstadium hervorgebracht werden, und auf die beispielsweise Walter Benjamin sein Erkenntnisinteresse konzentriert hat. Er ist berechtigterweise skeptisch, ob die Zustandsformen der kapitalistischen Welt im 20. Jahrhundert noch mit einer tradierten Systematik beschrieben werden können, hält aber an der Vorstellung einer ontologischen Einheit der Welt fest und versucht, diese »Einheit der Gesellschaft und des menschlichen Lebens ... im Diskontinuierlichen zu ergreifen. Das Fragment wird ... zum Indiz des Ganzen, zugleich zum Bild der Offenheit nach allen Seiten.« (H. H. Holz) Obwohl sich Teile des Diskurses bereitwillig auf die Diskontinuitäts-Metaphorik Benjamins beziehen, ignorieren sie seine dialektischen Denkvoraussetzungen und die daraus resultierenden Vorstellungen einer prinzipiellen Offenheit des geschichtlichen Prozesses.

Die durch die epochalen Veränderungen entstandenen Herausforderungen und sozio-kulturellen Formveränderungen können durch den Postmodernismus offensichtlich nicht verarbeitet werden: zu restriktiv wirken sich seine Denkschablonen aus. Jedoch läßt sich in der verbreiteten Anlehnung an seine Stimmungen und begrifflichen »Gesten«, in der Akzeptanz seiner »autoritätskritischen« Selbstdarstellung ein latentes Bedürfnis nach »Differenz« und Selbstartikulation erkennen, wie es beispielsweise in Zeitgeist-Manifestationen wie der »Love-Parade« zum Ausdruck kommt: Einer kontur- und grenzenlos, aber dennoch als bedrängend erlebten sozialen Welt stellen sich die Subjekte durch expressive Selbstdarstellung gegenüber, sowohl, um ihre Existenz zu signalisieren, aber auch, um den Dissens zu etwas Unbegriffenem zum Ausdruck zu bringen. Verbindendes Element zwischen Postmodernismus und dieser globalisierten Jugendkultur zwischen Konsum und Ekstase ist das Pathos einer »Opposition«, die kein konkretes Gegenüber hat und sich nicht zu begründen vermag.

Die bereitwillige Reproduktion postmodernistischer Signalbegriffe ist zu einem nicht geringen Teil als Reaktion auf ein im Alltagsleben weit verbreitetes Gefühl des Ausgeliefertseins und der Bevormundung zu verstehen. In diesem Sinne ist das »postmoderne Denken« in Zeiten manifester Ungewißheiten und existenziellen Zweifels der »Geist geistloser Zustände« (Marx): Weil die »Gestimmtheit« des Postmodernismus in vielen Bereichen mit der »Stimmungslage« orientierungssuchender Menschen übereinstimmt, seine Stichworte eine Geistesverwandtschaft assoziieren, wird er als Repräsentant der eigenen Intentionen und Artikulationsbedürfnisse erlebt. Wenn die Kritik am marxistischen Verständnis der Postmoderne einen rationalen Kern hat, dann ist es der Hinweis auf die mangelnde Sensibilität für diese Stimmungen und Motive. Die sich aufdrängenden Fragen sind substanziell: Aufgrund welcher Veränderungen der Lebensverhältnisse sind »postmoderne« Mentalitäten entstanden? Welche Bedrohungserfahrungen sozialer Mittelschichten spiegeln sich in den Zeitgeist-Parolen wieder? Durch welche Desorientierungen und Ängste wird die Hinwendung zu den postmodernistischen Interpretationsschablonen stimuliert? Welche Bedürfnisse und Motivationen werden durch den assoziativen Begriffskosmos angesprochen?

Auch wenn die »postmodernen« Gedankenformen hohe Barrieren gegen ein realistisches Weltverständnis aufbauen, so sind sie doch auch Ausdruck eines verbreiteten Artikulationsbedürfnisses, der Existenz eines spontanen Reflexes gegen die zunehmende Entmündigung der Menschen und die drohende Zerstörung der Zukunft. Zwar liegt der

Akzeptanz der postmodernistischen »Erzählungen« nicht selten ein Mißverständnis zugrunde, wird, wie wir gesehen haben, ihre ebenso affirmative wie suggestive Rede über die soziokulturellen Entwicklungen
als kritisch-distanzierte Stellungnahme mißverstanden. Aber trotz seines faktisch legitimierenden und verharmlosenden Verhaltens zu den
sozialen Erosionserscheinungen und individuellen Zumutungen scheint
der Postmodernismus zumindest vage die »soziokulturellen Veränder-
rungsprozesse indizieren zu können und einer diffusen Bewußtseinsla-
ge zur Sprache zu verhelfen.« (A. Honneth) Undeutlich ist im Nebel der
»postmateriellen« Selbstdeutungen ein tastender Subjektanspruch zu
erkennen, der das Ansich-Sein eines Emanzipationsbedürfnisses darstellt. An dieses Bestreben, sich den Zwängen der Konkurrenzgesellschaft zu entziehen und das Leben nach eigenen Vorstellungen zu organisieren, hätte ein gegenwartsorientierter Marxismus »anzuschließen«
(so hilflos diese spontanen »Emanzipationsbestrebungen« sich auch präsentieren), um daran mitzuwirken, den unklaren Bedürfnissen zu ihrem
Selbstbewußtsein zu verhelfen. »Wir müssen fragen, wie die Sehnsucht
nach Leben und Glück, die die Menschen in ihren alltäglichen Kämpfen
trägt, und ihre Suche nach einer besseren Gesellschaft, die Lebensunterhalt und Würde für alle bietet fruchtbar miteinander verknüpft werden können.« (B. Wielenga)

Diese Aufgabe ist in dem Bewußtsein zu bewältigen, daß erst durch
partielle Ignoranz, mangelhafte Gegenwartspräsens und ungenügende
»Subjektfähigkeit« der marxistischen Theoriearbeit es zu einer selbst-
verschuldeten Schwächung des Einflusses dialektischen Denkens gekommen ist, erst durch diesen Mangel die ungehinderte Ausbreitung
der weltanschaulichen Gegenposition möglich geworden ist. Es ist nicht
zu bestreiten, daß »ein Faktor, der die neuen sozialen Bewegungen der
Postmoderne zutrieb, ... die Unzufriedenheit mit den alten linken Or-
thodoxien« war (A. Socal/J. Bricmon). Alleine schon aus diesem Grunde ist gegenüber dem Postmodernismus ein bloß denunziatorisches Verhältnis unangebracht. Auch ein kritischer Marxismus ist zu häufig hinter seinen interpretatorischen Ansprüchen und seinen analytischen Möglichkeiten zum Verständnis der subjektiven Ausdrucksformen der sozio-kulturellen Widerspruchsentwicklung zurück geblieben. Doch gibt

es zweifellos auch eine unüberschreitbare »Grenze der Verständigung«, wenn der Marxismus seine eigene Identität als Theorie emanzipatorischer Gesellschaftsveränderung und seine Fähigkeiten des dialektischen Verständnisses des Subjekts (»des Menschen, in seinen gesellschaftlichen Verhältnissen«, wie Marx sagt) nicht aufs Spiel setzen will. In dem vom Postmodernismus repräsentierten spontanen Widerspruchsformen manifestiert sich zwar ein dunkles Ahnen, das jedoch mehrdeutig und unentschieden ist. Durch ihr passives Verhältnis zu den herrschenden ideologischen Reproduktionsbedingungen kann die auflehnende Haltung machtkonform instrumentalisiert werden.

Selbstverwirklichung als Ideologie

An der weltanschaulichen Kanalisierung, der aus den sozio-kulturellen Veränderungen resultierenden Partizipations- und Selbstbestimmungsansprüchen, hat das Diskurs-Wissen seinen spezifischen Anteil. Sie werden so transformiert, daß ihr objektiver Widerspruchscharakter sich in das gleiche folgenlose Aufbegehren auflöst, das für die postmodernistische Ideologie charakteristisch ist: Weil sie die Absurdität verwertungsorientierter Vergesellschaftung durch die absurde Konzeption einer absoluten (weil unvermittelten) Subjektivität zu kompensieren versucht, ist der Diskurs der kapitalistischen »Rationalität« noch in der spontanen Auflehnung gegen sie ausgeliefert. Die Aufgabe von theoretischen Geltungsansprüchen, der Verzicht auf die Standards der Wahrheitsfindung, die Akzeptanz alltäglicher Selbsttäuschungen und die Nivellierung der Differenzierung zwischen Sein und Schein sind die Markierungspunkte auf dem Weg zur Aufgabe der intellektueller Selbstbestimmung.

Ist die Unterschlagung der Vermittlung von Subjekt und Objekt Ideologie, so die Reklamation einer voraussetzungslosen Selbstentfaltung des Subjekts Indiz einer Machtverfallenheit des Denkens: »Im Anspruch seiner Selbständigkeit meldet sich der herrschaftliche.« (Adorno) Selbst die »mimetische« Momentaufnahme ist noch verzerrt, nivelliert den Widerspruch zwischen Wirklichkeit und Möglichkeit, ignoriert die große Differenz zwischen dem, was die Gesellschaft zu sein beansprucht, und dem was sie tatsächlich ist. Was der Diskurs der faktischen Ordnung und Zweckrationalität entgegenzusetzen vermag, ist die Illusion einer freien Gestaltungsfähigkeit der Biographie qua »erlebnisorientierter« Lebensstilisierung und egozentrischem »Glücksstreben«. »Selbstverwirklichung« wird, losgelöst von allen gesellschaftlichen Bedingungen, als Ausdruck eines individualistischen Aktes der »Selbstbefreiung« gedacht; weil die »Postmoderne« den Glauben postuliert, daß die »Notwendigkeit kontingent ist«, soll »das Unmögliche möglich« (Lyotard) sein. Diese Illusion voraussetzungsloser »Freiheit« und »Selbstverwirklichung« ist ein ideologischer Reflex kapitalistischer Geldwirtschaft, denn »als Absolutes ist das Individuum bloße Reflexionsform der Eigentumsverhältnisse« (Adorno). Trotz einer weitgehenden Regulierung und Normierung des individuellen Handelns erzeugt die formale Gleichheit des Tauschverhältnisses die Illusion unvermittelter »Individualität« und »Freiheit«. Weil durch diese warengesellschaftlich erzeugte »Gewißheit« der Blick von den realen Existenzbedingungen abgelenkt wird, liefert sich das Individuum vollständig dem blinden Spiel der gesellschaftlichen Kräfte aus.

Die Hilflosigkeit des Postmodernismus gegenüber solchen ideologischen Mechanismen ist die Kehrseite seiner Fetischisierung des methodischen Denkens. Denn in dem gleichen Maße, wie die Theorielosigkeit als Garant intellektueller Autonomie angesehen wird, wird die entsozialisierte Individualität als die Voraussetzung ungestörter »Persönlichkeitsentfaltung« begriffen: Diese »leere Abstraktion der Einzelheit« ist die unvermeidliche Konsequenz der leeren Abstraktion »der ihr entgegengesetzten Allgemeinheit« (Hegel). Konkret: Trotz der modephilosophischen Geistesakrobatik bleibt es ein Trugschluß anzunehmen, daß die antizipierten Freiräume jenseits der sozialen Strukturen existierten und sich Selbstverwirklichung ohne »Anstrengung des Begriffs« und die Infragestellung der herrschenden Sozialisationsprinzipien erreichen ließe. Denn erst »begreifende Gesellschafts- und Selbsterkenntnis in ihrem wechselseitigen Verweisungszusammenhang ermöglichen eine Überwindung der im Rahmen der bürgerlichen Ideologie- und Praxisform nahegelegten subjektivistischen bzw. egozentrischen Auffassung.« (H. Krauss)

Selbstverwirklichung setzt Selbstbestimmung voraus, die tatsächlich ein voraussetzungsvolles Projekt ist und nicht so unvermittelt zu realisieren ist, wie die subjektivistischen Illusionen der Selbstermächtigung unterstellen. »Selbstbestimmung heißt: Erforschung der äußeren vom Individuum unabhängigen Gegebenheiten und ihrer Zusammenhänge; Feststellung der Möglichkeiten, in diese Zusammenhänge nach eigenen Zwecken verändernd und gestaltend einzugreifen; Prüfung der Zwecke, ob sie nicht nur kurzfristig und egoistisch, sondern im Hinblick auf die menschliche Gattung überhaupt erstrebenswert sind (sonst würde der Mensch sich letztlich selbst schädigen).« (H. H. Holz)

Auch wenn die »Postmoderne« durch ihre ziellose Selbstbewegung und – man höre und staune – durch »die Erosion der globalen Herrschaftsstruktur« (Z. Bauman) definiert wird, verlieren die Lebensumstände alleine durch den individuellen Willensakt und die angeratene »Flucht nach vorne, in die reine und leere Form« (Baudrillard) nicht ihre Prägekraft. Auch durch die beschwörende Wiederholung postmodernistischer Glaubenssätze (»Wir alle leben in einer Situation der Kontingenz und der Wahlfreiheit: nichts ist gegeben; alles muß hergestellt werden« [Z. Bauman]) und die interessierte Ignoranz gegenüber dem realen Weltgeschehen (»Nur der fanatischste Ewiggestrige glaubt noch, die westliche Lebensweise ... hätte ... eine Chance, irgendwann universell zu werden. Es ist keine gesellschaftliche Kraft in Sicht, die entschlossen wäre, sie zu universalisieren« [Z. Bauman]) können die Auswirkungen einer Akkumulations- und Marktdynamik mit globaler Tendenz nicht neutralisiert werden. Der verklärte und verklärende Blick einer »postmodernen Soziologie«, die davon überzeugt ist, »daß die Frage nach einer Gegenkultur zum Kapitalismus überholt« sei (Z. Baumann), wird durch die reale Entwicklung der »Globalisierung« kapitalistischer Konsum- und Lebensmuster ad absurdum geführt: »Mehr als 500 aktive Satelliten bestreichen inzwischen die Erde mit den Funksignalen der Moderne. Uniforme Bilder auf einer Milliarde Fernsehschirmen nähren die gleiche Sehnsucht an Amur, Jangtse, Amazonas, Ganges und Nil ... Erstmals in der Geschichte eint die Menschheit eine gemeinsame Phantasie des Seins.« (H.-P. Martin/H. Schumann)

Die realen Entwicklungsprozesse zu ignorieren bedeutet nur, sie blind zu akzeptieren, denn es ist eines der Geheimnisse der ideologischen Herrschaftsreproduktion in der Warengesellschaft, daß die »Vermittlung« um so wirksamer ist, je unvermittelter sich das Individuum erlebt: Die narzißtische Selbstversenkung ist die Kehrseite der Universalisierung der warengesellschaftlichen Verfügbarkeit der Individuen. Sein Selbst, heißt es mit entlarvender Naivität in einer affirmativen Beschreibung der »postmodernen« Persönlichkeitsstruktur, organisiert sich als ein »biegsames Instrument des permanenten psychischen recycling«, präsentiert sich als »reine Disponibilität«, »bedingungslos und ohne Bezugspunkt« (G. Lipovetzky).

Selbstbestimmung setzt voraus, was der Postmodernismus theatralisch fordert: Die Entlarvung des Systems der »Macht, der Begierde und des Betrugs«! Doch bedarf es dazu eines profilierten Verständnisses gesellschaftlicher Zusammenhänge und sozialer Funktionsmechanismen, also etwas, was das Diskurs-Wissen nicht nur nicht besitzt, sondern auch systematisch verhindert! Methodisch gesprochen: Die Wirkung des Allgemeinen auf das Besondere verschwindet ja nicht, weil der reale Zusammenhang nicht zur Kenntnis genommen wird. Deshalb ist das Resultat der postmodernistischen Denkbewegungen alles andere als die angestrebte intellektuelle Selbstermächtigung, sondern ein Akt intellektueller Unterwerfung unter das herrschende soziale, psychische und ideologische Regulationssystem: »Je mehr die einzelnen Menschen real zu Funktionen der gesellschaftlichen Totalität herabgesetzt werden, desto mehr wird der Mensch schlechthin, als Prinzip mit dem Attribut des Schöpferischen, dem absoluter Herrschaft, vom Geist tröstlich erhöht.« (Adorno)

Die postmodernistischen Vorstellungen vom »Besonderen« und der »Differenz«, den individuellen Geltungsansprüchen und subjektiven Selbstverwirklichungsmöglichkeiten bleiben diffus und widersprüchlich; nirgends wird eine aufklärende Konkretheit erreicht, die eine Gegenposition zum Abstraktions- und Vereinnahmungsprizip der kapitalistischen Vergesellschaftungsweise darstellt: Aus den »postmodernen Konstellationen« soll die »emanzipatorische Chance« erwachsen – wie und auf welchen Wege bleibt ein wohlgehütetes Geheimnis! Wenn konkrete Alternativen zur Widerspruchsentwicklung eines späten Kapitalismus (von dem wir natürlich nicht wissen können, wie »spät« er tatsächlich schon ist!) dennoch einmal skizziert werden, ist ihre Herrschaftskonformität nur allzu offensichtlich: Durch Computertechnik sollen nach einer Eingebung Lyotards die beziehungslosen Sprachspiele und heterogenen Lebensentwürfe zueinander in Beziehung gesetzt werden und eine neue Wirklichkeitsdimension generieren!

Weil die Mechanismen, die das »Unbehagen« an der sozio-kulturellen Umwälzung hervorrufen, nicht thematisiert werden, bleiben die Ursachen der Fremdbestimmung und des Lebensüberdrusses unbegriffen, kann die symbolische Auflehnung dagegen problemlos in das Netz des machtkonformen Denkens integriert werden. Im Sinne einer modifizierten Lebensphilosophie soll die Unmittelbarkeit des »Lebendigen«, eine diffuse Form der »Sinnlichkeit« gegenüber Rationalität und Analyse zur Geltung gebracht werden – ohne daß die Faktoren, die das individuelle Leben beeinflussen, überhaupt zur Kenntnis genommen werden. Pointiert gesagt, soll ein »Wissen«, das jenseits des Wissens existiert, zur Kenntnis genommen werden und damit eine Erfahrungsdimension erschlossen werden, die sich eingestandenermaßen methodisch nicht erfassen läßt. Die Möglichkeit einer unmittelbaren und unreflektierten Erfahrung wird dogmatisch behauptet, dabei jedoch ein Problembewußtsein ignoriert, das (in einem anderen Kontext) auch dem Postmodernismus nicht ganz fremd ist: Spielen nicht bei der Interpretation von Erfahrungen soziale und kulturelle Kategorisierungen ein wesentliche Rolle? Ist nicht schon der Modus der Wahrnehmung nur als Produkt eines vielschichtigen zivilisatorischen Entwicklungsprozesses zu begreifen?

Theoriegeschichtlich ist die postmodernistische Position mit den existentialistischen Vorstellungen einer »absoluten« und unvermittelten Freiheit vergleichbar, aber auch mit den Versuchen einer philosophischen Selbstermächtigung der Junghegelianer, wie Roger Behrens es in einer treffenden Kritik herausgestellt hat: »Mit ihnen teilen viele der Postmodernen zwar nicht die Hegelsche Intention eines Systems des spekulativen Idealismus, wohl aber den Duktus des Argumentationsversuchs, glauben zu machen, Sachverhalte dadurch zu überwinden, indem sie von ihrer materiellen Basis abgezogen werden, um als Pro-

dukte des Geistes, das heißt heute: der ›Diskurse‹, der ›Humanwissen-
schaften‹, des ›Widerstreits‹ oder der ›Differenz‹ geistig produziert zu
werden; im Zirkelschluß wird so behauptet, daß die diesen Strukturen
zugrunde liegenden Materialitäten: Das Subjekt, die Objekte, die Kritik
und der Humanismus, nur Erzeugnisse der Diskurse, der Humanwis-
senschaften, des Widerstreits oder der Differenz sind.«

Exkurs:
Zur Dialektik von Subjektivität und Objektivität

Bei aller notwendigen Kritik an den postmodernistischen Kurzschlüs-
sen, ist methodische Differenzierung jedoch auch für das Denken in den
Kategorien des Zusammenhangs, der Vermittlung und des Widerspruchs
nötig: Das Individuelle ist nicht alleine aus der Bewegungstendenz des
Allgemeinen zu begreifen. Denn das (gesellschaftlich) Allgemeine existiert genau so wenig ohne handelnde Subjekte, wie eine individuelle
Existenz jenseits des sozialen Kontextes auch nur denkbar ist. Entgegen der trivialen Gleichsetzung des dialektischen Interpretationsverfah-
rens mit weltanschaulichem Totalitarismus, vernachlässigt das sozialtheoretische Denken in Marxscher Tradition jedoch weder die konkreten Differenzierungsformen des »Allgemeinen« noch die Unverwechselbarkeit des Individuellen: Für ein historisch-dialektisches Denken,
das diesen Namen verdient, ist der Bezug auf das Allgemeine niemals
Selbstzweck, sondern der »Umweg«, um das Einzelne zu begreifen. Nur
durch die theoretische »Vermittlung« läßt sich das Einzelne überhaupt
erst in seiner Einzelheit erschließen. Da Individuelles und Allgemeines
nicht in einem polaren Gegensatz zueinander stehen, kann auch das Erkenntnisbemühen, wenn es einen Sachverhalts oder den differenzierten
Charakter einer Einzelheit angemessen begreifen will, nicht von den
realen Vermittlungsstrukturen absehen. Selbstreflexives Denken muß
berücksichtigen, daß »das Einzelne gerade als Einzelnes desto sicherer
und wahrheitsgemäßer erkannt wird ..., je reicher und tiefer seine Vermittlungen zu dem Allgemeinen und Besonderen aufgedeckt werden.«

(G. Lukács) Obwohl die einzelnen Momente funktional in den sozialen Kontext eingebunden sind, besitzen sie jedoch eine eigenständige Dynamik (eine Bedeutung, die nicht restlos im »Ganzen« aufgeht). Es werden deshalb historisch-materialistisch nicht, wie Lyotard es unterstellt, »Begriff und Sinnlichkeit« aufeinander reduziert, sondern in ihrer eigenständigen Bedeutung reflektiert.

Daß »jedes Einzelne [nur] unvollständig in das Allgemeine eingeht« und durch das »Allgemeine« nicht jede Regung des Besonderen determiniert wird, ist keine Entdeckung des Postmodernismus. Der vorstehende Satz (der als Zitat gekennzeichnete Teil stammt von Lenin) gehört zum ABC-Wissen dialektischen Denkens und könnte durch Dutzende weiterer Belege von Hegel bis Marx, Lukács, Adorno oder Kofler ergänzt werden. Auf der Ebene methodologischer Abstraktion beschreibt Gottfried Stiehler Teil und Ganzes als selbständige Momente, deren Selbständigkeit aber relativ ist. Denn die Existenz der einzelnen Komplexe und ihre Bewegungsformen »sind durch die Wesensmerkmale des Ganzen bestimmt. Dieses wiederum besitzt keine Existenz ohne die Teile, es ist keine für sich, getrennt von den Teilen existierende Größe. Daher ist auch die Selbständigkeit des Ganzen relativ, es ist an die Existenz und die Bewegung der Teile gebunden.« Aber gleichzeitig ist dem dialektischen Denken bewußt, daß auch die Unverwechselbarkeit des Einzelnen ohne den Blick auf den Zusammenhang nicht zu begreifen ist: »Ein Glas ist unstreitig sowohl ein Glaszylinder als auch ein Trinkgefäß. Das Glas besitzt aber nicht nur diese zwei Merkmale oder Eigenschaften oder Seiten, sondern eine unendliche Zahl anderer Merkmale, Eigenschaften, Seiten, Wechselbeziehungen und › Vermittlungen‹ mit der gesamten übrigen Welt. Ein Glas ist ein schwerer Gegenstand, der ein Wurfinstrument sein kann. Ein Glas kann als Briefbeschwerer, als Behälter für einen gefangenen Schmetterling dienen ... Um einen Gegenstand wirklich zu kennen, muß man alle seine Seiten, alle Zusammenhänge und › Vermittlungen‹ erfassen und erforschen.« (W. I. Lenin) Auch für das dialektische Denken ist es also evident, daß das Einzelne nicht in der Vermittlung aufgeht, sich niemals »restlos als Kreuzungs- und Kombinationspunkt der Besonderheiten und Allgemeinheiten fassen oder gar aus ihnen einfach ›ableiten‹ [läßt]. Es bleibt immer ein

Rest über, der weder deduzierbar noch subsumierbar ist. Dieser steht aber um so weniger dem anderswie Erkannten als krasser unaufhebbarer Zufall gegenüber, je ausführlicher und genauer die ... vermittelnden Besonderheiten und Allgemeinheiten erkannt werden.« (G. Lukács)

Im Kontrast zum alten Materialismus, der die Menschen als passive, den objektiven »Strukturen« und Bewegungen bedingungslos unterworfene begreift, reflektiert die historisch-dialektische Wirklichkeitswissenschaft das Verhältnis des Menschen zur Welt als einen Prozeß des tätigen und konstituierenden Verhaltens: »Wie die Gesellschaft den Menschen als Menschen produziert, so ist sie durch ihn produziert« (Marx). Mensch und Gesellschaft sind nicht begrifflich aufeinander reduzierbar, jedoch auch nicht ohne ihre wechselseitige Abhängigkeit zu verstehen. »Die Totalität der Gesellschaft und die menschliche Persönlichkeit sind zwar untrennbar miteinander verbunden,« schreibt Lukács in seiner »Ontologie des gesellschaftlichen Seins«, sie »bilden die beiden Pole eines dynamischen Komplexes, sind aber in ihren unmittelbar seinshaften Entwicklungsbedingungen qualitativ voneinander verschieden. Allerdings nur so weit, daß die so entstehenden verschiedenen Bewegungsformen doch letzten Endes miteinander intim verbunden bleiben können: auch wenn diese Verbindung die der inneren Widersprüchlichkeit ist.« Hinter diese Einsicht kann weder marxistisches Denken noch die (postmodernistische) Marxismus-Kritik zurück gehen.

Strategien der Gegenaufklärung

Der Doppelcharakter der Gesellschaftsentwicklung

Für einen Marxismus, der die Imperative des Marxschen Denkens (in dem sich die Emanzipationsperspektive und die Destruktion falscher Gewißheiten wechselseitig ergänzen) ernst nimmt und deshalb (!) ein sensibilisiertes Bewußtsein über die Vielschichtigkeit der historischen Dialektik besitzt, gibt es bei der Bewertung des Postmodernismus keinen allzu großen Interpretationsspielraum: »Das postmoderne Bewußtsein ... reproduziert die phantomhafte Welt universaler Diffusion auf der Ebene der Unmittelbarkeit. Hier hat es sein Element der Wahrheit. Seine universale Unwahrheit besteht darin, daß es die Erscheinungsebene seiner Unmittelbarkeit als das Ganze versteht oder ausgibt, daß es die Existenz einer anderen Wirklichkeit als die der Phantomwelt leugnet. Es steht im Grunde auf dem gleichen Standpunkt, ist Holz von gleichem Holz, wie jener Apologet der Werbebranche, den die Frankfurter Allgemeine Zeitung vom 17. September 1988 zitiert: ›Alles ist Simulation, oder alles ist Wirklichkeit, wie sie wollen. Die einzige Realität ist (...) die der Verführung, und dieser Realismus hat sich durchgesetzt.‹ Ein solches Bewußtsein – ob in Form der Philosophie, der Kulturkritik oder der Werbeideologie – vindiziert die schlechte Wirklichkeit der Erscheinungen, es affirmiert den status quo. Es ist im Grunde seines Wesens Herrschaftsideologie.« (Th. Metscher)

Wenn sich eine kritische Gesellschaftstheorie den Provokationen stellt, die aus den vorwärtsweisenden Aspekten der krisenförmigen Sozialentwicklung resultieren, befindet sie sich sehr schnell in einem Gegensatz zur verschleiernden Rhetorik des Postmodernismus. Vor allen Dingen drängt sich dem kritischen Blick auf, daß der immer eklatantere Widerspruch zwischen den historisch »produzierten« Emanzipationspotentialen und den unterdrückenden und selbstdestruktiven Sozialver-

hältnissen nicht thematisiert wird und statt dessen die reale Dialektik
der sozialen Entwicklung durch einen geschichtsskeptischen Fundament-
alismus überlagert wird. Durch die selektive Wahrnehmung der historischen Entwicklungsdynamik konzentriert sich das »postmoderne« Verständnis auf die Phänomenologie des »Immergleichen« und generalisiert temporäre Erfahrungen einer spätkapitalistischen Entwicklungsphase: Prozesse und Übergangserscheinungen werden als endgültige
Zustände beschrieben; jeder Veränderungsintention wird eine theoretische Absage erteilt. Ein auf Transformation zielendes Aufbegehren, das
ist die keinesfalls geheime Botschaft, ist angesichts einer angeblich existentiellen Perspektivlosigkeit vergeblich und zum Scheitern verurteilt.

Die konzeptionellen Konfusionen und intellektuellen Paradoxien des
Postmodernismus resultieren zu einem nicht geringen Teil aus seiner
Weigerung, die Möglichkeiten für einen fundamentalen Wandel, wie
sie der entwickelte Kapitalismus selbst »produziert« hat, zur Kenntnis
zu nehmen und die Konsequenzen zu reflektieren, die sich aus der Ver-
schleppung notwendiger Veränderungen ergeben. Das »Postmoderne
Denken« verfällt durch die Ignoranz gegenüber der Mehrschichtigkeit
und immanenten Widersprüchlichkeit der gesellschaftlichen Entwicklung den fetischisierten Formen des Gegenwartsbewußtseins. Die Perspektive einer perennierenden Praxis und der Eindruck einer »Unaufhörlichkeit« des Gegebenen werden verabsolutiert.

Diese Blindheit für die Mehrschichtigkeit der historischen Entwicklung hat eine konstitutive Funktion für die Herrschaftsfunktionalität des
»Postmodernen Denkens«. Leichtfertig verzichtet es auf die Reflexion
der Zukunftspotentiale, die jede Gegenwart in sich trägt. Trotz der thea-
tralischen Forderung nach Anerkennung der »Differenzen« weigert sich
die postmodernistische Hochscholastik »nach der anderen, nach der Differenz zum Kapitalismus zu suchen« (H. Müller). Durch seine selektive
Aufmerksamkeit für die perpetuierenden Momente des Sozialgeschehens
und seine bornierte Gegenwartsorientierung verschafft das Diskurs-Denken den virulenten Vorstellungen eines unwiederbringlichen Verlustes der
Veränderungsperspektive seine weltanschauliche Plausibilität. Um diese ideologische Fixierung aufrechtzuerhalten, müssen die realen Entwicklungen ignoriert und die Tatsache verdrängt werden, daß die sozio-

kulturellen Stagnationserscheinungen die Kehrseite einer mehrschichtigen Emanzipationstendenz darstellen: »Das Elend als Gegensatz von Macht und Ohnmacht wächst ins Ungemessene zusammen mit der Kapazität, alles Elend dauerhaft abzuschaffen.« (Horkheimer/Adorno)

Es gilt immer noch, daß die entwickelte bürgerliche Gesellschaft die materiellen Voraussetzungen der menschlichen Selbstbefreiung im Weltmaßstab geschaffen hat und die »große Industrie nicht nur als Mutter des Antagonismus, sondern auch als Erzeugung der materiellen und geistigen Bedingungen zur Lösung dieser Antagonismen« (Marx) zu begreifen ist. Obwohl aber alle Bedingungen für die Emanzipation gegeben sind, hält sich die antagonistische Gesellschaft um den Preis immer neuer Widersprüche und zunehmender Paradoxien künstlich am Leben. Immer offensichtlicher stößt die kapitalwirtschaftliche Produktivkraftentwicklung (die immer mehr lebendige Arbeit überflüssig macht) an ihre Grenzen und verlangt nach einschneidenden Veränderungen des sozio-ökonomischen Reproduktionsmodells, nach revolutionär veränderten Formen der Arbeit und des Lebens. Die Krisenerscheinungen sind als Symptome einer historischen Übergangsphase zu begreifen – ohne daß aber die zukünftige Entwicklungsrichtung schon festgeschrieben wäre! Eine neue historische Formation zeichnet sich am Horizont ebenso ab, wie eine lange Phase des sozio-kulturellen Verfalls und der Barbarei. Denn die fortschrittlichen Entwicklungspotenzen werden von dem Bemühen absorbiert, den überholten Vergesellschaftungsmechanismus funktionsfähig zu halten; immer größere psychische und ökonomische Energien werden auf die Perpetuierung der herrschenden Zustände konzentriert.

Nicht zuletzt aus seiner widersprüchlichen Haltung zur Krisenentwicklung, aus dem Versuch, Kritik und Apologie unter einen Hut zu bringen, resultiert die paradoxe Struktur des »Postmodernen Denkens«: Es versucht, das Unvereinbare miteinander zu versöhnen, die Krisenerfahrungen zu thematisieren, aber die realen Ursachen zu verschweigen; es bezieht sich positiv auf die Symptome eines radikalen sozio-kulturellen Wandels – aber nur, um von den sozio-strukturellen Konsequenzen, der Notwendigkeit einer fundamentalen Veränderung der sozialen Organisationsprinzipien abzulenken!

Das verbreitete Krisenbewußtsein ist nicht der Ausdruck »postmoderner Lebensverhältnisse«, die voraussetzungslos eine individuelle
»Selbstbefreiung« garantieren, sondern eines eklatant verschärften Widerspruchs zwischen der Produktivkraftentwicklung und den bornierten Produktionsverhältnissen: Die patriachalisch-kapitalistische Gesellschaft »hat eine Stufe in ihrer Entwicklung erreicht, die wiederholte,
immer wieder erneute Zerstörung, Deformierung, Ausbeutung verlangt.«
(H. Marcuse) Der konkrete Ausdruck dieses Widerspruchs mit antizivilisatorischen Konsequenzen ist die institutionalisierte Unfähigkeit des
Kapitalismus, den technologischen Rationalisierungsgewinn anders als
zur Vernichtung von Arbeitsplätzen und zum sozialen Kahlschlag einzusetzen. Die entfesselten Produktivkräfte wirken als Destruktivkräfte,
weil sie dem abstrakten Verwertungszwang und der durch ihn mitge-
setzten Konkurrenzorientierung unterworfen sind. Durch die Dominanz
der Kapitalrendite gegenüber den menschlichen Selbstverwirklichungs-
ansprüchen müssen die Individuen immer mehr Lebensenergie aufwenden, um in der Konkurrenzgesellschaft bestehen zu können. Weil der
Leistungs- und Anpassungsdruck, der das Alltagsleben in der »postmodernen« Gesellschaft prägt, ein permanentes Widerspruchsprinzip zu
den menschlichen Selbstentfaltungsbedürfnissen darstellt, werden massenhaft psychische Defekte produziert und durch zwanghafte Formen
der Selbstdisziplin emotionale Verwüstungen hervorgerufen: Viele Menschen werden von Angstzuständen und Depressionen geplagt, leiden
unter den unsicheren Zukunftsperspektiven, dem Gefühl der Sinnlosigkeit ihres Lebens, der sozialen Beziehungs- und Rücksichtslosigkeit.

Die Bedeutung jenes sozio-kulturellen Wandels, der als »Weg in die
Postmoderne« interpretiert wird (Bedeutungszunahme »postindustriel-
ler« Arbeits- und Lebensformen, »Enttraditionalisierung«, »Individualisierung«), ist ohne die Kenntnisnahme seines Doppelcharakters nicht
zu begreifen. Die Zunahme individuellen Kompetenzgewinns und eigenverantwortlicher Lebensgestaltung ist – wie schon die Diskussion
der individualisierungstheoretischen Konstruktionen gezeigt hat – ein
bloßes Versprechen, das durch die Lebenswirklichkeit permanent ent-
täuscht wird. Die bürgerlichen Verhältnisse haben zwar die Möglichkeiten individueller Selbstverwirklichung geschaffen, gleichzeitig set-

zen sie den Subjektansprüchen aber auch enge Grenzen. Nur durch die Aufarbeitung dieses fundamentalen Widerspruchs kann ein Begriff der veränderten sozio-kulturellen Reproduktionsformen gewonnen werden.

Solche Fragen stehen im Mittelpunkt eines kritischen Marxismus, wie er beispielsweise von Marcuse, Kofler und kategoriell auch von Bloch repräsentiert (und vom Diskurs konsequent ignoriert) wird. Der Grund für die intellektuellen Berührungsängste ist nur zu offensichtlich: Für den Postmodernismus sind radikale Reflexionsformen, die einen unverschleierten Blick auf die gesellschaftlichen Zustände ermöglichen, ebenso tabu wie die Frage nach der Mehrschichtigkeit der objektiven Widerspruchsdynamik. Das herrschende Vergesellschaftungsmodell »überschreitende« Perspektiven (die alleine das normative Fundament seiner Infragestellung bilden könnten) sind nach seiner summarischen Auskunft inexistent: Weil »es keinen Emanzipationshorizont mehr gibt« (Lyotard), hat sich für das Diskurs-Wissen die Frage nach realen Veränderungschancen erledigt. Kultiviert wird dagegen ein Modus rein gefühlsmäßiger »Distanz«, der zu nichts verpflichtet, weil er sich inhaltlichen Problematisierungen verweigert.

Es sind aber nicht nur die entfetischisierenden Konsequenzen der vom kritischen Marxismus geleisteten Analyse der Herrschaftsreproduktion, die aus einem Komplex von ökonomischen Strukturgesetzen in Verbindung mit einer systematisierten Triebmanipulation und ideologischen Unterwerfungspraktiken besteht, die eine Rezeption dieser Erklärungsmodelle verhindern. Provokativer für die ideologische Selbstbefangenheit des »Postmodernen Denkens« ist der unbestechliche Blick eines kritischen Marxismus für die im Alltagsleben sich manifestierenden Widerspruchspotentiale und Emanzipationsansprüche: Auch wenn innerhalb der entfremdeten Lebensbedingungen das alternative Streben verzerrt ist und im Alltagsbewußtsein beispielsweise in der Form diffuser Glückserwartungen auftritt, bleiben die real artikulierten Lebensansprüche doch Ausdruck eines tiefsitzenden Emanzipationsbedürfnisses. Es ist offensichtlich, daß die vorwärtsweisenden Gesichtspunkte in den Problemstellungen der Gegenwart selbst verankert sind.

Der Postmodernismus assoziiert das Gegenteil: Er kann Emanzipation nur als intellektuellen Imperativ begreifen, mit dem soziale Bewegungen präjudiziert werden sollen. In diesem Sinne heißt es bei Lyotard: »Denken und Handeln des 19. Und 20. Jahrhunderts werden von einer Idee bestimmt (ich verstehe Idee im Kantischen Sinne). Diese Idee ist die Idee der Emanzipation.« So wenig mit dieser Bestimmung über die gesellschaftliche Verwurzelung von Emanzipationsvorstellungen ausgesagt ist, so wenig ist sie auch sachlich verifizierbar. Schon auf der dogmengeschichtlichen Ebene ist sie unzutreffend: Obwohl es den Postisten offensichtlich Spaß bereitet, Sachverhalte auf den Kopf zu stellen und sie die Paradoxie als privilegierte Darstellungsform ansehen, werden auch sie kaum geneigt sein zu unterstellen, daß die Idee der zivilisatorischen Überlegenheit der bürgerlichen Kultur Europas, mit der die kolonisatorischen Ausbeutungsstrukturen gerechtfertigt wurden, von der »Idee der Emanzipation« geprägt, die Stragen der imperialistischen Weltkriege durch die »Idee der Emanzipation« motiviert waren und der faschistische Terror die »Idee der Emanzipation« zum programmatischen Fundament gehabt hätte!

Herrschaftswissen oder Durchgangsstadium zum kritischen Denken?

Um kein falsches Bild entstehen zu lassen, möchte ich nochmals betonen, daß es in den »postmodernen Diskursen« auch Differenzierungen, wichtige Hinweise auf neuartige sozio-kulturelle Widerspruchsentwicklungen, bedenkenswerte Problematisierungen eingefahrener Denkmuster (zu denen auch die Illusionen traditionellen Emanzipationsdenkens gehören, z.B. die Auffassung, daß die Welt dem Menschen grenzenlos verfügbar wäre!) gibt. Unverzichtbar ist deshalb eine produktive Offenheit für jene sozio-kulturellen Orientierungsversuche, dessen Repräsentant das »Postmoderne Denken« ist, wenn ernsthaft um das Verständnis der tiefgreifenden Krisenentwicklung gerungen wird. Die Denkimpulse des Postmodernismus werden auch nicht automatisch durch ihren geringen Originalitätsstatus (weil es sich bei ihnen vielfach um einen dünnen Aufguß von Fragen und Kritikpunkte handelt, die von einer kriti-

schen Gesellschaftstheorie schon seit Jahrzehnten bearbeitet werden)
entwertet; problematisch werden sie aber durch ihre Einbindung in einen diskurs-spezifischen Verarbeitungs- und Dekonstruktionsmechanis-
mus mit eindeutigen Weltanschauungseffekten: Denn auch die »etwas
subtilere Sicht der Dinge« (T. Eagleton) wird durch die radikale Infragestellung aller Denkprinzipien, die das Fundament der Kritik an illusorischen Fortschrittsvorstellungen oder an einem lebensfremden Objektivismus erst fundieren könnten, gleich wieder in Frage gestellt. Kri-
tisiert werden eben nicht nur schematische Erklärungsmodelle, die das
Individuelle unter ein abstraktes Ganzes subsumieren oder das Besondere nur als eine Funktion des Allgemeinen betrachten; thematisiert wird
nicht nur das Scheitern der radikalen Emanzipationsprogramme der
»Moderne« und der allzu oft erfolgte Umschlag von Befreiung in Unterdrückung: dem Totalitarismus-Verdacht unterliegt jede Form des systematischen Denkens! Die Kritik linearer Fortschrittsvorstellungen wird
nicht dazu benutzt, nach den realen Entwicklungschancen zu fragen,
sondern um das historische Geschehen in das restaurative Interpretationsschema einer ewigen Wiederkehr des Gleichen zu pressen. Auch
wenn die eine oder andere Wendung des Diskurs-Denkens bewußtloser
Ausdruck eines Widerspruchsbedürfnisses ist oder sogar als Ahnung
von der Notwendigkeit einer veränderten Organisationsform der gesellschaftlichen Prozesse interpretiert werden kann, wird die formierende
Wirkung der postmodernistischen Denkvoraussetzungen nicht durchbrochen. Regelmäßig wird der abschweifende Gedanke wieder auf Vordermann gebracht, das Widerspruchsbegehren einem Interpretationsschema untergeordnet, das Vorstellungen mit intellektueller Sprengkraft
entschärft und die ungestaltete Sehnsucht nach einem »ganz Anderen«
jenen Befriedigungsmöglichkeiten angleicht, die mit dem herrschenden
Realitätsprinzip kompatibel sind.

Durch das engmaschige Netz »postmoderner« Prämissen, durch »das,
was man die allgemeine Kultur der Postmoderne, ihre intuitiven Impulse und Gefühlsnotwendigkeiten nennen könnte« (T. Eagleton) werden
auch die berechtigten und nach-denkenswerten Problematisierungen
entwertet und herrschaftskonform instrumentalisiert: Durch den Siegeszug der Rationalität (der eng mit der Durchsetzung der bürgerlich-kapi-

talistischen Lebensform verbunden ist) ist ja tatsächlich ein Verlust von
Emotionalität und Phantasie entstanden, durch die Ausbreitung eines
rationalisierten Verwertungskalküls die Dominanz des Toten über das
Lebendige institutionalisiert worden. Doch werden durch die summari-
sche Akzeptanz einer totalisierenden »Rationalitätskritik« die Chancen
verspielt, die Ursachen des real-historischen Umschlags von Rationalität in Irrationalität auf den Begriff zu bringen. Gerade an diesen entscheidenden Schnittpunkten wird offensichtlich, wie bedenkenlos sich
der Diskurs einer subjektivistischen »Selbstgewißheit« überantwortet
und wie wenig er mit den realen Sachverhalten im Sinn hat. Die postmodernistische Konvention beispielsweise, aufklärungstheoretische
Begründungen der Rationalität für ihre »industriegesellschaftliche« Verselbständigung gegenüber den menschlichen Lebensinteressen verantwortlich zu machen, zeugt für eine hochgradige Ignoranz. Wer sich über
die Aufklärungsphilosophie und ihre Entstehungsepoche nicht nur aus
zweiter und dritter Hand informiert hat, wird bei nicht wenigen Autoren
des 18. Jahrhunderts die Bedeutung der wissenschaftlichen Rationalität
für die Herausbildung einer bisher nicht gekannten »sensibilié« für die
Nöte und Leiden der sozial benachteiligten Menschen feststellen können. Der rational begründete Veränderungsanspruch war die Voraussetzung für die Konstituierung eines solch konkreten Humanismus (der
etwas anderes repräsentiert als seine vom Diskurs zu recht kritisierte
bürgerlich-kontemplative Variante).

Zweifellos geht es dem Postmodernismus ernsthaft um den Zugang
zu Formen des Empfindens, zu Dimensionen der Erfahrung, die von
den dominanten Rationalitätstypen überlagert und verdrängt worden sind.
Fremdbestimmung und Machtansprüche, die das Alltagsleben okkupieren, sollen durch die Anerkennung vermeintlich alternativer Prinzipien
zurückgedrängt werden. Doch scheitert – wie wir gesehen haben – dieses Vorhaben aus einem doppelten Grund: Der Diskurs hat weder ein
reflektiertes Verhältnis zu den Erlebnis- und Artikulationsweisen, die
der Ratio vorgelagert sind, noch hat er eine profilierte Vorstellung von
der Struktur und den realgesellschaftlichen Verstrickungen jener »Rationalität«, die ein gegensätzliches Prinzip zu den menschlichen Lebensinteressen darstellt. Die blinde Akzeptanz jeder Form der Vor-Rationa-

lität ist deshalb nur die Kehrseite des unreflektierten Verhältnisses zur Rationalitätsproblematik. Symptomatisch ist Foucaults bekannte Konstruktion einer wechselseitigen Abhängigkeit und Durchdringung von Wahnsinn und dessen, was er als »Vernunft« bezeichnet: »Die Vernunft aber ist nichts, weil diejenige, in deren Namen man den menschlichen Wahnsinn anprangert, sich wenn man schließlich zu ihr gelangt, nur als ein Taumel herausstellt, in dem die Vernunft schweigen muß.«

Nicht zuletzt durch solche Formen des Diskurs-Wissens wird eine Atmosphäre resignativer »Gestimmtheit« und spontaner Affirmationsbereitschaft geschaffen, die eine wirksame Barriere gegen emanzipatorische Denkanstrengungen darstellt: Aus einer Welt, die als unbestimmt und chaotisch angesehen wird, gibt es weder einen intellektuellen, noch die Perspektive eines praktischen Auswegs. Aufgrund dieser ideologischen Konstellation ist es illusionär zu glauben, der »postmoderne« Diskurs könnte als Durchgangsstadium zum kritischen Denken dienen. Die Positionierung seiner »Grundsätze« im weltanschaulichen Kräftefeld geben zu einer solchen Einschätzung wenig Anlaß. Denn im Kontext des Diskurses wird die Aufmerksamkeit systematisch von den Zusammenhängen und Strukturen abgewandt, ein profiliertes Problemverständnis schon »grundlagentheoretisch« verhindert. Vehement argumentiert der Postmodernismus gegen ein begreifendes Denken, das eine unverzichtbare Basis intellektueller Selbstbestimmung darstellt.

Erbe des philosophischen Irrationalismus?

Es dürfte deutlich geworden sein, daß es zwischen dem Postmodernismus und einem kritischen Denken in der Perspektive menschlicher Selbstbestimmung nur sehr wenige befruchtende Berührungspunkte gibt. Denn fast jede der postmodernistischen Denkbewegungen führt zu resignativen und objektiv emanzipationsfeindlichen Konsequenzen.

Die »Postmoderne« ist zwar in ihrem unmittelbaren Erscheinungsbild äußerst heterogen, bleibt in ihrer Gesamtheit aber einer »Geisteskultur« mit repressiv-formierender Tendenz verhaftet, deren theoriege-

schichtliche Wurzeln bis ins 19. Jahrhundert hinein reichen. Die explizite Bedeutung Nietzsches ist schon hervorgehoben worden, doch gehen bestimmte Argumentationsmuster, die von ihm revitalisiert wurden,
noch auf Schopenhauer und Kierkegaard zurück. Jedoch ist die innige
Geistesverwandtschaft des Postmodernismus mit den von diesen Denkern repräsentierten Formen repressiver (und in ihren weltanschaulichen Konsequenzen herrschaftskonformer) Erfahrungsverarbeitung nicht
unbedingt Ausdruck eines intensiven Rezeptionsverhältnisses, sondern
vielmehr Indiz einer »spontanen« Gleichartigkeit der geleisteten Weltanschauungsarbeit. Der intellektuelle Homogenisierungseffekt ist nicht
zufällig eingetreten: Im Kontext strukturell ähnlicher sozio-kultureller
Situationen produziert das affirmative Bewußtsein (trotz aller formalen
Differenziertheit) zum Verwechseln ähnliche Interpretationsmuster.

Schopenhauers und Kierkegaards Versuche resignativer Seinsverge-
wisserung können umstandslos für »postmoderne« Argumentationszwek-
ke in Anspruch genommen werden. Das menschliche Leben ist für Schopenhauer durch den Mangel und das Leiden geprägt. Zwar bemüht sich
der Mensch, den Mangel und die aus ihm resultierende Unzufriedenheit
zu überwinden, doch ist dieses Streben zum Scheitern verurteilt. Die
Befriedigung ist nie von Dauer. Durch das Erreichen des Zieles entsteht
nur das neue Leid der Leere und Langeweile. Da alles menschliche Streben zirkulär sei und keine endgültige Befriedigung zu erreichen ist, muß
nach Schopenhauer die Sinnlosigkeit als eine existentielle Bestimmung
des Menschen akzeptiert werden. Durch eine ähnlich schematische Behandlung der menschlichen Lebensprobleme begründet sich auch bei
Kierkegaard die Verabsolutierung menschlicher Leidenserfahrung. »Anschlußfähig« an den postmodernistischen Erkenntnisreduktionismus ist
auch die Kierkegaardsche Variante eines subjektivistischen Erkenntnis-
konzepts: »Es gilt eine Wahrheit zu finden, die Wahrheit für mich ist.«

Da der Postmodernismus durch seine Affinität mit den herrschenden
Bewußtseinsformen von der lästigen Begründungspflicht seiner Orientierungen weitgehend befreit ist, war die intime Kenntnis der historischen Referenzpositionen zunächst für ihn nicht von besonderer Bedeutung. Das änderte sich erst, nachdem die Kreise des selbstgefälligen
und scheinevidenten Räsonierens durch grundsätzliche Kritik gestört

wurden. Mit auffälligem Eifer wurde nach theoriegeschichtlichen Ver-
bündeten gesucht und die Existenz der geistigen Wurzeln mit Erleichte-
rung und Genugtuung zur Kenntnis genommen.

Sind dem Postmodernismus diese Seiten seines philosophischen Er-
bes (das keineswegs als Belastung empfunden wird) auch erst allmählich bewußt geworden, verhält es sich mit den Vermittlern dieses Denkens der Verzweiflung und existentiellen Perspektivlosigkeit aus den
letzten hundert Jahren anders. Nietzsche, Heidegger und das von ihnen
beeinflußte Denken waren immer anwesend und haben dem Diskurs
mehr als nur die Stichworte geliefert: Der Postmodernismus ist in seinen Begründungstexten durch die aggressivsten Varianten des traditionellen Irrationalismus »fundiert«, der schon im Deutschland des frühen
20. Jahrhunderts ein intellektuelles Klima der Hoffnungslosigkeit und
des Weltüberdrusses geschaffen hat und auch zur Widerstandslosigkeit
gegenüber der faschistischen »Umwertung aller Werte«, zur totalitären
Verführung des Denkens beigetragen hat. »Schon der postmoderne
Schlüsselbegriff ›Differenz‹ ist eine Umschreibung von Heideggers ›Ei-
gentlichkeit‹. Der Haß auf das Ganze (das Heideggersche ›Uneigentli-
che‹) bildet schon den Kern der Weltanschauung Heideggers ... Überhaupt ist die Postmoderne, obwohl als Schule nicht in Deutschland entstanden, weitgehend eine Neuaneignung und -deutung der deutschen
Philosophie in ihrer regressiven, antihumanistischen und nihilistischen
Fassung. Man bedenke: Philosophiesysteme und Denkströmungen, die
eine Sackgasse in der Geschichte der Theorie darstellen und ein Zeichen der geistig-moralischen Krise der Moderne sind – gerade diese
zweifelhaften Denkmodelle sollen als Matrix der neuen Philosophien
dienen« (H. Sāna). Angetreten, um geistige Blockaden zu überwinden
und theoretische Großsysteme zu destruieren, schließt der Postmodernismus bedenkenlos und unreflektiert an ein gescheitertes Krisenbewußtsein der kapitalistischen Moderne an, das nicht wenige vormoderne
Denkimpulse aktualisiert hat und mit universalistischem Deutungsanspruch auftritt: Das »Postmoderne Wissen« ist konstitutiv mit den aggressivsten Varianten des traditionellen Irrationalismus verbunden, der
im Deutschland des frühen 20. Jahrhunderts das geistige Klima geschaffen hat, in dem der Faschismus sich entfalten konnte. Denn wir haben es

bei solch »postmodernem« Denken »mit einer ›Gestalt des Geistes‹ zu
tun, in der wir die vielfach aktualisierte und auf Vordermann gebrachte,
aber immer noch erkennbare Reminiszenz an die deutsche Rationalitätskritik zwischen den beiden Weltkriegen greifen können« (M. Frank).
Restituiert werden prä-faschistische (und das nicht nur – wie Manfred
Frank, die »geistesgeschichtlichen Verstrickungen« relativierend, meint
– in einem »wertneutralen chronologischen Sinne«) Gedankenelemente
der Baeumler, Klages, Spengler und Heidegger, auch wenn diese über
den Umweg des »neu-französischen« (Frank), »nach-post-strukturali-
stischen« Irrationalismus angeeignet werden. Die Flanke des Postmodernismus nach rechts ist ungeschützt, nicht weil er die Nähe zum Neofaschismus suchen würde, sondern weil er den weltanschaulichen Schutzwall gegen den Rechtsextremismus, durch die bereitwillige Aufgabe der
historisch erreichten Vernunft- und Rationalitätsstandards, nivelliert hat.
Als philosophische »Pflicht« bezeichnet Derrida, »alles zu tolerieren
und zu respektieren, was sich nicht der Autorität der Vernunft fügt.«

Natürlich reden nur wenige postmodernistische Meinungsdistributo-
ren den politischen Maximen des Rechtsextremismus unmittelbar das
Wort, aber in kleinen, isoliert betrachtet harmlosen Schritten nähern sich
viele den rückwärtsgewandten Orientierungen an und unterlaufen den
intellektuellen Schutzwall gegen den rechtsextremen Irrationalismus.
So wird der von vielen »Kulturarbeitern« wiederentdeckte Mythos eben
auch von neofaschistischen »Kulturkritikern« als Rezept gegen »Sinn-
Defizite« und Orientierungsdiffusionen propagiert. Vor allem aber gewinnt rechtsextremes Denken durch die Abwesenheit zukunftsorientierter
Orientierungsmuster und die Tabuisierung der Idee einer sozialen und
vernunftorientierten Verantwortung der gesellschaftlichen Subjekte einen beträchtlichen Entwicklungs- und Ausbreitungsraum, zumal die vom
postmodernistischen Intellektualismus zur Schau gestellte »Neutralität«
und »Gelassenheit« gegenüber den gesellschaftlichen Entwicklungen und
»sozialen Pathologien« mit jener Kategorie der »wesenhaften Gewis-
senlosigkeit« (M. Heidegger) korrespondiert, die eine »kontemplativ«-
konservative Intelligenz schon einmal tief in den politischen Nihilismus der faschistischen Barbarei verstrickt hat.

Die meisten Befürworter des Postmodernismus distanzieren sich nachdrücklich von Fremdenfeindlichkeit und Antisemitismus – jedoch versteckt »die Postmoderne in ihrem weiten Gewand ... einen problematischen ›Pluralismus‹, der nationalistischen, antisemitischen und rassistischen Tendenzen Unterschlupf bietet«. (S. Lang) Es existiert eine strukturelle Verwandtschaft, die weniger auf der Ebene eines vordergründig-inhaltlichen Einvernehmens zu erkennen ist, sondern die sich durch die gemeinsamen »methodischen« Grundsätze konstituiert: »Die beiden Grundideen des Postmodernismus und des Dekonstruktivismus – die Entrealisierung der Wirklichkeit durch Aufhebung des verbindlichen Zusammenhangs der Sprache und die Entmündigung des Empfängers der Botschaft, infolge der Dekonstruktion der Vernunft – finden ihren Ausdruck auf fatale Weise in den Neonazis, die alle Aspekte jener beiden Kulturströmungen vertreten; Neofaschisten sind unidentische, akausale, nonlineare, unzusammenhängende gesellschaftliche Gebilde, in denen alle möglichen geschichtlichen und völkischen Zitate bunt gemischt sind«. (S. Bielicki)

Eine solche »Anschlußfähigkeit« an die rechtsextremen Vorstellungsmuster gilt auch für andere Theorieelemente des »postmodernen« Denkens, beispielsweise wenn durch die Hypostasierung des »Singulären« implizite die Legitimität von Gleichheitsvorstellungen (weil sie angeblich die »Differenz« negieren) und demokratietheoretischen »Universalien« (die sich notwendigerweise auf das »Ganze« beziehen) in Frage gestellt werden. Exemplarisch hat Ernst Jünger in seinen »Stahlgewittern« die Grundlinien einer solchen »aristokratischen Weltanschauung« (Lukács) gezeichnet: Was vom »gebildeten und ungebildeten Pöbel, durch das Heer der Opportunisten des Geistes und der Materie ... gehaßt wird, was den seichten Strömen des Fortschritts, des Materialismus, des Liberalismus und der Demokratie zuwider ist, das hat zum mindesten den Vorzug, nicht allgemein zu sein, wir fordern nicht das Allgemeine. Wir lehnen es ab, von den allgemeinen Wahrheiten und Menschenrechten bis zur allgemeinen Bildung, zur allgemeinen Wehrpflicht, zum allgemeinen Wahlrecht und zur allgemeinen Nichtswürdigkeit, die das notwendige Ergebnis alles dessen ist.«

Das einigende Band zwischen »neufranzösischem Denken« (M. Frank) sowie alter und neuer »Deutscher Ideologie« sind die Philosophie Nietzsches (von dem u.a. der erkenntnistheoretische Subjektivismus und der philosophisch kaschierte Zynismus stammt und auf dessen grundlegende Bedeutung für das Diskurs-Wissen schon mehrfach hingewiesen wurde) und die Kritik am »Logozentrismus«, in dessen Kontext die kapitalistische Instrumentalisierung der Rationalität als hinreichender Grund für den Verzicht auf jede Form objektivierenden Denkens mißverstanden wird. Im Windschatten dieser historischen Referenzpositionen hat sich »eine radikale Vernunftkritik ausgebreitet, die nicht nur gegen die Aufspreizung des Verstandes zur instrumentellen Vernunft protestiert, sondern Vernunft überhaupt mit Repression gleichsetzt – um dann fatalistisch oder ekstatisch bei einem ganz Anderen Zuflucht zu suchen« (J. Habermas).

Mit der »Rationalitätskritik« werden im gleichen Atemzug Gesellschaftskritik und emanzipatorische Handlungsintentionen diskriminiert. Ihnen wird die Komplizenschaft mit den instrumentalistischen Denkformen unterstellt und die aufklärungsphilosophische Vernunftorientierung zur Ursache aller praktizistischen Verirrungen erklärt. Das dialektische Verhältnis von Vernunft und Rationalität wird ignoriert und – schlecht hegelianisch – jede Objektivierung als Authentizitätsverlust interpretiert. Verdrängt bleibt die entscheidende Frage, ob vielleicht doch nicht die Vernunft gescheitert ist, wie die Diskurs-Teilnehmer sich bedeutungsschwer zuraunen (und denen es offensichtlich gar nicht unvernünftig genug zugehen kann), sondern ob nicht vielmehr eine instrumentalistische Vernunftvorstellung die Ursache der katastrophalen Widerspruchsentwicklung ist.

In der Nachfolge Heideggers (der das Verstehen als »eine Form des Seins, bevor die Form des Wissens definiert ist« charakterisiert) soll eine intuitive Seinserfahrung, die Unmittelbarkeit des Erlebnisses vor rationalistischen Zwängen bewahren. Um die essentielle Substanz des individualistischen Erlebens nicht zu verfälschen, wird »postmodern« die Reflexion sozialer Zusammenhänge ebenso mit einem Tabu belegt wie die kritisch-inhaltliche Stellungnahme zum herrschenden Gesellschaftsmodell. Die »zwischen verzweifelter Kritik und fröhlicher Affirmation« (R. Burger) changierende Diskurs-Philosophie stellt im Angesicht der angeblichen »Abgründe des Unwissens« (wie es bei einem beflissenen Apologeten des Postmodernismus heißt) keine Fragen mehr, sondern konstatiert die Unüberschreitbarkeit der existierenden Vergesellschaftungsform. Gewappnet mit einem Skeptizismus, der mit einem »doktrinärem Aberglauben an die Allmacht des Zweifels« (J. Schumacher) unterlegt ist, wird die Selbsttäuschung zum Ausgangs- und Endpunkt aller Denkanstrengungen gewählt und die Angst vor der Katastrophe durch ihre lustvolle Akzeptanz kompensiert. Alternative Orientierungen unterliegen dem Verdikt »Sinnentwürfe« zu sein, die sich angeblich »als Systeme des Terrors, also als Vereinheitlichung des Vielen, als Identischmachen des Mannigfaltigen erwiesen haben«. (H. Böhme) Nicht zuletzt durch solche weltanschauliche Gebundenheit werden jene postmodernistischen Theorieelemente, die neue Gesichtspunkte thematisieren, unentwirrbar mit herrschaftskonformen Mythologien verknüpft. Erinnert sei in diesem Zusammenhang nur an Foucaults Prämisse von der Permanenz der Macht, seine Behauptung der irreversiblen Schicksalsverfangenheit der geschichtlich handelnden Menschen.

Durch seine quasi-romantische Gestimmtheit ist das Diskurs-Wissen mit einem flexiblen Neokonservatismus kompatibel. Gemeinsam ist ihnen jedoch weniger das Begehren der Rückkehr zu einer »guten alten Zeit«, sondern die Sehnsucht nach Überschaubarkeit, nach kleinen sozialen Einheiten, die Schutz gegenüber den verzehrenden Ansprüchen einer aus den Fugen geratenen Gesellschaft gewähren sollen: In einer Welt zunehmender (Real-)Abstraktionen hinterläßt die postmodernistische Präferenz für die vermeintliche Konkretheit der Einzelheit den Eindruck eines hilflosen Orientierungsversuches im Kraftfeld des Absolutheitsanspruch eines marktvermittelten Vergesellschaftungsprinzips.

Auch mit seiner Scheu vor gesellschaftsverändernden Perspektiven paßt der Postmodernismus trefflich in das herrschende geistige Klima. Ideologische Parallelen, die bis zum Gleichklang der Formulierungen reichen, finden wir nicht nur bei konservativen Fortschrittskritikern, sondern auch in den Begründungstexten des sogenannten Neoliberalismus, also der aggressivsten Form des gegenwärtigen Legitimationsdenkens. Das Aufklärungsdenken, so lesen wir bei dem neoliberalen Chefideologen Friedrich von Hayek, habe zu der selbstzerstörerischen Selbstüberschätzung geführt, »die Kräfte der Gesellschaft in derselben Weise zu beherrschen, wie dies bei der Beherrschung der Kräfte der Natur gelungen ist ... Dieser Weg führt nicht nur zum Totalitarismus, sondern auch zur Vernichtung unserer Kultur und zur Verhinderung des Fortschritts in der Zukunft«. Konkret findet die »postmoderne« Tabuisierung des auf das »Allgemeine« und auf Veränderung zielenden Denkens seine Entsprechung in der neoliberalen Fetischisierung der Marktdynamik: »Alle Bestrebungen, eine ›gerechte‹ Verteilung sicherzustellen, müssen ... darauf gerichtet sein, die spontane Ordnung des Marktes in eine ›totalitäre Ordnung‹ umzuwandeln.« (Hayek)

Der Postmodernismus ist zwar inhaltlich nicht deckungsgleich mit der neoliberalen Dogmatik, aber beide Positionen beruhen auf ähnlichen Denkvoraussetzungen, sie sind »anschlußfähig« (wie es im heutigen Wissenschaftsjargon heißt) und »bestätigen« sich wechselseitig. Ihre ideologischen Funktionen sind nicht identisch, aber der Postmodernismus flankiert als »Juniorpartner« die Überzeugungsarbeit des Neoliberalismus auf einer anderen weltanschaulichen Ebene. Es ist deshalb verständlich, weshalb intellektuelle Täuschungsmanöver und rigorose Immunisierungsstrategien für den Postmodernismus überlebenswichtig sind. Das Verwirrspiel ist sein Lebenselexier: Er jongliert mit der Vielschichtigkeit und Mehrdeutigkeit der Begriffe, um seine regressiven Sichtweisen verschleiern zu können.

Vernunft und Regression

Wer könnte die zivilisatorischen Sackgassen des 20. Jahrhunderts und ihre Tragödien ignorieren, oder in Abrede stellen, daß es zu einem vordergründigen Optimismus wenig Anlaß gibt. Will die Skepsis gegenüber einem erfahrungsresistenten Fortschrittspathos aber nicht ins Lamentieren über die Vergeblichkeit menschlichen Tuns verfallen, muß sie mit der Frage nach der Ursache des Scheiterns auch problematisieren, was gescheitert ist.

Die tragische Entwicklungsgeschichte des Sozialismus (auf die ein kritischer Marxismus nicht erst 1989 aufmerksam geworden ist!) und die regressiven Konsequenzen unreflektierter Fortschrittsvorstellungen sind tatsächlich noch nicht einmal ansatzweise aufgearbeitet worden – aber kann das ein Grund sein, nicht dennoch nach der Perspektive einer Geschichte mit menschlichem Antlitz zu fragen? Ist die Inquisition ein Argument gegen den christlichen Humanismus, gegen das Gebot der Nächstenliebe oder gegen den sozialen Gehalt der Bergpredigt? Kann die Allgegenwart der Gewalt und des Terrors in der Geschichte des 20. Jahrhunderts ein Grund sein, mit den professionellen Gegnern der Emanzipation gemeinsame Sache zu machen und sich an den propagandistischen Trauerinszenierungen der »panisch einverstandenen Helden des Zeitgeistes« (W. F. Haug) zu beteiligen? Fraglich ist, ob zur Beantwortung der Fragen nach einem selbstbestimmten Leben das Denken professioneller Totengräber, die von sich behaupten, mit der Vernunft auch die Moderne und das Subjekt begraben zu haben, der geeignete Anknüpfungspunkt ist!

Vielleicht ist die Suche nach einer Geschichte mit menschlichem Antlitz vergeblich, weil die Menschheit tatsächlich schon in ein apokalyptisches Stadium eingetreten ist. Aber folgt daraus die Notwendigkeit, die vorschnellen Festlegungen des resignativen Gegenwartsbewußtseins zu akzeptieren? Selbst wenn der »postmoderne Blick« auf die Geschichte richtig sein sollte, es zutreffend wäre, daß durch den Gebrauch der Vernunft alles Unglück in die Welt gekommen ist und aus der Dominanz der Ratio die Katastrophe resultiert, kann das kein hinreichender Grund sein, im Irrationalen und Unvernünftigen die angemessene Alternative zu sehen? Für den Postmodernismus ist diese intellektuelle Sackgasse aber unvermeidlich. Denn er ist darauf fixiert, nur seine resignative Weltsicht gelten zu lassen; für ihn sind die Fragen schon beantwortet, bevor sie überhaupt gestellt sind! Um dem Irrlicht der Alternativlosigkeit Nahrung geben zu können, muß er die reale Geschichte auf den Kopf stellen, »Erzählungen« ohne empirischen Gehalt reproduzieren. Zu den großen Lebenslügen des Postmodernismus gehört die Behauptung – die nicht verschämt, wie angesichts ihrer Schamlosigkeit zu erwarten wäre, sondern mit dem gewohnten bedeutungsschweren Pathos vorgetragen wird –, daß der Mythos der Vernunft eben auch den faschistischen Massenterror und den technokratisch organisierten Völkermord ermöglicht habe, »daß ein Wort das Ende des modernen Vernunftideals ausdrückt, das ist: Auschwitz.« (J.-F. Lyotard) Schamlos ist dieses Postulat durch die Art und Weise, wie der faschistische Terror weltanschaulich instrumentalisiert wird und wie zu diesem Zweck, Ursache und Wirkung auf den Kopf gestellt werden. Aber wenn argumentative Not herrscht, werden offensichtlich auch die letzten Skrupel verdrängt.

Daß sich der Diskurs in diesem Zusammenhang legitimatorisch auch auf die kulturskeptischen Verallgemeinerungen der »Dialektik der Aufklärung« von Horkheimer und Adorno berufen kann, macht die Argumentationsstrategie nicht weniger problematisch. Dort heißt es: »Die Herrschaft in der Sphäre des Begriffs, erhebt sich auf dem Fundament der Herrschaft in der Wirklichkeit«. Wird das weltanschauliche Verallgemeinerungspathos für das Ganze genommen, ist Habermas´ Interpretation zutreffend: »Bei Horkheimer und Adorno hat die subjektive Rationalität, die die äußere wie die innere Natur im ganzen instrumentalisiert, den Platz der Vernunft endgültig besetzt, so daß Vernunft erinnerungslos in ›instrumenteller Vernunft‹ aufgeht.« Noch in Adornos »Negativer Dialektik« ist von der »Gewalt des identifizierenden Denkens die Rede«.

Doch auch in diesem Falle sollte nicht eine Tendenz für das Ganze genommen werden: Trotz dieser gewichtigen Formulierungen ist die Aussagestruktur der »Dialektik der Aufklärung« nicht so eindimensional, wie sie einer resignativ gestimmten und verfallsorientierten Rezeption scheinen mag: Sie impliziert immer noch Ideologiekritik, thematisiert den gesellschaftlich erzeugten Schein. Der kritisierte Gegenstand wird identifiziert als ein Positivismus, dem »Denken und Mathematik eins« sind und der sich auf das isolierte Moment, die »Faktizität« beschränkt. Darüber hinaus werden von Horkheimer und Adorno die methodischen Prinzipien (die »Herrschaft der Ratio«) nicht als alleinige Ursache des instrumentalisierten Denkens und der daraus angeblich zwangsläufig resultierenden Katastrophenentwicklung benannt. Bezeichnend für das rezeptive Vorgehen des Postmodernismus ist nochmals eine spezifische Verengung des Blickwinkels und ein interessiertes Mißverständnis. Während die Rationalitätskritik der »Dialektik der Aufklärung« sich noch ambivalent zu den beiden Einflußfaktoren, der kulturellen »Überdetermination« und der kapitalistischen Überformung der Ver-

nunft verhält, konzentrieren sich die »postmodernen« Diskurs-Teilnehmer auf eine angeblich unvermeidliche Dialektik des Verfalls. Obwohl
die geschichtsphilosophischen Prämissen der »Dialektik der Aufklärung«
solche Lesart provozieren, sie in ihrer Allgemeinheit als »passiv hinge-
nommene, statisch fixierende Mataphysik eben des Scheiterns selber ...
[fungieren, denen] alle Utopie umschlägt ins Negativ ihres Gemeinten«
(E. Bloch), sind sie nicht das letzte Wort ihrer Autoren. Beide besitzen
so viel soziologische Phantasie und ästhetische Sensibilität für die Eman-
zipationsproblematik, daß es ihnen in ihrem Gesamtwerk gelingt, Distanz zu einem totalisierenden Vedinglichungsbild und resignativ gestimmten Verallgemeinerungen zu gewinnen. Noch in Adornos »Negativer Dialektik« findet sich der (regelmäßig überlesene) Satz: »Das Un-
heil liegt in den Verhältnissen, welche die Menschen zur Ohnmacht ver-
dammen und doch von ihnen zu ändern wären.« Trotz ihrer kulturskeptischen Verstrickungen ist die Rationalitätskritik der Kritischen Theorie
in Gesellschaftsanalyse eingebettet. Während sie also auf das Verständnis einer sozialen Verformung der Vernunft zielt, intendiert die »Postmoderne« einen abstrakten »Abschied von der Vernunft« und »versäumt«
es in diesem Zusammenhang, »das Verhältnis von Wissenschaft und
Macht zu reflektieren, als ein Verhältnis, das nicht nur äußerlich ist.«
(M. Markard)

Konstitutiv für die »postmoderne« Verabsolutierung einer instrumentalisierten Rationalität, ist die Blindheit für die kapitalwirtschaftlichen
Verstrickungen des Denkens. Da der indizierte Vernunft- und Rationali-
tätsverfall nicht zu seinen gesellschaftlichen Ursachen vermittelt wird,
bleibt der wahre Sachverhalt unreflektiert. Denn nicht die ›Rationalität‹
ist gescheitert, sondern ihre auf bloße ›Berechnung‹ und ökonomische
›Effizienz‹ reduzierte Variante.

Gerüstet mit einer Vorstellung von der Geschichte als einem unaufhaltsamen Verfall, »abstrahiert« das Diskurs-Denken von den realen historischen Konstellationen, die zu »Auschwitz«, zum technokratisch organisierten Völkermord geführt haben. Ignoriert wird, daß nicht ein Übermaß an Vernunft, sondern ihre Verdrängung durch irrationalistische
Weltanschauungssysteme eine wichtige Rolle gespielt haben, und wohl
kaum »die Sehnsucht nach dem Ganzen und dem Einen, nach der Ver-

söhnung von Begriff und Sinnlichkeit, nach transparenter und komm-
unizierbarer Erfahrung« (Lyotard) die auslösenden Faktoren für die Institutionalisierung der Barbarei gewesen sind. Das sich in der faschistischen Barbarei auch manifestierende »rückläufige Moment« (Horkhei-
mer/Adorno) der Aufklärung wird nicht zum Anlaß genommen, nach
den Gründen regressiver Gesellschaftsentwicklung und den Ursachen zi-
vilisatorischer Katastrophen zu forschen, sondern als Konstante der
menschlichen Entwicklung festgeschrieben. In dieser geschichtsphilosophischen Allgemeinheit ist tatsächlich die Geistesverwandschaft mit der
»Dialektik der Aufklärung« evident: »Der Fluch des unaufhaltsamen Fortschritts ist die unaufhaltbare Regression«. (Horkheimer/Adorno)

Undeutlich bleiben durch den generalisierenden Blick auf die Geschichte die konkreten Ursachen der realen Barbarei, die Tatsache, daß
der Installation der faschistischen Vernichtungsmaschinerie ein politischer Prozeß der Machtursurpation voranging, der durch einen weltanschaulichen »Paradigmenwechsel« flankiert wurde, an dessen Durchsetzung die geistigen Väter des Postmodernismus ihren gewichtigen
Anteil hatten.

Der Postmodernismus erweckt zwar den Eindruck, daß sein skepti-
scher Blick auf die Geschichte sich aus der Perspektive der Opfer legitimiert. Um so erstaunlicher ist die Abwesenheit der realen Täter in
seinen Betrachtungen! Mit der großen Geste spätbürgerlicher Geschichts-
metaphysik werden statt dessen isolierte Elemente einer Aufklärungs-
und Vernunftkritik adaptiert, alle zivilisatorischen Katastrophen der kapitalistischen Epoche auf ein angeblich der menschlichen Entwicklung
inhärentes Prinzip der Selbstzerstörung zurückführt. Ausgeblendet wird
dabei die reale Dialektik der historischen Bewegungsformen, die nicht
in einer linearen Fortschrittsentwicklung besteht, sondern gerade wegen ihres mehrdimensionalen und widersprüchlichen Charakters auch
die »praktisch-kritische Tätigkeit als geschichtlich omnipräsente Alternative« (H. Krauss) enthält. Der durch die »absolute Resignation« (Hegel) geprägte Blick auf die Vergangenheit registriert nur die kalte Asche
und übersieht die Glut, die unter ihr noch vorhanden ist. Durch seine
geschichtsskeptischen Allgemeinplätze präpariert, ignoriert der Postmodernismus nicht nur die Ursachen der sozialen Katastrophenentwick-

lung sondern auch die reale Offenheit historischer Prozesse, die auch in Phasen der Stagnation und selbst des Rückschritts gegeben ist.

Nicht einmal am Horizont des Diskurs-Wissens taucht die Frage auf, ob die Tragödien des 20. Jahrhunderts nicht auch deshalb stattgefunden heben, weil die Chancen zu einem zivilisatorischen Kurswechsel nicht genutzt wurden. Der Kampf gegen die deutsche Revolution nach dem 1. Weltkrieg aus den Reihen der revisionistischen Arbeiterbewegung mit Hilfe der reaktionärsten Gesellschaftskräfte hat erst die Rahmenbedingungen für den fast ungehinderten Aufstieg des deutschen Faschismus geschaffen. Und durch das Ausbleiben der Revolution im Westen, die nach menschlichem Ermessen auf der Tagesordnung stand, ist auch der Aufstieg der Stalin-Fraktion in der isolierten Sowjetunion erst möglich geworden.

Die Blindheit für die realen historischen Zusammenhänge ist das zwangsläufige Resultat der weltanschaulichen Dispositionen und methodischen Präformierungen des Postmodernismus: Burkhart Schmidt hat treffend von einer »Strategie des Vergessens« gesprochen: Die zunächst nur methodisch geforderte Ausklammerung der Verbindungslinien und die gedankliche Vernachlässigung des Zusammenhangs verabsolutiert das (entfremdete und verdinglichte) Gegenwartsbewußtsein. Das Erinnerungsvermögen wird ebenso zerstört, wie das Bedürfnis nach Antizipation stillgestellt. Die postmodernistische Interpretation des Scheitern als ein finales Ereignis schließt Lerneffekte aus und abstrahiert von den realen Geschichtserfahrungen: Das Versprechen der Befreiung und Emanzipation ist tatsächlich von allen Revolutionen immer nur teilweise eingelöst worden. Ihre Spuren hat die revolutionäre Programmatik aber meistens auch dann hinterlassen, wenn die Revolutionen aus dem Blickwinkel ihrer Zeitgenossen gescheitert sind. Bisher hat noch jede Niederlage die Kämpfenden in Resignation und Verzweiflung gestürzt; für die fortschrittlich Handelnden schien die Situation nach dem verlorenen Kampf auswegloser als vorher. Und so abwegig ist auch die Meinung nicht, daß bisher die menschliche Geschichte immer nur eine von Niederlagen, Blut und Demütigungen gewesen ist. »Aber auf welcher Entwicklungsstufe wäre die Menschheit wohl ohne diese Geschichte?« (I. Viett)

Widerspruch und Emanzipation

Elemente einer Theorie der Befreiung

Der offensichtliche Widerspruchscharakter des historischen Emanzipationsprozesses ist eine Herausforderung für jedes kritische Denken. Warum ist so oft der Befreiungsversuch in Unterdrückung umgeschlagen, blieben die Selbstbefreiungsprogramme uneingelöst? Diesen Fragen hat sich Thomas Metscher in seinem Buch »Pariser Meditationen. Zu einer Ästhetik der Befreiung« gestellt, das anläßlich des 200. Jahrestages des Sturms auf die Bastille erschienen ist. Der Titel ist von programmatischer Bedeutung: Paris als Stadt der großen bürgerlichen Revolution von 1789 und der proletarischen Commune ein knappes Jahrhundert später ist gleichermaßen Symbol der großen Menschheitsträume, wie auch Ort schmerzlicher historischer Niederlagen. Das Versprechen der Befreiung und die Widersprüche des Emanzipationsprozesses sind durch den Namen dieser Stadt gleichermaßen symbolisiert. Die im Paris des 18. und 19. Jahrhunderts ausgefochtenen geistigen und politischen Revolutionen haben ein grandioses Vermächtnis hinterlassen: Die Forderungen nach Freiheit, Gleichheit und Brüderlichkeit und die Perspektive des selbstbestimmten Befreiungshandelns als »Ausgang des Menschen aus selbst verschuldeter Unmündigkeit«. (Kant) Doch scheint es dem zeitgenössischen Bewußtsein kaum möglich zu sein, eine Perspektive für die Verwirklichung der sozialen Menschenrechte und konkrete Emanzipationshorizonte zu erkennen.

Gerade weil Metscher mit seinem gewichtigen Buch »einen Beitrag zu einer zeitgemäßen Theorie der Befreiung« liefern will, verschließt er weder den Blick vor dem katastrophalen Zustand der Welt und der vorherrschenden Tendenz zur globalen Selbstzerstörung, noch verdrängt er die widersprüchlichen Resultate der bisherigen Emanzipationsversuche. Jakobinischer Terror gehören ebenso zu ihrer Hypothek, wie die

Rasereien des Stalinismus. Der Ausgangspunkt seines Reflexionspro-
zesses deckt sich zum Teil mit den postmodernistischen Zustandsbeschreibungen der Gegenwart: Die westliche Zivilisation ist in eine Sackgasse geraten und der Glaube an den unaufhaltsamen Fortschritt hat
sich als Illusion erwiesen. Progression und Selbstzerstörung scheinen
unauflöslich miteinander verwoben und Alternativen zum triumphierenden kapitalistischen Weltsystem nicht mehr sichtbar. Während aber
in den Distributionssphären des herrschenden Denkens die postmodernistischen Beschreibungen der Krisenprozesse mit deren Analyse verwechselt und die Katastrophen des bürgerlich-kapitalistischen Entwicklungsweges als das Ende aller Geschichte interpretiert werden, relativiert Metscher diese Sichtweise, indem er die gegenwärtigen Problem-
situation zu den vieldimensionalen historischen Erfahrungen vermittelt,
sich ein Bild von den Zusammenhängen macht und sich auch der Ursachenanalyse nicht verschließt. Der Blick auf eine katastrophale Gegenwart wird mit der Frage verbunden, weshalb der Aufklärungs- und Emanzipationsprozeß in eine Sackgasse geraten ist – aber auch, unter welchen Voraussetzungen das Emanzipationsprojekt wieder revitalisiert
werden kann.

Um dieses ambitionierte Programm zu bewältigen, bedient sich Metscher sowohl der historischen Detailanalyse als auch der systematisch-
theoretischen Reflexion. Auf der historischen Darstellungsebene beschäftigt er sich vorrangig mit künstlerischen Interpretationsversuchen, weil
sie »als geistige Verarbeitungsformen eines Zeitalters« nicht nur auf die
objektiven Strukturveränderungen reagieren, sondern gleichzeitig den
Blick »bis in Individualitätsformen, in subjektiv-psychische Strukturen
hinein« ermöglichen. Denn, auch wenn es ihnen nicht bewußt ist, sind
die Künste in die ideologische Reproduktionstätigkeit eingebunden und
Elemente im Prozeß der sozialen und historischen Selbstvergewisserung der Menschen.

Metscher stellt noch einmal ausdrücklich klar: Kunst ist ein gesellschaftliches Phänomen, aber nicht eindimensional aus sozialen Strukturen und politischen Konstellationen »abzuleiten«. Die künstlerisch-äs-
thetische Aktivität ist vielmehr ein Element der vielschichtigen menschlichen Reproduktionstätigkeit, die materiell, geistig und sozial dimen-

sioniert ist. Das vermittelnde Element sind die handelnden Subjekte, die auf die gesellschaftlichen Problemkonstellationen (die »Umstände«, wie Marx sagt) differenziert reagieren. Kunst leistet in diesem Kontext einen unverzichtbaren Beitrag zur individuellen, sozialen und historischen Selbstvergewisserung der Menschen. Sie ist Ausdruck ihrer Suche nach kultureller Identität und eine Form des kollektiven Gattungsbewußtseins, ein Reservat unterdrückter Lebensansprüche und uneingelöster Hoffnungspotentiale.

Metscher thematisiert aber nicht nur die den Emanzipationsprozeß vorbereitende und begleitende Rolle ästhetischer Aktivitäten, sondern verifiziert das Verständnis der Künste als umfassende Epochenreflexion, indem er auch ihre Irritationen über die sozialen und kulturellen Pathologien des kapitalistischen Entwicklungsweges und den schon früh auftretenden progressiv-bürgerlichen Selbstzweifel an der Realisierbarkeit des Aufklärungsprogramms herausarbeitet. Viele künstlerische Dokumente reflektieren, wie eng in der historischen Entwicklung Fortschritt und Regression miteinander verbunden und Glückseligkeit und Schrecken oft nur verschiedene Seiten des gleichen Entwicklungsstranges waren.

Auch der noch keineswegs reaktionär ausgerichtete Protest der Frühromantiker reflektierte den Widerspruch zwischen der sich ausbreitenden Verwertungsrationalität und den universalen Emanzipationsperspektiven des Aufklärungsdenkens: Die destruktive Wirkung der zunehmenden Arbeitsteilung und die durch sie bewirkte Zerstückelung der menschlichen Wesenskräfte blieb ihnen nicht verborgen. Die sich etablierenden bürgerlichen Sozialverhältnisse werden von ihnen als »ungeheure, sich selbst mahlende Mühle« (Novalis), als »eine Maschine, die ... völlig blindlings wirkt« (Schelling) charakterisiert. Doch mußte die Bürger-Gesellschaft sich mit der Installation der politischen Freiheit und mit dem Postulat der rechtlichen Gleichheit bescheiden, wenn sie sich nicht selbst in Frage stellen wollte.

Diese klassischen Formen der Fortschrittskritik unterscheiden sich in einem entscheidenden Punkt von der postmodernistischen Ästhetisierung des Grauens und ihrer »Fundierung« der Perspektivlosigkeit. Gerade weil sie die Fehlentwicklungen und das Scheitern als ein realhistorisches Moment zu Kenntnis nehmen, ist die problemorientierte Fortschrittskritik dagegen immunisiert, den Geschichtsprozeß auf das Scheitern zu reduzieren. Denn nicht der »totalitäre« Anspruch der Vernunft (wie es die postmodernen Geistesalchemisten unterstellen) hat die zivilisatorische Katastrophenentwicklung provoziert, sondern die Dominanz einer vernunftfernen Verwertungsrationalität. Es gilt ungebrochen: Erst der Schlaf der Vernunft gebiert die Ungeheuer!

Kunst als Epochenbewußtsein

Der Kunst in ihrer Funktion als fortschrittsorientiertes Epochenbewußtsein dient das Wissen um die enge Verbindung von bürgerlicher Zivilisation und antizivilisatorischem Grauen nicht als Rechtfertigung für die bedingungslose Hinnahme dieses Zustandes, sondern als Antrieb, unablässig nach Auswegen zu suchen. Niemals reduziert die klassische Kunst ihre Parteinahme für die Programmatik der bürgerlichen Gesellschaft auf ihre blinde Apologie. Zwar leistet die klassisch-bürgerliche Kunst – wie Marcuse überzeugend dargestellt hat – einen entscheidenden Beitrag zur kulturell vermittelten Affirmation. Der sozialen Isolation wird die abstrakte Menschlichkeit, der materiellen Not die Schönheit der Seele gegenüber gestellt. »Aber der bürgerliche Idealismus ist nicht nur eine Ideologie: er spricht auch einen richtigen Sachverhalt an. Er enthält nicht nur die Rechtfertigung der bestehenden Daseinsform, sondern auch den Schmerz über ihren Bestand; nicht nur die Beruhigung, bei dem, was ist, sondern auch die Erinnerung an das, was sein könnte. Indem die große bürgerliche Kunst das Leid und die Trauer als ewige Weltkräfte gestaltet, hat sie die leichtfertige Resignation des Alltags immer wieder im Herzen der Menschen zerbrochen; indem sie die Schönheit der Menschen und der Dinge und ein irdisches Glück in den leuchtenden Farben dieser Welt gemalt hat, hat sie neben dem schlechten Trost und der falschen Weihe auch die wirkliche Sehnsucht in den Grund des bürgerlichen Lebens gesenkt.« (H. Marcuse)

Bürgerliche Kunst konnte bis weit ins 19. Jahrhundert hinein ein emanzipatorisches Potential entfalten, weil sie zu einer fortschrittlichen historischen Tendenz vermittelt war. Diese nicht-repressive Artikulationsfähigkeit bezeichnet auch den Unterschied zwischen einer Kunst mit emanzipatorischen Potenzen und einer Kunst, wie sie vom Postmodernismus in Anspruch genommen wird, die das System der falschen Bedürfnisse sanktioniert und den Schein einer Unüberschreitbarkeit der kapitalistischen Lebensverhältnisse illustriert: Die »postmodernen« Ästhetikkonzepte geben sich mit einem das Leben vordergründig verschönernden Ästhetizismus zufrieden, der die Spannung zwischen Anspruch und Realität verdrängt und einen oberflächlichen »Trost« ohne utopisches Begehren verspricht.

Sicherlich ist die Frage nicht unberechtigt, ob angesichts der endlosen Katastrophenentwicklung des 20. Jahrhunderts die Weltfluchttendenz, die sich in diesem kontemplativen Verständnis des »Schönen« äußert, nicht eine »realistische« Einstellung ist. Tendiert der reale Handlungsspielraum der Menschen in den »postmodernen« Verhältnissen nicht gegen Null? Ist der Versuch einer »ästhetischen« Gestaltung des individuellen Lebenskontextes nicht ein respektabler Versuch, das Beste aus einer verfahrenen Situation zu machen, die vorbehaltlos zur Kenntnis genommen, nur zu Resignation und Fatalismus führen kann?

Von paradigmatischer Bedeutung für die Beantwortung dieser Fragen ist Metschers Interpretation der Behandlung der »nichthintergehbaren Alternative« nihilistische Resignation oder historische Fortschrittsorientierung in den Schlußszenen von Goethes »Faust«. In der poetischen Behandlung entscheidet sich Goethe für die »Utopie eines kämpferischen Daseins, der vita activa ... In einem solchen Dasein sind Leben und Freiheit täglich neu zu ›erobern‹: in Auseinandersetzung mit der Natur zu erringen. Seinen Sinn trägt solches Dasein in sich selbst: Sinn ist die Selbststiftung, hervorgebracht in Akten produktiver Arbeit, individuell gesellschaftlicher Bindung von Ich und Welt.«

In radikalisierter Form fundiert diese Perspektive den revolutionären Humanismus der Marxschen Theorie: Weil der Mensch seine (soziale) Welt selbst schafft, verfügt er potentiell über die Möglichkeit zur selbstbestimmten Existenz, d.h. die Fähigkeit einer seinen Anlagen und Fähigkeiten adäquaten Gestaltung der sozialen Verhältnisse. Die über die

Arbeit vermittelte »Überwindung von Hindernissen« ist für Marx – nach Abstreifung der existentiellen und gesellschaftlichen Zwänge – ein Akt der »Selbstverwirklichung, Vergegenständlichung des Subjekts, daher reale Freiheit«. Seine anthropologisch-ontologische Schlüsselfunktion enthält der Marxsche Arbeitsbegriff, weil er nicht – wie sowohl von der ökonomistischen Dogmatik, als auch von »Marx-Rekonstrukteuren« wie Habermas und Robert Kurz unterstellt wird – nur das praktizistische Werkeln umfaßt, sondern die Konstitution der sozialen Welt in allen ihren Dimensionen mit einschließt. Deutlich wird diese Mehrdimensionalität der menschlichen Praxis beispielsweise durch den Marxschen Hinweis, daß die Arbeit als »menschliche Kraftentwicklung, die sich als Selbstzweck gilt« zu begreifen ist, und daß die materielle Tätigkeit sich nicht nur an der unmittelbaren Existenzsicherung orientiert, sondern daß der Mensch immer auch nach ästhetischen Ansprüchen produziert!

Mit der Rekonstruktion des Marxschen Arbeits- und Praxisbegriffs legt Metscher einen Grundstein für sein intendiertes Hoffnungsprojekt »im Gefüge der Gegenwart« und leistet gleichzeitig einen produktiven Beitrag zur Überwindung der gegenwärtigen Begründungsirritationen des Marxismus: »Sinnlich-praktische, gegenständliche Tätigkeit ist der Motor des Bildungsprozesses menschlicher Kultur. Die Arbeit ist ihre elementare Dimension. Dieser Prozeß – der historische Konstitutionsprozeß von Humanität – umfaßt die gesamte sinnliche ›Natur‹ des Menschen: seine physischen Bedürfnisse ebenso wie seine emotionalen, ästhetischen, ethischen, theoretischen usw. Er umgreift somit alle ›Existenzweisen‹ des gesellschaftlichen Individuums.« (Metscher)

Weil die Menschen durch ihre tätige Auseinandersetzung mit der Natur die soziale Welt als spezifischen Wirklichkeitsbereich konstituieren, sie also von den Handlungssubjekten »gemacht« (Marx) wird, ist sie ihnen prinzipiell erkennbar. Durch realistische Erkenntnistätigkeit gelingt es, die faktischen Beziehungen und Abhängigkeiten gedanklich zu rekonstruieren. Prinzipiell ist den Menschen das Begreifen ihrer eigenen Position innerhalb eines strukturierten Ganzen möglich: »Die Zentralkategorie in diesem Zusammenhang ist die der Relation, der Beziehung von Wirklichkeitssegmenten (-teilen) zueinander. Weiter ist gesagt, daß diese

Beziehungen stets mannigfaltig sind (nie ›einfach‹) und erst die Mannigfaltigkeit von Beziehungen eine Totalität bildet. Jeder besondere,
bestimmte Gegenstand, jedes einzelne ›Ding‹ steht in einem solchen
Zusammenhang mannigfaltiger Beziehungen, und Totalität ist konkret
als ein solches Beziehungsgeflecht, eine solche ›Beziehungsstruktur‹
(der ›Struktur‹-Begriff ist vielleicht schon zu statisch) gedacht«. (Metscher)

   Die postmodernistische Gleichsetzung der philosophischen Totali-
tätskategorie mit weltanschaulichem Totalitarismus geht deshalb ebenso am Kern der Sache vorbei, wie die modephilosophische Unterstel-
lung, daß ein auf das Ganze insistierendes Denken die einzelnen Momente, das Individuelle und die spezifischen Differenzierungen vernachlässigen würde. Richtig dagegen ist, wie wir schon in einem anderen
Zusammenhang gesehen haben, daß erst durch die Reflexion seiner Konstitutionsbedingungen und die Kenntnisnahme seiner Position im realen Beziehungsgefüge eine realistische Vorstellung über das Einzelne
gewonnen werden kann. Auf die Reflexionsebene ästhetischer Theorie
gebracht, bedeutet das: Künstlerische Subjektivität und die »Art von
Wissen, die nur die Künste vermitteln« (Metscher), entwickeln sich nur
in einem konkret beschreibbaren historischen Kontext – auch wenn das
künstlerische Bewußtsein diesen Kontext nicht explizit reflektiert oder
ihn verdrängt.

   Kunst kann zur Wiedergewinnung eines verdrängten Wissens beitra-
gen und einem gestaltlosen Hoffen ein realistisches Profil geben. Ihr
Beitrag zur Selbsterkenntnis der Menschen in ihren gesellschaftlichen
Verhältnissen kann ein wichtiger Beitrag zur Ausbildung historischer
Handlungsfähigkeit sein – die verändernde Praxis aber nicht ersetzen.

Ästhetik des Widerstands

Existiert aber überhaupt noch eine sinnvolle Veränderungsperspektive?
Kann innerhalb eines verfestigten Herrschaftsapparates, dem es gelungen ist, die »ästhetischen und moralischen Bedürfnisse« zu unterdrük-

ken (H. Marcuse) und dem es immer besser gelingt, sein wahres Gesicht zu verschleiern, noch die Konstitution eines progressiv orientierten »Subjekts der Veränderung« erwartet werden? Denn es ist nur zu offensichtlich: Obwohl alle Bedingungen für die Emanzipation gegeben sind, hält sich die antagonistische Gesellschaft künstlich am Leben. Die subjektiven Befreiungspotentiale bleiben hinter den objektiven Möglichkeiten zurück. Metschers Emanzipationstheorie gelingt es, dieses Dilemma konzeptionell aufzuarbeiten – ohne es zu vernachlässigen: Als Illusion hat sich die Hoffnung eines traditionalistischen Materialismus erwiesen, daß aus der sozialen Not und der kulturellen Verelendung das Freiheitsstreben automatisch erwachsen würde. Metscher verweist deshalb auf die notwendigen geistigen und politischen Vermittlungsstufen, die zwischen der sozialen Erfahrung, der Entwicklung eines reflektierten Krisenbewußtseins und dem verändernden Handeln liegen: Der Kampf um die Befreiung ist elementar an die geistige Auseinandersetzung und die kulturelle Selbstkonstitution eines historischen Subjekts gebunden. Zwar sind die Emanzipationspotentiale im sozialen Prozeß selbst angelegt: Die realhistorische »Möglichkeit ist die Grundkategorie, auf die Hoffnung wie Fortschritt zu beziehen sind«, jedoch müssen durch aufklärende Vermittlung die realen Gestaltungsmöglichkeiten ins allgemeine Bewußtsein gehoben und auf die Tagesordnung der gesellschaftlichen Praxis gesetzt werden: »Für die Verwirklichung des Ziels der Befreiung ist die Ausbildung des historischen Sinns der unterdrückten und kämpfenden Klasse eine unumgängliche Bedingung.« (Metscher)

Auch wenn innerhalb der entfremdeten Lebensbedingungen die Befreiungsvorstellungen verzerrt sind und im Massenbewußtsein beispielsweise in der Form diffuser Glückserwartungen auftreten, bleiben sie doch Ausdruck eines tiefsitzenden Emanzipationsbedürfnisses. Es ist offensichtlich, daß die vorwärtsweisenden Gesichtspunkte nicht von außen in den sozialen Prozeß hinein getragen werden müssen, sondern in den Problemstellungen der Gegenwart selbst verankert sind: »Gleichheit und Freiheit erwachsen aus der praktizierten Ungleichheit und Unfreiheit – Brüderlichkeit der Erfahrung einer Welt, in welcher der Mensch den Menschen ein Wolf ist.« (Metscher) Auf die defizitären Sozialerfahrungen reagieren die Menschen mit der Suche nach einem sinnhaften Leben: »In der postmetaphysischen Welt kann Sinn [aber] durch keine andere Instanz als das menschliche Dasein selbst konstituiert werden.« (Metscher) Daß die Illusion einer perspektivischen Eindeutigkeit zerstört worden ist, kann bei der Neuformierung eines Emanzipationsprojektes nur von Vorteil sein.

Die Kunst, weil sie nach den Worten Metschers gleichermaßen »Erinnerung und Erneuerungskraft« ist, nimmt im Prozeß der sozialen und historischen Selbstvergewisserung eine strategisch entscheidende Position ein. Metscher beschreibt sie als »eine besondere Weise, in der Welt und Ich erkannt werden« können. Sie ist »Erinnerung der Menschheit«, aber nicht im Sinne nostalgischer Verklärung, sondern als Fundament für perspektivische, zukunftsorientierte Projektionen! Sie ist (in ihren gelungenen Beispielen) eine Form des Erkennens, die »Komplexität und Mehrdeutigkeit« nicht im postmodernistischen Sinne festschreibt, sondern zueinander vermittelt. Die künstlerische Wahrheit erreicht ihre Wirkungskraft, weil sie nicht nur den Verstand anspricht, sondern die Menschen emotional beteiligt. Durch die Begegnung mit der Kunst können die Menschen eigene Erfahrungen wiedererkennen, aber diese individuellen Erlebnisformen auch als Bestandteil eines übergeordneten Zusammenhangs begreifen. Das gelungene Kunstwerk repräsentiert die Distanz und Intimität des Augenblicks gleichermaßen, das Persönliche und Individuelle wird als Epochenproblem und dazu vermittelt als Gattungsfrage zumindest erahnbar. »Mit ihren Besonderheiten der praktisch-geistigen Form der Aneignung der Wirklichkeit ist auch verbunden, daß Kunst die immanente Dialektik von Möglichkeit und Wirklichkeit in den Veränderungen menschlicher Beziehungen, in individuellen Konflikten als Moment von Gesellschaftsentwicklung, von gesellschaftlichem Fortschritt aufzuzeigen und in den kollektiven Aneignungs- und Verständigungsprozeß einzubringen vermag, die – aufgrund ihrer relativen Unentwickeltheit – noch nicht Gegenstand theoretischer Analyse, Verallgemeinerung und weltanschaulicher Wertung geworden sind.« (I. Dölling)

Kunst ist ein Erfahrungsmodus, der seine bewußtseinserweiternden Potenzen aber nicht voraussetzungslos entfalten kann. Der postmoder-

nistische Versuch, das ästhetische Erleben gegenüber rationaler Welter-
fassung zu positionieren, verfehlt die komplexe Struktur menschlicher
Weltaneignung. Die Übertragung der Erkenntniskompetenz an die Kunst
schreibt ein unartikuliertes »Ahnen« fest und verzichtet gerade darauf,
was für Adorno (auf den sich der Diskurs auch hier fälschlicherweise
beruft) die Absicht einer Privilegierung der Kunst gewesen ist: Die »Rettung dessen, was im Schein sich verspricht« (H. Schweppenhäuser).
Kunst repräsentiert aber kein gegensätzliches Prinzip zum theoretischen
Denken; sie gilt einer kritischen Ästhetik als Medium, mit dem die »un-
antastbar tabuisierten Komplexe des Ästhetischen, des Spontanen, Imaginären, Unbewußten ... dem Begriff und der Sprache erschlossen« werden (Schweppenhäuser)! Ästhetisches und theoretisches Erkenntnisbe-
mühungen sind aufeinander bezogene, sich ergänzende und wechselseitig fundierende Elemente eines realistischen Emanzipationsprojektes.
Immer wieder hebt Thomas Metscher die paradigmatische Bedeutung
der »Ästhetik des Widerstands« von Peter Weiss hervor, denn sie antizi-
piert die für ein zeitgemäßes Befreiungsdenken unverzichtbare Symbiose von historischem Bewußtsein und theoretischer Reflexion, Klas-
senkampfperspektiven und ästhetischer Gestaltung.

Perspektiven kritischer Gesellschaftstheorie

Trotz der ungebrochenen Artikulationsfähigkeit emanzipatorischen
Denkens ist nicht zu übersehen, daß sich ein intellektuelles Selbstverständnis durchgesetzt hat, das den vernunftfeindlichen Orientierungen
kaum noch Widerstand entgegensetzt. Mit der postmodernistischen
»Gewißheit« gerüstet, daß die »konkrete Totalität unserer Gesellschaft
uns verborgen bleibt«, fordern beispielsweise auch die intellektuellen
Nachlaßverwalter des ehemals einer dialektischen Gesellschaftskritik
verpflichteten Frankfurter »Instituts für Sozialforschung« die Relativierung eines fundamentalen sozialtheoretischen Kritikanspruchs. Dies ist
nicht das einzige Beispiel dafür, daß auch kritisch intendiertes Denken
in den Bannkreis herrschaftskonformer Orientierungen geraten ist.

Möglich geworden sind solche ideologischen Entwicklungen durch einschneidende Veränderungen der herrschenden Legitimationsmuster. Sie bemühen sich nicht mehr um eine direkte Verteidigung oder gar Idealisierung der etablierten Zustände. Aufgrund des krisengeprägten und perspektivlosen Gesellschaftszustandes sind direkte Formen der Apologie auch kaum noch möglich. Das machtfunktionale Bewußtsein erfüllt seine Rolle bei der weltanschaulichen Formierung durch die Verklärung der sichtbaren Widersprüche und des sozial erzeugten Mißbehagens als Ausdruck einer prinzipiellen »Kontingenz« und »Ambivalenz« der menschlichen Existenz sowie des imaginären Charakters aller menschlichen Äußerungsformen und der angeblichen Unauflöslichkeit des Scheins. Die herrschenden Verhältnisse benötigen zu ihrem Funktionieren kein positiv-bekennendes Verhältnis der Intelligenz zu ihren normativen Grundlagen. Ihre Selbststabilisierung wird viel nachhaltiger durch die Destruktion jeder Wertorientierung gewährleistet, weil dadurch wirkungsvoll die Überzeugungskraft alternativer Orientierungen unterminiert werden kann. In allen Varianten fördern die machtkonformen Weltbildkonstruktionen ein geistiges Klima der Hoffnungslosigkeit und Resignation.

Wenn die sozio-kulturellen Widersprüche als Ausdruck menschlicher Schicksalsverfallenheit interpretiert werden, oder durch die Behauptung einer fortschreitenden »›Atomisierung‹ des Sozialen in lockere Netze des Sprachspiels« Gesellschaft dem Bereich des Imaginären zugeordnet wird, können die herrschenden Kräfte von ihrer Verantwortung für den tiefen Riß, der durch die Gesellschaft geht, entlastet werden.

Wer nicht das kapitalistische Vergesellschaftungsmodell als die Vollendung der Geschichte ansieht und, sei es auch nur aus Gründen intellektueller Selbstachtung, Distanz zu den postmodernistischen Glaubensbekenntnissen hält, wird davon überzeugt sein, daß in einer Zeit allgemeiner Orientierungslosigkeit und normativer Beliebigkeit nicht weniger, sondern mehr Gesellschaftsanalyse nötig ist. Jedoch ist Aufklärung in gesellschaftsverändernder Absicht nicht voraussetzungslos möglich. Um den Mythos von der Allmacht der »Umstände« oder die »postmoderne« Parole von der Alternativlosigkeit kapitalistischer Lebensverhältnisse zu erschüttern, reichen der Wille zur Aufklärung und die ideologiekritische Intervention alleine nicht aus. Denn es genügt nicht, daß »der Gedanke zur Wirklichkeit drängt«, die Wirklichkeit muß auch »zum Gedanken drängen« (Marx). Nur durch Widerstandserfahrungen in den gesellschaftlichen Konfliktzonen kann ein »Rezeptionsklima« für alternative Orientierungen entstehen. An die dort gemachten Erfahrungen muß kritisches Denken anschließen, um den beteiligten Subjekten die Möglichkeit der verständigen Verarbeitung ihrer Erfahrungen und der Artikulation ihrer Einsichten geben!

Aber auch wenn die verschleiernden Weltanschauungsformen sich durch die wissenschaftliche Entlarvung alleine nicht auflösen lassen, ist ein gesichertes Wissen über die gesellschaftlichen Machtstrukturen und das Verständnis der ideologischen Herrschaftsreproduktion eine wesentliche Bedingung zur Wiederbelebung einer Kultur kritischen Denkens. Durch die interpretative Verarbeitung der Widerspruchserfahrungen kann zumindest das Fundament zur Verunsicherung der ideologischen Selbsttäuschungen gelegt und der Schein der Alternativlosigkeit spätkapitalistischer Systemreproduktion in Frage gestellt werden.

Keinesfalls ist die akkumulierte Verfügungsgewalt über die Köpfe der Menschen zu unterschätzen. Aber dem manipulativen Zugriff, wie wir ihn in kritischer Auseinandersetzung mit den postmodernistischen Medien-Theorien skizziert haben, sind die Menschen nicht universal ausgeliefert, sondern nur unter bestimmten Bedingungen und in klar zu definierenden sozialen Räumen. Unübersehbar unterhaltungselektronisch bestimmt und nachhaltig in den Netzen des Medien-Apparates verfangen ist das Alltagsleben jenseits der Erwerbsarbeit. Die Phasen der Nichtarbeit sind durch die gewerkschaftlichen Kämpfe, aber auch durch die Veränderung der Reproduktionsbedürfnisse in den letzten Jahrzehnten vergrößert worden. Aber den verbreiteten Manipulationsformeln vom »Ende der Arbeitsgesellschaft« oder dem Ausbruch der »Freizeitgesellschaft« zum Trotz, beansprucht die primäre Reproduktionstätigkeit immer noch den größten und kompaktesten Anteil des Zeitbudgets der Menschen in den entwickelten Industriegesellschaften. Und die Erfahrungen im Betrieb oder in der Hochschule, im Büro oder der Ausbildungswerkstatt sind in ihrer Wirkung nachhaltiger als alle Bilder von Scheinwelten die den Menschen vorgesetzt werden. Solange Arbeit oder

jede andere Form der gesellschaftlichen Tätigkeit nicht gänzlich isoliert geleistet wird, besitzt sie eine kommunikative Qualität mit nachhaltiger Wirkung und ist wesentlich an der Ausbildung der sozialen und
psychischen Identitätsformen der Menschen beteiligt. Das gesellschaftliche Individuum eignet sich durch sein aktives Handeln ein Stück der
Realität an, entwickelt ein Bewußtsein seiner Handlungskompetenz (mag
sie auch noch so eingeschränkt sein) und gewinnt dadurch die notwendige Verhaltenssicherheit, um in der Alltagspraxis bestehen zu können.

Trotz der zunehmenden Bedeutung künstlicher Bilderwelten werden
diese primären Erfahrungen nicht suspendiert. Doch sind die Menschen
immer stärker darauf angewiesen, die medial übermittelten Interpretati-
onsvorschläge und assoziativen Bilder bei der geistigen Bewältigung
ihrer Alltagsprobleme zu benutzen. Die »Welterfahrung« wird also nicht
– wie die Medien-Philosophie von Anders bis Baudrillard meint – von
den synthetischen Bildern dominiert, sondern mit Hilfe dieser interpretiert – was schon bedenklich genug ist! In Ermangelung praktikabler
Alternativen benutzen die Menschen, um ihre sozialen Erlebnisse einzuordnen und zu interpretieren und um sich ein (wenn auch konfuses
und unvollständiges, aber im Alltagssinne praktikables) Bild von den
eigenen Lebenszusammenhängen zu machen, die weltanschaulichen
Angebote.

Durch die von der Medien-Industrie übermittelten Interpretationsschablonen entstehen zwar verzerrte Sichtweisen und wirklichkeitsfrem-
de Weltbilder, die jedoch niemals die primären Erfahrungsdimensionen
vollständig verdrängen können. Luhmann unterliegt deshalb nur der
durchschnittlichen Selbsttäuschung des modephilosophischen Medien-
verständnisses, wenn er behauptet: »Was wir über unsere Gesellschaft,
ja über die Welt in der wir leben, wissen, wissen wir durch die Massenmedien.«

Denn tatsächlich gibt es ein Leben »neben« der Medienwelt, dessen
Bewußtseinsrelevanz nachdrücklicher ist, als solche »kulturkritischen«
Merksätze vermuten lassen. Von nachdrücklicher Erfahrungsrelevanz
ist nach wie vor der berufliche Sozialbereich mit seinen unmittelbaren
Kommunikationsstrukturen, in denen auch kollektive Erfahrungen re-
aktiviert und die sozialen Erlebnisse durchaus in einem schicht- und

klassenspezifischen Sinne interpretiert werden. Die Realität macht sich gegenüber den massenmedialen Illusionen und Nebelwelten immer wieder bemerkbar.

Kritisches Denken erhält sein unverwechselbares Profil durch die konkrete Kritik der Macht und die Entlarvung der sie verschleiernden Denkstrukturen: Wenn dem konkreten Prozeß der Herrschaftsvermittlung Beachtung geschenkt wird, können hinter dem ideologischen Konstrukt von »Sachzwängen« die Akteure der gegenwärtigen Umwälzungen erkannt und politische Einflußmöglichkeiten abgeschätzt werden. Die »Geheimnisse« des sozio-ökonomischen Geschehens lassen sich verständig auflösen und Ursachen- und Wirkungszusammenhänge benennen. Die dem verdinglichten Denken »subjektlos« erscheinenden sozio-strukturellen Umbrüche können zu den Akteuren, die einen prägenden Einfluß auf das gesellschaftliche Geschehen haben, in Beziehung gesetzt werden: Im Gegensatz zum »postmodernen« Mythos von der Dezentrierung der Macht (der in einem Atemzug mit der Behauptung eines Bedeutungsverlustes des Konfrontationsverhältnisses von Kapital und Arbeit verbreitet wird) hat auch die neoliberale Globalisierungsoffensive eine Genese, ist über konkrete Handlungsträger organisiert und hat spezifische Machtverhältnisse zur Voraussetzung: »Etwas Licht, und es treten Menschen in Erscheinung als Verursacher der Katastrophen! Denn wir leben in einer Zeit, wo des Menschen Schicksal der Mensch ist.« (B. Brecht)

Der kritische Blick auf die Reproduktion der geistigen und sozialen Machtstrukturen kann aber vor dem Versagen der alternativen theoretischen und politischen Projekte nicht die Augen verschließen: »Die Krise unserer Zeit ist zugleich eine Krise der Linken. Die Welt befindet sich in dem heutigen erbärmlichen Zustand, weil die Linke es nicht geschafft hat, ihre eigenen Vorstellungen durchzusetzen, und weil sie von der Rechten weitgehend zurückgedrängt worden ist.« (H. Sāna)

Gesellschaftskritisches Denken steht heute vor den gleichen Aufgaben wie Marx vor 150 Jahren, als er sich der epochalen Aufgabe der empirisch-theoretischen Durchdringung der bürgerlichen Ökonomie stellte: Politische Aufklärung, die das System der Selbsttäuschungen erschüttern will, muß wissen, was in der Welt vor sich geht, aber auch die sozialen Umstände analysieren, die falsches Bewußtsein hervorbringen. Nur auf dieser Grundlage kann nachgewiesen werden, daß der Kapitalismus als ein Produkt der historischen Entwicklung auch durch historisches Handeln veränderbar und der Eindruck seiner unerschütterlichen Festgefügtheit eine ideologische Täuschung ist.

Bibliographische Notiz

Um der Lesbarkeit des Textes willen habe ich auf einen wissenschaftlichen Apparat verzichtet. Nachweise zu den wichtigsten Zitaten finden sich in meinen verschiedenen Vorstudien zur Ideologiekritik des Postmodernismus:

Medien – Bewußtsein, in: Marxistische Blätter, H. 1/1993, S. 21-27

Dialektik der Entzivilisierung. Krise, Irrationalismus und Gewalt, Köln 1995, S.213-231

Individualisierung und Desintegration. Reproduktionsformen der »modernen« Klassengesellschaft, in: Z. Zeitschrift Marxistische Erneuerung, Nr. 27, 1996, S. 70-83

»Postmodernes« Denken und vormoderne Weltanschauung. Marginalien über den Neofaschismus und den Verfall theoretischer Vernunft, in: Topos. Internationale Beiträge zur dialektischen Theorie, H. 8, 1996, S. 101-125

»Alles ist ein einziger Nebel«: Marxismus als Ideologiekritik, in: Marxistische Blätter, H. 2/1997, S. 65-72

Die »Postmoderne« als Realität und Ideologie, in: Z. Zeitschrift Marxistische Erneuerung, Nr. 31, 1997, S. 148-161

Die Paradoxien des »Postmodernen Denkens«, in: Z. Zeitschrift Marxistische Erneuerung, Nr. 33, 1998, S. 217-233

Paradoxien einer »postmodernen« Ethik, in: Marxistische Blätter, H. 1/2000, S. 15-23

Die Literatur zur »Postmoderne« ist unübersehbar geworden. Einen kanonischen Charakter für das Selbstverständnis des Diskurs-Wissens besitzen u. a. die folgenden Titel:

J. Baudrillard, Der symbolische Tausch und der Tod, München 1982

J. Baudrillard, Laßt auch nicht verführen!, Berlin 1983

J. Baudrillard, Die fatalen Strategien, München 1991

G. Deleuze, Nietzsche und die Philosophie, München 1976

G. Deleuze, Differenz und Wiederholung, München 1992

J. Derrida, Grammatologie, Frankfurt/M. 1983

J. Derrida, Randgänge der Philosophie, Wien 1988

J. Derrida, Mémoires. Für Paul de Man, 2 Bd., Wien 1988

M. Foucault, Wahnsinn und Gesellschaft, Frankfurt/M. 1969

M. Foucault, Die Ordnung der Dinge, Frankfurt/M. 1971

M. Foucault, Die Geburt der Klinik, Wien 1976

M. Foucault, Von der Subversion des Wissens, Frankfurt/M. 1978

M. Foucault, Überwachen und Strafen, Frankfurt/M. 1989

J. Lacan, Die vier Grundbegriffe der Psychoanalyse, Das Seminar Bd. 11, Freiburg 1978

J.-F. Lyotard, Grabmal des Intellektuellen, Wien und Graz 1985

J.-F. Lyotard u. a., Immaterialität und Postmoderne, Westberlin 1985

J.-F. Lyotard, Das Postmoderne Wissen, Graz und Wien 1986

J.-F. Lyotard, Der Widerstreit, München 1987

G. Vattimo, Jenseits des Subjekts, Graz und Wien 1986

G. Vattimo, Das Ende der Moderne, Stuttgart 1990

Relevante Grundlagentexte des Postmodernismus präsentieren u.a. zwei Sammelbände:

P. Engelmann (Hg.), Postmoderne und Dekonstruktion. Texte französischer Philosophen der Gegenwart, Stuttgart 1990
W. Welsch (Hg.), Wege aus der Moderne. Schlüsseltexte der Postmoderne-Diskussion, Berlin ²1994

Die verschiedenen Phasen der sehr häufig epigonalen Postmodernismus-Diskussion haben ihren Niederschlag u.a. in folgenden Texten und Sammelbänden gefunden:

Z. Bauman, Soziologie der Postmoderne, Hamburg und Berlin 1995
S. Benhabib/J. Butler/D. Cornell/N. Fraser, Der Streit um die Differenz. Feminismus und Postmoderne in der Gegenwart, Frankfurt/M. 1993
A. Huyssen/K. R. Scherpe (Hg.), Postmoderne. Zeichen eines kulturellen Wandels, Reinbek 1986
P. Koslowski/ R. Spaemann/R. Löw (Hg.), Moderne oder Postmoderne? Zur Signatur des gegenwärtigen Zeitalters, Weinheim 1986
W. Welsch, Unsere postmoderne Moderne, Berlin ⁴1993
H.-G. Vester, Soziologie der Postmoderne, München 1993

Ohne der Rolle des Postmodernismus als Herrschaftsdenken konsequent auf den Grund zu gehen, haben folgende Untersuchungen verschiedene Aspekte des Diskurs-Wissens kritisch analysiert:

R. Behrens, Die Ungleichzeitigkeit des realen Humanismus, Cuxhaven und Dartford 1996, S. 51-82
M. Borch-Jacobsen, Lacan, der absolute Herr und Meister, München 1999
M. Frank, Die Grenzen der Verständigung, Frankfurt/M. 1988
J. Habermas, Der philosophische Diskurs der Moderne, Frankfurt/M. 1985
A. Honneth, Kritik der Macht, Frankfurt/M. 1984
A. Honneth, Desintegration. Bruchstücke einer soziologischen Zeitdiagnose, Frankfurt/M. 1994, S. 11-19
A. Sokal/J. Bricmont, Eleganter Unsinn. Wie Denker der Postmoderne die Wissenschaften mißbrauchen, München 1999
P. V. Zima, Moderne/Postmoderne. Gesellschaft, Philosophie, Literatur, Tübingen und Basel 1997

Gemessen am mittlerweile unübersehbaren Textausstoß der Postmodernismus-Industrie sind Veröffentlichungen, die deren Ideenproduktion einer radikalen Überprüfung unterziehen, noch immer ein Desiderat:

T. Eagleton, Die Illusionen der Postmoderne, Stuttgart und Weimar 1997
A. Gedö/H.-M. Gerlach/H. H. Holz/R. Steigerwald/J. Wilke u.a., Moderne, Nietzsche, Postmoderne, Berlin 1990
H. Krauss, Das umkämpfte Subjekt. Widerspruchsverarbeitung im "modernen« Kapitalismus, Berlin 1996, S. 180 - 191
R. Kurz, Die Welt als Wille und Design. Postmoderne, Lifestyle-Linke und die Ästhetisierung der Krise, Berlin 1999

Th. Metscher, Moderne, Postmoderne und Marxismus, in: Ders. Herausforderung die-
   ser Zeit. Zur Philosophie und Literatur der Gegenwart, Düsseldorf 1989, S. 33-58
H. Sana, Die Zivilisation frißt ihre Kinder, Hamburg 1997, S. 88-107
B. Schmidt, Postmoderne – Strategien des Vergessens, Frankfurt/M. ⁴1994
R. Steigerwald, Abschied vom Materialismus? Materialismus und moderne Wissen-
   schaft, Bonn 1994, S. 292 - 302

Ich habe in dieser Liste hauptsächlich Buch-Titel notiert, die zur vertiefenden Beschäftigung mit dem Postmodernismus von Nutzen sein können. Ein Anspruch auf Vollständigkeit ist mit dieser *Auswahl*, die nur einer ersten Orientierung dienen soll, nicht verbunden.
Mehr oder weniger umfassende Bibliographien enthalten die Bände von Welsch (»Wege
aus der Postmoderne«) und Zima.
Eine Übersicht auf fast 700 Seiten bietet:

D. Madsen, Postmodernismen. A Bibliographie, 1926-1994, Amsterdam 1995

Broschur, 226 Seiten
DM 24,80/ EUR 12,60/
SFR 23,00/ ÖS 184,00
ISBN 3-89438-192-2

Ulrich Albrecht/ Paul Schäfer (Hg.)

Der Kosovo-Krieg

Fakten

Hintergründe

Alternativen

Bilanz einer Aggression von: Ulrich Albrecht, Elmar Altvater, Stefan Gose, Horst Grabert, Ralf Hartmann, Michael Kalman, Matthias Z. Karádi, Knut Krusewitz, Norman Paech, Sabine Riedel, Paul Schäfer, Jürgen Scheffran, Gerhard Zwerenz.

PapyRossa Verlag
Luxemburger Str. 202, 50937 Köln
Tel. 0221/44 85 45, Fax 0221/44 43 05
www.papyrossa.de
E-Mail: papyrossa@koeln-online.de

roschur, 399 Seiten
M 44,00/ EUR 22,50/
'R 41,00/ ÖS 326,00
BN 3-89438-190-6

orothee Wolf/ Sabine Reiner/
ai Eicker-Wolf (Hg.)

Auf der Suche
nach dem Kompaß
ochschulschriften 30

e Autorinnen und Autoren rekapitulieren theoretische und konkret-
aterialistische Ansätze der Politischen Ökonomie am Übergang zum
. Jahrhundert. In den theoretischen Beiträgen wird zum einen eine
useinandersetzung mit marxistischen Theorieelementen und der
gen sie vorgebrachten Kritik geleistet. Zum anderen werden Ansätze,
e auch in der Neoklassik Anwendung finden, einer kritischen Prüfung
terzogen und auf ihre Leistungsfähigkeit für die theoretische Erfas-
ng der Politischen Ökonomie des modernen Kapitalismus untersucht.

Broschur, 206 Seiten
DM 28,00/ EUR 14,30/
SFR 26,00/ ÖS 213,00
ISBN 3-89438-121-3

Frank Deppe

Fin de Siècle

Am Übergang ins 21. Jahrhundert

Frank Deppe umreißt die großen Problem- und Konfliktfelder der
Gegenwart, untersucht die globalen Risikopotentiale und fragt nach de
Perspektiven für das nächste Jahrhundert. Sein Fazit: Es ist an der Zei
wieder die Frage nach den gesellschaftlichen Strukturen und auch nac
den politischen Institutionen zu stellen, in denen die Assoziation der
freien Individuen überhaupt möglich ist.

PapyRossa Verlag
Luxemburger Str. 202, 50937 Köln
Tel. 0221/44 85 45, Fax 0221/44 43 05
www.papyrossa.de
E-Mail: papyrossa@koeln-online.de